Gustav Lücking

Die ältesten französischen Mundarten

Eine sprachgeschichtliche Untersuchung

Gustav Lücking

Die ältesten französischen Mundarten
Eine sprachgeschichtliche Untersuchung

ISBN/EAN: 9783742894656

Hergestellt in Europa, USA, Kanada, Australien, Japan

Cover: Foto ©Andreas Hilbeck / pixelio.de

Manufactured and distributed by brebook publishing software
(www.brebook.com)

Gustav Lücking

Die ältesten französischen Mundarten

DIE ÄLTESTEN

FRANZÖSISCHEN MUNDARTEN.

EINE SPRACHGESCHICHTLICHE UNTERSUCHUNG

VON

GUSTAV LÜCKING.

VORWORT.

Die nachstehende Untersuchung verdankt ihren Ursprung dem Zweifel an der Richtigkeit der G. Paris'schen These, dass die Sprache des Alexiusliedes eine gegen den Unterschied von Normannisch und Französisch indifferente, neustrische Mundart repräsentire, eine Annahme, aus welcher folgt, dass dieselbe eine directe Quelle der neufranzösischen Gesammtsprache ist. Die sich befestigende Ueberzeugung, dass das Centralfranzösische nicht lautgesetzlich aus dem Idiom jenes Gedichtes hervorgegangen sein kann, führte zu der Frage, ob ihm vielleicht die Sprache eines der älteren Denkmäler zu Grunde liege, und veranlasste so eine eingehendere Prüfung derselben auf ihre Mundarten.

Nach allem, was seit Diez, und namentlich von G. Paris, zur Aufhellung der ältesten Denkmäler geschrieben worden, schien eine solche umfassendere, ergänzende und berichtigende Arbeit nicht ganz aussichtslos zu sein, wenngleich die zu benutzenden Texte noch immer nicht in einer diplomatisch treuen

*

Gestalt vorlagen. Zum Glück erschien das *Album* der *Société des anciens textes français* noch zeitig genug, um einer Revision meiner Arbeit als Grundlage dienen zu können. Möchte doch der in Aussicht gestellte Commentar der werthvollen Publication bald nachfolgen!

Berlin, im October 1876.

G. Lücking.

INHALT.

Seite

Einleitung.

I. Der Stand der Frage 1
    1. Fallot.
    2. Burguy.
    3. G. Paris.

II. Erledigung von Vorfragen. 14
    1. Latein und Französisch im Fragment von Valenciennes.
    2. G. Paris' Restitution des Leodegarliedes.
    3. Die Originalsprache der Passion.

Erster Theil.

Die Mundarten der ältesten Denkmäler.

A. Gemeinsame Merkmale.

I. *E* und *ie* aus lat. *a*. 66
II. *Ie* aus lat. *ě*. 75
III. Der Diphthong *ei*. 83
IV. Die Lautwerthe des Buchstabens *e* . . . 91
V. *E* vor Nasalen. 106
VI. *Z* für lat. *s* nach *n* und *l*. 130

B. Kriterien.

I. Das Schicksal des lat. *c* und *g* vor *a*. 132
II. Das Schicksal des lat. *au*. 139
III. Das Schicksal der labialen Vocale 143

Seite

1. Das Schicksal des lat. ü.
2. Die Quellen des altfranzösischen ǫ.
3. Die Quellen des altfranzösischen ọ.
4. Das Schicksal des lat. ö in kurzer Silbe.
5. Qualität der aus lat. ō und lat. ö entstandenen Laute.

IV. Das Imperfect des Indicativs. 182
V. Das Imperfect des Conjunctivs. 184
VI. Das Schicksal des deutschen w. 185
VII. Die Präposition per. 186

C Gruppirung der Denkmäler.
D. Localisirung der Gruppen.

Zweiter Theil.

Der Ursprung der centralfranzösischen Mundart.

I. Charakteristik des Centralfranzösischen. 199
II. Das Centralfranzösische und das Alexiuslied 208
III. Das Centralfranzösische und die Strassburger Eidformeln . 214
IV. Das Centralfranzösische und das Eulalialied 214
V. Das Centralfranzösische und die Denkmäler des Ostens. . 215
VI. Resultat 215
VII. Centralfranzösische Bearbeitungen normannischer Originale. 216

Anhang I. Die Mundart des Hohenliedes 233
Anhang II. Assonanz - und Reimtabellen. 236

Einleitung.

I. Der Stand der Frage.

Die Aufgabe der altfranzösischen Dialektforschung lässt sich in zwei Specialaufgaben zerlegen: es handelt sich um die Feststellung der Heimath der Denkmäler und um die Charakteristik ihrer Sprache. Die linguistische Untersuchung eines Denkmals vermag unabhängig von der geographischen Frage zu ermitteln, ob dasselbe eine einzige, in sich geschlossene Mundart enthält, oder ob Verfasser und Schreiber einander widersprechen, und vermag unter nicht allzu ungünstigen Umständen die Sprache des Originals zu restituiren. Dagegen sieht sich die linguistische Forschung ausser Stande, die Heimath eines Denkmals zu bestimmen. Der Linguist befindet sich dieser Aufgabe gegenüber in der Lage des Botanikers: die sorgfältigste Analyse einer Pflanze gibt keinen Aufschluss über den Standort, wo sie gewachsen. Die Heimath von Schriftdenkmälern ist primär nicht an der Sprache, sondern an dem Gedankengehalte, also nicht linguistisch, sondern philologisch zu erkennen: philologische Merkmale der Localität pflegen am deutlichsten in Urkunden vorzuliegen. Erst secundär, nachdem Denkmäler, deren Heimath feststeht, linguistisch untersucht worden, können andere Denkmäler, deren Heimath philologisch nicht zu ermitteln ist, durch Vergleichung der Sprache mundartlich classificirt werden. Es gibt jedoch auch Schriften, deren Inhalt einer philologischen Erforschung ihrer Heimath zwar gewisse Anhaltspunkte bietet, jedoch von so wenig einleuchtender Art, dass ein Ergebnis nur von einer mehr oder minder verwickelten

Untersuchung zu erwarten ist. Und hier kann es nun vorkommen, dass der Philologe und der Linguist zu widersprechenden Resultaten gelangen. Natürlich enthält ein solcher Widerspruch den Antrieb zu neuer und gründlicherer Forschung. Allein es dürfte zu beachten sein, dass sich die Sprachwissenschaft innerhalb gewisser Grenzen im Besitze einer exacteren Methode befindet; denn von den Gesetzen, welche das Leben der Sprache beherrschen, sind einige deutlicher erkannt und schärfer formulirt, als die Gesetze der Entstehung, Fortpflanzung, Verbreitung und Umgestaltung von Vorstellungskreisen.

Es versteht sich, dass die soeben erörterten Gesichtspunkte bei der Untersuchung der ältesten französischen Denkmäler Anwendung finden. Bevor jedoch diese Untersuchung selbst anhebt, möge der gegenwärtige Stand der Frage dargelegt werden, und zwar mittels einer historisch-kritischen Erörterung.

Der Begründer der altfranzösischen Dialektforschung, FALLOT, beschränkt sich im Wesentlichen auf die Sprache des 13. Jahrhunderts. Mit klarem Blicke geht er von der geographischen Frage aus: er durchforscht handschriftliche und gedruckte Urkunden und sucht sodann literarische Texte nach den mundartlichen Kriterien, die das Studium von Urkunden ergeben hat, zu classificiren. Allein die linguistischen Merkmale, welche FALLOT ins Auge fasst, sind unzureichend. Es ist ihm wesentlich um eine Formenlehre, nicht um eine Lautlehre der Mundarten zu thun. Nun sind aber die altfranzösischen Formen theils lautgesetzlich aus lateinischen, theils durch Neu- und Umbildung entstanden. Die Unterscheidung dieser beiden Kategorien von Formen ist natürlich nur mittels einer exacten Lautlehre möglich, und die Formenlehre ist mithin nur mit Hülfe der Lautlehre genetisch durchsichtig. Eine gründliche Untersuchung musste daher die charakteristischen Merkmale der Mundarten in erster Linie auf dem Boden der Lautlehre suchen. In der That hat FALLOT einen Versuch dazu gemacht, allein derselbe ist unbefriedigend ausgefallen. Die Vorstellung von einem historischen Lautwandel ist nämlich FALLOT allerdings nicht fremd, wie dies bei einem Manne, der durch GRIMM's Grammatik angeregt worden, nicht anders zu erwarten. Allein von DIEZ — dessen Grammatik erst in FALLOT's Todesjahre zu erscheinen anfing — völlig un-

abhängig, ist er bis zu einer deutlichen und detaillirten Erkenntnis
französischer Lautgesetze nicht vorgedrungen. Seine Methode der
phonetischen Charakteristik der Mundarten ist eine zweifache. Zunächst stellt er eine Reihe von etymologisch identischen oder wenigstens stammverwandten Wörtern zusammen, z. B. *rex*, normannisch *rei*, picardisch *roi*, burgundisch *roi*; *linquere*,
norm. *lesser*, pic. *laissier*, burg. *lassier*; *bellus*, norm. *beals*, pic.
biaus, *biel*, burg. *biaz*, und abstrahirt aus denselben folgende vier
fundamentale Charakterzüge:

1) norm. *u* = pic. *o*, *ou*, *eu* = burg. *o*;
2) norm. *ei* = pic. *oi*, *ai* = burg. *oi*, *ei*, *ai*;
3) norm. *e* = pic. *oi*, *ai*, *ie* = burg. *oi*, *ai*, *ei*, *ie*;
4) norm. *ui* = pic. *i*, *oi*, *oui* = burg. *ui*, *oi*, *eui*, *oui*.

(Die zwischen den drei Hauptmundarten angenommenen Grenz-
idiome, in denen eine gemischte Sprache bestehen soll, werden nicht näher gekennzeichnet.) Und diese beschreibenden Laut-
oder Buchstabenparallelen, von denen nur die beiden ersten, und
auch diese nur mit Hülfe von Distinctionen, brauchbar sind, bilden
nun weiterhin die Grundlage für eine Vergleichung der altfranzösischen Mundarten mit dem Neufranzösischen, eine Vergleichung, welche nach correcter Methode zwar einer Charakteristik
des letzteren, aber nicht der ersteren dienen kann, und dies um
so weniger, wenn man sich, wie FALLOT, das Neufranzösische aus
einer Fusion der altfranzösischen Dialekte entstanden denkt. Ueberdies ist die zweite Art der Charakteristik nur für das Normannische durchgeführt; die des Picardischen bricht mitten in einem
Satze ab, und die Bemerkungen über das Burgundische hat der
Herausgeber des Werkes aus FALLOT's Papieren hinzugefügt.

Aber trotz aller Mängel, welche der gegenwärtige Stand der
Wissenschaft einzusehen gestattet, bilden FALLOT's Forschungen
durchaus die Grundlage, auf welcher BURGUY steht. Letzterer hat
FALLOT's Eintheilung in drei Hauptmundarten und die Hypothese
der Grenzgürtel mit gemischter Sprache adoptirt. In der terri-
torialen Abgrenzung dieser Mundarten gegen einander stimmt
er mit FALLOT überein; allein die Peripheric ihres Gesammt-
gebietes ist anders bestimmt. FALLOT verbleibt nämlich innerhalb der politischen Grenzen Frankreichs; BURGUY aber fasst

die Sprachgrenze ins Auge und rechnet die ausserhalb Frankreichs gelegenen Theile des französischen Sprachgebietes zu den benachbarten Hauptmundarten: Namur, Lüttich und das südliche Brabant zur picardischen und die Kantone Vaud, Neufchâtel und Bern zur burgundischen Mundart. In dieser Abgrenzung des französischen Sprachgebietes folgt er Fuchs. Während aber bei diesem jene Grenzen für die Gegenwart gelten, so datirt Burguy sie in das 13. und 12. Jahrhundert zurück, ohne jedoch diese Ansicht auf mittelalterliche Schriftdenkmäler zu begründen.

Noch eine zweite Differenz besteht zwischen Fallot und Burguy. In Betreff der südwestlichen Landschaften des französischen Sprachgebietes, Poitou, Saintonge und Aunis, widerspricht sich Fallot, was bei einem unvollendet gebliebenen Werke nicht sehr auffallen darf. Fallot rechnet Anjou, Poitou und Saintonge nebst Aunis zum Gebiet des Normannischen, dehnt aber dennoch auffälliger Weise an einer Stelle seiner Schrift das Gebiet der burgundischen Mundart bis an den Ocean aus, sodass Anjou und Poitou als burgundische Territorien erscheinen. Diese eine Stelle muss Fuchs im Auge haben, wenn er Fallot Saintonge, Poitou und Anjou schlechthin der burgundischen Mundart überweisen lässt und die grosse Ausdehnung derselben tadelt. Zwei Jahre später sondert Le Rou de Lincy, welcher findet, dass Fallot in dem Bestreben zu generalisiren zu weit gegangen, das Poitevinische sowie das Lothringische und das Französische aus, sodass er sechs Hauptmundarten zählt. Und so äussert denn auch Burguy die Meinung, die Mundarten des grössten Theiles von Poitou, Saintonge und Aunis könnten unter keine der drei Hauptmundarten einbegriffen werden. In der That hat Burguy für das Altpoitevinische ausser den spärlichen Citaten Fallot's aus handschriftlichen Urkunden eine edirte Urkunde vom Jahre 1304 zu seiner Verfügung, die er denn auch an zwei Stellen seines Werkes citirt. Jedoch weiss er zur Charakteristik jener Mundart nur die undeutliche Bemerkung beizubringen, dieselbe liebe die Combinationen *oe* und *au*.

Sowenig Burguy in der Abgrenzung der Mundarten aus eigener Initiative von Fallot abweicht, so sehr glaubt er Fallot, wo er ihm folgt. Und dieses Verhältnis erscheint leicht begreiflich. Burguy wollte den umfassenden Bau, dessen Grundlagen Fallot gelegt, dessen Aufbau ihm aber nur zur Hälfte durchzuführen vergönnt war, zum Abschlusse bringen. Nun stand ihm aber trotz eines anerkennungswerthen Sammelfleisses Fallot's grundlegendes Quellenmaterial nur zum Theil zu Gebote, und er war daher nicht in der Lage, die von Fallot gelegte Basis in allen Theilen einer selbständigen Prüfung unterziehen zu können. Burguy hat nämlich keine handschriftlichen Urkunden benutzt. Die vereinzelten Citate aus solchen Urkunden sind Fallot's Buche entlehnt.[1] Was die Benutzung edirter Urkunden betrifft, so werden in der Table des abréviations die Titel von einundzwanzig Werken aufgeführt, welche solche Urkunden enthalten. Um eine Vorstellung davon zu gewinnen, in welchem Umfange dieselben in Burguy's Werke verwerthet sind, habe ich mir vor mehreren Jahren die Mühe gemacht, sämmtliche Urkundencitate Fallot's und Burguy's zu notiren und einander gegenüberzustellen. Es hat sich dabei folgendes Resultat ergeben, dessen Richtigkeit selbst in dem Falle, dass ich einzelne Citate übersehen haben sollte, keine wesentliche Einbusse erleidet. Drei von den aufgeführten Werken, nämlich die Histoire de Meaux, die Histoire de Blois und die Histoire des maisons de Guines, d'Ardres etc., habe ich nicht citirt gefunden. Fünf andere sind nur nach Fallot citirt, nämlich die Histoire des Ducs de Bourgogne[2], Dunod[3], die Histoire de Cambray[4], Lois de Howel le Bon[5], Perreciot[6]). Hingegen hat

---

1) Burg. I, 49, cf. Fall. p. 43 f.; B. I, 166 als Beleg zu I, 165, cf. F. p. 327 f.

2) B. I, 114, cf. F. 245.

3) B. I, 109: Dunod, 603, cf. F. 209: Dunod, Hist. d. c. d. Bourg. t. II. Pr. p. 603; — B. I, 142, cf. F. 286; — B. I, 23, cf. F. 621; — B. I, 97: dou fied; Dun. II, 30; cf. F. 140: dou fied (1268, Dun. II, 646); aber darüber steht: li fiez (1263, Perreciot II, 30); B. hat statt II, 616 das darüber stehende II, 30 gelesen.

4) B. I, 94, cf. F. 135; — B. I, 115, cf. F. 245; — B. I, 126, cf. F. 244; — B. I, 134, cf. F. 262; — B. I, 156, cf. F. 294; — B. I, 172: »ostres«, aber F. 355: »otres«; — B. I, 180, cf. F. 374.

5) B. I, 143, cf. F. 290.

6) B. I, 97, cf. F. 140; — B. I, 98: »De notre tres noble prince Othon«; cf. F. 193: »Nos Othes. — De tres noble prince Othon.« B. ändert das zweite Citat nach dem ersten, und zwar mittels einer neufranzösischen Form.

Burguy aus folgenden dreizehn Werken, in denen Urkunden abgedruckt sind (drei von ihnen sind erst nach Fallot's Tode erschienen) selbständige Citate:

I. Burgundisch:
1) Burgund: Histoire de Bourgogne (41 Cit.), Histoire d'Auxerre (11 Cit.);
2) Franche-Comté: Mémoires et Documents pour servir à l'histoire de la Franche-Comté (22 Cit.); Mémoires sur Poligny (67 Cit.);
3) Lothringen: Histoire de Metz (29 Cit.); Histoire de Verdun (2 Cit.);
4) Champagne: keine Urkunde;
5) Ile-de-France: Histoire de Laon (2 Cit., von denen eins bei Fallot: B. I, 124, cf. F. 242);
6) Orléanais: keine Urkunde.
II. Picardisch: Philippe Mousket (circa 300 Cit.), Jan van Heilu (32 Cit.).
III. Normannisch: Histoire de Bretagne (5 Cit.).
IV. Poitevinisch: Histoire de la Rochelle (2 Cit.).

Dazu die Sammlungen von Martène et Durand (34 Cit.) und Rymer et Sanderson (97 Cit.).

Dass die bezeichneten Urkunden, so mühsam ihre Beschaffung und so werthvoll ihre Benutzung erscheint, dennoch, zumal bei der mangelhaften Ausbeutung, das System nicht vollständig zu tragen vermögen, ist leicht einzusehen. Eine Grammatik der altfranzösischen Mundarten muss sich auf die Specialgrammatik der einzelnen Denkmäler gründen. Nun hat aber jeder ernstliche Versuch zu einer solchen Specialgrammatik unmittelbar die Textkritik zur Folge. Eine Kritik seiner Texte hat jedoch Burguy nicht geboten und nicht bieten können. Man kann von der angestrengtesten Thätigkeit eines einzelnen Mannes nicht erwarten, was nur die gemeinsame Arbeit von Generationen zu leisten vermag. Gleichwohl liegt hier eine schwache Seite von Burguy's Werke zu Tage. Die französische Dialektforschung hat das Schicksal jeder jungen Wissenschaft getheilt: ihre Schwierigkeiten sind unterschätzt worden. Die Folge davon ist, dass die Arbeit von neuem wird unternommen werden müssen.

Gediegener wäre Burguy's Leistung ausgefallen, wenn er sich etwa auf eine erschöpfende Grammatik der ihm zu Gebote stehenden Urkunden beschränkt hätte. Statt dessen hat der Verfasser der Grammaire de la langue d'oïl et de ses dialectes eine grosse Anzahl literarischer Texte herangezogen, neunundzwanzig Schriften, von denen drei Viertel erst nach Fallot's Tode erschienen sind, und dazu eine in seinem Besitze befindliche Handschrift. Aber ein Theil dieser Texte dient vielmehr decorativen als architektonischen Zwecken. Trotz der Fülle der Quellen pflegen die Belegstellen nach grammatischen Kategorien, nicht nach Mundarten geordnet zu sein, und diese Anordnung verbirgt ihre Unzulänglichkeit als Träger der auf sie gestützten Behauptungen. Ja, es sind gelegentlich als Belege für die positivsten mundartlichen Unterscheidungen Quellen der verschiedensten Mundarten durch einander gemischt. Es ist unmöglich, aus dem Werke selbst zu erkennen, wie der Verfasser jede seiner Quellenschriften classificirt wissen will. Hat er sie wirklich alle classificirt?

Es bleibt übrig, die Art der Charakteristik der Mundarten zu würdigen. Auch bei Burguy ist die Lautlehre Nebensache, trotzdem sie in dreifacher Gestalt auftritt. Zunächst schreibt er nämlich Fallot's beide Charakteristiken nach, indem er die Lücken der zweiten ergänzt, und hinterher skizzirt er eine historische Lautlehre nach dem Vorgange von Diez. Dieselbe berücksichtigt zwar gewisse mundartliche Verschiedenheiten, sie verfolgt aber nicht den Zweck, die gemeinsamen und die eigenthümlichen phonetischen Züge der Mundarten zu ermitteln und dieselben eben dadurch zu kennzeichnen. Hat doch Burguy das, was sich methodisch erst als Resultat der »Dérivation« ergeben sollte, bereits vorweggenommen, indem er Fallot copirt! Man begreift nicht recht, was ihn zur Aufnahme jener Lautparallelen bewogen hat, da er etymologisch seinen Vorgänger weit überragt und eine Reihe von Theorien desselben mit Recht streicht.

Ueber den von Fallot errungenen und von Burguy behaupteten Standpunkt ist der letzte Herausgeber des Alexiusliedes hinausgeschritten. Nachdem sich G. Paris noch in der Leçon d'ouverture 1868 wesentlich in den Grenzen der älteren Auffassung gehalten, hat er in der Vorrede zum Alexiusliede die älteren und ältesten Denkmäler in den Kreis der Dialektforschung gezogen und so eine neue Perspective eröffnet. Seine Theorie ist folgende. Innerhalb der ziemlich gleichartigen lateinischen Volkssprache, welche das Celtische verdrängte, bildeten sich zunächst grosse Gruppen; innerhalb dieser Gruppen sodann kleinere; in diesen kleinen wieder kleinere u. s. w. Zunächst sonderten sich Provenzalisch und Französisch, welche seit dem 9. Jahrhunderte sich unterscheiden lassen; sodann innerhalb des Französischen zwei oder drei Hauptmundarten, eine westliche, eine östliche und vielleicht frühzeitig eine nördliche, die picardische. Die Mundart des Ostens umfasste Burgund, Lothringen, Lüttich, Namur, also die französisch redenden Gebietstheile des alten Lotharingiens, die des Westens Neustrien, nämlich die Normandie, Francien, die Champagne und die Provinzen des Centrums. Die Mundart des Ostens spaltete sich später in die burgundische, die lothringische und die wallonische, die des Westens seit dem 12. Jahrhundert in die normannische und die französische. Das classische Denkmal der gegen den Unterschied von Normannisch und Französisch noch indifferenten neustrischen Mundart ist das Alexiuslied, welches um die Mitte des 11. Jahrhunderts verfasst worden. Von den älteren Denkmälern gehört keins dem Westen an, S. 41. Die Heimath der Strassburger Eidformeln ist schwer zu bestimmen; allein gewisse Wahrscheinlichkeitsgründe sprechen für den Osten. Das Eulalied ist am Ende des 9. Jahrhunderts an seinem Fundorte, der Abtei Saint-Amand, zwischen Tournai und Valenciennes, also in der Picardie, geschrieben. · Die Sprache desselben unterscheidet sich von der französischen durch folgende Züge: V. 4 *diavle* oder *diaule*, . franz. *diable*; V. 10 *menestier*, franz. *mestier*, welches nicht erst aus *menestier* entstanden sein kann, sondern ein volkslateinisches *ministerium* voraussetzt; V. 12 *pagiens*, franz. *paiens* (wozu V. 8 *regiel*); V. 24 *seule*, franz. *secle* oder *siecle*; Imperfect des Conjunctivs *perdesse* (franz. *perdist*). Etwas später, aber in demselben Lande, ist das Fragment von Valenciennes geschrieben; es hat Formen, welche dem Französischen völlig unbekannt sind, wie *deent, feent*, und phonetische Züge, welche bereits völlig wallonisch sind, wie *foers*; ferner das Imperfect *avardevet*, welches in den

westlichen Mundarten (d. h. im Normannischen und Französischen)
niemals bestanden hat; das entsprechende franco-normannische
Imperfect endigte vielmehr auf *oue, oe*. Die über die Gedichte
von Clermont ausgesprochene Ansicht, dass sie in einer zwischen dem Süden und dem Norden in der Mitte liegenden Mundart verfasst seien, wird für das Leodegarlied Rom. I, 275 ff.
zurückgenommen, indem der rein französische Ursprung dieses
Gedichtes erwiesen und wahrscheinlich gemacht wird, dass dasselbe in Burgund (vermuthlich in Autun) seine Heimath hat. In
Betreff der Passion hingegen bleibt G. Paris, Rom. I, 276,
II, 295 ff., bei der von Diez, Jahrb. VII, 379 f., vertretenen Ansicht stehen, dass bereits der Verfasser desselben Provenzalisch
und Französisch vermischt habe und dass mithin eine Zurückführung auf die eine oder die andere dieser Sprachen nicht möglich sei.

Fragt man nun nach den Merkmalen, durch welche sich die
Mundart Neustriens von der des Ostens unterschieden haben soll,
so findet man die Antwort, dass das auf *-abam* beruhende Imperfect im Westen auf *-oue, -oe*, im Osten auf *-eve* geendigt habe.
Und fragt man nach den Gründen, welche beweisen, dass in der
Normandie und in Francien bis zum 12. Jahrhundert eine und dieselbe Mundart geherrscht habe, so wird behauptet, diese Ansicht
sei das Resultat eines möglichst aufmerksamen Studiums der ältesten Texte und insbesondere des Alexiusliedes, des Rolandsliedes,
des Oxforder Psalters, der Bücher der Könige, der Werke von
Philippe de Thaun, Wace, Beneeit und Crestien de Troies. Es
sei unmöglich anzugeben, wodurch sich die Sprache Franciens von
der der Normandie im 11. Jahrhundert unterschieden habe (Préf.
65 Anm.); erst seit dieser Zeit zeigen sich Verschiedenheiten, und
zwar habe bald die eine, bald die andere Mundart den alten Gebrauch bewahrt; so habe das Normannische *ai* mit *ei* vermischt,
während es im Französischen weit länger von demselben unterschieden geblieben (?); im Französischen hinwiederum seien *ei*
und *oi* zusammengefallen, während dieselben in der Normandie
bis auf den heutigen Tag gesondert geblieben seien. Das Alexiuslied habe keine dieser Eigenthümlichkeiten des Normannischen und
des Französischen, folglich stamme es aus der Zeit vor der Trennung der beiden Mundarten, und es sei daher ziemlich gleich-

güllig zu wissen, ob es in Francien oder in der Normandie verfasst worden sei.

Die Beweisführung ist also folgende: 1) Vergleicht man das Rolandslied, den Oxforder Psalter, die Bücher der Könige, Philippe de Thaun u. a. einerseits und Crestien de Troies u. a. andererseits mit einander, so ergeben sich gewisse Unterschiede zwischen Normannisch und Französisch. 2) Die Eigenthümlichkeiten dieser beiden Mundarten lassen sich aus einer älteren, neutralen Mundart ableiten. 3) Da nun das Alexiuslied jene Eigenthümlichkeiten noch nicht besitzt, so repräsentirt es eben jene neutrale Mundart, aus der sich Französisch und Normannisch erklären lassen.

Was ist also das Neue an der PARIS'schen Theorie? Die Dreitheilung des französischen Sprachgebiets in eine Mundart des Westens, des Ostens und des Nordens, welche FALLOT für das 13. Jahrhundert aufgestellt und BURGUY auf das 12. Jahrhundert ausgedehnt hat, wird in das 11. und 10. Jahrhundert hinaufgerückt. Dabei wird jedoch die Grenze zwischen Westen und Osten, welche FALLOT zwischen der Normandie, Maine, Anjou, Poitou, einerseits und Ile-de-France, Orléanais, der Touraine und Berry andererseits gezogen hat, weiter nach Osten verlegt und mit der politischen Grenze zwischen Neustrien und Lotharingien identificirt. Die nordfranzösischen Centrallandschaften, wie das streitige Gebiet genannt werden mag, nämlich Ile-do-France und die Champagne nordwärts und Orléanais, die Touraine und Berry südwärts, welche nach FALLOT und BURGUY zum Osten gehören, haben nach G. PARIS bis zum 12. Jahrhundert mit den westlicher gelegenen Landschaften eine gemeinsame Mundart besessen. Es wird hierbei der FALLOT-BURGUY'schen Annahme die Concession gemacht, dass einzelne Merkmale, durch welche sich im 12. und 13. Jahrhundert das Französische von dem Normannischen unterscheidet, wie französisches oi neben normannischem ei, aus einem Uebergreifen der Mundart des Ostens in die Centrallandschaften (welches mithin seit dem 12. Jahrhundert stattgefunden haben muss) zu erklären sein mögen.

Von dem Normannischen ist das Anglonormannische zu unterscheiden. Hat sich dasselbe aus dem Neustrischen oder aus dem Normannischen herausgesetzt? Die Normannen brachten nach

G. Paris' Theorie, mit der die Bemerkung S. 45 im Widerspruch steht, bei der Eroberung nicht die normannische (welche ja noch nicht existirte), sondern die neustrische Mundart mit nach England. Andererseits trägt die in England geschriebene älteste Handschrift des einzigen neustrischen Denkmals, des Alexiusliedes, nämlich die Lambspringer Handschrift (nach G. Paris gegen 1150), bereits ausgeprägte anglonormannische Züge an sich. Das Anglonormannische besteht also vor 1150, das Normannische entsteht erst um 1100. Danach wäre, wie es scheint, das Anglonormannische nicht aus dem Normannischen, sondern neben diesem aus dem Neustrischen hervorgegangen und müsste vielmehr das Angloneustrische genannt werden.

Soweit G. Paris' Theorie. Es wird sich fragen, ob und wie weit dieselbe durch die in Betracht kommenden sprachlichen Thatsachen bestätigt oder widerlegt wird. Wir untersuchen zuvörderst die Sprache der Strassburger Eidformeln, des Eulaliaiiedes, des Fragments von Valenciennes, des Leodegarliedes, der Passion und des Alexiusliedes, wobei wir einzelne Fragen durch spätere Denkmäler und namentlich das Rolandslied hindurch verfolgen. Und sodann erörtern wir das Verhältnis des Centralfranzösischen zu der Sprache jener ältesten Denkmäler. Das Alexanderfragment, welches nach Ausweis der Assonanzen provenzalischen Ursprungs ist, kommt natürlich nicht in Betracht. Die Mundart des von G. Paris Jahrb. VI, 362 ff. veröffentlichten und bei Bartsch, S. 49 ff., abgedruckten Fragments des Hohenliedes wird nachträglich bestimmt werden.

Unsere Arbeit ist auf der Grundlage folgender Ausgaben unternommen worden. Für die Strassburger Eidformeln und das Eulalialied sind die Facsimile Chevallet's, für das Fragment von Valenciennes Génin's Facsimile benutzt, für das Leodegarlied und die Passion die Ausgaben von G. Paris. Die Arbeit war ihrem Abschlusse nahe, als ich das Album der Société des anciens textes français erhielt. Ich habe nun hinterher die zu Grunde gelegten Ausgaben mit den photographischen Facsimile des Albums verglichen und danach die ganze Arbeit revidirt. In den Strassburger Eidformeln liegt, abgesehen von einer nicht ganz genauen Wiedergabe des Wortes, welches Diez (s)tanit liest, nur eine Differenz vor: Chevallet hat *in er*, das Album *in er*. (Pertz, Mon. II, 665 f., hat den Druckfehler *salvaracio* und *non lo stanit* und *iver*, mit denen sich ein Sinn nicht verbinden lässt.) Zahlreicher sind die Unterschiede im Eulalialiede: Z. 3 kann man bei Chevallet das zweite Wort *nonc* lesen, das Album hat deutlich *nont;* Z. 5 gleicht der zweite Buchstabe des ersten Wortes bei Chevallet eher einem undeutlich gewordenen *e* als einem *i*, das Album hingegen hat deutlich *niule;* Z. 13 muss man bei Chevallet *orem*, im Album aber *oram* lesen; ausserdem fehlen an dem rechten Rande der Handschrift im Album folgende Buchstaben, welche Chevallet's Facsimile besitzt: Z. 5 *menest(ier)*, Z. 8 *empedement(z)*, Z. 9 *honeste(t)*, Z. 10 *coi(st)*, Z. 11 *rouer(et)* und darüber *tolir l(o chieef)*, Z. 13 *pre(ier)*; in beiden fehlt Z. 4 das *t* von *preiemen(t)*. Chevallet versichert S. 85 f., er habe die Handschrift in Händen gehabt und habe das Facsimile mit der grössten Sorgfalt anfertigen lassen. Hat die Handschrift seitdem am Rande Schaden genommen? oder hat Chevallet, ohne ein Wort darüber zu verlieren, die Handschrift ergänzt? Aber wie sollte er auf die Schreibweise *chieef* gekommen sein? — Génin's Facsimile des Fragments von Valenciennes wird durch das Album nicht überflüssig. Erstens fehlt hier die Vorderseite des Blattes, welche einige 'interessante Wörter enthält, wie *pescion* und *niul moud*, durch welches *douls* erst klares Licht empfängt. Und auf der Rückseite hat Génin, der die Handschrift chemisch behandelt, Vorr. S. 51 f., an manchen Stellen deutlicher gelesen, als man nach jener chemischen Behandlung in dem photographischen Facsimile zu lesen vermag. Am wichtigsten erwies sich die Vergleichung für die Gedichte der Clermonter Handschrift. Die Differenzen im Leodegarliede finden unten Erwähnung. Den Text der Passion muss ich vollständig geben; die Angabe der Abweichungen der Ausgabe von der Handschrift kann daher unterbleiben.

Was nun endlich das Alexiuslied betrifft, so konnte ich die kritischen Texte von C. Hofmann und G. Paris selbstverständlich nicht zu Grunde legen. Auch glaubte ich mich nicht auf Müller's und Gessner's Ausgaben der Lambspringer Handschrift verlassen zu müssen und habe dieselbe daher an Ort und Stelle verglichen, und zwar nicht allein das Alexiuslied selbst, sondern auch die beiden andern französischen Bestandtheile, nämlich die Einleitung und die Uebersetzung einer brieflichen Aeusserung Gregor's über Bilderverehrung, die offenbar zu dem Leben des Alexius, in welchem ein wunderthätiges Marienbild eine Rolle spielt, in Beziehung gesetzt ist und die ich daher kurzweg den Appendix nennen will. Alle drei Bestandtheile hat bekanntlich C. Hofmann in den Sitzungsberichten der königl. bayer. Akademie der Wissenschaften zu München, 1868, I, Heft I, S. 81 ff., unter Benutzung von Müller's Abschrift herausgegeben. Gessner's Ausgabe des Alexiusliedes weicht in folgenden Punkten von der Handschrift ab: 10 a *doinent* st. *doment* (*n* und *m* verwechselt der Copist auch sonst); 17 a *a la lice* st. *alalice*: G. trennt nach 38 e, wo die Handschrift *ala lice* hat; 25 c *sens* st. *sons* (der Schreiber hat *e* zu *o* corrigirt); 27 c *contreda* st. *contrede*; 27 e *ker* st. *kers*; 28 c *nelil* st. *neul* (der Schreiber hat *h* zu *u* corrigirt, ohne den überschiessenden Theil des *l* wegzuradiren); 37 e *et tuit* st. *etuit*; 60 e *gran* st. *grant*; 65 b *herberc* st. *helberc*; 74 e *puissum* st. *puisum*; 88 c *medre* st. *medra*; 90 c *filz* st. *fiz*; 91 c *fius* st. *fuis*; 92 c *quand* st. *quant*; 96 b *mei* st. *mai*; 101 b *dol* st. *dols*; 103 d *ne* st. *ni*; 105 e *uncores* st. *uncore*; 109 d *aloez* st. *aluez*; 110 c *cis* st. *cist*; (111 d *kin alget* st. *ki nalget*). Der Copist schreibt mehrfach *o* statt *e*: in *do* 80 a, *posmes* 96 c hat er *o* zu *e* corrigirt; in *domoret* 92 e lässt er *o* stehen. Hofmann's Ausgabe der Einleitung enthält folgende Abweichungen von der Handschrift: Z. 4 *icil* st. *icel*; Z. 8 *suverain* st. des Schreibfehlers *surerain*; Z. 10 *Cesta* st. *Icesta*; Z. 11 *consulacium* st. *consulacium*. Dagegen hat Hofmann Z. 10 richtig *trinitiet*, welches also in Müller's Abschrift stehen muss, trotzdem Müller's Ausgabe *trinitet* hat. Der französische Text des Appendix ist, wenn man von den unvollständig wiedergegebenen accentartigen Strichen absieht, correct. Der lateinische Text aber enthält nicht *collectam*, sondern *collectum gregem*.

II. Erledigung von Vorfragen.

Ehe der Versuch, die Sprache der ältesten Denkmäler auf ihre
Mundarten zu untersuchen, unternommen werden kann, sind einige
Vorfragen zu erledigen. In dem Fragment von Valenciennes
ist das Verhältnis der französischen und der lateinischen Bestand-
theile klarzustellen. Hinsichtlich des Leodegarliedes ist zu
G. Paris' Restitutionsversuch Stellung zu nehmen, und in Betreff
der Passion ist zu entscheiden, ob dieselbe wirklich in einer
Mischsprache abgefasst ist.

Latein und Französisch im Fragment von Valenciennes.

Ueber die Sprache des Fragments hat sich ausser Génin Littré,
Hist. de la langue franc. II², 270 ff., 307 ff., geäussert. Aber das
Nebeneinander von Latein und Französisch hat nur der erstere zu
erklären versucht. Génin's Ansicht ist aus zwei Irrthümern zusammengesetzt. Seine Zeit gestattete ihm noch, sich in dem Gedanken zu ergehen, dass er in dem Fragment die Geburt des
Französischen beobachte. Allein Geburten sind nicht auf Zuschauer
eingerichtet, und die wirklichen Anfänge organischen Werdens entziehen sich erst recht der Beobachtung. Wenn das Latein, welches
Tardif aus den tironischen Noten des Fragments herausgelesen,
wirklich die Mutter des Französischen wäre, so würde hier doch
nicht erst das Töchterchen ans Licht kommen, sondern bereits die
Tochter der Mutter zur Seite sitzen. Mit der Vorstellung von der Geburt des Französischen verknüpft sich bei Génin die Meinung, die
Homilie sei bestimmt, in eben der Sprachvermengung, welche in
der Handschrift vorliegt, öffentlich vorgetragen zu werden. Dies
scheint uns ein seltsamer Irrthum, und wir sehen uns daher genöthigt, das wunderliche Gemisch von Latein und Französisch auf
einem anderen Wege zu begreifen. Zu dem Behufe wird man mit
dem Gedanken Ernst machen müssen, dass man es mit dem Concept eines Predigtentwurfs zu thun hat, bei dem es der Verfasser

vor allen Dingen auf die Fixirung seiner G e d a n k e n abgesehen hat. In welcher S p r a c h e dies geschieht, ist ihm f ü r d e n Mo m e n t offenbar relativ gleichgültig. Der Verfasser beabsichtigt, den lateinischen Text der Vulgata in französischer Sprache zu paraphrasiren und erbaulich anzuwenden, also f r a n z ö s i s c h zu predigen. Bei der C o n c e p t i o n der Homilie benutzt er jedoch das Latein, welches ihm völlig geläufig ist, zur Aushülfe. Dieses Verhältnis mag auf den ersten Blick unnatürlich erscheinen. Ist das Französische des Verfassers Muttersprache, so könnte man vielmehr erwarten, dass er bei einem l a t e i n i s c h e n Predigtentwurf sich des Französischen zur Aushülfe bediente. Allein eine aufmerksame Betrachtung des Facsimile gibt über den wahren Sachverhalt alsbald Aufschluss. Die Handschrift enthält Französisch und tironische Noten; nur vereinzelte lateinische Wörter, wie *afflictus, afflictione, anathema, accideret, irascor ego, sicci, aridi, negantes,* laufen inmitten der tironischen Noten mit unter. Wer die tironischen Noten nicht lesen kann, bemerkt also ausser jenen Wörtern kein Latein. In diesem Verhältnisse liegt der Schlüssel zum Verständnis der Sprachvermengung: der Verfasser bedient sich des Lateins nur um der tironischen Noten willen. Die Schrift, welche ihm ausser diesen Noten zu Gebote steht, ist eine mühsame, steile Schrift, die zur Conception von Gedanken wenig geeignet erscheint. Die bequeme Stenographie aber war nur auf das Latein berechnet. Wie hilft sich der Verfasser? Seinem Zweck entsprach am besten ein französisches Concept. Allein mit dem Buchstabenzeichnen bleibt er gar zu sehr hinter seinen Gedanken zurück. Er versucht daher hier und da, die tironischen Noten auf französische Silben anzuwenden. Allein dieses abgekürzte Verfahren genügt ihm nicht, und so fixirt er seine Gedanken lieber stellenweise in lateinischer Stenographie. Man darf vermuthen, dass er das, was er in diesen Noten verzeichnet, dennoch nebenher französisch denkt. Dies liegt wenigstens für eine Reihe einzelner Wörter, welche mitten in dem französischen Texte regelmässig stenographirt sind, deutlich zu Tage, wie *dixit, Jonas propheta, populum, civitate, habebat, faciebat,* lauter Wörter, in Betreff deren der Vortheil der lateinischen Stenographie grell ins Auge fällt. Am auffälligsten erscheint das so häufig eingestreute *co x,* d. h. *ço dixit,* für *ço dist.*

Dass der Verfasser in der öffentlich zu haltenden Predigt ço *dixit*
zu sagen beabsichtige, mag glauben wer kann.   Wenn auch die
Einstreuung lateinischer Wörter nichts Ungewöhnliches ist, so hat
dieselbe doch in der Gestalt, wie sie im Eulalialiede, im Leodegarliede, in der Passion und im Alexiusliede auftritt, einen völlig
anderen Charakter.   Der Kapuziner in Schiller's Wallenstein wäre
ein Stümper in der Sprachvermengung im Vergleich zu diesem
mittelalterlichen Homileten.   Uebrigens ergibt sich das, was der
Verfasser bei seinem *co x* denkt, deutlich aus der einen Stelle,
wo er *co dist* ausschreibt.   Der Schluss 'der Homilie ist ganz in
tironischen Noten geschrieben, sei es weil der Verfasser endlich
fertig zu werden wünscht, oder weil er mit seinem Pergament-
stücke nicht auszureichen besorgt.   Und wenn er nun dennoch den
kleinen Nachtrag, der ihm beim Durchlesen seines Opus nothwendig erscheint, ausschreibt, so verräth sich darin die behag-
liche Stimmung, in die ihn die Vollendung seines Werkes ver-
setzt, vielleicht auch das Interesse, den übrig gebliebenen Streifen
auszunutzen.

Fassen wir unsere Ansicht kurz zusammen.   Der Verfasser
des homiletischen Entwurfs will und kann französisch predigen.
Latein mischt er in das französische Concept um der tironischen
Noten willen, und diese Stenographie benutzt er, um Mühe, Zeit
und Raum zu ersparen.   Er denkt aber trotzdem französisch, und
gedenkt das lateinisch Stenographirte öffentlich französisch vorzu-
tragen.   Dabei ist jedoch nicht ausgeschlossen, dass er das eine
oder das andere charakteristische lateinische Wort, z. B. das mitten
in tironischen Noten ausgeschriebene *anathema*, wirklich zu ge-
brauchen beabsichtigt.

Nach dem, was N. DE WAILLY, Élém. de paléogr. I, 423—426,
über den Gebrauch der tironischen Noten bemerkt, hat man auf
die Abfassungszeit des Fragments geschlossen.   Allein dieser Schluss
dürfte nur annähernd richtig sein.   Jene Stenographie kann sich
im Privatgebrauche noch Menschenalter hindurch erhalten haben,
nachdem sie aus dem öffentlichen Gebrauche geschwunden war.
Und um einen solchen Gebrauch der allerprivatesten Art handelt
es sich hier.   Die Sprache der Homilie nöthigt aber dazu, die Abfassungszeit so spät anzusetzen, wie der Gebrauch der tironischen

Noten eben gestattet. Auf keinen Fall gehört das Denkmal dem 9. Jahrhundert an.

Der Text, welchen Bartsch gibt, enthält folgende Fehler: *quel* bedeutet nicht *q'el* 8,10 (Génin *que el*), sondern *qe-l;* denn der Satz erfordert ein Object und der Nominativ lautet in dem Fragment regelrecht *il*, nicht *el;* — 6,25 steht *doleants* (nach Génin), das Facsimile hat *doliants;* — 7,16 steht *comme* (nach Génin), allein das Facsimile hat hier wie anderswo ein Zeichen, welches *cum* bedeutet; — 7,19 steht *comensiest*, Facs. *cõmciest;* — wenn 8,1 *cherté* geschrieben wird, so wird 6,17 *seché* statt *seche* geschrieben werden müssen; denn *edre*, auf welches sich *seche* bezieht, ist ein Masculinum; vgl. *un edre* 5,36; *cel edre* 5,39; 6,16. 22; *cilg eedre* 6,17; *d'avant* st. *davant* zu schreiben, ist keine Veranlassung; *davant* kommt mehrfach in der Passion vor. Von *grances* wird noch die Rede sein. Liest man mit Recht *posciomes* statt *posciom?* *m* läuft in einen wagerechten Strich aus: bedeutet derselbe *es?*

Die Restitution des Leodegarliedes.

G. Paris' Collation enthält folgende Irrthümer: 16 *sus* statt *sos* (der Schreiber hat *u* zu *o* corrigirt); 2b *quie* st. *quæ;* 2f *qui* st. *que* (3b in *duistrent* und 4d in *u* hat der Schreiber zuerst *o* geschrieben und dann *v* übergeschrieben); 3f *rouit* st. *rouat;* 5c *reclu* st. *reciu* (über dem *i* steht ein Punkt); 6c *carital* st. *caritet;* 7f *audid* st. *audit;* 8b *fugt* st. *fust* (nicht *fuft*); 9c *mors* st. *morz* (aber 20a steht wirklich *mors*); 10b *nun* st. *nū*, d. i. *num;* 10d *lo* st. *li;* 10d *theo.ri* st. *theoiri;* 11b *ne* st. *en;* 12f c st. *et;* 14a *træ* st. *irœ;* 16d *semprem* st. *sempre* (vgl. d. Anm.); 16e *monstrier* st. *monstier;* 17c *euuruns* st. *euuruins;* 18e *fus* (das zweite) st. *fust;* 20a *reis* st. *rex;* 23b *percutant* st. *pcutan;* 24a *ostcedun* st. *ostedun;* 24d *grant* st. *gran;* 26c *fut* st. *fud;* 27c *lauth tot* st. *laut toth;* 27e *perdud* st. *pordud;* (28b *encalsist* st. *en calsist;*) 29b *pensærz* st. *pensæz;* 29c *carnielz* st. *carnels;* 29d *corps* st. *corp;* 30f *uisitet* st. *iuisitet;* 31d *desans* st. *desanz;* 32a *audid* st. *audit;* 32c *com* st. *cum;* *fut* st. *fud;* 33b *laudebiert* st. *laudebert;* 36d *deus* st. *deu;* 38c *faiz* st. *fliz;* 39a *tollud* st. *tollut;* 40f *sustint* st. *sustinc.* — Mit zuverlässiger Methode hat G. Paris die französische

Abfassung der Vic de Saint Léger erwiesen und mit sicherer Hand
den ursprünglichen Text wiederherzustellen versucht. Gleichwohl
liegt es in der Natur eines solchen Unternehmens, dass es nicht
leicht sofort alle Schwierigkeiten überwindet. So ist denn auch
hier einzelnes zu thun übrig geblieben. Die Einzelheiten, in denen
wir dem Restaurator des französischen Textes nicht beipflichten,
lassen sich unter vier Gesichtspunkte bringen; es handelt sich um
ungleichmässige, unzweckmässige, unnöthige und unterlassene Aenderungen. Einiges wird erst weiter unten zur Sprache kommen.

Ungleichmässige Aenderungen.

Die Handschrift hat *a* vor Consonanten 1 b, 2 f, 3 a, 8 ab,
13 bf, 15 bf, 22 cf, 23 ab, 29 a, 35 f, 36 b, 38 ab, aber *ad* vor Vocalen 20 c, 32 f. Für *ad ostedun* 24 a ist irrthümlich *A Ostedun*
gesetzt, und *occidere* 37 d ist zu *a ocidre* statt zu *ad ocidre* emendirt.

In der Handschrift steht an zwei Stellen *ent* 13 d, 20 f, sonst
en 4 c, 7 c, 8 c, 10 a, 11 bcdf, 12 a, 14 f, 21 b, 22 c, 25 b, 26 b,
28 b, 30 b, 40 d, dazu *enner* 7 b, *porro nexit* 25 c. *Ent* ist mit
Recht restituirt, doch ist *en* 4 c, 22 e, 26 a, 28 b stehen geblieben.
In der Passion ist das französische *ent* nur an einer Stelle, 41 d,
erhalten.

Für *ira* 13 c lies *ire*.

Das *mistier* der Handschrift ist 14 c in *mestier* geändert, aber
18 a beibehalten. Es dürfte als mundartliche Eigenheit zu con-
serviren sein.

Die Handschrift hat *nū* 10 b, *num* 30 a, *nom* 38 e, der Herausgeber *nom, non, nom*.

Die Handschrift hat *or* (*hōra*) 1 c, *hor* 26 a, 27 c, *or* 28 e, und
zwar überall vor vocalischem Anlaut. Der Herausgeber lässt 1 c *or*
stehen, schreibt 26 a *hore*, lässt 27 c *hor* stehen und ändert 28 e
or in *hor*. Der Copist scheint zu der Schreibung *hor* 26 a durch
das Substantiv *hore* 25 c veranlasst zu sein; er hält diese Orthographie 27 c fest und kehrt 28 e zu dem ursprünglichen *or* 1 c
zurück. Man wird also überall *or* setzen dürfen. — Das sinnlose
en corp 29 d, welches der Copist nach einem Dictat schreibt, führt
vielmehr auf *encor* als auf *ancor*. *Encor* steht im Hohenliede; die
Strassburger Eidformeln, das Eulalialied und die Passion haben das

Wort nicht; Sanct Bernhard hat *ancor*, Bartsch, Chrest.[3] 196,21; 198,44, das Alexiuslied *uncore* 72c (105c).

Die Handschrift hat *lai* 39d und sogar *laiuol* 16f, aber *laius* 30b; der Herausgeber *lai* 39d und so 36b mittels Conjectur, aber *la jus* für *lai jus*. *Lai* hat auch Sanct Bernhard, Bartsch, [3]197,16; ebenso *zai* 197,15, und *jai* 193,39, 196,18; jedoch im Leodegarliede steht consequent *ja* 7a, 13ac, 16b, 27f, 28f.

35c lies *aimet* st. *aime* (Mscr. *aima*).

Die Schreibung der Doppelconsonanten ist nicht durchweg geregelt. Was die Explosivlaute betrifft, so hat die Handschrift *a porter* 34b, *aprosmat* 39d, aber die Latinismen *abbas* 5f, *litteras* 3f, *occidere* 37c und so *occist* 2f. G. Paris, welcher die Latinismen ins Französische übersetzt, schreibt folgerichtig *abes*, *letres*, *ocidre*, *ocist*. Den klanglosen Reibelaut *s* hat die Handschrift einfach in den Compositen *asist* 24d, *asez* 40a, aber doppelt in *missæ* 44d, *laisse* 16c, *laisse* 17b, *laissas* 18e, *laisses*· 25d, *laissat* 22a, inconsequent *laisera* 21f. Der Herausgeber behält diese Inconsequenz bei (st. *laiseret* lies *laissieret*), schreibt aber richtig *eissit* 25b(c) und *eissi* 34cf. Der Schreibung *asist*, *asez* widerspricht *afflies* 28c; ich würde *afliz*, nicht *affliz* schreiben. Den Nasal *m* hat die Handschrift zwar einfach in dem ererbten Compositum *comandat* 4b, 5b, 22b, 30a (jedoch 37d *commandat*), *recomandet* 33b, aber doppelt in dem entlehnten Compositum *communiet* 14e und in *flamme* 23a, 34f, und diese Schreibweise behält der Herausgeber mit Recht bei. Die doppelten Liquiden des Lateinischen* hat die Handschrift stets doppelt: *corropt* 18c, *corroptios* 32c; *tollud* 39a, *illo* 30d, *ille* 17d, *decoller* 37f, *decollat* 38f, *cilla* 24a. Der Herausgeber schreibt *corropt*, aber *coroços*; *decoller*, *decollat*, aber *tolut*, *iluoc*; *celle* 24a, aber *cele* 14a, 18a, wo die Handschrift *ciel* hat. Dass Liquiden und Nasale wirklich doppelt gesprochen wurden, ergibt sich nicht allein aus der consequenten Orthographie, sondern auch aus der Verdoppelung in *porro* 25c, *quillo* 4c, *sillor* 35b, *illedrat* 19f, *credrennel* 32b (aber *credere nel* 37b), *enner* 7b. Gehört diese Gemination dem Verfasser oder dem Copisten an? Ein Reagens bietet *enner*. Wofern die Restitution von *ent* für *en* berechtigt ist, so folgt, dass die Gemination nicht dem Original zukommt. Daraus folgt aber nicht die Berechtigung, Nasale und Liquiden zu vereinfachen, wo sie etymologisch begründet sind.

Die Handschrift hat *grand* 2f, 6d, 18c, 22c, 29c, 31c, 34c und *gran* 24d, 33a. G. Paris schreibt *grant* 6c, 31c, 33a, 34c, behält aber inconsequent *grand* bei 2f, 29c, 18c, 22e. Ist die Aenderung von *grand* in *grant* überhaupt berechtigt? Auch in der Passion steht *grand*, und zwar vor vocalischem Anlaut 9d, 20b, 86c, 88a, vor consonantischem Anlaut 18d, und bei freiem Auslaut 123a, und daneben das provenzalische *gran* 10a, 11a; 33d, 72b; 95c, 100d; *grant* 19b ist für *granz* verschrieben. Der provenzalische Copist hat offenbar *grand* vorgefunden und es vereinzelt in *gran* geändert. Und diese Schreibweise *grand* dürfte sich etymologisch erklären lassen. Das lateinische *d* von *grande, *grandem* hatte sich vor vocalischem Anlaut phonetisch erhalten und wurde daher auch bei freiem Auslaut (und vor consonantischem Anlaut), wo es phonetisch in *t* übergegangen war, graphisch beibehalten. Auch Eulalia hat *grand* vor vocalischem Anlaut: *a grand honestet*. In der That konnte aus *grandem honestatem*, *grande onestate nur *grand (h)onestet*, d. i. *gran,do,ne,stet*, hervorgehen; und wenn man späterhin *gran,to,ne,stet* sprach, so erklärt sich dies nur aus einer Uebertragung des bei freiem Auslaut entstandenen *grant* auf die Fälle des nachfolgenden vocalischen Anlauts. Es verhält sich mit *grand honestet* wie mit *ad* und *qued* vor vocalischem Anlaut. *Ad* vor vocalischem Anlaut findet sich, wie im Leodegarliede, so im Alexiusliede, cf. Préf. p. 97. Ferner haben die Strassburger Eidformeln unter derselben Bedingung *quid* (in *o quid il mi altresi fazet*), Eulalia *qued* (*qued auuisset*, *qued elle fuiet*), ebenso das Alexiuslied neben der Elision, und zwar sowohl als Conjunction wie als Pronomen. Im Leodegarliede ist das Pronomen *que* elidirt 26f (*qu'es devengunz*), 37c (*qu'il*), und die Conjunction 33d (*dontre qu'il vint*), aber nicht elidirt ist das Pronomen *que* 21c, 26b, 38c (*quæ* 26b, 27b) und die Conjunction 7d (8c). Sollte die Restitution von *qued* zu kühn erscheinen? — Hierher gehört auch *sed* vor Vocalen 29a (*sĩ ee*) statt *se*, wie im Alexiusliede, und *ned* vor Vocalen statt *ne* im Eulalialied (*ne por or ned argent ne paramenz*) und im Alexiusliede, sowie *net* vereinzelt noch im *Cumpoz*, Mall. S. 32. *Sed* und *ned* statt *se* (Merovinger-

latein *se*, class. *sĩ* und *ne* (*nec*) erklären sich als Neubildungen
nach Analogie von *qued* und *ad* (*que* : *qued* = *ne* : *ned* = *se* : *sed*).
-— Im Unterschiede von *grand* sind *inde* und *de-unde* von je her
mit *t* geschrieben: *int pois* Strassb. Eidf., *ell' ent adunet, dont li
nonque chielt* Eul., *ent* Leod. 13 d, 20 f, aber im Alexiusliede bereits *en*. Ebenso hat Eulalia das Substantiv *mercit*, aber die Eidformeln *plaid*, eine Schreibweise, welche beweisen dürfte, dass
dieses' Substantiv nicht von *placitum* herstammt, sondern von
plaidier (**placitare*).

Unzweckmässige Aenderungen.

An folgenden Stellen, die einer Emendation bedürfen, scheint
die vorgeschlagene Art derselben nicht die richtige zu sein.

Für *enveia* 17 f wird das Lehnwort *envidie* eingesetzt, welches
sich im Psautier d'Oxford findet. Allein *enveia* führt auf das lautgesetzliche *enveie*, welches Pass. 20 b steht und welches die noth-
wendige Mittelstufe zwischen *invidia*, **envedja* und *envie* bildet.
Wie alt der Schwund eines solchen *d* ist, zeigt *moi* (*modii*) Cass.
Gl. 160. 161.

Die Handschrift hat *sempre* 7 ncd, 8 b, 16 d, 39 f, *semprel* 22 a,
aber auffälligerweise *semper* 22 d. G. Paris corrigirt *sempre*. Allein
in dem Satze *Qui donc fut mels et a lui vint, Il volontiers sempre
retint*, wie G. Paris liest, scheint ein *lo* als Object zu *retint* zu
fehlen. Es dürfte daher *semprel* zu lesen sein. — Uebrigens hat
sempre, welches im Leodegarliede, wie im Eulalialiede, »immer« bedeutet, die Bedeutung »*incontinent*« nicht erst in den späteren
Texten, wie S. 305 Anm. bemerkt wird, sondern bereits in der
Passion: *semper* 18 b, 26 c, 37 b, 41 b, 49 d, 56 b, 104 b (*senpr'*),
während *semper* 93 b »immer« bedeutet, vgl. 75 b »*chi en epsa
mort semper fu pius*«, wo aus der Bedeutung »immer« vermittels
des logischen Gegensatzes sich die Bedeutung »*toutefois*«, »gleichwohl«, »dennoch« zu entwickeln scheint.

Für *A foc a flamma nai ardant et a gladies percutan* 23 ab
liest G. Paris *A fou a flamme vait ardant, Et a glaives persecutant.*
Diez' Auffassung »*Et a gladi es percutan*« wird mit folgenden Gründen bekämpft: »*Gladi serait une forme bien plus provençale que
française. Puis cet es (est) parait bien plat (»à glaive il est frap-*

pant«), et percutere n'a donné de verbe dans aucune langue romane; à l'époque du Saint Léger, le participe du verbe hypothétique percodre eût d'ailleurs été percodant.« Nur der erste Grund ist stichhaltig. In der Umschreibung mittels estre, welche sich übrigens 34 f vorfindet, liegt in dem Zusammenhange der Stelle allerdings eine gewisse Plattheit; allein dies kann doch in einem Gedichte, dessen poetischer Werth »gleich Null ist«, S. 302, nicht von entscheidender Bedeutung sein. Das anschauliche percutant ist aber nicht gleichbedeutend mit dem vieldeutigen frappant und ist jedenfalls weit wirkungsvoller als das matte persecutant. Wenn percutere sonst keine Spur hinterlassen hätte, so würde dies doch nichts entscheiden; gibt es doch auch sonst im Altfranzösischen ἅπαξ λεγόμενα. Aber das Fragment von Valenciennes hat percussist. Endlich braucht percutentem nicht percodant zu lauten; denn es kann ebenso wohl ein Lehnwort percutant geben wie ein Lehnwort persecutant, statt dessen ein Erbwort ja doch auch perse,udant (*persecūtantem) lauten müsste. Und reicht das Lehnwort perseculer wirklich über Oresme hinaus? — Percutant lässt sich sehr wohl halten, aber freilich nicht gladi. Man könnte vermuthen: »El a gladies est percutanz.« Allein die Parallelstelle Pass. 51 cd: »Fortment lo vunt il acusand, La soe mort molt demandant« spricht allerdings gegen das beanstandete est. Dazu scheint percutant ein Object zu verlangen, und der Plural gladies ist bei dem singularischen Subject anstössig. Dies alles spricht für: »El a gladie les percutant.« Die Beziehung des les liegt in 22 f, »lo regne prist a devaster« angedeutet, wie die des les in »Que toz les at il condamnets« 28 d in »Non aut od sei cui ent chalsist« 28 b. Gladie ist ein Lehnwort wie (Arcadie Alex. 62 b und) envidie Psaut. d'Oxf. Der Copist scheint gladie les in gladie-s zusammengezogen zu haben ; man vergleiche einerseits lui-s für *lui-ls, lui les, und andererseits hore-l, penre-l, sempre-l.

Die Emendation der Stelle Domine deus in ciel flaiel uisitet .l. son seruu 30 ef durch das unrhythmische: - - Visitét at Ledgier son serf wird durch iuisitet, l. i visitat, der Handschrift überflüssig. Das periphrastische Perfect hat die Handschrift nur in Nebensätzen der Erzählung, 21 c, 28 e, und ausserdem in der directen Rede, 27 c (wozu 28 e). In Hauptsätzen der Erzählung steht

es noch zweimal durch Emendation, 25 a, 31 a. An der letzten
Stelle ist es durch die Assonanz, *at restauret: lauder*, gesichert.
Von 25 a wird weiter unten die Rede sein.
Poble 31 f (cf. *poblen* 14 e) kann neben *pople* Pass. 122 c,
poples 10 d (St. Alexis *poples* 62 c, 104 d, 108 e, 118 d, *pople* 64 d)
freilich als Provenzalismus erscheinen; obwohl doch auch die Eidformeln *poblo* und Sanct Bernhard *peule* besitzt.

Entro litalia los pez de ius 39 e wird durch Streichung des
li emendirt. Allein näher liegt die Correctur *Entro-l* (oder vielmehr *entre-l*) *lalial*, und um so mehr, als das Pronomen des Sinnes
wegen schwer zu entbehren ist. Man vergleiche *cio-l* demonstrat 19 bd.

Indem G. Paris 6 e (*Perfectus fud in caritet*) *perfectus* ins Französische übersetzt, so ändert er *fud* in *esteit*. Der Umstand, dass
sich die Form *esteit* in dem Gedichte nicht findet, kann allerdings
kaum als Hindernis gelten. Allein das Imperfect will zu dem coordinirten Perfect *aut* 6 def nicht stimmen. Ueberhaupt findet
sich das Imperfect im Leodegarliede nur in attributiven Relativ-
sätzen, 3 c, 4 f. Ueberdies fällt Strophe 6 auf, dass von den vier
logisch coordinirten Sätzen c f der zweite ein *il* hat, aber der
erste nicht. Man wird daher lesen müssen: *Perfeiz fut il en
charitet*, eine Emendation, die obendrein weniger gewaltsam ist.

Die offenbar corrumpirte Stelle »*Et hunc tambien que il en fist
De hostedun euesque en fist*«, 8 cf, ist so emendirt: »*Et anc tant
bien que il ent fist De Ostedun evesque en Crist.*« Allein *hunc* statt
hanc 27 b, 31 c ist auffällig; »ein Bischof in Christo« scheint, trotzdem sich ähnliche Ausdrücke in den Paulinischen Briefen finden,
modern zu sein; endlich will, und dies entscheidet, *et hanc tambien*
zu *Sa gratia li perdonat* logisch nicht passen. Ich vermuthe, dass
nicht 8 f, sondern 8 e entstellt ist, und schlage vor zu lesen: *Et
doncques il tant bien ent fist: De Hostedun evesque ent fist. Doncques*
aus *hunc* und *que*; *hunc* verschrieben für *dunc*, cf. *nonrit* für
nodrit. Doncques findet sich zwar im Leodegarliede nicht; aber
die Passion hat *duncques* 47 a, *dunques* 32 b, 60 a, *donches* 117 a
neben *donc* 43 c, 61 c, 62 a, *dunc* 32 a, 42 a, 55 a, 63 b, 67 c, 79 b,
80 c, 88 c, 92 d, 94 a, 104 c, 108 b. Die Assonanz *ent fist* kann
neben den Assonanzen *fist* 12 ab und *iert (er)* 7 ab kaum auffallen.

Wie wenig dergleichen Reime anstössig waren, zeigt namentlich *Li cumpoz Philipe de Thaun*, cf. MALL p. 27f. Zwei gleiche Wörter am Versende finden sich hier zwar nicht in unmittelbar auf einander folgenden Versen; aber doch *en at: dous at; en at: avrat* 2887—80. Man vergleiche Chev. au lyon *vos : vos* 491 f., *cos : cos* 817 f. und *le requiert : le requiert* 4803 f., freilich unter besonderen Umständen. Die Formel *tant bien ent fist* ist dem Dichter geläufig, 4c, 12a, und ebenso die Construction der beiden Sätze, 4d, 12b. Auch darf nicht etwa das zum nachfolgenden Verbum gehörige *il* vor der Cäsur auffallen; vgl. *Son chief que il | at coronet* 21c, sowie *Les levres li | at restauret* 34a, und umgekehrt nach der Cäsur das zum vorhergehenden Verbum gehörige *lo* in *Ad ocidre | lo comandat* 37d.

Unnöthige Aenderungen.

Die Zahl der Textveränderungen, welche nicht berechtigt erscheinen, ist nicht unbeträchtlich.

Die Handschrift hat consequent *om* 6a, 13a, 33e, *oms* 26f, *omne* 13a, 35c, 36a, *omnes* 37e und ebenso consequent *hanc* 27b, 31c (über *hunc* 8c s. o.); der Herausgeber schreibt umgekehrt *huom, homne, homnes*, aber *anc*. In der Passion steht einmal *hom* neben *om, omne* und ebenso einmal *hanc* neben *anc*.

Die Handschrift hat *talia* 39e, *talier* 27a, *consilier* 12b, *consiliers* 16b; sie hat dem entsprechend *seniors* 2b, *senior* 13c. G. PARIS conservirt *li*, ändert jedoch *ni* in *in*. Aber wozu denn? Auch in der Passion liest man *aurelia* 40b, 41b, *fillies* 66a, l. *filies, gradilie* 124c (st. *palis* 11c l. *palies*, st. *esveled* 31c *esveliat*) und *cumpannie* 33d, *senior* 70d, *senior : emperador* 63cd, *sennior* 20d, 22b, *raisons: sennior* 61ab, *sennior : redemptor* 104cd (woraus hervorgeht, dass *i* nicht etwa mit *o* einen Diphthongen bildet), statt *ensenna* 36c l. *ensénnie*, statt *uns anel* 39d *anielz (agnellus)*, statt *denat* 54d *deniat*. In *collit* 117c bleibt bei dieser Orthographie *l* ununterschieden, ebenso wie in dem *conselliers* des Eulalialiedes. Eine andere Art der Bezeichnung hat das Alexiuslied: *seinor* u. a. und *conseilers* 52c, *conseilet* 68c, *merveile* 88e, 89e, 93e, *meilurs* 23a, *vailanz* 2c, *vailant* 4d, aber *palie* 28c, *apostolie* 61a, 62a, 101a und *filie* 8e, 93e, neben *fille* 9b.

Den aus *t* vor *i* und Vocal hervorgegangenen Sibilanten bezeichnet die Handschrift mit *z*, *Maxenz* 5 f (*Maxentium*), *raizons*
6 c, 32 d, oder mit *ti*, in dem dreisilbigen *corroptios*; vgl. den
Latinismus *grati,a* 8 c, 15 d. Der Herausgeber lässt *z* in *Maxenz*
bestehen, setzt *s* für *z* in *raisons*, *ç* für *ti* in *coroços* und ändert
grati,a in *gracie*. Aber wie im Leodegarliede, so steht in der
Passion *terz* 91 b, 98 a, *raizun* 1 a, *raizon* 108 c, 112 a, *raizons*
128 c, woneben *raison* 48 c, *raisons* 61 a dem Copisten angehören,
cridaizun (*quiritatiōnem*; *ui* ist zu *ai* corrigirt) 72 b (vgl. *dizen* 23 a,
fazen 121 d) und daneben *faitice* 67 d, *terce* 35 c, 49 b, *pece* 92 b
(vgl. *conducent* 61 d); dazu die Lehnwörter *saci,et* = *saciet* 25 c,
redempti,ons 4 b (nebst dem Latinismus *grǣ* 129 a, d. i. *grati,ae*).
Und so hat das Eulalialied *bellezour* statt *bellaizour* (*bellātiōrem*,
Comparativ von *bellātus*, zu welchem sich *bellātulus* bei Plautus
verhält wie *bellulus* zu *bellus*). Der Latinismus *grati,a* ist, ins
Französische übersetzt, nicht *gracie*, sondern *grace* zu schreiben;
cf. *faitice, terce*. Und wenn man gegründete Veranlassung hätte,
die Orthographie von *corroptios* zu ändern, so müsste man *cor-
ropzos* schreiben. Ein *s* ist aus dem aus *t* entstandenen Sibilanten
nach *s* hervorgegangen. *poisses* (*postea*) Pass. 58 d, und daher wird
für *pos ci* 16 f mit Recht *pois que* gesetzt. Für *posc* 10 f (cf. *posc*
Pass. 112 b, 1. P. *posche* 129 ac, 3 P. *posche* 60 b und *posciomes*
im Fragm. v. Valenc.) setzt der Herausgeber *pois*, welches sich
freilich auf das *pois* für *poiz* (*poteo*) der Eidformeln und des
Hohenliedes berufen kann.

Lateinisches *c* gibt zu einigen Bemerkungen Veranlassung.

C vor *o, u* als Anlaut der Endsilbe von Paroxytonen oder
Properispomenen beharrt nach einem Consonanten: *fulc* 22 c, *franc*
9 b; cf. das zu *c* verhärtete *g* in *lonx temps* 5 d, *lonx dis* 39 c;
dazu auslautendes *c* in *donc* 3 ac, 6 b, 21 d, 32 d (*doc* 31 c) und
hanc 27 b, 34 b. Aber auch nach einem Vocal hat die Handschrift
c: *amic* 19 c, *amix* 19 d, *inimix* 13 a, aber *theoiri* 10 d, nicht
Theodric, foc 23 a; während auslautendes *c* geschwunden ist: *si,
cio, porro* 25 c, *lui,* sowie *illo* 30 d, *ille* 17 d. Der Herausgeber
schreibt *c* nach *l, n,* aber nicht nach Vocalen, nimmt jedoch *iluoc*
oder *illuoc* aus. Die Eidformeln haben *o* (*hoc*), Eulalia *inimi, ne*
(*nec*), aber vor Vocalen *ned*; ferner *fou, poro, lui;* das Fragment

von Valenciennes ço, poro, si. Das Alexanderfragment enthält freilich antic Bartsch, Chrestom. 17,17, mendic 17,20, pauc 18,25, glauc 18,36, nec un 17,36 (duc 17,22, ric 17,18; 18,11); allein dieses Gedicht ist provenzalischen Ursprungs.

Von Proparoxytonen, welche c vor o, u als Anlaut der Endsilbe besitzen, findet sich ·nur cleri eunruin 17 d, d. i. clerj' Evruin, cleries 25 a, d. i. clerjes. Der Herausgeber setzt freilich clerc, clercs. »Clerge, clergue sont des formes purement provençales; le mot français est toujours monosyllabique«, S. 312 Anm. Allein ebenso wie das Provenzalische clerge neben clerc besass, kann auch das Altfranzösische es besessen haben. Cyricum, umbilicum, laicum, classicum haben freilich St. Cyr, afr. ombil, lai, glas ergeben, aber aus canonicum, dominicum, Dominicum, hæreticum, medicum u. a. sind afr. canonge (neben chanoine), domenge, Domenge, herege (neben herite), miege u. a. entstanden; meies, d. i. mejes, findet sich speciell bei Sanct Bernhard. Es konnte also auch aus cléricum clerge hervorgehen. Dazu kommt, dass die Aenderung von clerjes in clercs 25 a die Einschiebung eines zweiten Wortes nothwendig macht; eins fehlt ohnehin. Die Handschrift·hat nämlich: Ses cleries pres reuestiz. et ob ses croix fors en exit. G. Paris emendirt: Ses clercs a pris et revestiz. Ich ziehe vor zu lesen: Ses clerjes prist il revestiz, seine Geistlichen nahm er in vollem Ornate. Il fehlt nach dem Verb wie 6 c.

Lateinisches c vor Consonanten. Aus ct ist it entstanden: fáiz 38 c, mesfáit 15 a, doit (doctum) 5 a, noit 33 c, fruit 86 c, Peitiéus 4 a; giterent 38 b für *jeitārent, *jectārunt, jactārunt. Mit Recht setzt daher der Herausgeber statt afflicz (afflīctus) 28 a affliz (oder afliz), sowie statt der Latinismen perfectus 6 c und fincta 19 c perfiz (oder perfeiz) und feinte. Im Widerspruch mit feinte aber steht das sant, sanz, welches für sant 1 f, sanz 1 c, 29 d, sanct 5 f, 12 b, 20 d, 24 b, sancz 1 b, 9 b, s̄c̄ 13 c, 14 c, 18 a, 21 d, 24 e, 30 d, 33 f, 36 c, 38 a beibehalten wird. Wir werden auf diesen Punkt zurückkommen.

Wie das Leodegarlied, so verhält sich die Passion: faita 23 b, forsfáit 44 ad, 46 c, forsfaiz 58 b, faitice 67 d, dreit 73 c, destreit 18 f, noit 29 b, 49 a, 77 a, noiz 78 b, dit 42 b, 103 b (deit 46 a, 102 a), gitad 68 b, gitet 18 f; aber sant 27 d, 81 d, 82 a, 129 c, *sanz* 85 d, *sans* 47 a, *sanc* 29 a, *sancl* 40 a, *sanctus* 32 d, *sancti-ficat* 25 a.

Auch aus *es* (*x*) ist *is* entstanden in *duist* (*dūxit*), *duistrent* (*dūxerunt*), *doist* (**doxit* st. *docuit*), *dist* (*dīxit*), *aproismat* statt des *aprosmat* der Handschrift, ferner *laisse* 16 c, *laisse*(*t*) 17 b, *laissast* 18 c, 25 d, *laissat* 22 a, *laiseret* 20 f oder vielmehr *lais-sieret* statt des *laisera* der Handschrift. Daneben aber besteht *Maxenz* 5 f und die Präposition *ex* vor Vocalen, nicht nur in dem offenbaren Lehnworte *exércité* 23 f, sondern auch in *exaltat* 5 c, 8 c, *exaudis*(*t*) 29 b, *exastret* (*-stra*) 32 c, *exit* 25 bc; jedoch *ex* = *es* vor Consonanten: *esderint* 14 a. Der Herausgeber ändert *exit* in *eissit*, behält jedoch *x* in *exaltat*, *exaudist*, *exastret* bei, indem er zu *exaudist* bemerkt: »*dans ce mot à demi-savant, l'ex a pu se maintenir*«, S. 313 Anm. Allein was ist ein halbgelehrtes Wort, in welchem sich ein lateinischer Laut gegen die Lautgesetze behauptet? Ein Wort ist entweder Erbwort oder Lehnwort. Lehnwörter können in verschiedenem Grade assimilirt, und andererseits können Erbwörter (graphisch oder phonetisch) latinisirt werden; wie *soixante*, *aixieux* (*axillōs*) 16. Jahrh. und *exil*, *exaucer*, *exhausser*, *Saint-Maixant*. *Exaltat*, *exaudist*, *exastrent*, *exit* können, soweit das *x* in Frage kommt, Lehnwörter, sie können aber auch latinisirte Erbwörter sein und setzen dann *essaltat*, *essaudist*, *essastret*, *eissit* voraus, mit welchen *essil*, *essaucier*, *essayer*, *essaim*, *essorer*, *essoriller* zu vergleichen sind. Wofür hat man sich zu entscheiden? Für die letztere Annahme spricht eine Vergleichung der in der Passion vorliegenden Verhältnisse. Auch diese hat solche zweifelhafte Wortgestalten; da hier jedoch die Erbwörter daneben bestehen, so wird deutlich, dass keine Lehnwörter, sondern Latinisirungen vorliegen. Es finden sich nämlich: *estrais* (*extraxit*) 40 b, *despeis* (*dēspexit*) 55 a, *dis* 35 a, 38 a, 58 b, 79 c, 94 a, 104 b, 109 a, *benedis* 112 c (*dissets* 45 b), *claufisdrent* 57 a (*clāvifīxerunt*), *aproismer* 4 c, *aproismad* 4 a, 33 d, *aproismet* 13 a, *aproismad* 36 b, *luissed* 50 c, *laisar* 56 a, *laisarai* 58 d, *laisei* 70 b, *laises* 59 c, *issid* 10 d, aber *exirent* 9 d, *exit* 82 a; *esdevint* 53 b, *estrais* 40 b, wozu *destre* 40 d, aber *excos* 40 d, *extendent* 11 d (Latinismus *pax* 109 a). Vgl. Eul. *còist*, *contredist*, *laist* (*laxet*), aber *lazsier* statt *laissier* (Latin. *rex*); Fragm. v. Val. *dist*, *escit*;

anders *resquit* Leod. 9 a. Die inconsequenten *mots refaits* der Passion gehören offenbar nicht dem Verfasser an. Aber in der Vie de Saint Léger herrscht System in der Latinisirung: *ex* steht vor Vocalen, *es* vor Consonanten. Man dürfte jedoch kaum fehlgreifen, wenn man annimmt, dass die Latinisirungen mit den zahlreichen Latinismen aus einer Quelle stammen. — Ein deutliches Lehnwort ist *lucrat* 36 d; vgl. das Lehnwort *sepulcre* Pass. 81 d (Erbwort *mesclen* 70 c).

Für lateinisches *t's* (*d's*) hat die Handschrift *z*: *sanz* 1 bc, 7 c, 9 b, 40 c; *granz* 1 d, 2 d, 9 c, 13 c, 26 a, 34 e; *revestiz* 25 a; *afflicz* 28 a; *laudez* 7 bc; *honorez* 9 b; *analemez* 21 d; *armez* 37 c, *aurez* 18 c, 26 a, *avez* 40 a, *toz* 28 d, *faiz* 38 d, *morz* 9 c, *asez* 40 a, *quarz* 38 a, *Laudeberz* 35 a. Ebenso in neugebildeten Nominativen wie *pez* 28 c, 38 b, 39 bc, *tiranz* 26 b, cf. *tirant* 32 c, *ardanz* 34 f. *Mors* 20 a corrigirt der Herausgeber. Ist das *tz* von *pechietz* nothwendig provenzalisch und daher zu ändern? Auch Eulalia hat *empedement*(z) neben *paramenz*. Nicht provenzalisch ist *ts* in *condemnets* 28 c. Warum dasselbe in *z* verwandeln, *»pour uniformiser«*? Umgekehrt sollte man nicht (wie Böhmer im Rolandsliede) *ts* neu einführen: nicht statt *trist* 24 c *trists* und nicht statt *Xρistus* Pass. 122 d *Christs*, sondern nach Analogie von *osz* vielmehr *trisz* und *Crisz* schreiben.

Das Gedicht bewahrt lateinisches *pt* und *ps*: *corropt* 18 c, *corroptios* 32 c, welches mithin nicht in Anlehnung an die Sprache des Alexiusliedes in *coroços* zu ändern ist; *eps* 10 b, 14 b. *Accaptare, captīvum, scrīptura, scrīptum, scrīpsit* kommen nicht vor. Das Gedicht bewahrt ferner lateinisches *mp-s, rp-s*: *temps* 1 c, 3 a, 5 d, 6 b, *corps* 2 d, 29 e, 39 b, 40 a; cf. *corps* Eul. Die Sprache des Alexiusliedes ist hier überall fortgeschritten: *coroçose* 92 d, *corocier* 11 d, *corocet* 53 c, 54 c, *acatet* 8 e, *acat* 125 c, *escriture* 52 c, *escrit* 70 d, 74 d, *escrist* 57 d, sowie *tens* 1 a, 2 a, 3 a, *cors* 20 d, 33 b, 51 b. — Wie lateinisches *pt, ps* und *mp-s, rp-s* sich erhalten haben, so ist beim Zusammentreffen von *m-t, m-s* ein *p* als Hülfslaut entstanden: *compte* 10 a (*comitem*), *devemps* 1 a (*dēbēmus*), *cantomps* 1 c (*cantāmus*), *cantumps* 1 f. Mit Unrecht schreibt daher der Herausgeber zwar *compte*, aber *devems, cantoms, cantums*, von welchen *devemps, cantomps* nicht blos graphisch, sondern phonetisch verschieden sind.

Von Hülfslauten, welche sich beim Zusammentreffen von Consonanten entwickelt haben, besitzt das Gedicht ausserdem folgende: *t* zwischen *s* nach Consonanten (*rs*, *x*, *ss*) und *r*: *essastret (exastra)* 32 c, *duistrent* 3 b, *estrai* 16 b; *d* zwischen *s* nach Vocalen und *r*: *reclusdrent* 30 d, *prisdrent* (*prīserent*, *prēserunt*, *prenserunt* statt *prenderunt*) 11 a, 35 f, 36 b, *prisdret* 15 b; ferner zwischen einem aus *c* entstandenen *s* und *r* in *fisdrent* (*fīcerent*, *fēcerunt*) 11 b, *fisdret* 21 ac, 26 b; endlich zwischen *l* und *r*, *n* und *r*: *mieldre* 6 b, *vindrent* 34 b; aber dennoch *penre* 25 f, durch Dissimilation aus *prenre*, *prennere*, *prendere*, *prehendere*, *prae-hendere*. *Penre* aus *prenre* wie *foible* aus *flēble*, *flēbilem*. Hülfslaute sind hinsichtlich ihrer Articulationsstelle durch den ersten der zusammentreffenden Laute bestimmt. Die Articulationsstufe richtet sich, soweit es sich um den Unterschied des klingenden und des klanglosen Lautes handelt, nach dem zweiten Laute, wenn dieser ein Explosiv- oder Reibelaut, nach dem ersten, wenn der zweite eine Liquida ist. Auffällig sind *fisdrent*, *fisdret* statt der zu erwartenden *fistrent*, *fistret*. Beruhen dieselben etwa auf Anlehnung an *prisdrent*, *prisdret*, *reclusdrent*? Der Herausgeber behält *fisdrent* bei, ändert aber willkürlich *fisdret* in *firet* (vgl. dagegen S. 294, Z. 3 und Anm.) und *penre* in *prendre*. »J'ai peine à admettre la forme *penre* de si bonne heure; elle est d'ailleurs plus fréquente en pr. qu'en français«, S. 294 Anm. 7. Aber *penre* ist nicht erst aus *prendre* entstanden, und ist ausserdem im Französischen häufig genug; cf. Burg. II, 193. *Penre* ist speciell die Form der Moralités sur Job und der Sermons de Saint Bernard; so finden sich in der bei Bartsch abgedruckten Predigt *penre* 197,10, *repenre* 197,44; 198,12; 198,40, aber *reprennent* 195,18 (*reprennunt*, *reprendunt*), *reprent* 198,4 (*reprennit*, *reprendit*).

Die Aenderung von *dontre* 33 d in *dentro* hat G. Paris in einer Anmerkung zu *drontre* Pass. 127 d zurückgenommen.

Den 21 ac, cf. Pass. 30 a, ändert der Herausgeber in *donc*. Allein Diez hat in *den deinde*, *dein* erkannt; Altrom. Ged. S. 25. 49; Jahrb. VII, 369.

Die Negation lautet bald *non* 16 bf, 28 b, 39 c, insbesondere in Gegensätzen 17 af, in *ja non — mais* 27 f, 28 f und *sed — non* 29 ac, bald *ne* 6 a, 10 c, 11 b, 24 c, 26 f, 28 c. Der Herausgeber lässt *non* an einigen Stellen stehen und ändert es an andern, 16f, 27f, 28b, 29ac, willkürlich in *nen* um, welches sich in der Handschrift nicht vorfindet. Die Eidformeln haben *nun* (*non*), Eulalia *n̄ = non* (4 mal), aber das Fragment von Valenciennes hat *ne: e ne doceiet, e io ne dolreie.* — Mit einem enklitischen Pronomen steht in der Handschrift *ne: nel* 10c, 18e, 23d, 32b, 37b, *nem* 16c, *nes* 15c, aber auch *no: nol* 13f, *nols* 11d. Der Herausgeber setzt dafür *nel, nels.* Aber können nicht, wo *non* und *ne* neben einander bestehen, auch *nol* und *nel* sich vertragen? Auch Eulalia hat *no-* vor enklitischem Pronomen: *a ezo no-s voldret concreidre li rex pagiens; poro no-s coist. Nol* ist aus **nonl* entstanden, wie *el* 32c aus *enl*, welches sich im Eulalialiede findet. Ist *ne* wirklich aus *non* hervorgegangen? und wenn dies der Fall, ist *no* oder *nen* die Mittelform gewesen? *No set canter* liest man im Hohenlied. *Nen* findet sich erst im Alexiusliede.

Das enklitische Personalpronomen gibt zu einigen Ausstellungen Veranlassung. Der Herausgeber hält es für unmöglich, dass ein solches mit einem verbum finitum verschmelzen kann, S. 307, Anm. zu 11c, und ändert daher einige Stellen. Statt *Rendel qui lui lo comandat* 5b wird gelesen *Rendit lo qui lui l'comandat.* »*Rende sans l n'est ni provençal ni français; si on lui restitue cette consonne finale, l'o de lo ne peut s'élider devant le q suivant*«, S. 304 Anm. Allein die Voraussetzung, dass der Vocal des enklitischen Pronomens vor consonantischem Anlaut nur nach vocalisch auslautenden Wörtern schwinden konnte, beruht auf einem Irrthum. Man vergleiche *enl fou, nos coist, nos voldret concreidre* (*no-s* aus **non-s*), *el corps* Lcod. 32c, *nol, nols* (s. o.), *nols* Pass. 125a. Wenn sich Wörtern auf *n* ein Pronomen anhängen kann, warum nicht auch Wörtern auf *l*? Und wenn *n* vor dem Pronomen schwindet, warum nicht vielmehr *l*? Aus *rendit-lo* (cf. *utle*) konnte sehr wohl *rendi-l* werden. Ueberdies steht Pass. 114a: *E per es mund roa-l allar* (vgl. 21c *el* für *e lo*, 95b *el* für *e li*). — 11c ist *Por ciel tiel duol rouas clergier* in *Por cel tel duol roval clergiet* geändert. »*Qu'on lise au prés. rovet* (oder vielmehr *ruovet*) *ou au parf. rovat, on ne peut admettre après ce t l'élision de l'e de se* (cf. 5b). *La correction est donc d'autant plus indiquée qu'un verbe clergier est inconnu.*« Ist *clergier*, mlt.

clēricāre zum Kleriker machen, wirklich ein ἅπαξ λεγόμενον? Vgl. *predier, percutant*. Wir behalten *rova-s clergier* bei.

An zwei anderen Stellen ist der enklitische Dativ *s* (*se*) stillschweigend gestrichen. So 13 d, wo für et *sē. l. ocsent pauor* gelesen wird *Et sanz Ledgiers aut ent pauor*, statt *aut s'ent pauor*, (vgl. 15 c) und, mit Diez, 5 d: *cio fud lonxtiemps ob se lo-s ting*. »Er hielt ihn sich bei sich« ist zwar ungewöhnlich, scheint aber doch nicht unmöglich. *Si s'en intrat in un monstier* 11 f neben *intrar* 16 c, 17 bc darf nicht auffallen. Intransitive Verben der Bewegung finden sich auch reflexiv: *s'ent raler* Leod. 14 f, 20 f, 21 b, *s'ent aler* Pass. 50 a, aber *ent aler* Pass. 30 d, 58 a, 81 a, 90 b, 103 c; *s'ent eissir* Leod. 25 b, aber *ent eissir* 25 c, Pass. 82 a; *es set*, l. *se siet* Pass. 118 b, aber *sedeir* 30 c, 101 a; *e si sist* Fragm. v. Valenc. (dazu *se morir* Eul., Leod. 9 c, 20 a, aber *morir* Pass. 73 b, 83 c, 84 c). Auch solche Verben der Bewegung, die im Lateinischen nur als transitive nachweisbar sind, finden sich reflexiv und intransitiv: *se torner* Leod. 35 b, *se retorner* Pass. 106 b, intransitiv *torner* Pass. 104 a, 119 a, *s'en lever* Pass. 30 a, intr. *lever* 26 c. Und so wird man auch *laisaprosmat* Leod. 39 d mit G. Paris als *lai s'aproismat* auffassen müssen, obwohl die Passion das Verb intransitiv hat, 4 ac, 13 a, 36 b; *ias aproismed* 33 c und *sisaproismet* 99 b lassen sich in *ja 'st aproismiez, si 'st aproismiez* ändern, allein der Zusammenhang empfiehlt dort das historische Perfect, hier das historische Präsens.

22 b wird für *et a diable comandet* gelesen *Et s'a diable comandat*; besser vielleicht *Et a diable-s comandat*; cf. *horel* 25 c, 35 a, *penrel* 25 f, *semprel* 4 d, *sovrels* 39 b. Anders Alex. 58 c: *parfitement se ad* (l. *s'at*) *a Deu cumandet*.

Statt *poro nexit uol li preier* 25 c liest der Herausgeber *Por o ent eist, volst li preier*. Allein es ist offenbar zu lesen: *Por o'nt eissit*.

Ohne Grund wird 32 a *Et Ecruins. com il l'audit* in *Et Ecruins, si com l'odit* geändert. V. 37 a lautet genau so wie 32 a.

35 d ist *uin = vint* (cf. *diuint* 5 f und *uindrent* 38 a) in *vient* geändert. Allein das historische Perfect erscheint syntaktisch nicht unmöglich.

36 a ist *de ciel pais* ohne Noth in *de cest pais* geändert. Das

Pronomen *cest* findet sich nur ein einziges Mal, *ciest omne* 35 b. Sonst seht stets Masc. Sing. Nom. *cil* 17 e, 35 a (und fehlerhaft 2e), determinativ *cil biens que fist*, *cil li pesat* 39 c (zu corrigiren *ciel eps* 10 b, *ciel enuruins* 25 c, cf. 33 e). Acc. *ciel corropt* 18 c, determinativ *ciel fruit que* 36 c; mit Präpositionen 3 c, 11 e, 14 b, 19 c, 24 f, 25 d, 30 ce, 36 a, determinativ *de ciel savier dont* 4 e, ob *ciel senior por cui* 40 e. Masc. Plur. Nom. fehlt; Acc. *a ciels temps* 3 a, 6 b, determinativ *por ciels signes que* 35 c. Fem. Sing. Nom. *cele ire* 14 a (Msc. *ciel ira*); Acc. *a cilla ciu* 24 a (*de ciel' ira* 18 c, *de ciel' art* 5 a); Plur. fehlt.

Hier mögen die andern Pronomen nebst dem Artikel eine Stelle finden. Der Artikel lautet im Masc. Sing. Nom. *li* 2 d, 26 bc (*lo* 38 c, 39 bf), Pass. *li* 31 a, 33 c, 36 c, 37 c, 41 a, 49 c, 54 b, 55 b, 60 d, 65 c, 75 a, 85 a, 95 a (*lo* 9 b, 21 a, 27 a, 32 c, 38 a, 49 a, 53 a, 69 c, 105 a, 111 d, 123 a; *le* 10 d, 45 a, 51 a, 78 c, 80 d, 110 c, *l'* 99 a, 101 a; *la* 99 d); Acc. *lo* 7 be, 14 c, 18 d, 20 b, 22 f, 39 a (*li* 10 d), *l'evesque* 4 a, *l'estrit* 10 a; dazu *del* 6 a, 26 d, 40 a, *al* 3 b, 12 c, 32 e, *el* 32 e; Pass. *lo* 8 b, 10 cd, 24 a, 40 b, 48 d, 70 c, 86 b, 98 a (*le* 43 a, 44 a); Plur. Nom. *li* 20 d, 38 a, *tuit li omne* 36 a, *li Evruin* 20 d; Pass. *li* 11 a, 15 a, 35 b, 36 a, 43 c, 46 b, 59 a, 60 c, 61 c, 63 b, 94 c, 95 c; Acc. *los* 39 e, *les* 15 f (*lis* 26 d, 29 b; *li* 28 d); der Herausgeber hat überall *les*, welches übrigens nur aus *illas* hervorgegangen sein kann und daher ein älteres *los* verdrängt haben muss. Die Passion hat *los* 1 c, 3 b, 16 a, 18 c, 19 a, 34 a, 47 a, 97 d (*lis* 23 d). *Les* ist nirgends erhalten. Oder besass das Original noch *los*? *Dels* 2 a, 40 b (*del sanz* 1 c); *als* 35 b, 40 d; *sovrels* 39 b; Pass. *dels* 5 c, 10 b, 33 d, 70 a, 72 c (*del* 80 a), *als* 90 a, 123 b. Fem. Sing. Nom. *l'ire* (*lira*), *l'* aus *la*, 13 c; Pass. *la* 78 c, 93 c, 117 c, *l'* 81 a; Acc. *la* 24 c, 27 b, *l'anima* 40 c; Pass. *la* 4 c, 13 a, 23 b, 26 a, 40 d, 49 d, 57 d, 61 d, 67 b; Plur. Nom. —, Pass. *las* 32 d, 95 b (*les* 100 a?); Acc. *las* 26 a (*la* 31 a) G. P. *les*; Pass. *las* 10 b, 48 a, 120 b; *ab les* 65 d; *dels* 10 a, *de las* 62 c, *a las* 101 b, aber dort gestattet das Metrum *dels*, und hier ist nach 65 d, 106 d *ab las*, *ab les* zu lesen.

Das Personalpronomen der 3. Person lautet: Masc. Sing. Nom. *il* 2 b, 3 c, 4 c, 5 a, 6 d, 7 f, 8 e, 9 c, 15 a, 16 a, 17 c, 18 f, 20 a, 21 c, 22 d, 23 cd, 26 b, 34 c (*el* 5 e, 7 d, 29 c, 33 d, 37 c); Pass. *el*

5 a, 13 b, 14 b, 32 a, 42 b, 44 d, 45 c, 54 c, 64 c, 67 a, 72 d, 73 b, 84 d, 86 bc, 91 a, 94 a, 115 a, jedoch *il* 45 d in der Assonanz. Acc. *lo* 3 b, 4 bc, 5 bcd, 11 a, 17 a (*li* 18 e), 20 b, 21 f. 25 f, 31 c, 32 c, 37 d, 38 f; Neutr. *lo* 14 d; *l'* 3 e, 5 ae, 7 f, 8 c, 13 b, 15 a *al.* Pass. *lo* 40 a, 42 c, 47 b, 49 bc, 51 c, 53 a, 55 ad, 61 c, 62 a, 63 b, 65 b, 70 d, 88 c, 106 ac, 107 b, Neutr. *lo* 79 c. Enklitisch: *sil* 33 b (*sīc*), *luil* 4 b, 5 b, *cuil* 30 a, *a sel* 8 a, *nol* 13 f, *nel* 10 e, 18 c, 23 d, 32 b, 37 b, *entro quel* 32 b, 37 b, *semprel* 4 d, *penrel* 25 f, *horel* 25 e, 35 a. Dativ 1. *li* 7 a, 8 e, 15 c, 16 a, 17 e, 26 d, 27 a, 31 a, 32 f, 33 c, 34 e, 36 f, 37 c, insbesondere bei *preier* 18 df, 25 c, *rover* 33 c; Elision in *Et cum il l'aut* (*illaud*) *tollut lo chief* (*queu*) 39 a; Enklisis in *ciol demonstrat* 19 bd (*entrel taliat* st. *entro litalia* 39 e); Pass. *li* 6 d, 22 a, 34 c, 37 b, 40 d, 44 b, 48 d, 62 b, 64 b, 80 b, 86 b, 87 b, 110 b; 2. *lui*: *fut lui amét* 7 f, *lui lo* 5 b, *luil* 4 b. Im Accusativverhältnis steht *lui* (stets betont) 2 f *Que lúi a gránd tormént occist* 37 f, *Que lúi aléssunt décollér*, 39 d *Lai s'áprosmát que lúi firid*, 8 b *A cúrt fust, sémpre lúi servíst*; Pass. *lui* 29 b, 49 d, 65 a, 74 h, 89 b, 114 b, 125 a (*loi* 42 a); mit Präpositionen: *a lui* 15 f, *a lui-s* 15 b, *a lui* 22 c, *por lui* 1 d, 18 c, *od lui* 32 d, 18 f; Pass. 53 c, 80 d, 93 c; 63 a; 89 d; 106 d (*per loi* 46 d); Plur. Nom. *il* 11 a; Pass. *il* 15 c, 20 a, 44 a, 51 c, 68 a, 70 cd, 72 a, 108 c, 110 abc, 115 c, 120 a, 125 b; Acc. *los* 28 d, 29 d, 38 d, *les* 36 d (*lis* 36 c), Pass. *los* 18 d, 31 cd, 33 b, 111 b, 123 c (kein *les*). Enklisis *nols* 11 d, *a lui-s* 15 b (vgl. *nes soth mesfait* 15 e, *nem lez tener* 16 c und durch Emendation *semprem vuols aveir* 16 d); Pass., mit Präpos. *ab elz* 107 c, 113 c, 122 d, *sobrelz* 119 c (*d'els* 116 a, *ab el* 107 d, *entre el* 110 c). Dat. *lor*: *si lor dist* 35 b; Pass. *lor* 24 b, 34 b, 35 c, 42 b, 64 b, 67 c, 92 cd, 103 d, 121 c, 125 b (*lō* 128 d, *lo* 22 b); Fem. Sing. Nom. —, Pass. *ela* 84 a; Acc. *defors l'asist* 24 d; Pass. *la* 13 b; Plur. —, Pass. N. *elles* 104 a, A. *las* 104 b.

Das Possessivpronomen: Masc. Sing. Nom. 1. P. —, 2. P. *tos* 16 b, 3. P. *li suos corps* 2 d, wofür G. Paris· mit Unrecht *li sos* setzt; Pass. *tos* 14 d, *sos* 68 c, 89 c und *li sos* 102 d (*lo los* 69 c), wofür ich *li suos* restituire. Accus. *son* 12 f, 14 c, 30 f, *a son duom* 33 f (so 10 f, 11 b); aber mit dem Artikel *al suo conseil* 12 c, *li seu fredre* 10 d (*del son iuuent* 6 a). Der Herausgeber hat (gemäss der

Sprache des Alexiusliedes) überall *son*, allein es ist, dem *li suos* entsprechend, *lo suon* zu lesen: *suo* steht für *suon* wie *so* für *son*; *seu* ist Provenzalismus. Pass. *ton* 74 d, *son* 13 c, 22 b, 27 c, 62 c, 64 b, 95 b, 97 b (*som p.* 127 d; *mo* 109 d, *to* 38 b, 129 b) und *lo son* 27 d, 37 b, 85 b, statt *lo suon*. Plur. Nom. *soi* 3 b, nicht *sui*; Pass. *toi* 15 b, *li toi* 17 a, *soi* 69 b, 107 b (*sei* 42 a), *li soi* 95 b, 96 c, 115 a, 119 a. Acc. mit Präpos. *de sos*, *a sos* 1 b (hier hat der Copist *u* in *o* corrigirt) 10 e, 15 b, 25 a, 38 b; für *lis sos* 29 b ist die Neubildung *sons* gesetzt, welche sich im Alexiusliede findet; allein warum sollte nicht *sos* (lat. *suōs*) beizubehalten sein? Pass. *mos* 109 c, *tos* 16 c, *sos* 28 d, 30 d, 74 a; 13 d; 11 d, 23 d, 71 b, 103 a, 113 a; 86 d und so *los toz* 16 a st. *tos, los sos* 1 c, 19 a, 47 a, *dels sos* 5 c, *alsos* 33 a st. *als sos*. Femininum Sing. Nom. —, Pass. *sa* 3 d, 4 a und *tua* 77 d, *la sua* 3 c, *la soa* 89 a; Acc. *meie* (*meu*) 16 c, *sa gratia* 8 d, 15 d, aber *en soe amor* (*in suamor*) 1 c; Pass. *ta* 47 c, 90 c, 128 d (mit Präp.), *sa* 24 c, 64 c (111 b), 117 c, mit Präp. 32 d, 48 c, 60 b; 62 b; 27 a, und *sua* 42 d, *soa* 97 b, *soe* 67 c, mit Präpos. *sua* 7 a, *soa* 94 c, 84 b, *la soa* 54 d. Plur. Nom. —, Acc. *ses croix* 25 b; Pass. *mas* 109 c, *tas* 16 c, *sas* 60 a. Die Eidformeln haben *de suo part*, Eulalia *sa virginitet*, aber *par souue clementia*.

Das Relativpronomen: Nom. Masc. *qui* 3 c, 4 e, 5 b, 6 b, 7 b, 13 b, 16 d, 23 f (*que* 2 f, 37 f, 39 d), Pass. N. M. *qui* 75 a, 93 ab, 96 c, 109 b, 128 a, *chi* 8 c, 9 c, 75 b, 76 c, 80 a, 85 b, *ci* 76 b. Dat. *cui*: *cui en calsist* 28 b, *cuil comandat* 30 a, Pass. 25 d, 52 b; Acc. *que* 2 d, 24 e, 35 e, 38 c, 40 b, *qu'* 37 b, *quæ* 2 b, 24 f, 26 b, 27 b; Pass. *que* 117 b, 112 b, *per que* 1 d; aber in Beziehung auf eine Person findet sich *cui* im Accusativverhältnis: *cui el servid* 5 e, cf. Pass. 36 d; vielleicht auch statt *quæ* 18 c *cui* zu setzen. Ebenso *cui* mit Präpositionen: *por cui* 35 d, 40 f, Pass. *de cui* 83 b, 105 d, *a cui* 43 b. Als Nom. Sing. Fem. steht *que* 100 d (*quae*), aber *qui* 82 c, *chi* 67 d. Ich restituire *que*, *qu'*. Noch Sanct Bernhard hat Nom. Sing. Fem. *ke* Bartsch[3] 197,23; Nom. Plur. Fem. *ke* 196,27; 197,1; *k'* 196,20; 198,37. Als Nom. Neutr. scheint 66 d *qui* in Beziehung auf einen Satz zu stehen. Allein die Stelle ist corrumpirt. Noch in dem Appendix des Alexiusliedes lautet der Nom. Neutr. *que* (*quid* st. *quod*): *Geres nient ne deut estra fruissiet ico*

que nient ne parmaint aluiet ad üürier an eglises; und bei St. Bernhard stehen in Beziehung auf einen Satz *ke* und *qui* neben einander: *ke jai nen avignet* 196,18; *qui jai nen avignet* 193,38.

Unterlassene Aenderungen.

Dass bei der Radicalcur, die der Text erfahren, viel überschen
worden, ist nicht zu erwarten.

Poblen 14 e wird »*faute de mieux*« beibehalten oder vielmehr
zu *poblent* francisirt. Die Aussicht auf eine Erklärung dieses *poblent*
ist eine äusserst geringe. Inzwischen dürfte *Puople et lo rei communiat* nicht alle Wahrscheinlichkeit gegen sich haben. Auch 31 f
steht *poble* ohne Artikel als Object. G. Paris corrigirt zwar *Lo
puople bien fist creidre en Dieu;* allein es kann auch *Puople bien
fist il creidre en Dieu* gelesen werden. Man vergleiche Pass. 122 c,
per tot convertent gent et popu. Dagegen steht Pass. 10 e das Subject mit dem Artikel: *issid lo dii le poples lez.*

Auffällig ist 31 b *Si cum desanz deu pres laudier,* während
sonst *penre* mit *a* und dem Infinitiv steht, 31 c, 35 f, 36 b; Pass.
27 b, 65 d; Alex. 13 bc, 79 a, *an prennent a parler* 104 a, *s'emprist
a dementer* 26 d. Die Verse 31 a—d, insbesondere *laudier* und
parlier, haben Beziehung auf 27 ef, 28 ef. Dabei fällt auf, dass
zwar *laudier* ein Object hat, aber *parler* nicht. Sollte etwa ein
Schreiber, dem ein intransitives *laudier* zu kahl vorkam, *deu* interpolirt haben?

Für *li tres* hat der Herausgeber *li treis.* Allein dieses Zahl-
wort hat folgende Formen: Masc. N. *trei, troi;* A. *treis, trois;* Fem.
N. u. A. *treis, trois.* Belege bei Sanct Bernhard: Masc. *troi homme
sunt; cist troi homme; trois periz at, de cez trois;* Fem. N. *ou
trois manieres de gent puyent solement trespesseir;* A. *de ces trois
choses; a ces trois choses.* Das Provenzalische hat freilich neben
trei tres: pes, Bartsch, Chrest. 21,6 f.

Es bleibt noch eine Frage zu erörtern. Wider das Lautgesetz
hat die Handschrift s̄c̄, *sanct, sancz, sant, sanz,* und der Herausgeber entscheidet sich für *sant, sanz* wegen der Assonanz *sanz:
uanz* 1 cd; denn *aint* und *ant* assoniren in keinem bekannten
Texte, S. 279. *Sanz* wird bald als eine dialektische Spur, S. 279,

bald als eine liturgische Form erklärt, S. 282. Dieser zweifache Erklärungsversuch, dem eine Resignation auf dem Fusse folgt, S. 317, beseitigt den Stein des Anstosses nicht. Ist die Assonanz *aint* : *ant* darum unmöglich, weil sie ungewöhnlich ist? Ein Vocal assonirt ohne Schwierigkeit mit einem Diphthongen, dessen erster Bestandtheil betont ist; und dies ist, wie vor andern Consonanten, so speciell vor Nasalen der Fall. Das Eulalialied bietet *còist* : *tòst*. Das Leodegarlied: *mesfáit* : *ralat* 15 ef, *adunat* : *estrái* 16 ab, *páis* : *paiast* 19 ab, *fáiz* : *pardonat* 38 cd; *dóus* (*duos*) : *honors* 20 ef; dazu Diphthong und Triphthong: *Diéus* : *ciél* 35 cd; *preiiér* : *Diéu* 25 cd, sowie *Peitiéus* : *Lodiérs* 4 ab (*quiéu* : *piéz* 39 ab), *taliér* : *quiéu* 27 ab). Das Alexiuslied hat *láirmes* : *chandelabres* u. s. w. 117; *queréiz*, *troveréiz* : *pi,etét*, *recovrér*, *enditét* 63, *atendéiz* : *recordér* u. ä. 110; *Déu* : *volentét* 109; *reconúissent* : *redútet*, *encúmbrent* 40; *nòise*, *gòi,e* : *apostòlies*, *adjutòrie*, *tòlget* 101; *gòi,e* : *memòrie*, *tòlget*, *glòrie*, *nòster* 125. Insbesondere vor Nasalen: a) *cúintes* : *Rúine* (statt *cointes*, *Rome*) u. ä. 43; b) *pardúinst* : *bricun* u. ä. 54, *dúins*(*t*) : *num* u. ä. 62, *dúins*(*t*) : *emperedur* (st. *empereur*) u. ä. 66. Das Rolandslied hat folgende Fälle: in *ó* assoniren *dóus* Tir. 113, *ansdóus* 208, *amsdóus* 210; in *é* assoniren *Déu* 9. 28. 34. 55. 85. 151. 181. 185. 215. 219, *déus* 191; in *u* = *ü* assoniren *lúi* 16. 63. 120. 154. 157. 177. 203. 267. 293, *altrúi* 148 (fehlerhaft *altroi* 295), *fúi* (lat. *fuï*) 177, 203, *cundúit* 295, *lúist* 120, *fúit* (*fugit*) 83. 154, sowie *lúisent* 105, *fúiet* 173, Subst. *fúie* 271, *esgrúignet* 173; in *u* = *u* assoniren *vóiz* 279, *genúilz* 164 und *dúins* 49, *dúinst* 144. 168, *júinz* 168, *loign* 144, *lúign* 17, *lúinz* 180, *póign* 62. 71. 144. 196, *púign* 139, *pòinz* 107, *besòign* 107, *essòign* 95, sowie *angòisset* 152 (189), *angúisset* 270, *defrúiset* 189, *reconúisset* 265 und *Guascòigne* 116, *Borgòigne* 228, *júindre* 75, *júintes* 152; in *a* assoniren *Ais* 68 u. ä., *aimet* 87 u. ä., *mains* 92. 296 u. ä. (s. u.) Das Hohelied hat *messaget* : *súives* (*citez* : *aséiz*); Jourdains de Blaivies *esloingnent* 2415, *Babiloinne* 2416 in einer *ó*-Tirade; ebenso *joindre* Cor. Looys 2077, *tesmoing* Bat. d'Alesch. 6803. Es ist hiernach nicht einzusehen, warum nicht in einer weit früheren Zeit *sáinz* : *aanz* sollen assoniren können. Man vergleiche die Assonanzen der Passion. Uebrigens finden sich *sunt*, *sanz* nur an drei Stellen, an 15 Stellen hingegen die latinisirten Wörter *s̄c̄*, *sanct*, *sancz*.

Zur Metrik. Von den 240 Versen des Gedichtes haben nach G. Paris 222 die vierte, 18 die dritte Silbe betont. Diese Angabe ist richtig. Doch fällt 14a nach der Emendation aus. Ist die dritte Silbe betont, so ist es auch die erste. Von dieser Regel machen jedoch zwei Verse eine Ausnahme, nämlich 34 d *De ciél vindrent, fút de par Déu* (Ass. *claritét*) und 38a *Li tréi vindrent a sáint Ledgiér*.

Ist die vierte Silbe betont, so ist es zwar in der Regel auch die zweite, allein mehrfach statt der zweiten die erste: *Primes diréi vos dels ahanz* 2a; so 7d, 11c, 13c, 14dc, 15b, 20c, 25f, 28c, 32b, 34b, 37b, 38b, 40c, dazu die Verse, welche mit *Dómine Diéu* beginnen, 1a, 22a, 30c, 36d, welches wie *exércite* 23f zu betonen sein wird. Auch 17b *Láisset l'entrér en ún monstiér* gehört hierher, wenn man nicht statt *laisset* lieber *laissat* liest.

Das zweite Hemistich hat den Nebenton in der Regel auf der zweiten, aber nicht selten auf der ersten und nur ausnahmsweise auf der dritten Silbe. Beispiele für den zweiten Fall zählt G. Paris nur neun, nämlich die Verse, in denen das zweite Hemistich mit einem Paroxytonon beginnt, z. B. *ábes devint* 5f; 7c, 10f, 22d, 32d, 33c, und ausserdem 5a, 7d, 12d (statt 12b): *dóit de cele árt, ó que il puót, bién se guardát*. Aber man wird hinzunehmen müssen einerseits *Dómine Diéu* 10c, 40c und andererseits Verse wie 3c, 6c, 9c, 10ac, 11c, 13acd, 14cdc, 15a, 17cc, 18a, 19b, 22c, 24c, 25bc, 26c, 28a, 29a, 33f, 34d, 37a; insbesondere 11a, 26c, 34d, wo in dem ersten Hemistich die dritte Silbe den Ton trägt. Die Fälle, wo die dritte Silbe des zweiten Hemistichs vor der vierten betont ist, sind folgende: *Cio cóntrovérent barón fránc* 12b, *consiliér fist* 12b, *que defórs vit* 24f. Das Schema des Versmasses ist demnach folgendes:

$$
\text{I.} \quad
\begin{array}{ll}
- \overset{\shortmid}{\smile} - \acute{} \\
\overset{\shortmid}{\smile} - - \acute{}
\end{array}
\quad \bigg|
\begin{array}{ll}
- \overset{\shortmid}{\smile} - \acute{} \\
\overset{\shortmid}{\smile} - - \acute{}
\end{array}
$$

$$
\text{II.} \quad
\begin{array}{ll}
\overset{\shortmid}{\smile} - \acute{} - \\
- \overset{\shortmid}{\smile} \acute{} -
\end{array}
\quad \bigg|
\begin{array}{ll}
\overset{\shortmid}{\smile} - - \acute{} \\
- - \overset{\shortmid}{\smile} \acute{}
\end{array}
$$

Die Originalsprache der Passion.

Dass sich der Text der Passion, wie er in der Clermonter
Handschrift vorliegt, in einem verwahrlosten Zustande befindet,
lehrt eine aufmerksame Prüfung der Assonanzen. Dieselben sind
nur zum Theil wirkliche, zum andern Theil scheinbare, d. h. zu
corrigirende. Unter den letzteren befinden sich mehrere, wie 10 ab,
20 ab, 32 cd, 45 ab, 48 ab, 49 cd, 82 ab, 100 ab, 108 ab, 119 cd,
122 cd, welche, ganz abgesehen von der Frage nach der Original-
sprache des Gedichtes, eine Remedur gebieterisch fordern, und hier
ist denn auch die bessernde Hand längst angelegt worden. Aber
auch die übrigen Scheinassonanzen sind auf die eine oder die
andere Weise zu beseitigen. Der französische Ursprung des Gedichtes ist erwiesen, sobald gezeigt wird, dass der Text eine Zurückführung der Assonanzen auf französische Assonanzen fordert, resp.
gestattet. Die Frage, ob dies der Fall, ist von Diez und G. Paris
verneint worden. Wir glauben sie bejahen zu dürfen. Das Mittel
zur Herstellung französischer Assonanzen besteht, soweit die Umwandlung provenzalischer Wortformen in französische nicht aus-
reicht, gewöhnlich in einer Umstellung von Wörtern und namentlich von Vershälften, wodurch eine grössere Zahl von Binnenreimen
schwindet. Materielle Textänderungen sind nur an sehr wenigen
Stellen erforderlich, und hier wird die Nothwendigkeit der Herstellung wirklicher Assonanzen durch andere Gründe unterstützt.
Wenn man erwägt, was aus manchen anderen Texten, bei denen
nicht einmal der Versuch einer Uebertragung in eine fremde Sprache
gemacht worden, z. B. aus dem Alexiusliede, unter den Händen
der Abschreiber geworden ist, so erscheint das Schicksal der Passion,
abgesehen von der absichtlichen Provenzalisirung, immer noch recht
glimpflich. Man wolle also nicht befremdlich finden, was den
Schein des Ungewöhnlichen nur dem Unstern verdankt, dass nur
eine einzige Handschrift erhalten ist, eine Handschrift, welche obendrein deutliche Spuren an sich trägt, dass sie nicht eine unmittel-
bare Copie des Originals ist.

Der Versuch, auf dem bezeichneten Wege französische Assonanzen durchzuführen, ergibt folgendes Resultat.

1) *a-* (und *a i-*) Assonanzen.

Es stellt sich heraus, dass sowohl *ai* wie *an* noch mit *a* assonirt. Aus der Combination beider Assonanzen folgt, dass auch
ái : *an*, *a* : *áin* und *an* : *áin* möglich sind.

α) Die Handschrift enthält folgende correcte *a*-Assonanzen:
tais : *denat* 54 cd, *vai* : *ad* 103 cd, *resurdra* : *pareistra* 91 ab, *ven-
cera* : *mais* 125 ab, *vai* : *voldrat* 42 cd. (Die Form *voldrát* fasse
ich nicht mit Diez als Plusquamperfect, st. *vóldret*, sondern als
Futurum auf. Dasselbe schliesst sich hier ebenso an ein historisches Präsens, 42 ac, an, wie das Futurum 125 a an das historische
Präsens Str. 120—125; 29 bd steht das Futurum im Nebensatze
sogar im Anschlusse an das historische Perfect. Vgl. *Nel lairat
anuit mes partir*, Trist., Bartsch[3] 100,19. *Eidier li voldra il ades*
Chev. au lyon 3366.) Correcte *a*-Assonanzen sind ferner: 12 ac,
51 cd, 73 cd, 95 cd, 102 cd, 121 cd, 123 ab, insbesondere: *deman-
dan* : *tradissant* 20 cd, *forsfait* : *oicisesant* 44 ab. Die einzigen weiblichen *a*-Assonanzen sind: *Pasches* : *faita* 23 ab und *rams* : *branches*
10 ab, lies *ráimes* : *branches*.

β) Folgende Scheinassonanzen lassen sich durch Aenderung
der provenzalischen Endungen mit *e* in französische Endungen mit
a in wirkliche Assonanzen verwandeln:

1) Historisches Perfect prov. auf *et*, franz. auf *at*: *fait* : *suscitet*
8 ab, *part* : *aportet* 87 ab, *donet* : *carn* 97 ab, *per choindet* :
neiara 29 ab, *aduned* : *gurpira* 29 cd, *montet* : *ai* 117 ab.

2) Prov. Gerundium auf *en*, franz. Gerundium auf *ant*: *seguen* :
gaimentan 65 ab.

γ) Ebenso lassen sich folgende prov. *e*-Assonanzen in franz.
a-Assonanzen verwandeln:

1) histor. Perfect und histor. Perfect, z. B. *enveied* : *roved* 5 cd,
franz. *enveiat* : *rovat*; cf. 13 cd, 18 cd, 30 cd, 31 cd, 32 ab,
33 ab, 37 cd, 50 ab, 54 ab, 74 ab, 80 cd, 81 ab, 86 cd, 92 cd,
107 cd, 111 ab, 113 cd;

2) histor. Perfect und Imperfect des Conjunctivs: *cantes* : *neiet*
49 ab;

3) Gerundium und Gerundium: *firend* : *desfazend* 19 cd.

δ) Anderweitige Aenderungen sind an folgenden Stellen erforderlich: die Verwandlung von *tradran* : *adempliran* 21 cd in *tradrai* : *ademplirai* verlangt der Sinn der Stelle. *Fei* : *bassarai* 36 cd und *anz* : *laisei* 70 ab corrigiren sich zu *fait* : *baiserai* und *anz* : *laissai.* Die Verwandlung des prov. Particips *ardenz* 99 c in das französische *ardanz* erheischt die Umstellung von *blanc vestimenz* zu *vestimenz blancs.* Das corrumpirte *chad* : *ardenz* 119 cd emendire ich durch Umstellung und Ergänzung des Wortstumpfes *chad*: *sovr'elz chadit esperiz sainz* : *ardanz.* Durch Umstellung der Vershälften tritt an die Stelle des unmöglichen *réi* : *ès* 58 ab *ocidrai* : *Pilaz.* *Usted* : *anel* 39 cd corrigirt sich ebenso zu *ostal* : *vail.* Statt *morir* : *ver* 84 cd lese ich *moranl* und mit Umstellung der Vershälften : *ço set por veir, il resurdrat.* *Vin* : *commandez* 24 ab wird mittels Umstellung der Vershälften und Correctur des sinnlosen *commandez* durch *pain* : *comandat* ersetzt. Die defecte Assonanz 48 cd ergibt mittels Ergänzung des Wortstummels *esfred* und Umstellung von *fait neier esfreidat* : *fait.* Für *reswardet* : *fit* 49 cd lies *reswardat* : *fait.* Das sinnlose *mult a preiar* : *dones* 86 ab corrigirt sich zu *mult per preiat* : *donast.* 30 b kann *viles nunez* nicht im Sinne von *vil' es 'n anez* aufgefasst werden; ich lese *vil' enz alat* : *levat.* Endlich wird das specifisch provenzalische *laudar* : *secula* 129 cd durch Umstellung in *esperit saint* : *secula* geändert. Will man den Latinismus *spiritum* beibehalten, so lässt sich übrigens auch die Assonanz *spiritum* : *nunc* gewinnen : *Poisse lauder Saint Spiritum Per tot in secula ut nunc!*

2) è-Assonanzen fehlen.

3) é- (und éi-) Assonanzen.

Französisches *é* aus lateinischem *a* assonirt mit *éu* und *éi;* folglich können auch *éu* und *éi* assoniren. Ferner assonirt *é* mit *én;* und da es mit *éu* und *éi* assonirt, so sind auch *éu* : *én* und *éi* : *én* möglich. Die reinen *éi*-Assonanzen erscheinen also noch als eine Species der *é*-Assonanzen, wie die reinen *ái*-Assonanzen als eine Species der *a*-Assonanzen.

Die männlichen *é*-Assonanzen betrachten wir in folgender Ordnung: 1. *é* : *é;* 2. *é* : *éu;* 3. *é* : *éi;* 4. *éi* : *éu;* 5. *éi* : *éi;* — 6. *é* : *én;* (7. *éu* : *én;*) 8. *éi* : *én;* 9. *én* : *én.*

1. *é : é* und 2. *é : éu.*

α) Französische Assonanzen liegen vor in *toster* : *lapider* 124 cd, *Judeu* : *menez* 43 ab. *Esclairez* : *menet* 51 ab ist incorrect. Das Particip lautet *esclairiez* (*exclāriātus*). Allein es findet sich doch auch *esclarer* (*exclārāre*. Man wird daher *esclarez* lesen dürfen, und zwar um so eher, als auch *clar* : *esclairaz* 98a die Correctur *cler* : *esclarez* erfordert. — Ich füge hier an *graci,œ* : *glori,œ* 129 a. *Pontiféx* : *Déu* 45 ab dürfte kaum anzufechten sein. Im Nothfalle liesse sich durch Umstellung *devant* : *conjurat* gewinnen.

β) *Deus* : *carnals* 2 cd fordert und *vertat* : *ester* 69 ab gestattet die Zurückführung auf französische Wortausgänge.

γ) Die falschen Assonanzen *humilitad* : *monted* 7 ab und *laisar* : *Judeu* 56 ab lassen sich folgendermassen corrigiren. Die erste mittels Ersetzung des historischen Perfects durch das periphrastische: *humilitet* : *Jesus reis magnes est sus montez*. Da die überzähligen Silben vor der Cäsur nicht zu beseitigen sind, so ist es unbedenklich, ihre Zahl um eine zu vermehren. 56 ab erfordert eine gründlichere Remedur. Der erste der beiden Verse ist corrumpirt: *que* ist unverständlich und muss schwinden; auch *anz* gibt keinen deutlichen Sinn. Dasselbe ist die Entstellung eines *anar*, welches der letzte provenzalische Copist bereits vorgefunden hat. Gestützt auf *laisarai l'en annar* 58 d lese ich: *Pilaz laissier vuoll l'ent aler* : *Judeu*.

δ) Die »hybriden« Assonanzen *redre gardet* : *parler* 65 cd, *la fort monstred* : *Judeus* 19 ab (*la* für *lan, lam* findet sich sonst nicht in der Handschrift), *dunqus laved* : *neger* 60 cd erledigen sich, wenn man das historische Perfect durch das periphrastische ersetzt. Ich lese: *riedre at wardet* : *parler; at fort monstred* : *Judeu; dunque at lavet:* aber *se neger de qc.* scheint weder der Construction noch der Form nach zu rechtfertigen. *Neier* ist wegen seines *ié* unmöglich. *Ses mains laver* erfordert aber ein Verb, welches »reinigen« bedeutet. *Nitidare* musste *neter* ergeben, und *nater* findet sich wirklich im Normannischen.

ε) Folgende provenzalische Assonanzen gestatten die Umwandlung in französische:

1) Infinitiv und Infinitiv; z. B. *flagellar* : *annar* 58 cd; cf. 123 cd.

2) Infinitiv und Particip des Perfects; z. B. *remembrar* : *a salved*
1 cd, cf. 68 ab, 84 ab, 112 cd, 120 ab.

3) Particip des Perfects und Particip des Perfects; z. B. *amenaz* :
ant purad 6 ab, cf. 36 ab, 125 cd, weiblich 104 ab.

4) Particip des Perfects und Adjectiv; z. B. *carnals* : *naz* 96 ab,
cf. 98 ab.

5) Infinitiv und Substantiv auf *ad*; z. B. *allar* : *trinitad* 114 ab,
cf. 121 cd.

6) Particip des Perfects und Substantiv auf *ad*; z. B. *naz* : *cobetad*
38 cd; cf. 111 cd.

ζ) Hat das Original *mal* oder *mel* besessen? 118 d und 44 a
steht *mal*, 52 b hingegen *mel*. Allein 118 cd entscheidet nichts;
denn da sich *judicar* : *mel* nicht durch *jugier* : *mel* ersetzen lässt,
so ist nur durch Umstellung der Vershälften zu helfen. Dabei
fordert *jugier* statt *judicar* die Einschiebung von *nos*. 44 ab lässt
sich *mal* : *semper saned* in *mal* : *sempre sanat*, aber doch auch in
mel : *sempre at sanet* corrigiren. Und 52 ab ergibt *enviet* : *mel* zwar
enveiat : *mal*, aber mittels Umstellung doch auch *enveiat* : *cui mel
voleiet des avanz*. Allein wie kommt *mel* in die Handschrift, wenn
es nicht von dem französischen Verfasser herrührt? Allerdings
lässt sich mit Sicherheit ein französischer Copist ermitteln, und
diesem könnte man *mel* auf die Rechnung setzen. Jedoch die
Vergleichung der übrigen Denkmäler spricht, wie unten nachgewiesen werden wird, für ein ursprüngliches *mel*.

3. é : éi.

Die Assonanz *é* : *éi* ergibt sich aus *voluntaz* : *fidels* 126 cd,
l. *voluntez* : *fedeils*; sowie aus *Bethfagé* : *Oliver* 5 ab, l. *Oliveit*;
cf. *Holivet* 117 b (*Olivētum*). Sie ergibt sich ferner bei der Correctur von *annunciaz* : *oblidez* 103 ab; denn da *annunciez* : *oblidez*
unmöglich ist, so lässt sich nur durch Umstellung helfen: *Tot annunciez a sos fedeils* : *oblidez*.

4. éu : éi.

Die Assonanz *éu* : *éi* ergibt sich durch Correctur von *Judeus* :
querent 34 ab, lies *quereiz*, und von *Judeu* : *pechez* 60 cd, d. i.
pechiez, wofür durch Umstellung *Judeu* : *toz li pechiez sovre nos seit*.

5. éi : éi.

Die Assonanz *fedel* : *aueia* 42 ab erheischt *fedeil* : *aveit*, folglich *fedel* : *solier* 115 ab *fedeil* : *soleit* uud *ser* : *fidel* 107 ab *seir* : *fedeil*, mithin auch *veren* : *ver* 116 ab *verein* oder *venein* : *veir*. *Venein* neben dem herrschenden *venin* ist nicht auffälliger als *teneir* St. Lég. 16 c neben *tenir*. Auch für *auem* : *deuem* 126 ab und *querem* : *auem* 46 cd darf man vielleicht *aveim, deveim, quereim* lesen, da die ersteren auf *habēmus, dēbēmus* beruhen und das letztere nach diesem Muster gebildet ist. Ein *s* anzufügen widerräth das *oram* des Eulalialiedes, wenngleich das zunächst verwandte Leodegarlied *devemps, cantomps* aufweist. Für *fidel* : *eru* 118 ab ist *fedeil* : *esteit* am Platze. *Vidrent* : *enveie* 20 ab, lies *veient* : *enveie*; das Präsens stimmt zu *an* und *van* b und c. Für *crement* : *requeret* 101 cd lies *cremeiz* : *requereiz*. *Demandet* : *envers* 35 cd lässt sich durch Umstellung beseitigen : *Lor o demandet tierce veiz, chiedent envers a totes treis*.

6. én : é.

Die Assonanz *e* vor Nasal und *é* liegt vor in *Jherusalem* : *plorer* 66 a und ergibt sich aus *alo,en* : *a donad* 87 cd, l. *at donet*. Ebenso ist statt *escarnit* : *vestiment* 64 ab mittels Umstellung der Vershälften zu lesen: *et escharnit cum l'ont asez* : *vestiment*.

7. én : éu fehlt.

8. én : éi.

Die provenzalische Assonanz *vestimenz* : *ver* 68 cd ergibt die französische *vestiménz* : *véir*. Und so lässt sich *Hierussalem* : *pechez* 14 ab, d. i. *pechiez*, mittels Umstellung ersetzen durch *Jherusalem* : *por tos pechiez, dist il, wai tei!*

9. én : én.

Assonanzen wie *rend* : *redenps* 3 cd liegen vor 17 ab, 88 ab, 88 cd, 98 cd, 99 ab. *Pudenz* 8 d und *podenz* 9 d lassen sich als Adjective auch für das Französische halten. Ein substantivisches *po,ent* bringt Burguy I, 335 aus Saint Bernard bei; das Lehnwort *omnipotent* ist nicht selten.

Von den Assonanzen, in welchen das auf lateinischem *i*
beruhende *e* vorkommt, wird weiter unten die Rede sein. Es
sind 1) *el* : *aparegues* 110 cd, d. i. *elz* : *aparerest* (ein *aparerest*
neben *conovist* : *recevis* 17 cd ist kaum auffälliger als im Eulalialiede *perdesse* neben *auuisset*); 2) *pend* : *fend* 82 cd; 3) *crucifigé* :
ensems 57 cd; *gent et popu* : *elz* 122 cd, durch Umstellung *puople e*
gent : *elz*; *marrimenz* : *ades* 31 ab; 4) *fel* : *Judeus* 33 cd.

4) *ié*-Assonanzen.

α) Die falschen Assonanzen *primers* : *pecchiad* 95 ab, *ben* : *pec-*
cad 127 cd, *pez* : *plagaz* 109 c fordern eine Zurückführung auf correcte französische Assonanzen: *primiers* .: *pechiet*, *bien* : *pechiet*,
piez : *plaiiez*.

β) Die incorrecten französischen Assonanzen *manier* : *nuncer*
26 cd, *escorter* : *trebucher* 124 ab, *manier* : *pez* 23 cd, *cel* : *lez* 10 cd,
cel : *set* 118 ab sind folglich zu berichtigen: *mangier* : *nuncier*, *es-*
corchier : *trebuchier*, *mangier* : *piez*, *ciel* : *liez*, *ciel* : *siet*.

γ) Es ist folglich auch die correcte provenzalische Assonanz
pecaz : *pietad* 77 cd in die französische *pechiez* : *pitiet* zu verwandeln. Statt *neier* : *pi,eted* 50 cd l. *neiier* : *pitiet*, eine Correctur,
welche die Einschiebung von *toz* vor *nos* erheischt. In späteren
Denkmälern steht *pitet* neben *pitiet*. Sollte dies nicht auch hier
gestattet sein? In *pietad* : *parler* 27 ab kann für *pietad* nicht etwa
das Lehnwort *pi,etet* eintreten, denn *pietad* ist zweisilbig gemessen
Also entweder *pitet* : *parler* oder Ersetzung von *parler* durch ein
Wort auf *ier*, etwa durch *prechier* (regelrecht *prædicāre*), cf. *pre-*
chievel bei BURG. I, 220. Ich lasse *pitet* neben *pitiet* zu.

δ) Eine *ié*-Assonanz ergibt auch die Correctur von *sanctificat* :
i saci,et 25 bc, welche durch Einsetzung von *at* statt *i* möglich
wird: *sanctifiet* : *àt saciiet*. Es bleiben *cintad* : *greus* ·4 cd , *man-*
telns : *pez* 11 cd, *percuidat* : *intret* 18 ab, *Petre* : *œswardouet* 48 ab
zu corrigiren. An der ersten Stelle ergibt sich durch Umstellung
aproismier : *griefs*. Wie ist *mantelz* : *piez* 11 cd zu entfernen?
V. 11 c ist corrumpirt, wie die beiden *palis* zeigen, von denen
das eine so wenig Sinn hat wie das andere. Man hat zwar statt
des einen *peliz* setzen wollen. Allein Pelze als Frühjahrstracht

in Jerusalem? Offenbar ist *palies* gemeint. Bleibt für das andere *palis* ein Wort einzusetzen, welches *ie* in der Endsilbe hat. Matth. 21,9 (cf. Mc. 11,8) heisst es: *Plurima autem turba straverunt vestimenta sua in via. Alii autem cædebant ramos de arboribus et sternebant in via.* Das Nehmen von Zweigen ist zwar 10 ab nach Joh. 12,13 erwähnt: *Acceperunt ramos palmarum et processerunt obviam ei et clamabant* etc. Allein man darf das *sternere ramos* vermissen. Ich vermuthe daher: *palies, vestiz, mantelz, ramiers.* — *Petre: æswardouet* ist in *Petre: æswardevet* geändert worden; jedoch das Französische verlangt *Piedres,* und so wird man durch Umstellung der Vershälften *l'uissiere* in die Assonanz bringen müssen. Prov. *percuidat* lautet französisch *percuidiet,* wofür *precuidiet* einen passenderen Sinn gibt; mit diesem assonirt *Dieu,* welches, wie im Leodegarliede, neben *Deu* zulässig sein dürfte. Die Zulassung von *Dieu* macht auch eine Correctur von *deus es uers: es* 93 ab möglich, welche passender erscheint als die Umstellung *veirs es,* nämlich: *veirs est Dieus: iert.*

5) *i*-Assonanzen.

α) Die Handschrift enthält folgende männliche und weibliche *i*-Assonanzen: männliche: 6 ab, 7 ad, 11 ab, 15 ab, 22 cd, 27 cd, 53 ab, 53 cd, 55 ab, 69 cd, 70 cd, 75 ab, 75 cd, 78 ab, 79 cd, 83 cd, 102 ab, 105 ab, 106 cd, 117 cd; weibliche: 9 cd, 57 ab, 62 cd, 67 cd, unter diesen einige specifisch französische: *vid: esdevint* 53 ab, *audit: feisis* 53 cd. Zu bemerken sind: *murir: vius* 83 cd, l. *vifs,* und *mentid: pius* 75 ab.

β) V. 113 b fehlt der Versausgang, der auf *dis* reimen soll. Das von C. Hofmann vorgeschlagene *converseit il* corrigirt G. Paris zu *converset il.* Doch zieht derselbe mit Berufung auf Joh. 21,1 *se monstret il* vor. Allein der Verfasser des Gedichts folgt Act. Apost. 1,5: *quibus et praebuit se ipsum vivus post passionem suam in multis argumentis: per dies quadraginta apparens eis et loquens de regno dei.* (Die Worte *emsembla belz bec emanied* beruhen auf Act. Apost. 10,41.) Ich lese daher: *se monstret vifs.*

γ) Eine Reihe von Scheinassonanzen lässt sich nur durch

Zurückführung auf französische *i*-Assonanzen corrigiren: 1) solche, in denen provenzalische Perfecte oder Plusquamperfecte mit *e* auf *i* reimen: *fez : aucis* 3 ab, *fez : audid* 28 ab, *diz : forsfez* 73 ab, *perveng : criz* 79 ab, *vestit : retrames* 55 cd und *escarnissent : fedre* 47 cd, *aucise : feira* 93 cd, *promesdrent : tradisse* 22 ab, *vestirent : mesdrent* 62 ab, *Marie : forsmedre* 105 cd, *cubrirent : presdret* 47 ab, *Marie : presdre* 83 ab, *asalit : venquet* 94 ab, und so ist also auch *vengren : vengre* 100 cd in *vindrent : vindret* zu verwandeln; — 2) solche, in denen das Substantiv *mercet* in *i* assonirt: *Crist : mercet* 76 ab, *di : mercet* 77 a. Da diese beiden Assonanzen *mercit* sicher stellen, so sind *mercet : ren* 74 cd und *mercet : emblez* 90 cd zu ändern. An der ersteren Stelle ergibt sich durch Umstellung: *mercit : cum tu renras en ton reing, Crist.* Der Schluss der zweiten Stelle, *Nos te prœiam, per ta mercet, Gardes i met, non sia emblez*, ist offenbar corrumpirt. Da das Adverb *i* das Grab andeutet, so erwartet man, dass in einem nachfolgenden Nebensatze, der kein eigenes Subject besitzt, dieses das logische Subject sei; statt dessen ist Jesus als Subject zu denken. Dazu kommt, dass die Bitte, »*gardes i met*« unvollständig ist, indem sie den *terminus ad quem* unausgesprochen lässt, und dass die Worte »*non sia emblez*«, statt den Inhalt der Bitte zu vervollständigen, das Motiv derselben vorwegnehmen, während dasselbe doch erst 94 a durch *quar* eingeführt wird. Der Vers ist mit Hülfe von 91 c (*emblar l'auran*) geändert worden. Die zu Grunde liegende Stelle Matth. 27,64: *Jube ergo custodiri sepulchrum usque in diem tertium* erheischt die Conjectur: *usque al tierz di.* — Endlich kommt bei der Beseitigung von *sus : pechedors* 128 ab durch Umstellung wiederum *mercit* in die Assonanz: *Qui mains en sus, o Jesu Crist, De pechedors aies mercit.* — 3) Auch *pader : garnid* 28 c und *iki : azet* corrigiren sich mittels *padir* und *azit*, welche freilich ἅπαξ λεγόμενα zu sein scheinen.

δ) Durch Emendation ergeben sich noch einige andere *i*-Assonanzen. *Fied : il* 45 cd lässt sich durch Umstellung der Vershälften beseitigen; *filz : es* 66 cd durch Aenderung von *qui* in *que* und Zufügung von *il; set : dis* 101 ab, indem das Perfect *sist* an die Stelle des Präsens tritt. Statt *pecat : lei* 96 cd ergibt sich durch Umstellung der Vershälften *venist : solsist*; statt *espaventet : carn*

110 ab *il* : *il*. Die provenzalische Assonanz *Golgota* : *ciptat* 67 ab lässt sich durch Umstellung in dem ersten und durch Einsetzung von *cit* statt *ciptat* in dem zweiten Verse beseitigen. Hier schwindet eine der überzähligen Silben.

6) ò-Assonanzen.

Es finden sich 1) *Escarioth* : *rebost* 21 ab, wonach *Escharioh* : *cor* 25 cd in *Escharioth* : *corps* zu ändern ist. *Corps* wird übrigens durch den Gegensatz gefordert: die übrigen Jünger werden gesättigt, dem Judas aber bläht sich statt dessen der Leib auf. Kein Wunder, da ihm der Teufel in den Schlund fährt, 26 ab. *Cor* statt *corps* mag auf dem Bestreben beruhen, die grobsinnliche Vorstellung des Verfassers zu vergeistigen; — 2) *vol* : *og* 40 ab, und durch Umstellung statt *nol pod penser* : *l'ot percogded* 85 cd *penser no-l pot* : *precuidiet l'ot*.

7) ó-Assonanzen.

Es assoniren unter einander:

1) Lat. $\bar{o}$: lat. $\bar{o}$, z. B. *raizun* : *passiun* 1 ab, cf. 4 ab, 41 cd, 76 cd, 112 ab; *raisons* : *sennior* 61 ab; *passiun* : *trestoz* 24 cd, cf. 108 cd; *senior* : *emperador* 63 cd, cf. 92 ab, 104 cd; *fellun* : *voz* 59 a, l. *voiz*. Durch Umstellung tritt an die Stelle von *mesprœs* : *perdones* 128 cd *raizons* : *lor*. 100 ab *custodes* : *pavor* möchte G. Paris durch Umstellung beseitigen, zumal V. 100 b eine Silbe zu viel enthalte. Allein *espauriren* bedeutet *espavrirent* (*expāvŏrīrunt), nicht *espa,uriren*. Ueberdies muss *les custodes* auf jeden Fall geändert werden; denn es kann weder als Erbwort noch als Lehnwort *custōdiās* sein. Da nun überdies die Vulgata (Matth. 28,4) *custōdēs*, nicht *custōdiœ*, hat, so dürfte die Aenderung *li costod* geboten erscheinen.

2) Lat. $\ddot{u}$: lat. $\ddot{u}$: *curr(ent)* : *gutas* 32 cd, wozu *sopa* : *gola* 26 ab. Durch Umstellung statt *tornat* : *perveng* 119 ab *sunt* : *jorn*.

3) Lat. $\bar{o}$: lat. $\ddot{u}$: *fellun* : *ercos* 40 cd, *passi,on* : *jorn* 52 cd, *mund* : *tot* 122 cd; *genolz* : *fellon* 63 ab. *trestoz* : *soi* 109 ab; *cruz* : *pasi,un* 64 cd, *cruz* : *lasruns* 71 ab, *cruz* : *cridaizun* 72 ab.

4) Frühzeitig in *ü* übergegangenes lat. *ŏ* vor *r* und lat. *ō* oder *ü*: *fellun* : *cort* 61 cd, *dues* : *retornent* 106 ab.

5) Die lateinische Endung *um* und *ō* : *Jesum* : *menton* 73 ab, cf. 39 ab, 56 cd, 43 cd, 72 cd, *Jesum* : *trestot* 71 cd.

6) Lat. *ŏ* vor *n*: lat. *ü*, nämlich *munt* : *mult* 87 cd.

7) *o* vor *n* aus lat. *a*: lat. *ō* oder *ü*; und zwar sind α) nur durch Zurückführung aufs Französische zu emendiren: *fellun* : *van* 90 ab, *sunt* : *aucidrant* 16 ab, *maisons* : *laiserant* 16 cd. Folglich sind auch β) zu ändern: *arberjaran* : *crebantaran* 15 cd, *parlaran* : *encalceran* 115 cd, *metran* : *rendran* 116 cd. Und so ergeben sich γ) durch Umstellung statt *salv* : *damnat* 114 cd (franz. *salv* : *damnet*) *credront* : *seront* und statt *fidel* : *revisquet* 91 cd (franz. *fedeil* : *revesquit*) *avront* : *diront*.

8) *uo*-Assonanzen.

Lateinisches *ŏ* in kurzer Penultima assonirt in der Passion ebenso wie im Leodegarliede mit sich selbst: *dols* : *cor* 85 ab, *nous* : *om* 89 cd, dazu *poz* : *orgolz* 14 cd und durch Umstellung statt *lo bons Jesus* : *baisol* 38 ab *bons* : *baisol*. Von *Escharioh* : *cor* 25 cd ist bereits die Rede gewesen. Die Assonanz *lon* : *prob* 127 ab würde sich mittels Umstellung allenfalls durch *est* : *est* ersetzen lassen. Allein es ist nicht unmöglich, dass *prope* hier das Schicksal von *appropiat theilt, welches in der französischen Gestalt *aproche* statt in *ò* abweichend in *ó* = lat. *ō* assonirt. Im Leodegarliede hat sich durch einen glücklichen Zufall die ursprüngliche Orthographie *uo* an zwei Stellen erhalten; in der weit gründlicher provenzalisirten Passion liegt sie nirgends mehr vor. Gleichwohl kann es bei der nahen Verwandtschaft der Sprache beider Gedichte, welche sich im Verlauf unserer Untersuchung herausstellen wird, kaum einem Zweifel unterliegen, dass das Original *uo* besessen hat. Ich restituire also *duols* : *cuor*, *nuofs* : *uom*, *puoz* : *orguoïlz*, *buons* : *baisuol*, lasse aber *loing* : *prof* bestehen.

9) *u*-Assonanzen.

Es finden sich vor: *vencut* : *vertud* 94 cd, *Jesus* : *adun* 46 ab; *plus* : *fu* 2 ab, *luna* : *fure* 78 cd, *fu* : *lui* 89 ab, *ne,ul* : *envenguz* 44 cd.

Exit : *vedud* 82 ab ist in *issut* : *vedut*, *jos* : *Jesus* 35 ab in *jus* : *Jesus* zu ändern. Bei Beseitigung von *vertuz de cel* : *negun Judeu* 120 cd mittels Umstellung ergeben sich *de ciel vertuz* : *Judeu ne,un*. Auffällig ist *tuit adun* : *Nazarenum* 34 cd, da *Jesum* in *ó* assonirt. Da *adun tuit* dasselbe Bedenken erregt, so erscheint mir die Assonanz unverbesserlich; und so mag sie, da es sich um ein Lehnwort handelt, als eine Licenz passiren.

Durch die Herstellung französischer Assonanzen ist der Beweis, dass die Passion ein ursprünglich französisches Gedicht ist, geliefert. Wir sind mithin berechtigt und verpflichtet, sie bei der Ermittelung der französischen Mundarten zu berücksichtigen. Zunächst stellen wir den restituirten Text dem handschriftlichen gegenüber, indem wir uns auf einige wenige rechtfertigende Bemerkungen beschränken. Die Hauptpunkte werden im Verlaufe der nachstehenden Untersuchung zur Sprache kommen; einige andere sind bereits bei der Besprechung des Leodegarliedes erwähnt worden. — Was CHAMPOLLION-FIGEAC, DIEZ, DELIUS, C. HOFMANN und G. PARIS für die Verbesserung des Textes geleistet, setzen wir, wie bereits oben geschehen, als bekannt voraus, und verweisen insbesondere auf die Ausgabe von G. PARIS, welcher sich der dankenswerthen Mühe unterzogen hat, die wesentlichsten Verbesserungsvorschläge seiner Vorgänger zusammenzustellen.

---

1 Hora uof dic uera raizun
de iefu χρι paffiun
loffof affanz uol remembrar
per quç ceft mund tot afaluad.

Ore vos di veire raizon
de Jesu Christi passi,on:
les sos ahanz vuoil remembrer,
per que cest mund tot al salvet.

2 Trenta tref anz et al quef pluf
def quç carn pref interra fu
per tot obred que ueruf deuf
per tot fofteg quç hom carnalf.

Trente treis anz et alques plus,
des que charn prist, en terre fut:
per tot ovrat que *verus* deus,
per tot sustint qued huom charnels.

3 Peccad negun unquç non fez
per epf lof noftref fu aucif
la fua morz uida nof rend
fa paffiunf toz nof redepnf.

Pechiet ne,un ynque non fist,
por eps les nostres fut ocis:
la soe morz vide nos rent,
sa passi,ons toz nos redenst.

4 Cum aproifmed fapaffiunf
cho fu ñra redemptionf
apifmer uol alaciutat
afanz per nos fufteg mult greus.

Cųm aproismat sa passi,ons
— ço fut nostre redempti,ons —
a la citet volt aproismier:
ahanz por nos sustint mųlt griefs

5 Cum el pueing abet fage
uilef defoz mont oliuer
auant delf fof dof enueied
unafnę adducere feroued.

Cųm il pervint a Betfagé
— Vil' est desoz mont Oliveit —
avant dels sos dous entveiat,
un asne aduire se rovat.

6 Cum cel afnez fu amenaz
delor mantelz ben lant parad
delor mantelz delor ueftit
benli apreftunt offaffif.

Cųm cil asnez fut amenez,
de lor mantelz bien l'ont paret:
de lor mantelz, de lor vestiz
bien li aprestent o s'asist.

7 Per fua grand humilitad
iefuf rex magnef fuf monted
sicum prophetef anz mulz dis
canted aueien de iefu crift.

Per soe grand humilitet
Jesus reis magnes est sus montez,
sicųm prophetes anz mųlz dis
chantet aveient de Jesu Crist.

8 Anz petiz dis quę cho fuf fait
iñf lo lazer fufcitet
chi quatre dif enmoniment
iagud aueie toz pudenz.

Anz petiz dis que ço fust fait,
Jesus lo lazre suscitat,
qui quatre dis en monument
ge,ut aveiet toz pudenz.

9 Cum co audid tota lagent
quę iñf ue loreif podenz
chi epf lomorz fai fe reuiuere
agrand honor en contraxirent.

Cųm ço audit lote la genz
que Jesus vient li reis podenz,
qui eps les morz fait se revivre,
a grand honor encoutr' issirent.

10 Al quant delf palmef prendent ramf
delf oliuerf alaquant laf branchef
en contral rei qui fez locél
iffid lodii lepoplef lez.

Alquant dels palmes prendent raimes,
dels oliviers alquant les branches,
encontr' al rei qui fist lo ciel
issit lo di li puoples liez.

11 Canten ligron elipetit
fili dauit fili dauit
palif ueftit palif mantenlf
dauant extendent affof pez.

Chantent li grand e li petit:
»Fili Davit! fili Davit!«
palies, vestiz, mantelz, ramiers
davant estendent a sos piez.

12 Gran folcf aredre gran dauan
gran epetit deu uan laudant
en fobre tot petiz enfan
ofanna femp uan clamant.

Granz folcs ariedre, granz davant:
grand e petit Deu vont laudant;
ensovre toz petit enfant
osanna sempre vont clamant.

13 Ala ciptad cum aproiſmet et el lauid el laſgarded deſon piu cor greu ſuſpiret deſſoſ ſanz olz fort lagrimez.	A la citet cųm aproiſmat et il la vit e la 'swardat, de son piu cuor grief suspirat, de sos sainz uoilz fort lacrimat.
14 Hieruſſalem hieruſſalem gaitediſ el per toſ pechet penſar non uólſ penſar nol póz non to per met toſ granz orgolz.	Jherusalem, Jherusalem, por tos pechiez, dist il, wai teil penser no-l vuols, penser no-l puoz, non t'o permet tos granz orguoilz.
15 Venrant lian uenrant lidi quez taſal dran toi inimic il tot entorn tarberiaran et aterra crebantaran.	Venront li an, venront li di que t'asaldront toi enemi: il tot entorn t'arbergeront et a terre crevanteront.
16 Loſtoz en fanz qui inte ſunt amaleſ penaſ aucidrant entoſ belz murſ entas maiſonſ pedraſ·ſub altre non laiſerant.	Les tos enfanz qui en tei sųnt a males peines ocidront; en tos belz murs, en tes maisons piedre sovre altre non laisseront.
17 Litoi caitiu per totaſ genz menad encren atormenz quar eu te fiz num cognoguist ſaluar te uing num receubist.	Li toi chaitif per totes genz menet ent ierent a tormenz, quar eu te fiz, nų-m conovis, salver te ving, nų-m recevis.
18 Cum cho ag dit et percuidat enteplū deu ſemper intret loſ marchedant quae introbed agrand deſtreit forſ loſgitez.	Cųm ço ot dit e precuidiet, - sempres entrat en temple Dieu: les marchedanz qued enz trovat, a grand destreit fors les gitat.
19 Loſſoſ talant ta fort monſtred que grant preſ pauorſ alſ iudeuſ dedobpla cordalz uai ſirend tot lor marched uai deſſazend.	Les sos talenz at fort monstret, que granz pavors prist als Judeus: de doble corde-ls vait ferant, tot lor marchiet vait desfazant.
20 Felo iudeu cum il cho uidren enz lor corſ grand an en ueie per malſ con ſelz uan demandan nr̃e ſennior cum tradiſſant.	Felon Judeu cųm il ço veient, enz en lor cuors grand ont enveie: per mals conseilz vont demandant nostre sennior cųm tradissant.
21 Lo fel iudeſ eſcarioth alſ iudeuſ uengra en reboſt que men darez eluoſ tradran uoſ treſ talenz ad emplirant.	Li fel Judas Escari,oth als Judeus vindret en repost: »Que m'ent dereiz? c-l vos tradrai, vostres talenz ademplirai.

4 *

22 Trenta denerſ dunc lien promeſdrent
ſon bon ſennior que lo tradiſſe
ſi chera merz uen ſi petit
hanc non fud hom qui magis laudiſ.

Trente deniers dunc li'nt promisdrent,
son buon sennior que lor tradisset.
Si chiere merz vient si petit!
Anc non fut huom qui mais l'audist.

23 Et a cel di que dizen paſcheſ
cum la cęna iħſ oc faita
el ſuſ leued del piu manier
aſſoſ fedelſ laued liſ ped.

Et a cel di que dient Pasches,
cum la ceine Jesus ot faite,
il sus levat del piu mangier,
a sós fedeils lavat les piez.

24 Et p lopan et per louin
fort ſaccrament lor commandez
per remembrar ſapaſſiun
que faire roua atreſtot.

E per lo vin e per lo pain
fort sacrament lor comandat
por remembrer sa passi,on,
que faire ruovet a trestoz.

25 Depan el uin ſanctificat
tot ſoſ fidelſ iſaciet
maiſ q; iudeſ eſcharioh
cui una ſopa en ſlet locor.

De pain e vin sanctifiiet
toz sos fedeils at saciiet,
mais que Judas Escari,oth,
cui une sope enflat lo corps.

26 Iudaſ cum og manied laſopa
diable ſen enz enſagola
femp leued del piu manier
tot alſ iudeuſ o uai nuncer.

Judas cum ot mangiet la sope,
di,able sent enz en sa gole;
sempre levat del piu mangier,
tot als Judeus o vait nuncier.

27 Iħſ lobonſ per ſapietad
tan dulce ment pres apar ler
ſobre ſon peiz ſez condurmiz
ſant ioban lo ſon cher amic.

Jesus li buons per sa pitet
tant dolcement prist a parler;
sovre son peiz fist condormir
saint Johan, lo suon chier ami.

28 A cel ſopar un ſermon fez
chi cel non ſab tal non audid
contralſ aſanz que an apader
toz ſoſ fidelſ ben en garnid.

A cel soper un sermon fist,
qui cel non set, tel non audit:
contre-ls ahanz qu' ont a padir,
toz sos fedeils bien ent warnit.

29 Alo ſanc pedre per cho inded
quę cęla noit lui neiara
pedreſ fort ment ſen ad uned
p epſa mort nol gurpira.

Aluoc saint Piedre precuidat
que cele noit lui neierat;
Piedres fortment s'ent adunat:
por epse mort no-l werpirat.

30 Xp̄ſ iħſ den ſeu leued
geh ſeſmani uileſ nanez
toz ſoſ fidelſ ſeder rouet
euan orar ſolſ enanez.

Christus Jesus den s'ent levat,
Gethsemani vil' enz alat,
toz sos fedeils sedeir rovat,
avant orer sols ent alat.

31 Granz fu li dolſ fort marrimenz
ſicon dormirent tuil adeſ
iħſ cum ueg loſ eſueled
treſ toz orar ben loſ manded.

Granz ſut li duols, forz marrimenz,
si condormirent tuit adeps;
Jesus cųm vint, les esveliat,
trestoz orer bien les mandat.

32 E dunc orar cum el anned
ſi fort ſudor dun · queſ ſuded
quę cum loſagſ aterra curr
deſaſudor laſ ſanctaſ gutaſ.

E dųnc orer cųm il alat,
si fort sudor dųnques sudat
que cųm li sancs a terre corrent
de sa sudor les saintes gotes.

33 Alſoſ ſidelſ cum repadred
tam benlement loſ con forted
li ſel iudeuſ iaſ aproiſmed
ab gran cum pannie dels iudeuſ.

Als sos fedeils cųm repaidrat,
tant bellement les confortat.
Ja s'aproismat Judas li fel
ab grand cųmpannie dels Judeus.

34 Iħſ cum uidra loſ iudeuſ
zo lor demandez que querent
illi reſpondent tuit adun
ihm̃ querem nazarenū.

Jesus cųm vidret les Judeus,
ço lor demandet: »Que quereiz?«
Il li respondent tuit adun:
»Jesųm querem Nazarenum.«

35 Eu foi aquel zodiſ iħſ
tuil li felun cade grent ioſ
terce uez lor odemanded
atotas treis chedent enuerſ.

»Eu soi aquel,« ço dist Jesus:
tuit li fellon chadirent jus;
lor o demandet tierce veiz:
chiedent envers a totes treis.

36 Maiſ li felun tuit traſſudad
uerſ noſtrę don ſon aproiſmad
iudaſ li uel en ſenna fei
celui prendet cui baſſærai.

Mais tressudet tuit li fellon
sųnt aproismiet vers nostre don;
Judas li fel ensennie fait:
»Celui prendeiz cui baiserai.«

37 Iudaſ cum ueggra ad iħm
ſemper litend loſon menton
iħſ libonſ nol refuded
altradetur baiſair dõñed.

Judas cųm vindret a Jesųm,
sempre li tent lo suon menton:
Jesus li buons no-l refudat,
al traditor baisier donat.

38 Amicx zo diſ lo bonſ iħſ
ꝑ quem tradeſ into baiſol
melz ti fura nō ſuſſeſ naz
que me tradaſ ꝑ cobetad.

»Amis«, ço dist Jesus li buons,
»por quei-m tradis en ton baisuol?
Mielz te furet, non fusses nez,
que-m tradisses per covetet.

39 Ar mand eſterent euirum
detotaſ part preſdrent ieſum
noſ defended ne noſ ſuſted
alar mort uai cum unſ anel.

Armet esturent environ,
de totes parz prisdrent Jesųm:
no-s defendit ne non s'ostat,
cųm uns anielz a la mort vait.

40 Sanct pedre folf ueiniar lo uol
efiraif lo fer que allaz og
ficon fegued u feru fellon
ladeftre aurelia li ex cof.

Sainz Piedres sols veingier lo volt,
estraist lo fer qued al lez ot,
si consevit un serf fellon,
la destre aurelie li escost.

44 Ihf libonf ben red p mal
laurelia ad fer u femp faned
liadenf manf cum eladron
filent menen apaffiun.

Jesus li buons bien rent por mel :
l'aurelie al serf sempre at sanet.
Liiedes mains cqme ladron,
si l'ent meinent a passi,on.

42 Donc len gurpiffen fei fedel
cum el defanz diz lor aueia
fanz pedre folf feguuen lo uai
quar fuafin ueder uoldrat.

Dqnc lui werpissent soi fedeil,
cqm il desanz dit lor aveit;
sainz Piedres sols sevant lo vait,
quar soe fin vedeir voldrat.

43 Anna nomnauent leiudeu
acui ihf fur& menez
donc fad unouent lifelon
ueder annouent pref ihm.

Anna nomnevent lo Judeu
a cui Jesus furet menez ;
dqnc s'adunevent li fellon,
vedeir alevent pres Jesqm.

44 Dequant il querent leforffait
cum il ihm oicifefant
non fud trouez ne en uenguz
quar el forffait no feift neul.

De quant il quierent lo forsfait,
cqm il Jesqm ocisesant,
non fut trovez ne envenuz,
quar il forsfait non fist ne,ul.

45 Dauant lefted lepontifex
ficoniur& pipfü deu
quel lordiff&f ppurafied
fiuerf ihf filf deueft il.

Davant l'estut li pontifex,
si-l conjurat per eps lo Deu,
per pure feit qu'il lor disist,
si veirs Jesus filz Deu est il.

46 Tuepf laf deit refpon ihf
tuitlifellon crident adun
moiorfors fait que iquerem
p loi medepf audit lauem.

»Tu eps l'as dit«, respont Jesus ;
tuit li fellon crident adun :
»Maior forsfait qued i querem?
per lui medeps audit l'avem.

47 Lofof fanf olf duncquef cubrirent
acoleiar fellon lo prefdrent
enfobretot filefcarniffent
dinof pphete chito fedre.

Les sos sainz uoilz dqncques covrirent,
a colleiier fellon lo prisdrent;
ensovre tot si l'escharnissent :
»Di nos, prophete, qui t'o fisdret ?«

48 Forf en laf eftraf eft& p&re
alfog lufeire læfuuardou&
defa raifon filef fred
quelo deu fil lifai neier.

Fors en les estres estut Piedres,
l'eswardevet al fou l'uissiere ;
de sa raizon si l'esfreidat
que lo Deu fil neiier li fait.

49 Anz quæ lanoit lo ialz canteſ
terce uez petre lo neiez
iħſ li bonſ lo reſuuard&
lui recognostr& ſēp fit.

Anz que la noit li jalz chantast,
tierce veiz Piedres lo neiat.
Jesus li buons lo reswardat,
Lui reconoistre-l sempre fait.

50 P&rus dalo forſ ſen aled
amarament mult ſeplor&
p cio laiſſed dſ ſe neier
que denoſ aiet pieted.

Piedres d'aluoc fors s'ent alat,
amerement mųlt se ploral.
Por ço laissat Deus se neiier,
que de toz nos aiet pitiet.

51 Cū lematinſ ſud eſclairez
dauant pilat len ant men&
fortment louant ilacuſand
la ſoa mort mult demandant.

Cųm li matins ſut esclarez,
davant Pilat l'ent ont menet;
fortment lo vont il acusand,
la soe mort mųlt demandant.

52 Pilaz erod len enuiet
cui deſabanz uoliet mel
deiħu χρι paſſion
am ſe paierent aciel iorn.

Pilaz Herode l'entveiat,
cui mel voleiet des avanz;
de Jesu Christi passi, on
am se paiierent a cel jorn.

53 Lo ſel herodeſ cū louid
mult lez semp eneſdeuint
delui long tempſ mult a audit
ſemp penſed uertuz ſeiſiſ.

Li ſel Herodes cųm lo vit,
mųlt liez sempres ent esdevint;
de lui lonc temps mųlt at audit,
sempre pensat, vertuz fesist.

54 Demultoſ uiſeſ lapeled
iħſ li bonſ mot nolſoned
iudeu lacuſent el ſe taiſ
ad un reſpondre ñ denat.

De mųltes wises l'apellat,
Jesus li buons mot no-l sonat;
Judeu l'acusent, il se taist:
ad un respondre non deniat.

55 Dunc lo deſpeiſ elecarnit
li ſel herodeſ enceldi
blanc ueſtiment ſi laueſtit
ſellon pilat loretrameſ.

Dųnc lo despeist e l'escharnit
li ſel Herodes en cel di:
blanc vestiment si l'at vestit;
fellon Pilat lo retramist.

56 Pilaz que anz len uol laiſar
nolconſentunt ſellun iudeu
uida pdonent al ladrun
aucid aucid crident iħm.

Pilaz laissier vuolt l'ent aler,
no-l consentent fellon Judeu;
vide perdonent al ladron:
»Ocid, ocid«, crident, »Jesųm!«

57 Barrabant pdonent lauide
iħm inalta cruz claufriſdrnt
crucifige crucifige
crident pilat treſtuit enſemſ.

Barrabant perdonent la vide,
Jesųm en alte croiz claufisdrent:
»Crucifige, crucifige!«
crident Pilat trestuit ensems.

58 Cũ aucidrai eu uoſtre rei
zo diſ pilaz forſſaiz noneſ ·
rúprel farai & flagellar
poiſſeſ laiſarai len annar.

»Eu voſtre rei cұm ocidrai?«
ço diſt Pilaz, non eſt forſſaiz;
rұmpre-l ſerai e flaiieller,
poiſſes laiſſerai l'ent aler.

59 Enſemſ cridenl tuitliſellun(t)
entro en cel en uan laſ uoz
ſitulaiſeſ uiure ihm
non eſ amicſ lemperador.

Enſems crident tuit li fellon
— entre en ciel ent vont les voiz —
»Si tu laiſses vivre Jesұm,
non ies amis l'einperedor.«

60 Pilaz ſaſ manſ dunqueſ laued
quedeſamort poſcheſ neger
enſemſ cridenl tuit liiudeu
ſobrenoſ ſia toz li pechez.

Pilaz ses mains dұnque at lavet,
que de sa mort poisse-s neter;
ensems crident tuit li Judeu :
«Toz li pechiez sovre nos seit!«

64 Pilaz cũaudid talſ raiſonſ
ialor gurpiſ nřc ſennior
donc lorecebent lifellun
forſ lenconducent en la cort.

Pilaz cұm audit tels raizons,
ja lor werpist nostre sennior;
dұnc lo receivent li fellon,
fors l'ent conduient en la cort.

62 Depur pure donc loueſtirent
& en ſa man un rauſ limeſdrent
corona prendent delaſ eſpineſ
& en ſon cab ſellun laſiſdrent.

De purpure dұnc lo veslirent
et en sa main un raus li misdrent;
corone prendent dels espines
et en son chief fellon l'asisdrent.

63 Dedauant lui tuit a genolz
ſiſ excrebantent lifellon
dunc lo ſaludent cũ senior
& adeſcarn emperador.

De davant lui tuit a genoilz
si s'escrevantent li fellon ;
dұnc lo saludent cұm sennior
et ad escharn emperedor.

64 El cũ aſez lont eſcarnid
dunc liueſtent ſon ueſtiment
& el medepſ ſi preſ ſa cruz
auan toz uai apaſiun.

E cұm asez l'ont escharnit,
dұnc li vestent son vestiment,
et il medeps si prist sa croiz,
avant toz vait a passi,on.

65 Femneſ lui uan de traſ ſeguen
ploran lo uan & gaimentan
ihſ li piuſ redre garder
ab leſ femneſ preſ aparler.

Femnes lui vont de tres sevant,
plorant lo vont e waimentant;
Jesus li pius riedre at wardet,
ab les femnes prist a parler :

66 Audez fillies iherﬁm
per me non uoſ eſt ob plorer
mais p uos & p uoſtreſ ſilz
plorez aſſaz qui obſ uoſ eſ.

»Audeiz, filies Jherusalem,
por mei non vos est uops plorer,
mais por vos e por vostres filz
plorez asez, qu'uops vos est il.«

67 Cū el p ueng agolgota
  dauan laporta delaciplat
  dunc lor gurpit foe chamifæ
  chi fenf cufturæ fo faitice.

A Golgota cųm il pervint,
davant la porte de la cit,
dųnc lor werpit soe chamise,
que sens costure fut faitice.

68 Il nol aufeꝛ deramar
  maif aura fort angitad
  non fut partiz fof ueftimenz
  zo fu granz figna tot p uer.

Il no-l auserent deramer,
mais qui l'avrat, sort ont gitet;
non fut partiz sos vestimenz,
ço fut granz signes tot por veir.

69 En huna f& huna uert&
  tuit foi fidel deuent efter
  lo fof regnaz non ef deuif
  en caritad toz es uniz.

En une feit, une vertet
tuit soi fedeil deivent ester;
li suos regnez non est devis,
en charitet toz est uniz.

70 E delf felunf que u uof dif anz
  lai dei uenir o eu laifei
  quar illo fel mefclen ab uin
  nꝛæ fenior lo ten den il.

E dels fellons qu'eu vos dis anz
lai dei venir o vos laissai;
quar il lo fiel mesclent ab vin,
nostre sennior lo tendent il.

71 Cū lan leuad fuf en la cruz
  dof afof laz penden lafrunf
  entre celf dof pendent ihm
  il p efcarn o fan treftot.

Cųm l'ont levet sus en la croiz,
dous a sos lez pendent ladrons;
entre celz dous pendent Jesųm:
il per escharn o font trestot.

72 Cū il lan mef fuf en la cruz
  gran fan efcarn gran cridaizun
  enfobretoz unf delf ladrunf
  el efcarnie rei ihm.

Cųm il l'ont mis sus en la croiz,
grand font escharn, grand cridaizon;
ensovre toz uns dels ladrons,
il escharnit lo rei Jesųm.

73 Refpond& laltre mal idiz
  el mor atort ren non forffez
  mais nof a dreit p colpaf granz
  efmef oidi en ceft ahanz.

Respont li altre: »Mal i diz;
il muort a tort, rien non forsfist;
mais nos a dreit per colpes granz
esmes oidi en cez ahanz.

74 Enuerf ihm fof olz toned
  fi piament lui appelled
  de m& membref p la merc&
  cū tu uendraf crift enton ren.

Envers Jesųm sos uoilz tornat,
si pi,ement lui apellat:
»De mei-t membres per ta mercit,
cųm tu venras en ton reing, Crist.«

75 Refpon li bonf qui non mentid
  chi en epfa mort fẽp fu piuf
  euto prom& oi en ceft di
  ab me uenraf in paradif.

Respont li buons, qui non mentit,
qui 'n epse mort sempre fut pius:
»Eu t'o promet, oi en cest di
ab mei venras en paradis.«

76 O deuſ uerſ rex iħu criſt
cital don fais p̄ ta merc&
chi p̄ hunua con feſſion
uide p̄dones al la drun

O Deus, veirs reis, o Jesu Crist,
qui tel don fais per ta mercit,
qui por une confessi,on
vide perdones al ladron,

77 Noſ te laudam & noit edi
de noſ aieſ uera merc&
tu noſ p̄done celz pecaz
que noſ u&deſt tua pi&ad.

Nos te laudom e noit e di,
de nos aies veire mercit :
tu nos perdone celz pechiez
qu'en nos vedis, per ta pitiet.

78 Iuſque nona deſ lo meidi
treſtot ceſt mund granz noiz cubrid
fui lo folelz & fui la luna
poſt que deuſ filz fuſpenſuſ fure.

Jusque none des lo meidi
trestot cest mu̧nd granz noiz covrit :
fuit li soleilz e fuit la lune,
pois que Deu filz suspenduz furet.

79 Ad epſa nona cu̧ p̧ueng
dunc efcrided iħſ granz criz
hebraice fort ment lo diſ
heli heli perquem gulpiſt.

Ad epse none cu̧m pervint,
du̧nc escridat Jesus granz criz ;
hebra,ice fortment lo dist :
»Heli, heli, por quei-m werpis !«

80 Vnſ del fellunſ chiſta iki
ſuſ en la cruz liten laz&
iħſ fort men dunc recrid&
le ſp̄ſ delui an&.

Uns dels fellons qui 'stat eki
sus en la croiz li tent l'azit ;
Jesus fortment du̧nc recridat,
li esperiz de lui alat.

81 Cu̧ de iħu lanman an&
tan durament terra croll&
rochef fendient chedent munt
fepulcra fanz obrirent mult.

Cu̧m de Jesu l'anme ent alat,
tant durement terre crollat,
roches fendirent, chiedent mont,
sepulcre sainz ovrirent mu̧lt.

82 Et mult corpſ fanz en ſun exit
& inter oħ̄ſ funt ve dud
qui intemplm del cortine pend
iuſche la terra p̄ mei fend.

E mu̧lt corps sainz ent su̧nt issut
et entre toz il su̧nt vedut ;
qu'en temple Deu cortine pent
jusque la terre per mei fent.

83 De laz la croz eſt& mariæ
de cui iħſ uera carn preſdre
cum cela carn uidra murir
qual agre dol nol fab om uiuſ.

De lez la croiz estut Marie,
de cui Jesus veire charn prisdret :
cu̧m celle charn vidret morir,
quel avret duol, no-l set huom vifs.

84 Ela molt ben fab remembrar
de foa carn cu̧ deuſ fu naz
ial uedeſ ela ſi morir
el refurdra cho fab p̄ uer.

Elle mu̧lt bien set remembrer,
de soe charn cu̧m Deus fut nez ;
ja-l vedist elle si morant,
ço set por veir, il resurdrat.

85 Maiſ nē̃pro granz fu li dolſ
  chi trauerſ& p̃ lo ſon cor
  nulz om mortalz nol pod penſer
  ſanz ſymeonz loi p̃ cogđed.

Mais nemporo granz fut li duols
qui traversat per lo suon cuor;
nulz huom mortels penser no-l pot,
Sainz Syme,ons precuidiet l'ot.

86 Ioſepſ pilat mult a preiar
  locorps iħu quelli doneſ
  a grand honor ellen port&
  en ſoſ chamſilſ lenuolop&.

Joseps Pilat mųlt per preiat
lo corps Jesu qu'il li donast;
a grand honor il l'ent portat,
en sos chamsils l'envolopat.

87 Nicodemuſ del lal tra part
  mult unguement hiaport&
  enter mirra & aloen
  quaſi cent liuraſ adonad.

Nicodemus de l'altre part
mųlt ųnguement i aportal,
entre mirre et alo,en
quaisses cent livres at donet.

88 A grand honor de ceſ pimenc
  laromatizen cuſche ment
  dunc lo pauſen el monument
  o corpſ non iag anc a cel tempſ.

A grand honor de cez pimenz
l'aromatizent cuschement;
dųnc lo pausent el monument,
o corps non jot anc a cel temps.

89 La ſoa madre uirge ſu
  & ſen pechcd ſi port& lui
  ſoſ munument ſure loz nouſ
  anz lui noi iag unque nulz om.

La soe medre virge fut
e sens pechiet si portat lui:
sos monumenz furet toz nuofs,
anz lui n'i jot ųnque nulz huom.

90 Non ſud aſſaz anc alſ fellunſ
  dauant pilat treſtuit en uan
  noſte præ iam p̃ ta merc&
  gardeſ imet non ſia emblez.

Non fut asez anc als fellons; ·
davant Pilat trestuit ent vont:
»Nos te preiom, per ta mercit,
wardes i met jusqu'al tierz di;

91 Quar el zo diſ que reſurdra
  & al terz di uiuſ pareiſtra
  emblar lauran li ſoi fidel
  atoz diran que reuiſqu&.

Quar il ço dist que resurdrat
et al tierz di vifs pareistrat;
li soi fedeil emblet l'avront,
que revesquit, a toz diront.

92 Granz en auem agud errorſ
  or en aurē pece maiorſ
  armaz uaſſalz dunc lor liur&
  lo monument lor comand&.

Granz ent avem a,ut errors,
or ent avrem piece maiors.«
Armez vassalz dųnc lor livrat,
lo monument lor comandat.

93 Xp̃ſ iħſ qui deuſ eſ uerſ
  qui ſē̃p̃ fu & ſē̃p̃ eſ
  ia ſoſ la chanſ delui auciſe
  regn& p̃ o cū anz ſe feira.

Christus Jesus, qui veirs est dieus,
qui sempre fut e sempres iert,
ja fust la charns de lui ocise,
regnat por o cųm anz se firet;

94 Qua el en fern dunc afalit
  fort fatanan alo uenqu&
  p foamort fi la uencut
  que contra omne non uertud.

Quar il enfern dụnc asalit,
fort satanan aluoc venquit,
per soe mort si l'at vencut
que contre homne non at vertut.

95 Et qui era liom primerf
  elfoi enffant per fon pecchiad
  eli p&it eli gran
  & qui efteuent p mulz anz.

Equi eret li huom primiers
e-l soi enfant per son pechiet:
e li petit tuit e li grand
equi estevent per mụlz anz.

96 Quar anc non fo nul om carnalf
  en cel en fern non fof anaz
  ufq; uenguef qui fenf pecat
  p toz folfef comuna lei.

Quar anc non fut nulz huom charnels,
en cel enfern non fust alez,
usque qui sens pechiet venist
comune lei por toz solsist.

97 Argent ne aur non idon&
  mafq; fon fang & foa carn
  deg cel enfern toz nof liudr&
  en paradif lof arbg&.

Argent ne aur non i donat,
mais que son sanc e soe charn;
de cel enfern toz les livrat,
en paradis les arberjat.

98 Et al terz di lo mattin clar
  cŭ foleilz fo efclairaz
  tref femnef uan al monument
  moll carf portauent unguemenz.

Et al tierz di lo matin cler,
cụm li soleilz fut esclarez,
treis femnes vont al monument,
mụlt chiers portevent ụnguemenz.

99 Langelef deu decel deffend
  fifaproifm& almonument
  tal a regard cŭ focf ardenz
  & cŭ la neuf blanc ueftimenz.

Li angeles Deu de ciel descent,
si s'aproismet al monument,
tel at rewart cụm fous ardanz
e cụm li nuofs vestimenz blancs.

100 En paf quel uidren les cuftodef
  fi fefpauriren de pauor
  que quaiffef morz aterra uengren
  degran pauor que foblel uengre.

En pas que-l vidrent li costod,
si s'espavrirent de pavor
que quaisses mort a terre vindrent
de grand pavor que sovr'elz vindret.

101 Suf en la peddre langel f&
  fi parl& alaf femncf dif
  uof neient ci p que crement
  que iħm χρſ ben requer&.

Sus en la piedre li angeles sist,
si parlat ab les femnes, dist:
»No'st neient ci por quei cremeiz,
que Jesụm Crist bien requereiz.

102 Anaz en ef & non ef ci
  tot acŏplit quimque uos dif
  uenez ueder lo loc uoiant
  o li fof corpf iac defabanz.

Alez ent est e non est ci;
Tot acomplit quantque vos dist.
Veneiz vedeir lo lou voiant
o li suos corps jot des avanz.

103 A ſoſ ſidel tot annunciaz
    maſ uoſ p&drun noi oblidez
    en galilea auant en uai
    allol u&ran o dit lor ad.

Tot annṵnciez a sos ſedeils,
mais vos Pedron n'i oblidez:
en Galilee avant ent vait,
Aluo-l vedront o dit lor at.«

104 Elleſ dequi cū ſunt tornadeſ
    iħſ laſa ſenpren contradaſ
    dunc reconnoſſent lo ſenior
    ſi ladorent cū redēptor.

Elles d'equi cṵm sṵnt tornedes,
Jesus les at sempre encontredes;
dṵnc reconoissent lo sennior,
si l'adorent cṵm redemptor.

105 Lo nr̄æ ſeindræ en epſ cel di
    ueduz ſuræ ueiadeſ cinc
    primeral uit ſc̄ā mariæ
    decui ſep diableſ forſmedre.

Li nostre seindre en eps cel di
veduz ſuret veiiedes cinc:
primiere-l vit saintc Marie,
de cui sept di,ables forsmisdret.

106 Em preſ lo uidren celleſ duæſ
    del munument cū ſe retornent
    p&dreſ lo uit en epſ cel di
    ab lui part& ſilcon iau dit.

Empres lo vidrent celles does,
del monunient cṵm se retornent;
Piedres lo vit en eps cel di,
ab lui parlat, si-l conjaudit.

107 En uerſ lo ueſpræ en uerſ lo ſer
    dunc lo reuidren ſoi ſidel
    caſtel emauſ ab elæ ontr&
    ab el enſemble ſi ſopet.

Envers lo vespre, envers lo seir,
dṵnc lo revidrent doi ſedeil;
Chastel Emaus ab elz entrat,
ab elz ensemble si sopat.

108 Iaſadunent li ſoi ſidel
    ia dicen tuit que uiuſ era
    cū il menauen tal raizon
    iħſ eſt& en m& treſtoz.

Ja s'adunent li soi ſedeil,
ja dient tuit quc vifs esteit;
cṵm il menevent tel raizon,
Jesus estut en mei trestoz.

109 Pax uobiſ ſit diſ atreſtoz
    eu ſoi iħſ qui paſſuſ ſoi
    uedez maſ manſ uedez moſ pedſ
    uedez mo laz qui ſui plagaſ.

»Pax vobis sit!« dist a trestoz,
»eu soi Jesus, qui *passus* soi;
vedeiz mes mains, vedeiz mos piez,
vedeiz mon lez, qu'i ſui plaiiez.

110 Fort ment ſun il eſpauent&
    illi non credent que aia carn
    zo penſent il q; ent' el
    le ſp̄ſ apareguсſ.

Espaventet fortment sṵnt il,
qued aiet charn, no-l creident il;
ço pensent il qued entre elz
li esperiz aparevest.

111 Mel e peiſonſ equi mang&
    en ueritad loſ confirm&
    ſa paſſionſ peiſonſ toſtaz
    lo melſ ſigna deitat.

Miel e peisson equi manjat,
en veritet les confirmat;
sa passi,on peissons tostez
e li miels signet de,itet.

112 Alquef uos ai deil deraizon
que iĥf fez p̌ paffion
tot nol uof pofc eu ben comptar
nol pod nul om de madre naz.

Alques vos ai dit de raizon
que Jesus fist por passi,on;
tot no-l vos pois eu bien compter,
no-l puot nulz huom de medre nez.

113 A fof fidel quaranta dif
p̌ mulz femblanz
emfembla belz bec emanied
deregnū deu fḛ̂p parl&.

A sos fedeils quarante dis
per mṵlz semblanz se monstret vifs,
ensembl' ab elz but e maujat,
del regne Deu sempre parlat.

114 E p̌ ef mund roal allar
toz babzizar intrinitad
qui lui credran cil erent falu
qui nol cr&ran feran damnat.

E per es mṵnd rova-ls aler,
toz baptizier eu trinitet:
cil ierent salf qui lui credront,
qui no-l credront damnet seront.

115 Signef faran li foi fidel
qualf el abanz faire foliæ
linguef nouef il parlaran
& diablef encalceran.

Signes feront li soi fedeil,
quels il avanz faire soleit:
lengues nuoves il parleront
e di,ables enchalcheront.

116 Sialcunf delf beuen ueren
nonaura·mal zo fab p̌ uer
fobræ malabdef manf m&ran
& fanitad atoz rendran.

Sed alcuns d'elz beive venein,
non avrat mel, ço set por veir;
sovre malabdes mains metront
e sanitet a toz rendront.

117 Suf enumont don chef mont&
que holiuet numnat uofai
leuet fa man fil benedif
uengre lanuuolf filcollit.

Sus en un mont .dṵnques montat,
qued Oliveit nomnet vos ai,
levat sa main, si-ls benedist;
vindret la nuvols, si-l collit.

118 E lor uedent mont& en cel
ad dextrif deu iĥf ef f&
qui uenra toz iudicar
atoz rendra eben emal.

E lo veident montet en ciel,
a destres Deu Jesus se siet,
toz nos jugier d'equi· venrat,
e bien e mel a toz rendrat.

119 Lifoi fidel en fontornat
aldezen iorñ ia cū p̌ ueng
fp̌f fc̄f fobrelz chad
filf en flam& cū fugf ardenz.

Li soi fedeil tornet ent sṵnt.
Ja cṵm pervint al dezme jorn,
sovr'elz chadit Esperiz Sainz,
si-ls enflamat cṵm fous ardanz.

120 Ildefabanz funt aferad
de crift non fabent mot parlar
en paf che ueng uertuz de cel
il non doblen negun iudeu.

Il des avanz sṵnt aseret,
de Crist non sevent mot parler:
en pas que vint de ciel vertuz,
il non dotent Judeu ne,un.

121 Per toz lengatguef uan parlan
   laſ uirtuz crist uan annuncian
   no lor pod om uiuſ contraſtar
   ſigneſ fazen ꝑ podeſtad.

Per loz lengualges vont parlant,
les vertuz Crist vont annꭑnciant;
non lor puot huom vifs contrester,
signes fazent per podestet.

122 Spandut ſunt ꝑ tot ceſ mund
   regnum dei nuncent ꝑ tot
   - - - - - conuertent gent & popu
   χꝓſ ihſ ꝑ tot ab elz.

Espandut sꭑnt per tot cest mꭑnd,
lo regne Deu nꭑncent per tot,
per tot convertent puople e gent,
Crisz Jesus est per tot ab elz.

123 Lo ſatanaſ dol enagrand
   alſ deu fidelſ fai durſ afanz
   alcanz encruz fai loſ leuar
   alquanz defpadeſ degollar.

Li satanas duol ent at grand,
als Deu fedeils fait durs ahanz:
alquanz en croiz fait les lever,
alquanz d'espedes decoller.

124 Elloſ alquanz fai efcorter
   alquanz en fog uiuſ trebucher
   & en gradilielſ fai toſter
   alquanz ap p&dreſ lapider.

E les alquanz fait escorchier,
alquanz en fou vifs trebuchier
et en gradilie-ls fait toster,
alquanz ab piedres lapider.

125 Luique aiude nulſ uencera
   cũ peiſ lor fai il creifent maiſ
   locap acriſt efuogurad
   ꝑ tot eſ mund eſ ad horaz.

Lui qued aiudet? no-ls vencrat;
cꭑm peis lor fait, il creissent mais;
lo chief at Crisz esvegoret,
per tot es mꭑnd est adorez.

126 Noſ ceſteſ pugneſ non auẽ
   contra noſ epſ pugnar deuẽ
   frainde deuẽ noftræ uoluntaz
   quo part aiam ab noſ deu fidelſ.

Nos cestes pugnes non avem;
contre nos eps pugner devem,
fraindre devem noz volꭑntez,
que part aiiem ab Deu fedeils.

127 Quar finimunz non eſ mult lon
   & regnũ deu fort ment eſ prob
   drontre noſ lez facã lo ben
   gurpiſſẽ mund & fom peccad.

Quar finimꭑnz non est mꭑlt loing,
e-l regnes Deu fortment est prof;
dontre nos leist, faciem lo bien,
werpissem mꭑnd- e son pechiet.

128 Xꝓſ ihſ qui man en ſuſ
   merc& aiaſ de pechedorſ
   entalſ raizon ſiam meſpræſ
   ꝑ ta pitad lõ ꝑ doneſ.

Qui mains en sus, o Jesu Crist,
de pechedors aies mercit;
sed ont mespris en tels raizons,
per ta pitiet perdone lor.

129 Te poſche r&dræ grã
   dauant to paire gloriæ
   ſanz ſpm̃ poſche laudar
   & nunc ꝑ tot in fcła.
       AMHN

Te poisse rendre grati,ae
davant ton pedre glori,ae!
poisse lauder Esperit Saint
ut nunc per tot in secula!
       Amen.

Das Femininum hat im Nom. Sing. *s* : *passiuns* 3 d, 4 a, *la nuvols* 117 d, *grant pavors* 19 b, l. *granz, granz noiz* 78 b, *vertuz* 120 c; daher ist *genz* statt *gent* 9 a gesetzt worden.

Das franz. *ahanz* ist nur 73 d erhalten; 1 c, 28 c steht prov. *afanz.*

Entro 59 b beruht auf *intro* »hinein« und ist demnach franz. *entre* geschrieben worden. Der Hiatus nach diesem *entre* ist nicht auffälliger als der nach der Präposition *entre* 110 c und nach *mirre* 87 c.

Davant ist beibehalten worden; es findet sich auch im Fragment von Valenciennes (*lieu davant dist*).

Die provenzalischen Formen *dizent* 23 a, *dicent* 108 b, *conducent* 64 d sind durch die franz. *dient, conduient* ersetzt. *Fazent* 121 d ist ein Conjunctiv, abhängig von *contrester*. Der Indicativ lautet *fan* (*font*) 72 b.

Für *alo* 29 a, 50 a, 94 b dürfte das franz. *aluoc* am Platze sein; cf. *illuoc* statt *ilo* im Leodegarliede.

Das consequente *ab* ist beibehalten. Auch die Eidformeln besitzen es, und das Compositum *av-uoc, av-uec, av-ec* setzt ein franz. *ab* voraus.

Auch *eu* (*ego*), welches als Provenzalismus erscheinen kann, habe ich nicht in *eo* zu ändern gewagt.

Die Ersetzung von *eu* durch *vos* 70 b stützt sich auf einen Gebrauch von *laissier*, den Littré aus Villehardouin nachweist: *Ore vous lairons de Renier de Trit, si revenrons à l'empereour de Constantinoble.*

V. 76 b wird durch das *ci* = *chi* der Handschrift klar; ebenso 125 c, wenn man die Handschrift richtig liest, welche nicht *a crut et vegurad*, sondern *acrift efuegurad* bietet.

Das einsilbige *noi* (*nōn ibī*) 89 d, 103 b erscheint bedenklich; ich habe *n'i* gesetzt.

Die Aenderung von *si alcuns* 111 c in *sed alcuns* dürfte durch Leod. 29 a, c, e gerechtfertigt sein. Der Singular statt des Plurals *beivent* ist unumgänglich erforderlich. *Se* mit dem Conjunctiv steht Chev. au lyon 2496.

Dereiz 21 c st. *darez* kann als ἅπαξ λεγόμενον Bedenken erregen. Statt des Lehnwortes *lacrimat* 13 d das Erbwort *larmeiat* zu setzen, scheint nicht erforderlich.

Den Vocativ *Crist* 74 d, o *Jesu Crist* 76 a ändere ich nicht; er entspricht dem lat. *Jesu Christe.* Daher auch 128 a.

Jusque 78 a, *jusche* 82 d ohne *a* muss stehen bleiben; es findet sich bei Livius und Späteren. So *a Mosam* (sic) *usque Sequanam* Nith. Hist. l. III, 3.

Erster Theil.

Die Mundarten der ältesten Denkmäler.

Unser Versuch, die ältesten französischen Denkmäler auf ihre Mundarten zu prüfen, hält folgende Methode ein. Zunächst wird die Sprache dieser Denkmäler unabhängig von geographischen Voraussetzungen untersucht, und festgestellt, ob und wie sie sich nach linguistischen Merkmalen gruppiren. Erst dann wird die Frage nach der Heimath der Gruppen erörtert. Als Mittel der Charakteristik dient in erster Linie und fast ausschliesslich die historische Lautlehre. Die Formenlehre ist in dieselbe einbegriffen, soweit die Formen lautgesetzlich entstanden sind. Als selbständige Kriterien können Formen nur unter zwei Bedingungen in Betracht kommen: 1) sofern sie auf Neu- oder Umbildung beruhen, 2) wenn und sofern sie sich etwa der Wirksamkeit von Lautgesetzen entzogen haben. Allein die Neu- und Umbildungen zeigen in unsern Texten nur spärliche mundartliche Eigenheiten, wie z. B. *grancesmes* und *permessient* im Fragment von Valenciennes. Und die Formen, welche zu der Frage, ob das geistige Interesse an der Form, d. h. an der phonetischen Ausprägung des Unterschiedes von Bedeutung und Beziehung, im Stande sei, der unwillkürlichen Wirkung eines Lautgesetzes Trotz zu bieten — eine Frage, die man a priori zu verneinen geneigt sein kann — die Formen also, welche zu der Frage nach dem Machtverhältnisse des Intellects zu physiologischen Entwickelungsgesetzen Veranlassung geben, sind überhaupt gering an Zahl.

Es handelt sich hier um gewisse wirkliche oder scheinbare Ausnahmen von den Gesetzen, welche den tieftonigen Vocal der Endsilbe und der Vortonsilbe beherrschen. Derartige Formen bietet,
soweit sie nicht gemeinfranzösisch sind, nur das Eulalialied in
auuisset und *perdesse* neben *amast*, sowie in *degnet* neben *laist*,
womit *menestier* zu vergleichen. *Enseinet* im Alexiusliede 63 b,
welches vor der Cäsur steht, ist wahrscheinlich ein durch das
ebenfalls vor der Cäsur stehende *deprient* 63 a veranlasster Fehler.

Zuvörderst sollen die ge m e i n s a m e n und sodann die e i g e n -
t h ü m l i c h e n phonetischen Züge unserer Denkmäler aufgewiesen
werden: von den gemeinsamen freilich nur diejenigen, deren Ge-
meingültigkeit einem Zweifel unterworfen sein kann. Unter gemeinsamen phonetischen Merkmalen verstehen wir nicht blos die identischen, sondern auch die nur zeitlich verschiedenen, die verschiedenen Entwickelungsstufen desselben Lautes. Eigenthümliche
Merkmale dagegen sind die divergirenden Entwickelungsbahnen.
Die gemeinsamen Merkmale sind entweder identisch oder stehen
im Descendenzverhältnisse zu einander; die eigenthümlichen sind
Seitenverwandte.

Die Untersuchung bewegt sich vorwiegend auf dem Gebiete
des V o c a l i s m u s; denn in ihm liegen zumeist die Kriterien der
Mundarten. Als Mittel, den Vocalismus festzustellen, kommen in
erster Linie die A s s o n a n z e n, in zweiter die O r t h o g r a p h i e
in Betracht.

A. Gemeinsame Merkmale.

Es kommen zur Erörterung die lingualen Vocale und ausserdem *z* für lateinisches *s* nach *n* und *l*.

I. *E* und *ie* aus lat. *a*.

Das hochtonige lateinische *a* (*ā* oder *ă*) in offener Penultima
hat altfranzösisch *e*, vor Nasalen (ausser nach *i*) jedoch *ai* und unter
gewissen Bedingungen *ie* ergeben. Neben diesem *e*, *ai* oder *ie*
besteht jedoch in der Uebersetzung von Schriften des Papstes Gregor

und in den Predigten Bernhards von Clairvaux *ei*, *ai*, *ie*. Es fragt sich, 1) ob in den ältesten Denkmälern irgendwo noch das lateinische *a* erhalten ist, 2) ob dieselben etwa Spuren jenes *ei* enthalten, 3) ob *ie* unter denselben Bedingungen vorkommt wie in späteren Denkmälern. Diese Bedingungen sind nämlich folgende: *ie* entsteht 1) aus *a* + *i purum*, z. B. *premier*; — 2) aus *i purum* + *a* — mag *ĭ* aufgehört haben Silbe zu bilden, wie in Erbwörtern (α), (wobei es im übrigen verschieden gewirkt haben kann), z. B. *noncier*, *commencier*, *chacier*, *adrecier*, *essaucier*, *aprochier*, *chalengier*, *congié*, *Orliens*; *conseillier* (*consiliare*), *essilier*, *tesmoignier*, *vergoignier*, *baissier*, *proisier*, *poier* = *poiier*, *aiez* = *aiiez*, *repairier*; — oder mag *i* als Silbenbasis bestehen, wie in Lehnwörtern (β), z. B. *humelier*, *chrestien* = *humeliier*, *chrestiien*; — 3) aus *a* nach einem Guttural, mag derselbe Guttural geblieben, wie in *kief*, *pekié*, oder assibilirt worden, wie in *chief*, *pechié*, *jugier*, oder (zwischen Vocalen) geschwunden sein, wie in *paier*, *noier*, *nier*, *emploier*, *mendier* (*mendicāre*) = *paiier*, *noiier*, *niier*, *emploiier*, *mendiier*; — 4) aus *a*, wenn in der vorhergehenden (französischen) Silbe ein *ai*, *ei*, *oi* oder *ui* entsteht, dessen *i* auf *i purum*, wie in *arraisnier*, *moitié*, *covoitier* (**cupedietare*)[1]), oder auf einem Guttural oder *j* beruht, wie in *apareillier*, *esploitier*, *plaidier*, *laissier*, *aproismier*, *acointier*, *seignier*; *empirier* aus *empeirier*, *baillier*, wozu die Fälle von *ei* aus *ĭ* : *soiez* = *soiiez* (**siătis* st. **siētis*), *envoier* = *envoiier*. Auch *amistié* aus **amiistiet* gehört hierher; doch findet sich bekanntlich auch *amistet*, wie neben *pitié pité* (**piietate*, *pietatem*).

Wie verhalten sich nun die ältesten Denkmäler?

Die **Strassburger Eidformeln** zeigen noch *a* : *salvar*, *returnar*, *fradre*, *fradra*, und so *christian* (2β), aber doch *Ludher* (1), welches in zwei Beziehungen abzuweichen scheint: es hat kein *a*

---

[1]) *Covoitier*, *coveitier*, prov. *cobeitar*, kann nicht aus **cupitare* oder **cupititare* oder **cupiditare* entstanden sein, ebenso wenig prov. *cobeitat* aus *cupiditatem*. *Cobeitat* setzt **cupedietatem* voraus, welches sich zu einem **cupedius* verhält, wie *medietatem* u. ä, zu *medius* u. ä. Ebenso haben *coveitier* und *cobeitar* **cupedietare* zur Voraussetzung. **Cupedius* ist ein Derivatum von *cupedem*, N. *cupes*. *Cupedem*, **cupedium*, **cupedietatem*, **cupedietare* verhalten sich zu einander ähnlich wie *perpetem*, *perpetuum*, *perpetuitatem*, *perpetuitare*.

mehr und dennoch auch kein *ie*. Der lateinische Text der Nithardhandschrift hat *Lodharius*, der deutsche der Eide »*mit Ludheren*«.
Wie verhält sich *Ludher* zu *Lodharius* und dem Dativ *Ludheren?*
Lodharium musste zweifellos *Lodhier* ergeben, und hat es ergeben;
man vergleiche das Leodegarlied. Folglich wird das romanische
Ludher auf der deutschen Form des Namens beruhen. Dies setzt
freilich voraus, dass bereits im Jahre 842 das kurze *a* von *Hlōd-
hari* zu *e* geschwächt war, sodass nicht etwa eine Abhängigkeit
der deutschen Namensform von der romanischen angenommen
werden muss. Eben diese Voraussetzung aber unterliegt keinem
Bedenken. Ist also das romanische *Ludher* von dem deutschen
Lúdheri abhängig, so bildet es hinsichtlich seines Vocalismus keine
Ausnahme von der romanischen Lautregel, und man darf folglich
aus ihm auch für den Lautwerth des *a* in *salvar* u. ä. keine
Schlüsse ziehen. Wie nun dieses *a* zu beurtheilen, wird unten
erörtert werden. Fahren wir zunächst in der Feststellung der
Thatsachen fort.

Im Eulalialiede liest man *une spede, presentede, virginitet,
honeste*(*t*), *rover*(*et*), aber *mals* als attributives Adjectiv: *mals conselliers*. *Mals* setzt nicht *malōs*, sondern ein volksthümliches
*mallos, mit geschärftem *l*, voraus. Vor einem Nasal steht *ae* in
maent, aber *a* in *oram*, wie wenn ein provinzielles *ōrammus
zu Grunde läge. Der Diphthong *ie* steht regelrecht in *conselliers* (1),
wo das *i* übrigens doppelt begründet ist. (Man bemerke auch
menestier.) Eine durchsichtige phonetische Schreibweise liegt vor
in *Maximiien* und *christiien* (2β). Regelrecht steht (3) ferner *ie*
in *chieef* (nach Chevallet) und *chielt*, welches lautgesetzlich aus
calet hervorgegangen, während das sonst übliche *calt, chalt* ein
volksthümliches *callet voraussetzt, wie *mals* ein *mallos. Im
Rolandsliede stehen beide Gestalten des Wortes neben einander:
chelt 2411, l. *kielt, calt* 1405. 1840. 1913, *chalt* 227, l. *calt*. Lautgesetzlich ist *ie* auch in *regiel* und *pagiens*, in welchen das erhaltene *g* bemerkenswerth ist,[1] sowie in *preier*, welches mit *ciel*
assonirt und folglich *preiier* bedeutet, und in *pleier*, welches auf

---

[1] Dasselbe ist übrigens nicht assibilirt (= *dž*), sondern, wie sich unten
ergeben wird, der klingende gutturale Explosivlaut.

menestier reimt und mithin als *pleiier* aufzufassen ist. *Lazsier* (4) ist in der ersten Silbe undurchsichtig. *Geterent* ohne Diphthongirung ist gemeinfranzösisch: in *jactārunt*, **jectarent* scheint *j* die Entstehung eines *ei* verhindert zu haben.

Das Fragment von Valenciennes bietet *laboret*, *penet*, *monstret*, *repauser*, *acheder*, *avardevet*, *encredulitet*, *cherté;* doppeltes *e* in *peer*, vgl. *chieef* Eul. und *esteer* Trist. II, p. 44 bei Burg. I, 297. Neben dem abstracten Substantiv *mel* (*malum*) besteht als attributives Adjectiv *mal* (**mallum*) : *de mals christianis, male voluntatem.* Feent scheint für **faient* zu stehen (**facunt* st. *faciunt*). Ein einziges Wort hat *ei*, nämlich *ireist* (*īrātus*); dieses Wort weicht auch sonst ab: *iriez* neben *irez*. — Das Fragment zeigt regelrecht *ie* in folgenden Fällen: [(1) für *a* + *i purum* kein Beispiel] (2) *ie* aus *i purum* + *a* in *faciest*, *comenciest*, *aiest; ie* aus *a* nach einem Guttural (3) in *preiest* sowie in *pretiet*, welches, wie der Zusammenhang lehrt, nicht ein entlehntes *pretiātum* sein kann, sondern für *prediet*, d. i. *prediiet* (*prœdicātum*), steht, eine Annahme, die in einem andern Zusammenhange ihre Begründung finden wird. Endlich (4) ist *seiest* zu erwähnen. Aber auffälligerweise hat das Fragment kein *ie* nach einem assibilirten Guttural: *cheve*, *seché* und *cherté*. Ist *ie* hier bereits in *e* übergegangen, oder ist überhaupt kein *ie* vorhanden gewesen? Mit andern Worten: ist die Mundart des Fragments den übrigen Mundarten vorausgeeilt, oder divergirt sie? Das Erstere dürfte wahrscheinlicher sein; allein die Frage bleibt näher zu untersuchen.

Die Passion enthält zwar noch vielfach das *e* des französischen Originals, aber häufiger das provenzalische *a*. Ein *e* haben die Infinitive *parler* 27 b, *garder* : *parler* 65 cd, *Jherusalem* : *plorer* 66 ab, *ester* 69 b, *penser* 85 c, *toster* : *lapider* 124 cd, aber Provenzalismen sind *remembrar* 1 c, 24 c, 84 a, *pensar* 14 c, *salvar* 17 d, *sopar* 28 a, *orar* 30 d, 31 d, 32 a, *flagellar* : *annar* 58 cd, wonehen *allar* 114 a, *deramar* 68 a, *comptar* 112 c, *parlar* 120 b, *contrastar* 121 c, *levar* : *degollar* 123 cd, *pugnar* 126 b, *laudar* 129 c. Participien des Perfects mit *e* sind: *canted* 7 d, *Judeu* : *menez* 43 ab, *trovez* 44 c, *menet* 51 ab, *emblez* 90 d, *espaventet* 110 a, nebst *monted* 7 b, *monstred* 19 a, aber Provenzalismen: *salvad* 1 d, *ame-*

naz : *parad* 6 ab, *menad* 17 b, *tressudad* 36 a, *naz* 38 c, 84 b, 112 d, *gitad* 68 b, *levad* 71 a, *donad* 87 d, *anaz* 96 b, 102 a, *tostaz* 111 c, *damnat* 114 d, *numnat* 117 b, *tornat* 119 a, *aserad* 120 a, *vegurad* 125 c, *adhoraz* 125 d, *armaz* 92 c und verschrieben *armand* 39 a, dazu das substantivirte *regnaz* 69 c und die Feminina *tornades* 104 a, *encontradas* 104 b. Französisches *e* hat ferner die 2. Pers. d. Plur. *plorez* 66 d und *oblidez* 103 b, das Plusquamperfect *auseron* 68 a und das Imperfect *estevent* 95 d; endlich *asez* 64 a neben prov. *assaz* 66 d, 90 a und vereinzelt das Substantiv *pieted* 50 d neben *pietad* 27 a, 77 a, *pitad* 128 d, *ciutat* : *greus* 4 cd, *ciptad* 13 a, *ciptat* 67 b, *caritad* 69 d, *deitat* 111 d, *humilitad* 7 a, *cobetad* 38 d, *veritad* 111 b, *trinitad* 114 b, *vertat* 69 a, *sanitad* 116 d, *podestad* 121 d, *voluntaz* 126 c, und so sind Provenzalismen *deu* : *carnals* 2 cd, *mortalz* 85 c und *tals* 76 b, 108 c, *tals* 128 c, *qual* 83 d, *quals* 115 c, ferner *laz* 71 b, 83 a, 109 d, *clar* 98 a nebst *amarament* 51 b, *espades* 123 d, *madre* 89 a, 112 d und *paire* 129 b. Indifferent ist *quar* 70 c. Als attributives Adjectiv steht *mal* : *a males penas* 16 b, *per mals conselz* 20 c, dagegen als abstractes Substantiv *mel* 52 b, welches im Einklange mit dem Fragment von Valenciennes und dem Leodegarliede aufrecht zu erhalten ist und somit die Aenderung von *mal* 41 a, 116 b, 118 d in *mel* erheischt. *Pilaz, Pilat* hat als entlehnter Eigenname sein ursprüngliches *a*. Neben *Judas* 26 a, 36 a findet sich *Judes* 21 a, 25 c, und man könnte die letztere Gestalt des Wortes für die regelrechte französische halten wollen. Allein *Judas* ist auch sonst üblich, cf. Li coron. Looys 751, und der Umstand, dass 33 c *Judeus* statt *Judas* steht, zeigt, dass auch *Judes* auf Verwechslung mit *Judeus* beruht. Das Präsens *stat* hat *a* 80 a; *stat, estat* findet sich auch im Gregor und Sanct Bernhard, Burg. I, 297. Hingegen ist *ested* 45 a, *estet* 48 a, 83 a, 108 d das provenzalische Perfect. Es fragt sich, ob das französische Original statt desselben *estat* (*stāvit* st. *stetit*) oder *estut* besessen hat. Burguy belegt I, 299 f. *esta* und das entsprechende *estast;* das letztere, durch die Assonanz *estast* : *eschapast* gesichert, bürgt für *esta* mit. Allein das zunächst verwandte Leodegarlied bietet *instud* 19 c, und zwar in der Assonanz. Da nun das provenzalische *estet* ebenso wohl für *estut* wie für *estat* eingetreten sein kann, so entscheiden wir uns für *estut*. — Vor Nasalen ist *ai*, welches das französische

Original ohne Zweifel besessen hat, nirgends stehen geblieben: *rams* : *branches* 10 ab, *pan* 24 a, 25 a, *man* 62 b, 117 c, *mans* 44 c, 60 a, 109 c, 116 c, *man* (*manēs*) 128 a. Mit *laidam* 77 a und *præiam* 90 c vergleicht sich zwar das *oram* des Eulalialiedes; allein *cantomps* des näher verwandten Leodegarliedes spricht eher für eine Provenzalisirung. Eine sichere Entscheidung dürfte sich kaum treffen lassen. — Ein auf *a* beruhendes *ie* ist in der Handschrift ausser in *neier* 48 c und *paierent* 52 d = *neiier* und *paiierent* nirgends erhalten. Doch findet sich *ia* in *pecchiad* 95 b und *annunciaz* 103 a, die sich durch unvollständige Provenzalisirung erklären lassen. In *annuncian* : *parlan* 121 ab ist *i* freilich deutlich ein Unterscheidungszeichen, dessen *facă* 127 c jedoch entbehren muss. Aus den Assonanzen ist oben nachgewiesen, dass das Original *ie* unter den üblichen Bedingungen besessen hat. Auch von *esclairaz* : *clar* 98 ab und *esclairez* : *menet* 51 ab ist die Rede gewesen. Es bleibt nur übrig, die im Texte vorkommenden Wörter zu notiren, welche Restitution des *ie* verlangen: (1) *olivers* 10 b, *deners* 22 a, *primers* 95 a, *primera* 105 c und *useire* 48 b (nebst *terz* 91 a, 98 a, *terce* 35 c, 49 b); (2) *baisair* 37 d; (3) *cher* 27 d, *chere* 22 c, *chedent* 81 c, *peched* 89 b, *marchet* 19 d, *manied* 26 a und *pecchiad* 95 b, dazu *cap* 125 b, *cab* 62 d; *coleiar* 47 b, *liades* 44 c, *veiades* 105 b; (4) *laisar* 56 a.

Verwickelter liegen die Verhältnisse im Leodegarliede. Dasselbe hat ausser dem den gewöhnlichen Bedingungen entsprechenden *ie* häufig *ie* neben *e*, sofern nicht das provenzalische *a* eingetreten ist. Den gewöhnlichen Bedingungen entsprechen folgende Fälle: 1) *Ie* aus *a* (oder *e*) + *i purum* ist stets erhalten. So in den Assonanzen: *voluntiers* : *monstier* 17 ab, *monstier* : *Lethgier* 30 cd, *Lothier* : *Lethgiers* 9 ab, *clergier* : *monstier* 11 f, *Peitieus* : *Lothiers* 4 ab; *mistier* : *castier* (*castīgāre*) 18 b, l. *chastiier*, *mistier* : *ben* 14 cd, *Lethgier* : *pez* 38 ab. Mit den Assonanzen steht die Orthographie im Einklange: *monstier* (11 f) 16 c, 17 b, 19 c, 30 c, *mistier* (44 c) 18 a, *voluntiers* (17 a) 22 d; *Lothiers* 3 d (4 b, cf. 9 a). In *Letgiers* 7 c, *Lethgiers* 9 b, *Lethgier* 4 f, 38 a und *consilier* 12 b, 16 b ist das *i* von *ie* doppelt begründet. — 2—4) Es steht zwar dreimal *queu* 21 c, 27 b, 39 a (nebst *cap* 26 d) und zweimal *euesquet* 16 c, 24 b geschrieben. Allein das ursprüngliche Vorhandensein

des Diphthongen *ie* wird durch die Assonanzen *queu* : *piez* 39 ab,
talier : *queu* 27 ab, *bien* : *euesquet* 21 ab verbürgt. Und damit
stimmen *clergiér* : *monstier* 11 ef, *pechietz* 38 c, *cumgiet* 14 f; *Peitieus* : *Lothiers* 4 a, *pre,i,er* : *deu* 31 cf, 1. *predier* (*prœdicāre*) =
prediier : *Dieu*, welches letztere durch *preier* : *deu* 25 cd, 1. *preiier* :
Dieu, verbürgt ist. Dazu das bereits erwähnte *castier* : *mistier* 18 ab.
Lier 25 f ist folglich = *liier*, und statt *laisera* 21 f ist nicht *laiseret*,
sondern *laissieret* zu lesen. — Aber es steht, wie gesagt, auch
häufig ein *ie* geschrieben, welches den gewöhnlichen Bedingungen
nicht entspricht. So finden sich zwar die Infinitive *lauder* 1 a,
conlauder 35 f, *porter* 1 b, *34* b, *observer* 23 d, *decoller* 37 f, *intrer*
16 e, 24 c, *ester* 16 f, *recimer* 21 f, *cru,els* (**crūdālis* st. *crūdēlis*[1]) :
crever 26 cd, *ester* : *condemnets* 28 cd, aber daneben stehen *parlier* :
laudier 27 ef, *porlier* : *laudier* 28 ef, *porlier* 31 d, *laudier* 31 b,
parlier : *pensœz* 29 ab (prov. *intrar* 17 b, *devastar* 22 f). Neben
den Participien *honorez* 9 b, *visitet* 30 f, *armez* 37 e, *amet* 7 f, 34 a
steht *laudiez* 7 c (prov. *laudaz* 7 h, *anatemaz* 21 d, *coronat* 21 e,
adunat 22 e). Neben dem Substantiv *claritet* : *deu* 34 cd finden
sich *veritiet* 6 d und *humilitiet* 6 f (prov. *caritat* 6 c, *ciutat* 24 c).
So bestehen ferner zwar *regnevet* 3 c, *controverent* 9 d, *giterent* 38 b,
estera 39 b, *stera* 39 f; *regnet* 12 f, 20 b (Lehnwort); *gret* 11 b,
gred 10 f; *asez* 40 a; *fredre* 10 d, *medre* 23 e (und prov. *clar* 34 f),
el 17 f; *carnels* 29 c, *tels* 35 d, 40 f, *tels* : *conlauder* 35 ef. Aber
daneben stehen *piers* 10 e, *inspieth* 38 f, *spiritiels* 29 d, *spiritiel* 36 e,
tiel 24 f, 35 c, und so stets *miel* (*malum*) als abstractes Substantiv :
33 d, *ciel tiel miel* 24 f, *ciel miel* 25 d, *miel* : *el* 17 ef, *miel* : *anatemaz* 21 cd, *miel* : *observer* 23 cd, *ciutat* : *miel* 24 cd, sowie *miels*
als prädicatives Adjectiv: 22 c, *vituperet* : *miels* 27 cd. Aber als
attributives Adjectiv steht auch hier *mal* : *por mala fid* 19 f, welches
demnach nicht in *mele* zu ändern ist. Wie ist das *ie* in diesen
Wörtern zu beurtheilen? Die Assonanzen zeigen, dass *ie* und *e*

---

[1] Das Wort assonirt auch sonst mit *e* aus *a* und hat nie *ei* oder *oi* aus *ē*;
cf. *cruel(e)s* Appendix des Alexiusliedes. Gelegentlich findet sich *crual*, entsprechend andern Adjectiven mit *-al* neben *-el*. Auch *crualté*, *cruauté* setzt
*crūdālitāte st. *crūdēlitātem* voraus. *Cruelté* geben LITTRÉ und BURGUY ohne
Beleg. In der Mundart des Gregor und St. Bernhard muss sich, wenn obige
Ansicht richtig ist, *crueil* neben *cruauté* finden.

neben einander nicht bestehen können. Entweder ist das eine
oder das andere, oder es sind beide unursprünglich. G. Paris
spricht Rom. I, 283 u. 285 Anm. die Vermuthung aus, der Copist
habe das burgundische *ei* vorgefunden und die Elemente desselben
invertirt, wagt jedoch nicht, *ei* zu restituiren. Allein hätte das
Original *ei* besessen, so würde dieses schwerlich theils in *e*, theils
in *ie* geändert sein, ohne dass es auch nur ein einziges Mal stehen
geblieben wäre. Vielmehr wird derselbe Copist, welcher in *queu*
und *euesquet* das *i* unterdrückt hat, umgekehrt statt *e ie* geschrieben
haben. Dies setzt freilich voraus, dass er *e* und *ie* nicht zu unterscheiden gewohnt war, d. h. dass er kein Franzose war. Es muss
folglich ein provenzalischer Copist gewesen sein, welcher die Verwirrung zwischen *e* und *ie* in Wörtern angerichtet, die im Provenzalischen *a* besitzen. Diese Auffassung der Sache wird bestätigt durch die analoge Erscheinung in der Lambspringer Handschrift, in welcher an ein ,,burgundisches" *ei* nicht zu denken ist.

Im Alexiusliede und in der Einleitung findet sich *ie* statt
e nur vereinzelt, Regel ist dieses *ie* im Appendix. Auch hier erklärt sich diese Verwechslung als umgekehrte Schreibung von der
Hand eines Copisten, welcher *e* und *ie* nicht von Hause aus zu
unterscheiden gewohnt war. Ist der fremde Copist des Leodegarliedes ein Provenzale, so ist der der Lambspringer Handschrift ein
Angelsachse.

Regelrechtes *e* für lateinisches *a* zeigen im Alexiusliede
die männlichen Assonanzen der Strophen 3, 6, 9, 13, 16, 18, 19,
26, 32, 34, 38, 39, 47, 49, 56, 58, 59, 63, 65, 69, 77, 79, 81,
83, 86, 95, 98, 104, 109, 110, 112, 115, 118, 124 und die
weiblichen Assonanzen der Strophen 4, 15, 21, 24, 27, 29, 48,
76, 83, 85, 94, 100, 119, 121. Und mit den Assonanzen stimmt
die Orthographie des Textes: *turner* 33 e, *entrer* 35 c, *desirrer* 88 d,
passer 103 c, *jeter* 106 b; *mu,ez* 1 d, *celet* 64 c, *levet* 70 a, *trovet*
71 c, *ned* 92 c; *cilet* 17 a, 60 c, auch *amistet* 33 c, *pi,elet* 88 c
(st. *pitet*); *gret* 35 b, *degret* 44 c, 71 d; *set* 35 d, 56 d, 91 d; *ostel*
45 c, *mortel* 123 b, *tel* 44 d, *quel* 48 e, *quels* 48 c, 76 d, 79 b, *pers*
4 c, *cler* 70 b; *nef* 13 b, 40 b, 43 a, *su,ef* 7 b, 68 c, *remest* 28 bc,
tres 58 a (*trās* aus *trans*), sowie *nethe* 9 a, *mudede* 97 b, *conver-*
erent 5 a, *truverent* 33 d, *sevent* 54 e (*sapent st. *sapiunt*), *espede*

83 b, *pedre* 7 c, 8 a, 9 c, 23 a, 26 b, 42 a, 43 c, 45 a, 48 a, 53 c, 68 b, 76 c, 78 a, 83 d, *pedra* 21 a, 79 a, 94 a, 100 a, 119 a, *pedres* 11 b, 22 a, *pere* 121 a, *medre* 22 b, 26 d, 31 a, 90 d, *medra* 30 a, 42 b, 88 c, *mere* 50 d, *frere* 57 a. Ein auf umgekehrter Schreibweise beruhendes *ie* liegt vor in *citied* 34 b, *citiet* 21 f, *conreierent* 100 c, alle drei in *e*-Assonanzen. Andererseits steht *ei* irrthümlich in *eil* 49 c statt *el* und in *despeiret* 28 b statt *desperet*. *Dēspēral* gibt keinen erträglichen Sinn; *dis-páral hingegen wird durch *parede* 29 a gefordert. Neben *quer* 1 b, 46 a, 54 e, 84 d, 88 c, 123 c, 124 b steht *quar* 44 b, 99 b, 101 d, *qr* mit übergeschriebenem *a* 35 b. *Valt* 101 b geht auf ein volksthümliches *vallet statt *valet* zurück, wie *mal* auf *mallum und *calt* auf *callet. *Mel* fehlt in der Handschrift; das substantivirte Neutrum lautet *mal* 31 c, Plur. *mals* 101 e, 125 b; doch wird es nicht durch Assonanzen verbürgt; und es darf daher die Frage aufgeworfen werden, ob nicht das Original dennoch *mel* besessen hat. Es bestehen, wie nachgewiesen worden, seit den ältesten Denkmälern *mal* und *mel* neben einander, und zwar als syntaktische Scheideformen: *mal* als attributives Adjectiv, *mel* als prädicatives Adjectiv und als abstractes Substantiv. Die Ausgleichung findet später in der Weise statt, dass *mal* sämmtliche Functionen übernimmt, und es ist mithin nicht das *a* von *mal* erst später durch *l* wieder hervorgerufen, wie Rom. Stud. I, 5, 619 gelehrt wird. Im Rolandsliede ist die Verdrängung von *mel* durch *mal* zwar in der Oxforder Handschrift durchgeführt, aber im Original hat sie erst begonnen. Denn es steht einerseits nach der alten Regel *uns urs si mals* 727 in *a*-Assonanz, und andererseits *le bien c le mal* 2140 ebenfalls bereits in *a*-Assonanz; aber das Substantiv *mal* 2006 in *e*-Assonanz gehört erst dem Copisten an. Dadurch wird wahrscheinlich, dass in dem älteren Alexiusliede *mal* ebenfalls auf Rechnung des Copisten zu setzen ist.

Die Einleitung enthält *canter, amet, bone,uret, quel, quels, spiritel, virginels, pere, mere, volentet, certet, castelhet, veritet, pi,etet* und *amistet*, aber *trinitiet*. Und der Appendix bietet zwar *sevent, quele, crueles,* jedoch *anci, enetiet, a,ürier* (4 mal), *assemblier, aluiet*. Dieses *ie* statt *e* beruht, wie bemerkt, auf umgekehrter Schreibung. Denn dass der angelsächsische Copist das französische *ie* aus *a* entweder überhaupt nicht oder nicht regelrecht spricht, ergibt sich daraus, dass er *i* in ursprünglichem *ie* meist unterdrückt. So stehen in *ie*-Assonanzen: *anuitel, colcer, corocier* (nebst *muiler*) 11; *anterciet, provenders, almosners* 25; *antercier, esluiner* (nebst *muster*) 36; *volenters, acomunier, conseilers, efforcer, esluiner* 52; *Eufemien, blastenger, nuncier, desconseilet, pechet* 64; *volentiers, Eufemien, conseilet, provenders, cristiens* 68 bunt durch einander. Und so schreibt der Copist ausserhalb der Assonanzen zwar *aidiez* 93 b und *kiers* 96 a, aber (1) *cancelers* 76 a, *ancensers* 117 a, (2) *conget* 120 c, (3) *ker* 26 c, *kers* 27 c, *cher* 12 c, 22 a, 45 c, 90 c, *chers* 22 d, *chef* 82 a, *cet* mit übergeschriebenem *h* 85 d, *pecet* 12 d, *pechet* 22 c, 101 a, *pechez* 124 c, *vocet* 73 b (**voccātī* st. *vocātī*); (4) *maisnede* 53 c, 83 c, *ampeiret* 2 c. *Eufemien* 4 a, 44 a, 63 d, 64 a, 69 d, 70 d und *cristienlet* 3 b, = *Eufemiien* und *cristüentet*, wie *cristiens* = *cristiiens*, entsprechen der vorherrschenden Orthographie. Ueber das Lehnwort *baptizet* 7 a kann Zweifel herrschen. G. Paris restituirt *batiziez* (oder *baptiziez*) und hat die Analogie anderer Mundarten für sich; man vergleiche: *baptizier* Jourd. de Blaiv. 31 in *ie*-Assonanz. Böhmer entscheidet sich im Rolandsliede für *baptizet*, weil das Wort wohl immer mit sanftem *s* gelautet habe, Rom. Stud. I, 5, 603. Allein dieser Grund ist hinfällig. Man kann höchstens vermuthen, dass in der Anlehnung dieses Lehnwortes eine mundartliche Differenz stattgefunden habe. Das unmögliche *atarger* 118 c in *e*-Assonanz ersetzt G. Paris nach *S* durch *conforter*. — Die Einleitung enthält *Eufemien*, der Appendix *fruissiet*, welches weder von **fressātum*, noch von **frēsātum*, noch von **frictiātum*, sondern von **frustiātum*, einem Derivatum von *frustum*, abstammt.

II. *Ie* aus lat. *ĕ*.

In späteren Denkmälern ist *ie* Gesetz für hochtoniges lat. *ĕ* in lateinischer oder romanischer kurzer Silbe, nämlich in kurzen einsilbigen Wörtern (*fel, mel, rem*), in kurzer, offener Penultima (*bene, pe,tra, inté,grum*) und in solcher kurzer Antepenultima, welche beim Schwinden des tieftonigen Vocals der Penultima eine offene Silbe ergibt (*hedera, he,dra,* aber *merulum, mer,lum*). Ausnahmen bilden das Imperfect *ere, eres, eret* oder *ert, erent* neben dem

Futurum *ier*, *iers*, *iert*, *ierent* und *Deus*, woneben *Dieus* (cf. *materes* : *peres* Del tumbeor nostre dame 1 f.; *pere* : *misere* Best. de Gerv. 123; *misere* : *amere* Rom. de Troie, Rom. V, 382). Es fragt sich, wie sich die ältesten Denkmäler verhalten. Die Strassburger Eidformeln bieten *dš*, *dō*, d. i. *deus*, *deo*, ferner *meos*, *meon* und *eo*, also *e*, nicht *ie*, vor einem *o* oder *u*, welches mit *e* eine Silbe und folglich einen Diphthongen bildet. Das neben *eo* vorkommende *io* wird dem Copisten angehören. Die Formeln enthalten ausserdem noch zwei Stellen, an denen ein lateinisches *ě* zu Grunde liegt oder zu liegen scheint, nämlich *iu er* und *ň loftanit*. An der ersteren Stelle hat das photographische Facsimile deutlich *iu er* und nicht, wie Chevallet's Facsimile, *iu er*. Gleichwohl darf *iu* als Conjectur berücksichtigt werden. Diez, welcher Grimm's *iu er* (*ego ero*) endgültig beseitigt hat, liest selbst bekanntlich *iv er*, Altrom. Sprachdenkm. S. 6. 13 f., und diese Auffassung hat das Feld behauptet; vgl. Bartsch, Chrest. S. 4. 632. 634; Gröber, Jahrb. XIII, 82. Vom Standpunkte der lautgesetzlichen Erklärung aus dürfte sich *iv* allerdings ebenso wenig anfechten lassen wie *vi*. Das kurze *i* von *ibī* kann sich erhalten haben, wie das *i* von *illī* und *ecce-istī* in afr. *il* und *cil*. Auch das *v* am Wortende erscheint vor vocalischem Anlaute erklärlich. Allein es sprechen gegen *iv* und *vi* folgende Gründe. 1) Beide, *iv* und *vi*, stehen, wenn auch *vi* ein italienisches *vi* zur Seite hat, auf gallischem Gebiete, neben .dem französischen und provenzalischen *i*, völlig isolirt. Diese Isolirung würde nun freilich nicht von Belang sein, wenn sich *i*, welches von der Clermonter Handschrift an, Leod. 7 c, 10 a, 21 d, 30 f, 37 e, Pass. 25 b, 46 c, 73 a, 80 d, 90 d, 97 a, 109 d, nachweisbar ist, aus *iv* oder *vi* erklären liesse. Allein *i* kann so wenig aus *iv* wie aus *vi* entstanden sein. Denn neben einem *iv* vor vocalischem müsste ein *if* vor consonantischem Anlaut bestanden haben; aus einem solchen wäre aber schwerlich *i* geworden: *vif* (*vīvum*) hat kein *vi* ergeben und ebenso wenig *vif* (*vīvo*); *je vi-s* beruht auf Anlehnung. Vielmehr wird *i* aus *ibī* in ähnlicher Weise entstanden sein wie *ai*, *sai* aus *habeo*, *sapio*. 2) Ein *iv* oder *vi* aus *ibī* lässt sich zwar syntaktisch ebenso beziehen wie das zweimalige *int*. Allein während das Adverb *int* dem zweimaligen Genetiv *es* des deutschen Textes genau entspricht, so findet ein Adverb *iv* oder *vi* in den Worten »*widhar Karle imo ce follusti ne wirdhu*« keinen Anhalt. 3) Aber nicht nur *iv* oder *vi*, sondern auch das Futurum *er* muss Bedenken erregen. *Ero* hat *ier* ergeben. — Es fragt sich mithin, ob die genannten drei Unzuträglichkeiten sich nicht durch eine Conjectur beseitigen lassen. In der That, »*iver*, das letzte Wort unseres Denkmals und vielleicht das schwierigste«, verliert seine Schwierigkeit, sobald man aufhört es als das letzte Wort zu betrachten. Die einzige uns erhaltene Handschrift von Nithard's Geschichtswerk ist bekanntlich kein Original, sondern eine Abschrift, welche nicht vor dem Jahre 978 angefertigt sein kann. Das Original hat, so vermuthen wir, als letztes »Wort« *nunluuer* besessen, d. h. die beiden »Wörter« *nunlu uer* als graphische Einheit. Diese Annahme begegnet keiner Schwierigkeit. Bis ins 9. Jahrhundert findet sich, wie Wattenbach, Lat. Pal. S. 35, bemerkt, keine regelmässige Worttrennung, und unvollkommen bleibt sie in manchen Handschriften bis ins 11.; die Eidformeln speciell bieten ausser mehreren aus zwei Wörtern bestehenden graphischen Einheiten das aus drei Wörtern bestehende *fifaluaraueo*. Der Copist trennte nun das *munluuer* seiner Vorlage in *nunlu uer*, wie er denn auch *cad huna*, *ad uudha* und sogar *retur nar* schreibt. Uebrigens steht der Copist der Nithardhandschrift mit solchen Worttrennungen nicht vereinzelt da. Die Lambspringer Handschrift des Alexiusliedes enthält eine grössere Anzahl von orthographischen Erscheinungen dieser Art. Bald ist, wie in *ad iudha* und *cad huna*, in Compositen, deren erster Bestandtheil eine Präposition ist, die Präposition abgetrennt, *de partit* 20 a, *tref oblier* 124 d, *an ditet* 63 c, *len quer* 65 d, *en pur* 84 e, *an pur* 82 c, *en fuf* 116 c, und diese Erscheinung erklärt sich leicht als eine umgekehrte Schreibung; bald ist in Fällen, wo einsilbige Wörter Elision erlitten, ·der vocalische Anlaut des zweiten Wortes als Auslaut des ersten aufgefasst, *di cez* 25 c, *di cefl* 38 c, *di cefta* 44 c, *di cel* 62 d, 66 e; *le fcarniffent* 54 a, *Ille fcondit* 65 a, *la cuftumerent* 100 d oder das Adverb *en*, wo es Aphärese erfahren, mit der Negation verwechselt, *ki nalget* 114 d statt *kin alget;* endlich ist die erste Silbe eines ausländischen Namens als Artikel betrachtet, *ala lice* 38 e neben *alalice* 17 a. Noch auffälligere Beispiele offenbaren

Misverständnisses enthält die Handschrift der Passion, z. B. *uof tref talenz* 2 $\dot{1}$ d st. *uoſtres talenz, emſembla belz* 113 c st. *ensemblab elz*, vgl. Leod. 25 c *porro nexit* st. *porron exit*. Eine falsche Trennung der Bestandtheile eines Wortes oder einer Wortgruppe, welche eine graphische Einheit zu bilden pflegte, gehörte also zu den Gewohnheiten unachtsamer Schreiber und kann mithin auch in der Nithardhandschrift nicht auffällig erscheinen. Es bleibt nur noch zu sagen, was das *nunluner* des Originals, welches der Copist unrichtig trennte, zu bedeuten hatte. Es bedeutete *nun lui ier*.

Das Original der Eidformeln besass also in *ier* regelrechtes *ie* für lat. ě. Es fragt sich, wie es sich mit der andern Stelle verhält. Wir unterscheiden, was der Copist der erhaltenen Nithardhandschrift wirklich geschrieben hat und was er etwa hätte schreiben sollen. Unverkennbar sind die Buchstaben *anit*; das Zeichen vor *a* ist ein *t* und kein *r*; man studire die photographirte Seite der Handschrift: sie enthält kein *r*, welches oben eine grade Horizontale hätte, wie *t*. Der Buchstabe vor diesem *t* ist ein *f* und kein *ſ*. Dies erhellt freilich nicht deutlich aus der Form des Buchstabens, wohl aber folgt es daraus, dass der zweite Buchstabe ein *t* ist, denn *f* und *t* sind in der Handschrift stets verschlungen. Der Copist hat also *ñ loftanit* geschrieben. Was er sich dabei gedacht, ist ziemlich gleichgültig. Sicher ist, dass er etwas Sinnloses geschrieben hat. Ein besonders sorgfältiger Schreiber ist er nicht. Er verschreibt sich, corrigirt unachtsam und verräth ein mangelhaftes Verständnis des Geschriebenen. So schreibt er *en auant*, durchstreicht *e*, vergisst aber *i* überzuschreiben; er schreibt *ad iudha*, aber hinterher *a iuha*; das letztere corrigirt er zwar durch Ueberschreiben eines *d* zu *a iudha*; allein die Differenz zwischen *ad iudha* und *a iudha* entgeht ihm. In den Worten *Et abludher nul plaid nūquā prindrai qui meon uol ciſt . meon fradre karle in damno fit* setzt er das Stigma hinter *ciſt* statt hinter *prindrai*. Hiernach darf ein sinnloses *ñ loftanit* nicht auffallen. Die Lesart des Originals kann mithin nicht auf paläographischem Wege, sondern nur mittels Conjectur hergestellt werden. Von den drei aufgestellten Lesarten: *non lo-s tanit*, Diez, Altrom. Sprachdenk. S. 12 f., *lo franit*, Suchier, Jahrb. XIII, 384 und P. Meyer, Rom. IV, 371 Anm., und *non lo sū* (= *suon*) *tint*, Gröber, Jahrb. XV, 87 f.,

entspricht in der That keine dem Buchstaben der Handschrift. Die
erste ist unhaltbar; denn 1) der gemüthliche Dativ -s(se) erscheint
der officiellen Sprache nicht angemessen; 2) *tanit* für *tenet* ist eine
Unform: ein *a* für hochtoniges *ě* in kurzer Silbe ist nicht nachgewiesen, und der tieftonige Vocal der Endsilbe ist in der Sprache
des Denkmals bereits geschwunden. *Franit* hat. den Vorzug, dass
es dem deutschen *forbrihchit* dem Sinne nach entspricht. Allein
es ist keine correcte Form. Denn nie bezeichnet *ni* vor Consonanten den Lautwerth *ñ*; überdies erscheint es zweifelhaft, ob
frangit bei seinem Uebergange in *fraint* je ein *ñ* besessen; auf
alle Fälle aber konnte *fraint* nicht erst aus *franit* = *frañt* hervorgehen. Man wird also freilich *fraint* lesen müssen, und dies
ist um so weniger bedenklich, als ja auch *franit* dem Buchstaben
des Manuscripts nicht entspricht. Jedoch Anstoss gibt die Streichung
des *ñ* = *non*. Es bleibt daher die dritte Lesart zu erwägen. Bedenklich bleibt hier die angenommene Abkürzung *sū* für *suon*.
Aller Wahrscheinlichkeit entbehrt *tint* für *tenet*. *Prindrai* darf nicht
verglichen werden, denn hier steht *e* unter andern Bedingungen;
ebensowenig *in*, *int* und *quid*, *ist*, *cist*, denn hier liegt lateinisches
i vor. Auch Wörter wie *tigne* (*teneam*), *vigne* (*veniam*), *Avignon*
(*Avenŭōnem*), *engin* (*ingenium*), *hermine* (*Armenia*), *vinent* (*veniunt*)
sind keine Parallelen, denn hier ist *i* aus *ei* entstanden, welches
auf *ě* + *i purum* beruht. Das Perfect *tint* ist undurchsichtig; auf
keinen Fall aber ist es lautgesetzlich aus *tenuit* hervorgegangen.
Wenn endlich in spätlateinischen Schriften für *ě* gelegentlich *i* geschrieben steht, so beweist dies nicht, dass *i* für *ě* jemals in der
Volkssprache allgemein geherrscht habe und folglich auch nicht,
dass franz. *ie* aus lat. *ě* mittels *i* entstanden wäre. Der »Vokalismus
des Vulgärlateins« kann der französischen Lautlehre nicht zur Erklärung dienen, wo er mit deutlich erkennbaren französischen
Lautvorgängen im Widerspruch steht. Aus *ier* = *ero* muss man
auf *tient* = *tenet* schliessen. Empfohlen wird *lo suon* mit dem
Hinweis, dass durch dasselbe die von DIEZ gerügte Unklarheit der
Beziehung des *lo* beseitigt werde. Allein diese Empfehlung schlägt
in eine Widerlegung um. Die Unklarheit der Beziehung ist nämlich gar nicht vorhanden. Man lässt *de suo part* ausser Acht: *de
suo part lo* entspricht correct dem Sinne des deutschen »*then er*

imo gesuor«, und *de sue part lo suon* wäre daher eine Tautologie.
Zu allem kommt noch hinzu, dass es, wie sich unten ergeben
wird, mehr als zweifelhaft ist, ob die Mundart der Eidformeln
überhaupt ein *lo suon* besessen hat. — Wir geben daher *fraint*
den Vorzug. Vielleicht ist sogar die Streichung des *ñ* nicht nöthig.
Das Original kann *lenfraint*, d. i. *l'enfraint*, besessen haben. Durch
einen, z. B. in der Lambspringer Handschrift, gewöhnlichen Schreibfehler, der auch in den Eiden in *suo* für *sue* vorliegt, wurde aus
lenfraint lonfraint. Ein unaufmerksamer Schreiber fasste dieses
Wort als *lo-n-fraint = lo-ñ-fraint* auf und änderte es unwillkür-
lich in *ñ lofraint*, woraus sich erklärt, dass nur hier *ñ*, sonst aber
nun oder *non* geschrieben steht. Endlich wurde *ñ lofraint* in *ñ
loftanit* entstellt, eine Entstellung, zu der der Umstand beigetragen
haben mag, dass *ñ lofraint* im Zusammenhange des Satzes keinen
Sinn gab. Diese Annahme setzt freilich voraus, dass der letzte
Copist zwei Vorgänger hat. Allein dies ist bei einer Abschrift,
welche etwa anderthalb Jahrhundert nach der Abfassung des Werkes
angefertigt worden, nichts weniger als unwahrscheinlich. Das Compositum *enfraint* entspricht dem Compositum *forbrihchit* jedenfalls
genauer als das Simplex *fraint*.

Die Eidformeln haben also *ie* für lat. *ĕ* in der Penultima vor
einem Consonanten (*ier*), aber nicht vor Vocalen, welche mit *e*
eine Silbe bilden (*deus, deo, meos, meon, eo*). Der Grund dieser
Verschiedenheit ist in einer Abneigung gegen Triphthongen zu
suchen; cf. *fou (focum)*, nicht *fuou*.

Das Eulalialied besitzt *ie* in lat. Penultima: *ciel*, welches
mit *conselliers* und *preier* assonirt (aber *deo, dō* und *eret*, wie
anderswo), jedoch kein *ie* in lat. Antepenultima: *melz*; der Mangel
der Diphthongirung in *seule* lässt sich erklären wie in *deo* und *fou*.

Das Fragment von Valenciennes zeigt ebenfalls *ie* in
lat. Penultima: *avient* (aber *dš, d' = deus* und *eret*), aber nicht
in der Antepenultima: *un edre, cel edre* (3 mal), N. *cilg eedre*
mit doppelt geschriebenem *e*, wie *peer*.

Das Leodegarlied hingegen bietet *ie* nicht nur in der Penultima, sondern auch in der Antepenultima. Die Assonanzen
zeigen *biens : Lethgiers* 1 cf, *bien : euesquet* 21 ab, *mistier : ben* 14 cd,
queu : piez 39 ab). Mit Recht ist daher statt *er : enn-er* 7 ab *iert :*

iert restituirt. Im Texte steht *biens* 1 e, 37 c, *bien* 4 e, 5 c, 7 bd, 8 e, 9 b, 11 a, 13 e, aber *ben* 12 f, *ciel* 35 d, aber *cel* 34 d, und *mieldre* 6 b. Das französische *ie* ist also in den meisten Fällen erhalten. Es steht stets *deus* 30 e, 36 df, 40 c, *deu* 1 a, 2 e, 12 d, 13 a, 18 e, 22 a, 23 d, 27 ef, 28 ef, 31 bf, 34 d, 35 cf. Allein die Assonanz *deus* : *ciel* 35 cd fordert *dieus*, und so sind *deus* : cel 40 cd, *pre,i,er* (d. i. *prediier*) : *deu* 31 ef zu corrigiren. Die Assonanz *claritet* : *deu* 34 cd lässt sich zwar durch eine Conjectur beseitigen, braucht jedoch nicht nothwendig beseitigt zu werden.

In der Passion steht durchweg nach provenzalischer Weise *e* geschrieben. Jedoch beweisen Assonanzen, dass ursprünglich *ie* vorhanden gewesen. Die Assonanzen *peds* : *plagaz* 109 cd und *ben* : *peccad* 127 cd lassen sich nämlich nur durch Restitution von *piez* : *plaiiez* und *bien* : *pechiet* corrigiren, und damit stimmt *manier* : *pez* 23 cd, d..i. *mangier* : *piez*. Folglich sind auch *cel* : *lez* 10 cd und *cel* : *set* 118 c in *ciel* : *liez* und *ciel* : *siet* zu ändern. Von *mantenls* : *piez* 11 d war oben die Rede; ebenso von *set* : *dis* 101 ab und *ciutat* : *greus* 4 cd. — Es ist also *ie* in folgenden Wörtern zu restituiren: *ben* 6 b, 28 d, 31 d, 41 a, 84 a, 101 d, 112 c, 118 d, 127 c, *ven* 22 c (aber nicht in *vendras* 74 b, *venras* 75 b, *venra* 118 c), *ren* 73 b, *cel* 10 c, 59 b, 99 a, *mels* 111 d, *lez* 10 d, 53 b, *greus* 4 d, *greu* 13 c (*greve* aus *gravem*), *querent* 44 a, *es* 59 d, Futurum *eren* 17 b, *erent* 114 c, *redre* 65 c, *aredre* 12 a, *pedra* 16 f, *peddre* 101 a, *petdres* 124 d, und, wenn man der Analogie des Leodegarliedes folgen darf, auch in *melz* 38 c und *pece* 92 b. Aber das Imperfect *era* 95 a muss *e* behalten; ebenso das Pronomen *eu* 58 a, 70 ab, 75 c, 109 b, 112 c. Dass dieses Pronomen vocalisch anlautet, ersieht man aus 70 a : *E dels feluns que u uos dis anz*, wo *que u qu'eu* bedeutet. — Es bleiben noch zu erwägen die Wörter *deus* 2 c, 50 c, 76 a, 78 d, 84 b, 93 b, *deu* 45 d, 48 d, 99 a, 123 b; *Pedres* 29 c, *Pedre* 29 a, 42 c, *Petre* 48 a, 49 b, *Petdres* 106 c (Latinismus *Petrus* 25 a), woneben der Accusativ *Petdrun* 103 b (*Petrōnem*); *Judeus* 19 b, 33 d, 34 a, *Judeu* 43 a, 54 c, 56 b, 60 c, 120 d al.; *Galilea* 103 c. Die Assonanzen *deus* : *carnals*, d. i. *charnels*, 2 cd und *pontifex* : *deu* 45 ab zeugen für *deu*. Allein *percuidat* : *intret* 18 ab corrigirt sich am einfachsten durch Umstellung im zweiten Verse zu *precuidiet* : *Dieu*, und 93 ab, wo *qui deus es vers* : *et semper es* zu emendiren ist, gibt *qui veirs est dieus* : *e sempres iert* einen passenderen Sinn als *est* : *est*. Wir lassen also *dieus* neben *deus* zu, wie im Leodegarliede *deus* neben *dieus* besteht. — *Petre* : *œswardovet* ist oben durch *Piedres* : *uissiere* ersetzt worden. — *Judeu* assonirt in *e* aus *a*: *Judeu* : *menez* 43 ab, *monstret* : *Judeu* 19 ab; durch Umstellung 33 cd mit *e* aus *i* und 34 ab, 60 cd mit *ei;* 120 cd ist es durch Umstellung entfernt. — *Galilee* hat als Lehnwort ebenfalls kein *ie*.

Das **Alexiuslied** bietet in *ie*-Assonanzen *ciel* 11 c, 25 b, 36 d und so im Text 82 e, 110 e, 122 a; ferner *liez* 25 e und so im Text 104 d, 109 e, aber daneben *lede* 27 e, 91 e, 92 c, *ledement* 53 b. In *ie*-Assonanzen steht ferner *muiler* 11 e statt *muilier* oder *moilier* (*muliérem* st. *mulierem*) und so im Text *muiler* 4 d, 6 b, *moyler* 8 d; endlich *set* 36 c statt *siet* und so *sedent* 66 b. Mit *ie* sind geschrieben: stets *bien* 2 e, 7 d, 35 b, 43 b, 56 d, 84 c, 110 ab, *criem* 12 e und *rien* 49 e; *giens* 54 c, aber *gens* 19 c; *tien* 14 a, aber *tent* 71 a, *tenent* 54 a, *tengent* 108 d, *venent* 72 b, *avenent* 103 c und *li mens* 89 e statt *miens;* ferner *bries* 110 c; *siecle* 125 c, aber *secle* 8 c, 14 c, 40 e, *secles* 1 a, 2 c, 110 c; *ies* 27 b, 84 b, Futurum 1. P. *ierc* 27 e, aber *erc* 91 e, *iert* 1 e, aber *ert* 2 c, 27 e, 29 b und *erent* 81 a, *ermes* 105 e. Mit *e* stehen geschrieben *relef* 50 b, *quert* 35 d, 37 a, *enquer* 65 d, *requerent* 61 c, *quergent* 60 b (wie *querre* 27 c), *angreget* 56 c, *melz* 46 e, 97 e, *velz* 2 d. Da *siecle ie* in lat. Antepenultima zeigt, so ist es in *melz* u. ä. mit Recht restituirt. Hingegen steht *e* durch die Assonanzen fest in *deu* 18 ce, 34 e, 69 c, 109 d und *eret* 48 e, 76 a, *ert* 47 c. Und damit stimmt die consequente Orthographie *deu* 5 c, 33 b, 35 ab, 36 d, 44 b, 45 c, 50 e, 52 d, 54 d, 58 c, 78 e, 84 d, 93 a, 108 de, 110 de, 123 a, *deus* 2 b, 12 d, 16 e, 17 e, 20 c, 41 a, 56 b, 74 e, 91 d, 104 c, *ds̄* 3 a, 77 c, 112 d, 123 a; *eret* 4 b, 1. *erent*.

Die **Einleitung** hat regelrecht *ciel*, aber *deu;* der **Appendix** *sivre*, welches mittels *sievre aus *siévre* (*severe* st. *sequi*) entstanden zu sein scheint, wie *lius* mittels *lieus aus *liéus* für *léus* aus *lóus* (*locus*). Es ergibt sich also, dass der angelsächsische Copist des Alexiusliedes *ie* ebenso zum Theil aufgegeben hat, wie die provenzalischen Copisten des Leodegarliedes und der Passion.

III. Der Diphthong *ei*.

·Der Diphthong *ei* entspringt im Französischen aus folgenden Quellen: 1) aus hochtonigem lat. $\bar{e}$, wie in *veir*; 2) aus hochtonigem lat. $\breve{\imath}$, wie in *veie*; 3) aus lat. $\bar{e}$ + Guttural oder *j* oder *i* (*e*) *purum* : *rei, peis, dei*; 4) aus volkslateinischem $\breve{e}$ (für lat. $\breve{e}$ oder $\breve{\imath}$) + Guttural, z. B. *peiz, destreit;* 5) aus volkslateinischem $\breve{e}$ (für lat. $\breve{e}$ oder $\breve{\imath}$) + *i purum*, z. B. *mei* (*medium*), *vei, conseil.* — Das Provenzalische besitzt nur ein durch Gutturale und *j* oder durch *i purum*, aber kein durch den Hochton bedingtes *ei;* z. B. *rei, peis; peitz, destreis; mei, conseil* (3—5), aber *ver* und *via* (1—2). Wie das Provenzalische, so besitzen die **Strassburger Eidformeln** kein durch den Hochton bedingtes *ei*. Die Eidformeln haben nämlich zwar *dreit* (4), aber *sendra* (nicht *seindre*) und für hochbetontes $\bar{e}$ und $\breve{\imath}$ (1—2) stets *i*. 1) Für betontes $\bar{e}$ steht *i* in *mi* (*in o quid il mi altresi fazet*), woneben das proklitische *me* in *me dunat;* ferner in *podir* und *savir*, von denen das letztere sich latinisirt in einer Eidformel vom Jahre 854 wiederfindet: *secundum meum savirum*, Diez, Altrom. Sprachdenkm. S. 8. Ein *i* aus $\bar{e}$ liegt auch in einem Worte vor, welches der Copist *di∫t* schreibt. Das Wort hat das in der Handschrift übliche verschlungene *∫t; ft* in *ftanit* ist durchaus verschieden. Die Interpretation des Wortes hat eine Geschichte. Diez, welcher richtig *dist* liest, wird durch das entsprechende *scal* auf *dēbet* geführt, welches analoge lateinische Formeln aufweisen. Mit den von Diez und P. Meyer, Rom. III, 373, angeführten Beispielen vergleiche man folgende Stelle bei Nithard: *eo tenore consentiunt, ut deinceps Lodharius Karolo ita fidus amicus sit, sicut frater per iustitiam fratri esse debet*, Hist. l. II, 4. Das *s* vor *t* soll nach Diez eine unorganische Einschiebung sein wie in *list* für *legit* und in *rist* für *ridet*, Altrom. Sprachdenkm. S. 9. Allein auf die Präsensformen von *leire, lire* hat unverkennbar das deutsche *lësan* Einfluss geübt, und das Präsens *rist* stammt erst aus einer Zeit, wo in dem Perfect *rist* (*rīsit*) *s* vor *t* bereits verstummt war und *s* mithin als stummer Buchstabe übertragen werden konnte. Da nun für das Jahr 842 ein Verstummen von *s* vor *t* sich nicht nachweisen lässt, so erklärt sich zwar *i* aus $\bar{e}$ ebenso wie in *mi, podir, savir*, aber unerklärt

bleibt das *s*, wenn es, wie Diez annimmt, dem Original der Eidformeln angehört haben soll. — Burguy, welcher *dist* aus *dēbet*
unmöglich fand, las *dift* : *dēbet*, *dēvet*, *divet*, *dift*; Gramm, I, 20,
Anm. 1. — Diez entgegnete, *st* in *dist* sei genau gestaltet wie *st*
in *testatus*, *d'ist di*, *cist*, *geleistit* (und dies mit Recht); *ft* sei ferner
keine französische Combination; *dist* aus *dēbet* erkläre sich wie
prust aus *probet*, und dieses sei als eine Nachahmung von *cuist*,
comenst u. ä. zu begreifen, Gr. II[2], 215; II[3], 233. Aber selbst
wenn der Conjunctiv *prust* wirklich eine phonetische und nicht
blos eine graphische Nachbildung lautgesetzlich entstandener Con-
junctivformen sein sollte, so kann doch von einem solchen Conjunctiv nicht auf einen Indicativ *dist* geschlossen werden. Auch
der Grund, *ft* sei keine französische Combination, ist nicht stichhaltig. Das Altfranzösische besitzt noch andere Lautfolgen, welche
sich nur vereinzelt vorfinden, z. B. *tl* in *utle*. — Einen neuen Weg
schlägt Storm ein, mit welchem G. Paris übereinstimmt, Rom. III,
289. Mit Diez an dem *dist* der Handschrift festhaltend, erklärt
er das Wort aus *decet*, wie *dis* aus *decem*. — Diese Erklärung
beseitigt P. Meyer, Rom. III, 373, mit dem triftigen Einwande, ein
dist aus *decet* müsse »*convient*« bedeuten und die Person als Object
haben (*hominem decet fratrem salvare*), in den Eidformeln aber
stehe *om...salvar dist*, und *om* sei Nominativ und Subject. Der
phonetische Grund, den Cornu, Rom. IV, 456, hinzufügt, *decet*
müsse *dest* lauten, ist unrichtig. *Decet* musste vielmehr *deist* ergeben, und daraus konnte *dist* entstehen. Aber zu bezweifeln ist
freilich, dass ein *deist* schon im Jahre 842 *dist* ergeben. — Meyer
und Cornu bleiben also bei *dēbet* stehen. Meyer vermuthet in *dist*
eine fehlerhafte Darstellung von *dēbet*, Cornu aber glaubt mit Burguy
dift lesen zu dürfen und begründet die Erklärung desselben. Allein
so wenig die Möglichkeit der Entstehung von *dift* aus *dēbet* in
Zweifel zu ziehen ist, die Handschrift hat *difi*, nicht *dift*. — Endlich vermuthet Gröber, Jahrb. XV, 86, der Copist habe *difi* aus
einem *diit* gelesen. Jedoch für ein *ii* neben *i* in *mi*, *podir*, *savir*
sieht man keine Veranlassung, und überdies unterscheiden sich *i*
und *ſ* sehr merklich. — Nach allem bleibt nur die Annahme übrig,
für welche sich die Redaction der Romania, IV, 455 Anm., entscheidet: das *difi* der Handschrift ist eine Entstellung eines *dift*

des Originals. Der Copist, der nach 978 schrieb, kannte kein *difl*
mehr und war also nicht darauf vorbereitet, eins zu finden. So
las und schrieb er *difl*, indem er sich um den Sinn, den dieses
Wort in dem Zusammenhange haben sollte, so wenig Sorgen machte,
wie um den Sinn seines *flanit* und seines *iu er*. — 2) Genau
ebenso wie in *mi, podir, savir* und *dift* für *ē*, steht *i* für lat. *ĭ*
in *sit* aus *siet* oder **siat*. Man betrachtet *sit* als Latinismus, zumal
ihm *damno* voraufgeht, GRÖBER, Jahrb. XV, 87. Allein *damno* steht
für *damne*, wie *poblo, nostro* für *poble, nostre*. Die Lautfolge *mn*
besteht noch im Eulalialiede, *domnizelle*, und in der Passion, *omne*,
femnes, nomnavent, numnet, während das Leodegarlied zwar noch
omne, aber bereits *dom, don* und *damz* besitzt. *Damne* oder *dampne*
findet sich noch weit später. Es fragt sich also, ob der tieftonige
Vocal der Endsilbe schwinden musste. Allein derselbe wird nach
gewissen Consonantfolgen, welche ZUPITZA, Jahrb. XII, 187 ff.,
nur zum Theil beachtet, nur zu *e* geschwächt, und zu diesen gehört *mn*; man vergleiche *hominem, omne, home; dominum, damne,
dame; terminum, terme; somnum*, afr. **somne, somme*, und so
damnum, damne, und entsprechend *domnicella, domnizelle, dameisele; domnicellum, *domnizel, dameisel*. Es ist vielmehr die Ausnahme als die Regel, wenn nebenher *dom, don, dan(t)* und *danzele, danzel* entstehen, eine Ausnahme, welche sich für das erstere
daraus erklärt, dass es vor Eigennamen proklitisch gebraucht wurde.
Wie *dan* zu *damne*, so verhält sich *dam* zu dem *damno* der Eidformeln. — *Sit* verhält sich zu *mi, podir, savir* und *dift* genau
ebenso, wie das sonst übliche *seit* zu dem sonst üblichen *mei,
podeir, saveir* und *deit*. Es ist daher an dem erstern so wenig
zu ändern, wie an den letzteren. Die Thatsache, dass die Eidformeln für hochtoniges lat. *ē* und *ĭ* nicht *ei*, sondern *i* besitzen,
ist vielmehr rückhaltlos anzuerkennen. *Podir* u. d. ä. verhalten
sich zu *podeir* u. d. ä., wie *cha,ir, se,ir, ve,ir* zu *chadeir, sedeir,
vedeir*, wie *tenir* zu dem *teneir* des Leodegarliedes, wie *venin* zu
dem *venein* der Passion, wie *delir* des Fragments von Valenciennes
zu *doleir, voleir, valeir*, wie *cire* zu *veire*, *je fis* zu *treis, pris*
(**prēsus, prensus*) zu *meis* (*mēsis, mensis*) u. s. w. Auffällig ist
nur, dass die Eidformeln ausschliesslich *i* für hochtoniges *ē*

oder *ĭ* besitzen. Man wird in dieser Eigenthümlichkeit einen mundartlichen Zug erblicken müssen. Das Eulalialied bietet *ei* unter den gewöhnlichen Bedingungen: 1. *concreidre, sostendreiet;* 3. Latinismus *rex* statt *reis;* 4. *raneiet, preier, preiement, pleier; veintre;* dazu der Dat. Fem. *lei,* welchen Diez aus dem altlateinischen *illæ* erklärt. Von *getterent* war oben die Rede. Im Fragment von Valenciennes finden sich folgende Fälle: 1. *haveir, soveir* (aber *delir*); *aveist; saveiet, doceiet, penteiet,* aber *fiȿt,* d. i. *fisient,* und *pmeſȿt,* d. i. *permessient.* Permessient* kann nach Form und Zusammenhang nicht *permansissent* sein. Der Verfasser ersetzt den Gedanken »(*si debetis intelligere*) per Judæos, chi sicci et aridi permanent negantes filium deiœ durch den zugleich correcteren und milderen »*per Judæos, por quant il en cele duretie et en cele encredulitet permessient*«, sofern sie . . . verharrten. *Permessient* kann also nur ein Imperfectum sein sollen. Aber *permanebant* musste *permaneient* ergeben. Das Imperfect *permessient* ist aus Formen wie *permes-is, permes-isse* (*permāsīstī, permāsīssem* aus *permansīstī, permansīssem*) oder *permess-is, permess-isse* nach Analogie von *fis-ient* gebildet worden. Diese Neubildung, welche, wenn man sie ins Volkslatein zurückdatiren dürfte, *permansēbant* lauten würde, ist seltsam genug, aber doch nicht seltsamer als *granc-esmes* aus *granz* statt *grandesmes, grandissimus.* Es steht ferner *ei* für *ē* in *dolreie, fereiet, mettreiet, astreiet, astreient;* aber statt *preiereits* besteht bereits *preirets,* dessen *e* auf Anlehnung an *faciest, preiest, seietst* u. ä. beruht. *Det* mit übergeschriebenem *en,* d. i. *deent,* ist vielleicht ein Schreibfehler für *deient.* 2. *Seietst* nach **seient.* 3. *Preieſt, preirets,* aber noch *escit* und *pescion,* nicht *eissit* und *peisson.* Im Leodegarliede ist *ei* erhalten', soweit es einem provenzalischen *ei* entsprach, also unter den Bedingungen 3—5. Statt des specifisch französischen *ei* aber hat der provenzalische Copist theils *e,* theils *ie,* 4 ef, 9 e, 12 c, theils *i,* 6 d, 19 f, geschrieben. Denn dass das französische *ei* vorhanden gewesen, zeigt die Assonanz *fiet : rei* 9 f, welche auf *feit : rei* zurückzuführen ist. Es ist mithin auch statt *aurez : fid* 19 ef und *tener : aver* 16 cd *audreiz : feit* und *teneir : aveir* am Orte. Die Assonanz *conseil : rei* 11 ab»

beweist nichts, da sie Gemeingut beider Sprachen ist. Orthographie:
I. statt des französischen *ei* steht, wie gesagt, *e, ie, i:* 1. *savier* 4a,
servier 4f (st. *serveit*); *credre* 31f, 32b, *credere* 37b, *aurez* 26a;
li tres 38a, 1. *li trei*, nicht *li treis*; *a se-l* 8a, *ob se* 28b; Latinismus *pœnas* 26a. *Devemps* 1a in *deveimps* zu ändern scheint
bedenklich. Auch *meie*, wie statt *meu* 16c zu lesen, scheint hieher
zu gehören (**mēa* aus *mĕa*). 2. *Fiet* 9e, *fied* 4f, *fid* 6d, 19f;
beuure 34b. II. Französisch-provenzalisches *ei:* 3. *reis* 4b, 9a,
12a, 15a, 20a, *rei* 3b, 7e, 9f, 10f, 11b, 14e, *peis (pējus)* 32f;
4. *Peitieus* 4a; statt *feinte* und *perfeiz* finden sich die Latinismen
fincta 19a und *perfectus* 6a, statt *eissit* die latinisirte Form *exit*
25bc. Von *giterent* 38b war bereits die Rede. Ferner *preier*
25c, *preia* 18df (aber *preier* 25c bedeutet, wie das Metrum lehrt,
pre,i,er, d. i. *predi,er* = *prediier*). Ein aus *ei* hervorgegangenes
i besteht in *lier* 25f = *liier*. Statt *leist* der Provenzalismus
lez 16c. Auch *ventre* 11d statt *veintre* scheint dem provenzalischen
Copisten anzugehören. 5. Neben *conseil : rei* 11ab findet sich einmal *consiel* 12c geschrieben, aber correct *enveia* 17f, franz. *enveie*;
cf. Pass. 20b. — *Meis (missōs)* 15b scheint auf umgekehrter
Schreibweise zu beruhen. Das *anceisurs* des Alexius- und des
Rolandsliedes wird man nicht vergleichen dürfen.

Von *ei* in den Assonanzen der Passion ist bereits die Rede
gewesen. Im Unterschiede vom Leodegarliede bewahrt die Orthographie in der Passion nicht nur das französisch-provenzalische,
sondern zum Theil auch das specifisch französische *ei.* Nur vereinzelt findet sich *ie, fied* 45c; *i* in Imperfectformen sowie in *sia*
ist hier nach Ausweis der Assonanzen Provenzalismus. I. Französisches *ei* ist geschrieben: 1. *aveie* 8d, *aveia* 42b, *aveien* 7d,
aber *voliet* 52b, *soliœ* 115b (*fendient* 81c ist Schreibfehler für
fendirent); *treis* 35d, aber *tres* 2a, 98c; sonst allenthalben *e*:
devent 69b, *fedels* 23b, *fedel* 42a, *fidels* 25b, 28d, 30c, 33a,
103a, 113a, 123b, 126d, *fidel* 69b, 91c, 107b, 108a, 115a,
119a, *venen* 116a, *vers* 76a, 93a, *ver* 68a, 84d, 116b, *vera* 83b
(Latinismus *verus* 2c), *ser* 107a, *veder* 42d, 43d, 102c, *seder*
30c, (*audez* 66a), *vedez* 109cd, (*venez* 102c), *darez* 21c (*prendet*
36d, *querent* 34b, *crement : requeret* 101cd sind in *prendeiz*,
quereiz, cremeiz, requereiz zu ändern); *credent* 110b; *in te* 16a;

dazu *penas* 16b, *cęna* 23b, aber dem Lehnworte *prophetes* 7c
kommt kein *ei* zu. *Avem* 46d, 92a, 126a (*avrem* 92c), *devē*
126bc nebst den Neubildungen *querem* 34d, 46c, *gurpissē* 127d
sind zu beurtheilen wie das *devemps* des Leodegarliedes. —
2. *Ei* ist erhalten in *enveied* 5c, neben welchem *enviet* 52a; sonst
e: *vez* 35c, 49b, *fet* 69a (aber *fied* 45c), *recebent* 61c, *beven*
116a, *vedent* 118a, *menen* 44d, *per que-m* 38b, 79d. Ein Provenzalismus ist *sia* 60d, 90d. II. Französisch-provenzalisches *ei*:
3. *reis* 9b, *rei* 10d, 58b, 72d (Latinismus *rex* 7b, 76a), *lei*
96d, *peis* 125b und *creisent* 125b (*crēscunt*), *pareistra* 91b (v. *pā-
rēscere*); dazu *dei* (*dēbeo*) 70b, wo das aus *e purum* entstandene
i mitwirkt. — 4. *dreit* 73c, *destreit* 18d, *peiz* 27c; *despeis* 55a
(aber *gitet* 18d, *gitad* 68b, cf. *giterent* Leod. 38b); *preiat* 86a,
prœiam 90c, *neient* 101c, *veiades* 105b; *coleiar* 47b; *neier* 48d,
56c, *neiez* 49b, *neiara* 29b; von *neger* 60b war oben die Rede.
Ein aus *ei* entstandenes *i* in *liades* 41c, 1. *liedes* = *liiedes*;
cf. *lier* Leod. 25f. Es kommen hinzu *peisons* 111ac; *veinjar* 40a.
Das verstümmelte *esfred* 48c ist zu *esfreidat* zu ergänzen. *Ren*
74d ergibt franz. *rein* oder *reing*, lautgesetzlich aus *regnum*, während *regne* ein Lehnwort ist; *ensenna* 36c bedeutet *ensennie*.
Provenzalismus *lez* 127c statt *leist*, wie im Leodegarliede. —
5. *Meidi* 78a, *par mei* 82d, *en met* 108d ist Schreibfehler für
en mei; *enveie* 20b; *soleilz* 98b, aber *solelz* 78c und *conselz* 20c,
1. *soleilz, conseilz*; endlich *seindrœ* 105a. *Aurelia* 40d, 41b und
gradilie 124c (*crāticula*) verhalten sich zu *soleilz*, wie *cumpannie*
33f zu *cumpainz* und wie *ensennie* st. *ensenna* zu *reing* st. *ren*.
— Hin und wieder ist *ei* eine fehlerhafte Schreibweise: so *ei* statt
oi in *sei* 42a statt *soi*; *ei* statt *ai* in *fei*: *bassœrai* 36cd, 1. *fait*:
baiserai (cf. *resuuardet*: *fit* 49cd, 1. *reswardat*: *fait*) und *anz*:
laisei 70ab, 1. *laissai*. Provenzalismus ist *ei* statt *ie* in *useire* 48b
st. *uissiere* und statt *i* in *feira* 93d, welches mit *aucise* assonirt,
und folglich in *feist* 44d nebst *feisis* 53d. Gab es ein prov.
perveing 5a neben *perveng*? *Pervint* ist durch die Assonanzen ge-
deckt; vgl. *vid*: *esdevint* 53ab, *pveng*: *criz* 79ab. Das Particip
deit 46a, 112a mag irgendwo bestanden haben; man vergleiche
bene,eit, *Bene,eit* aus *benedīctum* für *benedĭctum*. Allein da die
Möglichkeit eines blossen Schreibfehlers nicht ausgeschlossen ist,

so erscheint es rathsamer, dem Verfasser das sichere *dit* 18a, 103d als das zweifelhafte *deit* zuzuschreiben.

Das Alexiuslied hat keine Strophe mit *ei*-Assonanzen, sondern *ei* assonirt, wie in der Passion, mit *e* aus *a*; so das lautgesetzliche *trovereiz* 63e und die Neubildungen *quereiz* 83d, *atendeiz* 110c, Neubildungen, welche in der Epoche eingetreten sind, als der tieftonige Vocal der Penultima schwand; denn *quéritis*, *atténditis* mussten *quiertes*, *atentes* oder gar *quierz*, *atenz* ergeben. Die Lambspringer Handschrift bewahrt *ei* bis auf vereinzelte Ausnahmen. 1. *Mei* 14a, 31a, 57a, 78d, 90c, 92e, *tei* 29b, 30e, 44b, 73a, 80b, 81e, 82c, 83a, *sei* 19a, 56e, 57d, 58a, *peiset* 5b, 90e, 96b, 116a (**pēsat, pensat*), *espeiret* 39c, *deseivret* 67b, *treis* 59b, *creid* 44e, *creient* 65b, *deit* 56d, 74a, *deivent* 118b, *fedeilz* 59d, *veirs* 112d, *saveir* 70d, *aveir* 12c, *aveirs* 105c, 107c, *aveie* 81b, 82b, *aveies* 82c, 88c, *aveit* 67d, 114b, *vedeies* 88d, *deveit* 16b, *cunuisseie* 87d, *atendeie* 96d, *serveit* 34d, 68a, dazu die Neubildung *esteie* 81e, *esteit* 48e, 70a, 75c; endlich *fereie* 46b und die bereits erwähnten Formen *trovereiz* und *queroiz*, *atendeiz*. Der Appendix hat *deivent, poeies, attendeies*. — 2. *Veit* 8e, 12a, 38a, 49a, 99e, *veient* 113b; *receit* 57c, *receivent* 113c; *seit* 5e, 13e, 17e, 56b, 82e, 120e; *feit* 1b, 100e (*fidem*); *feiz* 49a, 59b, 95b (*vices*), *feiz* 90c (*vicem*), *pur quei* 27a, 89d; Appendix *veient, seit*. — 3. *Reis* 5d, 44a, 67e, 103d, *rei* 99d. — 4. *Preient* 66d, 102ac, 120d, *depreient* 60c, 62d und *preiums* 110d, *preiuns* 104e, 125b, aber daneben bereits *pri* 57b (*preco*) nebst dem Verbalsubstantiv *pri* 44d, 113d, *priet* 59d, *prient* 37e, *deprient* 63a und *prierent* 6a = *priierent*. Das Rolandslied bewahrt in analogen Fällen tonloses *ei*, während das betonte bereits in *i* übergegangen ist, z. B. *eissirent*, aber *ist*, *issent*, BÖHMER, Rom. Stud. I, 5,606. In der Lambspringer Handschrift des Alexiusliedes aber stehen *ei* und *i* in tonloser und betonter Silbe neben einander. Diese Erscheinungen stehen nicht im Widerspruche mit einander: 1. der Verfasser des Alexiusliedes sprach noch *ei* in tonloser und betonter Silbe; 2. der Verfasser des Rolandsliedes sprach noch tonloses *ei*, aber bereits betontes *i*; 3. der Copist der Lambspringer Handschrift sprach bereits *i* unter beiden Bedingungen. Es ist daher auch statt *pri*, welches G. PARIS

beibehalten zu müssen glaubt, *prei* zu restituiren. — *Dreit* 38 e,
43 c, *dreite* 124 a, *dreitement* 16 a, 67 c, *andreit* 39 ce, 43 a, 47 a,
peitrine 87 a, (Appendix *dreit*, *cuileita*), aber *i* aus *ei* in *piz*
86 b, *lit* 12 a, 45 e, 47 b, *parfit* 14 c, *parfitement* 5 c, 58 c
und so in der Einleitung *delitent* aus **deleitent*. Die Ursache
dieses Unterschiedes ist dunkel. In der französischen Mundart
stehen *droit* und *lit*, bei Sanct Bernhard *droit* und *parfeit* neben
einander. — Es entwickelt sich kein *i* aus *c* vor *t + i purum*:
drecent 16 d aus **dīrectiant*. — Neben *eist* 43 a und *eissit* 15 d,
eisit 17 c besteht bereits *istrat* 34 b, neben *eisi* (*aeque sīc*) 55 a *issi*
49 e in einer verderbten Stelle. *Istrat* und *issi* gehören nach dem
oben Bemerkten dem Copisten an. — Wie vor *z*, *t* in *piz*, *lit*, *parfit*,
besteht *ei* nicht mehr in *dis* 55 a aus **deis*, *decem*. Auch *gist*
69 e, 71 d aus **geist*, **jecet*, *jacet* gehört hierher: *a* ist durch Einfluss des anlautenden *j* früh in *e* übergegangen. Rom. Stud. 1,
5,606 wird die Reihe *decem*, *diez*, *dieis*, *deis*, *dis* aufgestellt: die
Diphthongirung des *e* zu *ie* soll älter sein als -*eis*- für -*ec*-. Allein
wenn *diéis* in *déis* übergeht, warum nicht *diéu* in *déu*? Es wird
vielmehr keine Diphthongirung eingetreten sein, wie in *seule* und
deus, *meon*, *eo*, weil *ei* bereits vorhanden war; man vergleiche
fou, **lou*, **jou*. — Für *anseinet* 63 b (**insignet*) ist mit G. Paris
enseint zu lesen. *Cingere* hat mittels **cengjere*, **ceingjere*, **ceingre*
ceindre 83 b ergeben: -*gre* ist durch Assimilation in -*dre* übergegangen. Darmsteter's Reihe: *jungere*, *jungjere*, *jungjdre* (oder
jungere, *jungdre*, *jungjdre*), *jojngjdre*, *joindre* erscheint nicht haltbar.
Der Buchstabenknäuel *jojngjdre* lässt sich nicht in Laute übersetzen.
Und der Uebergang von *jungjere* in *jungjdre* oder von *jungere* in
jungdre steht mit den Bedingungen, unter welchen sich Hülfslaute
zu entwickeln pflegen, im Widerspruch. Hülfslaute sind hinsichtlich ihrer Articulationsstelle durch den ersten der zusammentreffenden Laute bedingt. Ein Palatal oder Guttural kann nicht
beim Zusammentreffen mit einer Liquida einen dentalen Hülfslaut
erzeugen. — 5. *Vei* 89 b, 90 d, 96 e, *conseil* 61 c, 62 d, 66 d, 73 e,
conseilet 68 c, *desconseilet* 64 d, *merveile* 88 e, 89 e, 93 e, *meilurs*
23 a; *seinur* 31 e, 32 d, 47 d, 100 d, *seinurs* 93 a, *seinur* 67 d,
seinors 66 c, 104 a, daneben noch die ältere Orthographie *seniur*
113 a, *seniurs* 105 b, wie in der Passion und dem Leodegarliede,

und bereits die jüngere *seignor* 120 e, *seignors* 101 a, 125 a. In *sire* 3 c, 25 d, 68 d, 94 c, 95 a ist aus *ei i* entstanden: *se,ni,or*, **se,njer*, **sei,nre*, **sei,re*, *si,re*. Ebenso in *pris* 16 c aus **preiz*, **pre,tjo*, *pre,ti,um*. — *Anceisur* 3 b, *anceisurs* 1 e, in welchem ein phonetischer Anlass für *ei* nicht zu entdecken ist, wird mit Böhmer aus Anlehnung an *anceis* zu erklären sein. — Statt *ei* hat die Handschrift viermal *e* in *aver* 19 ae, 20 a, 106 c und einigemal *ai: mai* 93 d, 96 d neben *mei*, *ampairet* 2 e und vor einem Nasal in *plaine* 28 d (*plēna*). In *adaisement* 10 a ist *ai* für *ei* aus den stammbetonten Formen von *adeser* eingedrungen, z. B. *adeiset* (**adhēsat*, *adhaesat*). *Plaine* beweist, dass zur Zeit des Copisten *ei* vor Nasalen bereits in *ai* übergegangen war. *Mai*, *ampairet* nebst *adaisement* begreifen sich als umgekehrte Schreibweisen aus einer Zeit, in welcher ursprüngliches *ai* bereits in *ei* übergegangen war, wie dies in der Oxforder Handschrift des Rolandsliedes zum Theil der Fall ist. Von beiden Vorgängen wird noch die Rede sein. Das unursprüngliche *e* in Wörtern wie *aver* greift in anglonormannischen Copien mehr und mehr um sich. — Der Diphthong *ei* verräth also in den ältesten Denkmälern eine lautgesetzliche mundartliche Differenz nur insoweit, als die Eidformeln für hochbetontes *ē* und *ĭ* nicht *ei*, sondern *i* besitzen. Ausserdem sind *fisient* und *permessient* als Eigenthümlichkeiten des Fragments von Valenciennes, *teneir* als Eigenthümlichkeit des Leodegarliedes und *venein* als solche der Passion zu beachten.

IV. Die Lautwerthe des Buchstabens *e*.

Abgesehen von dem dumpfen oder halbstummen *e* und von *e* vor Nasalen hat das Altfranzösische nach G. Paris zwei (betonte) *e*, von denen das eine auf lat. *a* in offener Penultima (wozu *eret* und *Deus*), das andere auf lat. *ĕ* oder *ĭ* in langer Silbe beruhen soll, St. Alexis, Préf. p. 49 ff. Der Unterschied zwischen dem auf *a* und dem auf *e* beruhenden *e* wird durch die Assonanzen des Alexiusliedes bewiesen, aber nicht die Identität des auf *é* und des auf *i* beruhenden, denn das letztere kommt dort nicht vor. Böhmer sondert nun, Rom. Stud. I, 5, 599 ff. (*A, E, I* im Oxforder Roland) auf Grund der Tirade 118 des Rolandsliedes das auf *i* beruhende

e von den beiden übrigen und hat also drei *e* statt der zwei von
G. Paris ermittelten. Was nun den Lautwerth dieser *e* betrifft,
so bedeutet nach G. Paris *e* aus *a* das geschlossene oder hohe *e* (*é*)
und *e* aus *é* oder *i* das offene oder tiefe *e* (*è*). Auch Böhmer hält
e aus *é* für *è*, aber *e* aus *i* für *é* und *e* aus *a* für ein zwischen
a und *è* liegendes, also sehr offenes oder tiefes *e* (*ę*). eine Vermuthung, welche für das *a* der Eidformeln bereits von Storm,
Rom. III, 287 f., ausgesprochen worden. In Betreff des Lautwerthes von *e* aus *a* stehen sich also die Ansichten diametral
gegenüber. Consequent betrachtet G. Paris auch das auf *a* beruhende *e* in *chief, chier, premiere* u. ä. und folglich auch das
mit ihm assonirende in *ciel, bien, quierent* u. ä. als *é*, Böhmer
hingegen als *ę*.

Untersuchen wir zunächst, ob *e* aus *i* von *e* aus *é* zu sondern
ist. Die im Rolandsliede gemachte Entdeckung ist vollkommen
richtig: Tir. 121 (ich citire nach Müller) enthält nur *e* aus *i* und
die fünf männlichen und die sechzehn weiblichen Tiraden in *e*
aus *é* enthalten kein *e* aus *i* (*quaret* 1385. 2265 beruht auf **var-
vectum* st. *vervactum*). Dies kann kein Zufall sein. Dagegen assonirt an einer Stelle ein auf *i* beruhendes *e* mit *e* aus *a*: *Sebre*
2758. Die Folgerung, die sich hieraus ziehen lässt, beseitigt
Böhmer, indem er *Sebre* als fremden Eigennamen für nicht beweiskräftig erklärt. Stehen ältere und jüngere Gedichte mit dem Rolandsliede im Einklange?

Das Eulalialied enthält weder *e* aus *é* noch *e* aus *i* in den
Assonanzen.

Im Leodegarliede assoniren *é* : *ó*: *flai,el* : *seruu* 30 ef,
flai,el : *Laudebert* 33 ab, und andererseits *conseil* : *rei* 11 ab. Da,
wie allerseits, auch von G. Paris und Böhmer, anerkannt wird, *rei*
réi bedeutet, so hat also *consi,li,um* mittels *consé,ljo conséil*, folglich *i é* ergeben. Dass dieses *é* unter Einfluss von *i purum* zu *éi*
diphthongirt ist, ist eine Sache für sich.

Aus der Passion ist vorläufig zu erwähnen *el* : *aparegues*
110 cd, d. i. *élz* : *aparevést*.

In einer männlichen und zehn weiblichen Tiraden des Alexiusliedes assoniren nur *e* aus *é* unter einander: 70 und 12. 17. 30.
41. 53. 84. 96. 99. 113. 116. Dass eine fünfundfünfzigfache Ge-

legenheit, e aus *i* anzuwenden, nicht benutzt wird, kann kaum ein Zufall sein.

Das Fragment des Hohenliedes bietet nur *é* : *ě*: *bellet* : *novellet, pucele* : *novele.*

Im Cumpot des Philippe de Thaün reimen 1) *é* : *é*, nämlich -el 871, -els 1867, *hiver* : *ver* 1917 (Lehnwort; cf. das Erbwort *veir* 2356), ferner -*ele* 2651. 67, -*este* 1215. 1475, -*estre* 89. 111. 485, -*erre* 603. 829. 1531. 43. 1611. 47. 83. 1789. 1953. 2141, -*erres* 763; — 2) *é* : *ai*: *beste* : *paistre* 1427. 1775; — 3) *i* : *i*; nämlich -*ete*: *ruelete* : *charete* 133 u. ä., -*etes* 2069. 2321. 89. 2479. 89. 3115; — 4) vereinzelt *a* : *i*: *jurz marchels* (*mercalis*): *icelz* 551; cf. Sebre Rol. 2758.

Hat also die Absonderung des e aus *i* von dem e aus *ě* für die älteren Denkmäler ihre volle Berechtigung, so gilt sie jedoch bereits nicht mehr für die centralfranzösischen Epen des 12. Jahrhunderts.

In Amis et Amiles finden sich zwei männliche und drei weibliche *è*-Tiraden, 51—57, 1480—90 und 44—49, 199—206, 2500—10: vier enthalten kein e aus *i*, aber V. 53 steht *fres* und V. 54 *vasles*.

Jourdains de Blaivies enthält zwei männliche und sieben weibliche *è*-Tiraden, 613—623, 1661—70 und 15—27, 501—527, 1523—33, 2061—75, 2400—10, 2421—30, 2492—2502. Es findet sich kein sicheres Beispiel von e aus *i*: die Etymologie von *desvent* 527, *desve* 521. 2427 ist unsicher. In *recet* 616 und *disete* 506 beruht e auf *ě*.

Li coronemenz Looys hat drei weibliche *è*-Tiraden, 40—45, 1589—1618, 2156—69. Die zweite enthält kein e aus *i*, die dritte nur *grant erre* 2157; aber die erste zerfällt in zwei mit einander correspondirende Hälften, von denen jede mit den Worten »*Cel jorn i ot*« beginnt: die erste Halbtirade hat e aus *i*, die andere e aus *ě* (resp. *ai*): *evesque, arcevesque, messe* : *fete* (*faite*), *bele, estre.* Dies sieht wie ein Versuch des Dichters aus, eine Neuerung einzuführen.

Li charrois de Nymes hat in den drei weiblichen *è*-Tiraden, 783—788, 832—836, 1037—70, kein e aus *i*; ebensowenig La prise d'Orenge in der weiblichen *è*-Tirade 1412—20.

Li covenans Vivien hat sechs weibliche *è*-Tiraden. 151—
167, 587—640, 729—744, 952—978, 1571—1602. 1840—60: in
drei derselben finden sich Wörter mit *e* aus *i*: *meisselle* 602
(*maxilla*), *pro,esce* 743, 952, *cercle* 971, *eles* 1849. Von *desve*
620. 1860 sehen wir ab.
Die *el*-Tirade der Bataille d'Aleschanz, 6256—90,
bietet kein *e* aus *i*, aber die *ele*-Tirade, 810—830, enthält *messele*
(*maxilla*) 811.
Crestien de Troies verwendet im Chevalier au lyon eine
grosse Anzahl von Reimen mit *é* : *é*, z. B. *recet* : *set* 3777, *dameisele* : *bele* 701. 971, *dameisele* : *querele* (*quœrella st. *quœrēla*) 5171.
6375; daneben solche mit *i* : *i*, nämlich *met* : *promet* 2597. 3997,
cf. 5421. 4687. 5533; *brachez* : *quachez* 1263; *mete* : *chanbrete*
5557, cf. 6545; *chanbrete* : *Brete* 1581, cf. 2415. 2837; *messe* :
promesse 4023, *messe* : *felonesse* 5449, cf. 3731, *contesse* : *espesse*
2367, cf. 179; *fresche* : *garlendesche* 2361, cf. 1357, *bretesche* :
galesche 189; *pro,esce* : *peresce* 79, cf. 1675, *noblesce* : *le,esce*
2159; *mesle* : *gresle* 441 ; *celes* : *eles* 4377. Aber er reimt auch
é : *i*: *cerceles* : *celes* 3189, *dameisele* : *ele* 2439, cf. 2883. 5233,
dameïsele : *cele* 3103, *querele* : *ele* 5937, *cele* : *cele* (*cellat st. *cēlat*;
se creste : *s'apreste* 4211; *estre* : *senestre* 2809; *destrece* : *blece*
1495, *forteresse* : *adresce* 5119; *ades* : *apres* 3365. 4845. 6705;
angres reimt mit *gres* 835, aber *angresse* mit *presse* 1089; cf.
engrès Rol. 3251.
Und so reimen spätere Dichter *e* : *e* == *é* : *i*. (La destruc-
tion de Rome, Rom. II, 6 ff., enthält keine *è*-Tirade.) Das
Bestiaire von Gervaise, Rom. I, 426 ff., hat 1) *é* : *é*: -*er* 373.
681, -*el* 53. 887, *pucele* : *bele* 249, cf. 349, 399; -*este* 141. 165.
269. 329. 363. 729. 1279, -*erse* 283; 2) *é* : *ai*: *naistre* : *dextre*
517, l. *destre*; 3) *e* : *e* == *i* : *i*: *belete* : *nete* 1138, cf. 465; -*esse*
655. 1153; aber auch 4) *pucelle* : *ancelle* 91. Man vergleiche noch:
bestes : *genestes* Bartsch, Chrest.[3] 381,35; *belle* : *celle* 435,38; bei
Villon : *laiz*, *laidz* : *colletz* : *bourreletz* 459,1 ff, *mullet*, *collet* : *laict*
460,24 ff.; *folet* : *lait* : *jalet* 460,34 ff.; *cresmes* : *mesme* 462,8 ff.:
Bo,esmes : *mesme* 462,16 f. ; ferner *chançonettes* u. ä.: *entrefaictes*
461,38 ff.; *haite* : *cliquette* 467,25 f.; *grant erre* : *querre* 473,26;
messe : *blesse* 473,40: *lettre* : *guettre* 477.12 f.

Fassen wir das Resultat zusammen. Unter der Voraussetzung, dass lateinisches *ĕ* in geschlossener Silbe im Altfranzösischen ein offenes, tiefes *e* war und dass es mithin durch das ganze Mittelalter hindurch bis auf die Gegenwart seine lateinische Qualität bewahrt hat, ergibt sich Folgendes: das lateinische *ĭ* in geschlossener Silbe, welches in den Strassburger Eidformeln erhalten ist (*ist, cist* aus *istum, ecce-istum*), ist in ein geschlossenes, hohes *e* übergegangen und langt, wenigstens in der französischen Mundart, in der ersten Hälfte des 12. Jahrhunderts bei dem Laute des offenen, tiefen *e* an, sodass die Dichter nunmehr *e* aus *i* mit *e* aus *ĕ* reimen dürfen. Dieser Lautwerth hat sich bis auf die Gegenwart erhalten. — Uebrigens soll nicht behauptet sein, dass das lateinische *i* im Jahre 842, wie in der Sprache der Eidformeln, so auf dem gesammten Gebiete des Französischen noch bestanden habe. Es ist vielmehr wahrscheinlich, dass die verhältnismässig späte Existenz jenes *i* in den Eidformeln eine mundartliche Eigenthümlichkeit ist. Die Aenderung dieses *i* in *e* scheint uns nicht gerechtfertigt.

Welchen Lautwerth besass nun das aus *a* entstandene *e*? Ziehen wir zunächst gewisse Grenzen, innerhalb deren der Vermuthung Spielraum bleibt. 1) E aus *a* hatte in den zu literarischer Geltung gekommenen altfranzösischen Mundarten, soweit das Zeugnis der Assonanzen und Reime reicht, nur einen Laut. 2) Dieser Laut war ein anderer als der des *e* = lat. *ĕ*, d. h. als *ě*, nämlich als der Laut des *e* in lat. *testa*, afr. *teste*, nfr. *tête*; denn *e* aus *a* und *e* = *ĕ* assoniren nicht unter einander. 3) Der Laut des *e* aus *a* lag also entweder dem *a* oder dem *i* näher als *ĕ*: er war, um es in Zeichen auszudrücken, entweder *e̩* oder *é*. Da zwischen *a* und *ĕ* einerseits und zwischen *i* und *ě* andererseits eine continuirliche Reihe von Lautnuancen liegt, so ist es völlig unmöglich, die Tonhöhe, auf welche das durch den Kehlraum und die Mundhöhle gebildete Ansatzrohr abgestimmt sein muss, für *e̩* und *é* genau festzustellen. Wir bezeichnen also mit *e̩* weiter nichts als einen Laut, der zwischen *ě* und *a*, und mit *é* weiter nichts als einen Laut, der zwischen *ě* und *i* liegt. Es wird also nicht behauptet, dass afr. *é* sich mit nfr. *é* in *aimé* ganz genau decke. 4) Im Neufranzösischen hat *e* aus *a* zwei (oder, genau genommen, drei)

Lautwerthe: es ist *é* in phonetisch offener Endsilbe und in der vorletzten vor einem stummen *e*, z. B. *aimé, aimez, aimer, aimée*, oder, kurz gesagt, im Auslaut; es ist *è* in phonetisch geschlossener Endsilbe und in der vorletzten vor Consonanten, z. B. *tel, fève* und *amer, amère*, also im Inlaut; und zwar vor *r* etwas offener, tiefer als vor andern Consonanten. *Tel* reimt auf *bel, amer* auf *fer*: *e* aus *a* ist also vor Consonanten mit *e* = *é* (und *i*) identisch, und da *e* = *é* seinen ursprünglichen Laut bewahrt hat, so ist diese Identität so zu Stande gekommen, dass *e* aus *a* dem *e* = *é* gleich geworden ist. 5) Indem lat. *a* zu nfr. *è* in *tel* geworden ist, muss es irgendwann und irgendwie die Stufe *ẹ*, und indem es zu nfr. *é* in *aimé* geworden ist, muss es die Stufen *ẹ* und *è* durchlaufen haben. Da nun lat. *i* bis zum 12. Jahrhundert noch nicht bei *è* angelangt und also noch *é* war, so scheint es fast selbstverständlich, dass lat. *a*, welches sich in der umgekehrten Richtung bewegte, in derselben Zeit ebenfalls noch nicht bei *è* angelangt und folglich noch *ẹ* war. Da nun obendrein G. Paris den Lautwerth *é* nicht eigentlich begründet, sondern aus der Thatsache, dass *e* aus *a* nicht *è* war, unmittelbar schliesst, dass es *é* gewesen, die Möglichkeit des *ẹ* aber nicht in Betracht zieht, so scheint Böhmer's Ansicht die richtige zu sein, und zwar um so mehr, als sie durch eine Reihe von Gründen unterstützt wird. Und dennoch ist sie nicht haltbar. Die für sie vorgebrachten Gründe sind nicht stichhaltig, und andere Gründe sprechen gegen sie.

Böhmer's Gründe sind folgende: 1) Auch *sai* Rol. 1386 und *cumbatrai* 3844 assoniren noch in *è*. 2) Noch jetzt hört man in der Normandie *vérité* wie *achetai* mit sehr offenem *e* als Auslaut. 3) *Amer* (*amāre*) klang, als sein *r* noch lautete, ganz ebenso wie *amer* (*amārum*), also = *amèr*. 4) Im Leodegarlied steht *pensaerz*. 5) Die Mundart von Guernsey hat Infinitive auf *ái*. 6) Philippe de Thaün reimt *Cesar* : *guardar* 775 f. und *vertat* : *sustrairat* 3483 f., Mall S. 53, und daneben *vertet* : *espruvet* 3487 f. 7) *E* aus *a* reimt weder mit *e* aus *é* noch mit *e* aus *i* und ist folglich weder *è* noch *é*; *Sebre* Rol. 2758 beweist nichts; *amein*(*et*) 2760, der einzige Fall, in welchem *ei* mit *e* aus *a* assonirt, ist zu corrigiren.

Zu diesen Gründen ist Folgendes zu bemerken. 1) *Sai* und *cumbatrai* beweisen nichts für *e* aus *a*; denn das *ai* dieser Wörter beruht auf *a* + *i purum*. Beweis die Orthographie *sez, set, sevent* nebst *as, at*, sowie das Provenzalische. Hier bleibt lat. *a a*, und dennoch steht *sai* neben *sabs, sab, saben* · und *ai* neben *as, a*, genau ebenso, wie *dei* und *vei* bestehen, obwohl *ē* und *ĭ* nicht in *ei* übergehen. 2) Ein sehr offenes *e* in normannischem Munde beweist im günstigsten Falle etwas, was a priori feststeht, nämlich, dass *a* beim Uebergange in *é* irgendwann und -wie jene Stufe durchlaufen hat; aber es beweist nicht, dass *e* aus *a* in der literarischen Sprache des Mittelalters *e̦* gewesen sei. Mit demselben Rechte könnte man aus den Infinitiven auf *áir* der Insel Guernsey beweisen, dass *amer* im Rolandsliede *amáir* gelautet haben müsse. Diese beiden Beweise heben sich aber gegenseitig auf. 3) Dass *amer* (*amare*) irgendwo *amèr* gelautet haben könne, ist nicht zu bestreiten; allein dass es allenthalben *amèr* gesprochen sei, so lange sein *r* lautete, und dass man mithin die Reihe *amèr, amè*(*r*), *amé*(*r*) ansetzen müsse, wird durch ein unzweideutiges Zeugnis aus dem 16. Jahrhundert widerlegt. Nach Beza, S. 14 f., ist es eine Eigenthümlichkeit der A q u i t a n i e r, Infinitive wie *aimer, disner, parler* und Plurale von Substantiven wie *bontes* oder Participien wie *lasses* (und Wörter wie *asses*, d. i. *assez*) mit *e apertum* zu sprechen und demgemäss *disputer : Jupiter, hiver : arriver, parler : par l'air, lasses : Ulisses, asses : acces* zu reimen. Der F r a n z o s e spricht in jenen Wörtern *e clausum*, und jene Reime sind daher dem französischen Ohre unerträglich. Nun sind aber zu Beza's Zeit *r* und *s* am Wortende noch nicht stumm. Vgl. unsere Abhandlung: Der consonantische Auslaut des Französischen nach Th. Beza, S. 4 u. 2 f. Es ergibt sich also für das Französische vielmehr die Reihe: *aimér, aimé*(*r*); *bontés, bonté*(*s*); *assés, assé*(*z*). 4) Das *œ* des Leodegarliedes ist lautgeschichtlich von keiner Bedeutung. Man vergleiche *pensaez* 29 b (so das Facsimile) und *irae* 14 b, *quae* 2 b, 21 bd, 24 f, 25 d, 26 b, 27 b, 36 f und in der Passion *bassaerai* 36 d, *praeiam* 90 c, *mespraes* 128 c sowie *Mariae* 83 a, 105 c, *duaes* 106 a, *soliae* 115 b, *chamisae* 67 c, *custurae* 67 d, *nostrae* 70 d, *seindrae* 105 a, *vesprae* 107 a, *sobrae* 116 c, *retdrae* 129 a (dazu die Latinismen *grāē* 129 a = *graciae* und *gloriae* 129 b). Man war gewohnt, für lateinisches *ae* *e* zu schreiben, und schrieb daher mittels umgekehrter Schreibweise für französisches *e* gelegentlich *ae*, ohne Unterschied des Lautwerthes des *e*. 5) Die Infinitive auf *áir* scheinen zu beweisen, dass *e* aus *a* mittels *ái* entstanden ist, aber über den Lautwerth jenes *e*, welches eben bereits *e* und nicht mehr *ái* war, sagen sie nichts aus. 6) Reime wie *Cesar* : *guardar* beweisen ebenfalls nicht, dass *e* aus *a* gleich *ę* lautete; denn *a* in *Cesar* lautete doch = *a* und nicht = *ę*. Jene Reime erklären sich im Zusammenhange mit verwandten Erscheinungen. Mit *-al* aus *-allem* oder *-allum* reimt nicht selten ein *-al*, welches auf *-ālem* beruht. Mit *cheval*, *aval* nebst *mal* reimen *natural*, *esperital*, *loial*, *coral* und *ostal*, *jornal*, *baptistal*, Jourd. de Blaiv. 2855—65; ferner mit *cheval*, *vassal*, *val*, *Ronceval* *natural*, *criminal*, *principal*, *esperital*, *poignal*, *leal*, *desloial*, *charnal*, *parmenal* und *Noal*, *ostal*, *bochal*, *batestal*, *portal*, *jornal*, Bat. d'Aleschans 568—596, und so *tale* in *a*-Assonanz, Li charrois de Nymes 1062. Ebenso stehen bei Philippe de Thaün Reimpaare von Adjectiven auf *al* neben solchen von Adjectiven auf *el*, MALL. S. 53. Diese Erscheinung erklärt sich so. Neben den Erbwörtern auf *-el* wurden zahlreiche Lehnwörter auf *-al* aufgenommen; wie nun diese Lehnwörter gelegentlich an die Erbwörter angelehnt wurden, z. B. *principel* Bat. d'Aleschans 7861, so wurden umgekehrt die Erbwörter gelegentlich nach dem Muster der Lehnwörter umgebildet. Vielleicht war dies in gewissen Kreisen zeitweise gradezu Mode. Demgemäss erscheinen *guardar* und *vertat* als latinisirende Wagnisse eines gelehrten Reimers. *Estad* (welches MALL. anmerkt) neben *estait*, cf. BURG. I, 297, ist mindestens nicht auffälliger als *vat* neben *vait*, *vas* neben *vais* und als *as*, *at*, um von *amat* ganz abzusehen. Wenn man aus *Cesar* : *guardar* schliessen dürfte, dass *e* aus *a* gleich *ę* gelautet, so könnte man aus andern Reimen erschliessen wollen, dass auch *e* = *é* den Werth *ę* besessen. Statt *larmes*, welches Jourd. de Blaiv. 1525 in einer *è*-Tirade steht, ist zwar *lairmes* oder *lermes* zu lesen. Die Tirade 1037—70 in Li charrois de Nymes ist in eine *è*- und eine *a*-Tirade zu zerlegen, 1037—1047 und 1048—70; man restituire *traire*, *afaitent*, *Noçaine*, *traite*, *faites*, *afaire*, *maistre*. Aber schwerer corrigiren sich die *a* in *è*-Tiraden, welche Li covenanz Vivien enthält: *armes* 640;

targe 957, *tables* 968, *autres* 971, *contenance* 977, *Guillaume*; *se haste, heaumes, graille* 1572—75, *armes* 1577. Statt *Guillaume* ist *Guillelme* zu lesen, cf. 156. 598. 623. 739. 970. 1600. 1840, statt *heaume elme*, cf. 594. 975, statt *graille graisle*, statt *d'uns et d'autres* vielleicht *d'els* et *d'eles*; und so werden auch *armes, targe* sowohl wie *tables*, *se haste* und *contenance* zu beseitigen sein. 7) Ein *e* aus *i* soll nicht mit *e* aus *a* reimen. *Amein(et)* wird freilich mit Recht beseitigt; aber nicht weil *ei* nicht mit *e* aus *a* reimen könnte, sondern weil die Syntax den Conjunctiv *ameint* verlangt und dieser nicht in die weibliche Assonanz passt. Aber *Sebre* steht, wie bereits oben bemerkt worden und wie noch weiter unten zur Sprache kommen wird, nicht isolirt. Dass Assonanzen dieser Art nur ausnahmsweise vorkommen, begreift sich leicht. *A* und *i* bewegten sich in entgegengesetzter Richtung. Es war daher ein Zufall, dass die aus ihnen hervorgegangenen *e* zeitweise coincidirten. In der That mochten sie nie schlechthin gleich lauten. Da jedoch *i* zur Zeit des Rolandsliedes und des Cumpot noch nicht bei *è* angelangt war, so beweist die Möglichkiet solcher Reime immerhin, dass *a* bereits über *è* hinausgekommen war.

Gegen die Annahme des Lautwerthes *e̩* sprechen ferner folgende Gründe.

1) Afr. *e̩* soll aus lat. *a* mittels eines *ai* entstanden sein. Dieses *ai* muss bereits der vorliterarischen Epoche der Sprache angehört haben. Dagegen besitzt das documentirte Französisch ein *ai*, welches aus *a* + Guttural oder aus *a* + *i purum* entstanden ist; so *plaid* und *salvarai* in den Eidformeln. Nun geht aber dieses nachweisbare, jüngere *ai*, welches noch im Alexiuslide und vereinzelt noch im Rolandslide mit *a* assonirt, in *è* über und ist in der Tonsilbe, ausser im Auslaut wie in *j'ai, je chanterai, je chantai, je sai(s)*, bis heute *è* geblieben. Gleichzeitig mit diesem *è* aus dem jüngeren *ai* soll also ein *e̩* aus älterem *ai* fortbestehen. Dies ist offenbar eine Umkehrung des natürlichen Verhältnisses. Als das jüngere *ai è* ergab, musste das ältere bereits *è* ergeben haben. Da es nun zu eben jener Zeit nachweislich nicht *è* lautete, so musste es bereits nicht mehr *è* lauten, d. h. es musste zu *é* fortgeschritten sein.

2) War *e* aus *a e̩*, so war auch *e* aus betontem *è* in kurzer

7 *

Silbe *e*, und zwar sowohl wo es diphthongirt worden war, wie in *miel*, *bien*, *tienent*, als auch wo es undiphthongirt geblieben war, nämlich in *deus*, *ere*, *eres*, *eret*, *erent* (*matere*, *misere*). Diese Annahme, welche namentlich für *deus* auffällig erscheint, hat die Analogie des betonten *ŏ* in kurzer Silbe gegen sich; denn dieses assonirt, wie unten zur Sprache kommen wird, in *ó*. Also $ŏ : ó = ě : x \ (x = é)$.

3) Einen directen Beweis für den Lautwerth *é* liefern Assonanzen des Alexiusliedes: *trovereiz* 63 e, *quereiz* 63 d, *atendeiz* 110 c assoniren mit *e* aus *a*. Es ist unbestritten und wird speciell von G. PARIS und BÖHMER behauptet, dass *ei* aus *ē* *éi* bedeutet. Dennoch nimmt BÖHMER auf jene Assonanzen des Alexiusliedes keine Rücksicht, vermuthlich weil der Herausgeber selbst Anstoss an ihnen nimmt. Es soll nämlich in jenen Formen *éi* bereits in *é* übergegangen sein, Préf. p. 51. Allein ein Uebergang von *éi* in *é*, der für das Neunormannische feststeht und den J. DUBOIS bereits für das erste Drittel des 16. Jahrhunderts bezeugt, lässt sich für die Mitte des 11. Jahrhunderts nicht erweisen. Die 2. Pers. d. Plur. auf *-ez* ist nicht lautgesetzlich an die Stelle der auf *-eiz* oder *-oiz* getreten, sondern durch Umbildung, wie dies für *-oiz* unmittelbar einleuchtet. Nun hat aber der orthographische Usus zu Neu- oder Umbildungen ein anderes Verhältnis als zu Lautveränderungen. Der Lautwandel vollzieht sich continuirlich, langsam und unbewusst, und der Widerspruch zwischen dem neuen Laute und der alten Orthographie pflegt daher eine Zeit lang unerkannt zu bleiben. Hingegen die Neu- und Umbildung ist eine, wenn auch meist unabsichtliche, doch in jedem Falle momentane Schöpfung, die durch ihren Contrast mit dem Hergebrachten dem Redenden und noch mehr seinen Zuhörern auffällt. Ein Widerspruch zwischen Orthographie und Neu- oder Umbildung ist daher ungewöhnlich, und die Annahme, dass der Verfasser des Alexiusliedes zwar *-eiz* geschrieben, aber *-ez* gesprochen habe, leidet mithin an Unwahrscheinlichkeit. Unmöglich wird sie angesichts der Thatsache, dass das spätere Rolandslied noch *-eiz* besitzt. Das Präsens ist hier zwar bereits umgebildet, denn es assonirt nur mit *e* aus *a*, nämlich *savez* 363, *tenez* 364. 695. 2857, *creez* 692, *avez* 1172, *pu,ez* 1175, *sucurez* 2786; aber das Futurum auf *-eiz* findet sich häufig

in *éi*-Assonanzen: *ireiz* 79, *portereiz* 80. 2752, *avreiz* 88. 568. 3459, *verreiz* 564. 3754, *rever(r)eiz* 3802, *enveiereiz* 572, *cheval-chereiz* 3284, *guiereiz* 3282, *aidereiz* 3557 und dazu *amenereiz* statt *ameneiz* 508. Wenn nun daneben das Futurum auch in *e*-Assonanzen vorkommt, *porterez* 72, *vuldrez* 76, *ferez* 131, *irez* 360, *reverrez* 690, *avrez* 699, so kann diese Thatsache freilich so aufgefasst werden, dass die Umbildung desselben bereits begonnen habe. Allein diese Auffassung stützt sich doch nur auf die Orthographie der späteren Handschrift. Die Assonanzen selbst gestatten eine Restitution von *-eiz* nach dem Vorbilde des Alexius-liedes. Denn dass *ei* im Rolandsliede bereits die Betonung *ei* erhalten, eine Betonung, die von dem späteren *oi* vorausgesetzt werde, ist eine unerweisliche Annahme. Wenn *oi* wirklich *ei* voraussetzte, so müsste die Mundart des Rolandliedes *éi* bewahrt haben, denn grade hier ist *ei* nicht in *oi* übergegangen. In der That scheint das spätere *é* des Normannischen *éi* vorauszusetzen. Die Assonanz *éi* : *e* aus *a* im Alexiusliede findet übrigens Unterstützung an *voluntaz* : *fidels* Passion 126 cd, d. i. *voluntez* : *fedeils*. Warum G. Paris, welcher *e* aus *a* für *é* hält, an *éi* : *é* Anstoss nimmt, leuchtet nicht ein: durchweg assonirt ein Diphthong, dessen erster Bestandtheil den Ton trägt, mit einem diesem Bestandtheile gleichwerthigen Vocale.

4) *E* aus *a* besitzt nach dem Vorstehenden bereits im 10. Jahrhundert den Lautwerth *é*. Wie reimt sich dies mit dem *a* der Eidformeln und mit der Entstehung von *e* aus *a*? Ist *a* durch *ai* hindurchgegangen oder nicht? Dass *a* nur mittels *ai* *e* habe ergeben können, wird a priori Niemand behaupten wollen. Allein die Beobachtung, dass *ē* zu *éi*, *ō* zu *óu*, *éu*, *ĕ* zu *ié*, *ŏ* zu *uó*, *ué* wird, legt die Vermuthung, dass auch *a* diphthongirt worden sei, nahe. Allerdings waltet der Unterschied ob, dass *ā* und *ă* dasselbe Schicksal haben. Jedoch ein gewisses Analogon hiezu liegt darin, dass *ŭ* das Schicksal von *ō*, *ĭ* das von *ē* theilt. Neben *e* aus *a* besteht vor Nasalen *ai*, welches in *aimet*, *reclaimet* nicht anders zu erklären ist als in *main*, *Romaine*. Der Umstand, dass sich im Französischen vor Nasalen ein älterer Vocalismus zu erhalten pflegt, indicirt, dass *ai* der ältere, *e* der jüngere Laut sein mag. Das diphthongische *ai* der Mundart von Guernsey, z. B. *aimair*, *quittai*

(Part. Perf.), *pauretai*, bei Métivier, scheint eine erhaltene Spur
jenes *ai* zu sein, aus dem *e* entstanden, ein Ueberrest, der sich
bei der Isolirung der Insulaner unschwer erklärt. Neben *ai* besteht vor Nasalen *e* nach *i*. Und doch findet sich im Roman de
Troie *-iain* statt des üblichen *-ien*, z. B. *Troïains* : *primerains* :
plains (*planos*), bei Settegast, p. 28, allem Anscheine nach eine
Alterthümlichkeit der Mundart von Sainte-More, der Heimath des
Verfassers.

Es kommt noch ein anderes Moment hinzu. Gewisse Texte, wie
die Uebersetzung von Schriften des Papstes Gregor und die Predigten Bernhards von Clairvaux, haben *ei* für lat. *a*, freilich nicht
bedingungslos. Aus der bei Bartsch abgedruckten, von Schirmer
collationirten Predigt erhellt Folgendes. *Ei* steht vor einfacher
Consonanz und vor tonlosem *e*: 1) *neis* 197,23. 29, *neif* 200,2,
Acc. Pl. *neis* 197,31; 197,11, *meir* 194,17; 196,8; 197,12; *weit*
193,20; 194,17; 197,11. 18; *abbeit* 193,34. 37; *volenteit* 196,13,
volenteiz 197,9, *poverteit* 196,12. 20, *poverteiz* 196,5 (zu corrigiren
povertez 195,38), *bonteit* 198,36, *purteit* 197,34; 198,30; *salveteit*
196,39. 43; 197,5. 39; 198,3; *chariteit* 197,28; 199,4; *chariteiz*
197,26. 32; *veriteiz* 198,10; *humiliteit* 195,27, *umiliteit* 195,39,
humiliteiz 198,27, *superfluiteit* 196,44; *aleir* 195,16, *raleir* 1 5,1,
esteir 195. 1. 15 (zu corr. *ester* 194,32; 195,11), *resteir* 195,23,
osteir 193,38, *rewardeir* 195,24, *trespesseir* 193,16, *governeir*
193,25, *atorneir* 199,1, *ordeneir* 197,18 (zu corr. *parler* 193,33,
desirrer 196,26, *entrer* 195,40, *monstrer* 198,1. 42); *sanciz* (*sānātis*)
198,5; *apeleiz* (*appellātus*) 193,25 (zu corr. *apelez* 200,2), *atroveiz*,
delivreiz 196,7, *delivreit* 193,17 (statt *les fossés* 194,25 ist *fosses*,
lat. *fossās*, zu schreiben, denn sonst müsste *fosseiz* stehen); *sal-
veires* 196,33 (auffällig *amere* 193,15, *frere* 193,13. 34; 194,35;
195,4, jedoch Burg. I, 56 *freire*), *teile* 197,11 (zu corr. *quele* 196,22,
kele 196,23); — 2) *atroveie* 197,23; *receleie* 198,22; *receleiement*
196,30; *nomeyement* 194,27; insbesondere auch *ieie* : *chauchieie*
196,39, *fieye* 195,27, *ateiriçies* 196,8. 11 (*atterriātās*; Bartsch:
»*ranger* ordnen«; allein in Beziehung auf *lo cuvise de la char et
lo covise des oylz et l'orgoil de vie* passt diese Bedeutung nach den
Begriffen mönchischer Askese nicht), aber dennoch *chieent* 195,11;
196,17. Hingegen steht nicht *ei*, sondern *e* vor mehrfacher Con-

sonanz, und vor Consonanten nicht *iei*, sondern *ie*. 1) *E* vor mehrfacher Consonanz: *meir*, aber *mers* 193,13; 195,10; *bers* 193,25; *appert* 194,20; *teile*, aber *tels* 198,6. 21, *quels* 196,28, *liquels* 198,15, *mortels* 197,22, *espiritels* 197,21. 2) *Ie* vor Consonanten: α) *ie* aus *a* + *i purum* : *sentier* 194,38; *primiers* 193,19; 195,37; *primier* 193,32; *droituriers despensiers* 193,28 f.; *volentiers* 197,3; eine doppelte Ursache hat *i* in *legiere* 194,31, *ligierement* 195,31; 196,4; β) *ie* aus *i purum* + *a* : *glacier* 195,36; *enforciez* 194,28, *adrecier* 197,16; *apoier* 195,36; *embaissier* (*imbassiāre*) 197,7; .auch *mesuriet* 196,34. 35 (*mēsūriāto* st. *mensūrātum*); Lehnwort *humiliez* 198,43 = *humiliies*; γ) *ie* aus *a* nach Gutturalen: *chier* 193,13; 194,35; 195,4; *chief* 195,10; *pechiet* 198,16. 17; *pechiez* 194,26; *encerchier* 197,18, *pesxier* 200,3; 2. P. Pl. *jugiez* 198,33, *dejugiez* 198,38, Part. *eslonziez* 195,28; δ) *ie* aus *a* nach vorhergehendem Diphthongen : *esploitier* 195,13. 17. 22, *malvestiet* 195,7 aus *malvaistiet*, *ensaignier* 197,43 (*ewier* 193,25; 194,39; 195,25 ist unrichtig mit einem Trema versehen; cf. *ewerons* Burg. I, 56; allein *ewier* aus *æquāre* bleibt auffällig; *murmurier* 198,4 corrigirt Bartsch als statt. *murmureir* verschrieben; von *mari,ez* 194,36, *marītālōs*, und *obli,eit* 193,39, *oblītātum*, ist das erstere verschrieben). Keine Ausnahme bildet *prelaiz* 196,30. 32; 197,34; 198,1; *prelait* 196,33; 197,7. 29; 198,7; *prelait* 197,11; *prelaiz* 193,35, denn es ist ein Lehnwort; auch nicht *zai* 197,15 und *lai* 197,16, denn hier beruht *ai* auf *a* + *c*; ebenso wenig *jai* 193,39; 196,18, denn hier steht *i* als Ersatz wie in *sui* (*sum*); *vail* 194,18 ist auch sonst üblich. Vor Nasalen besteht, wie allenthalben, *ai*, *mains* 195,21, *aimmes* 199,3, aber *ie* in *terrienes* 193,32. — Wie lautete *ei* aus *a*? Neben demselben bestand noch ein *ei* aus *e*. In der Regel ist altes *ei* zwar bereits in *oi* übergegangen: 1) N. Masc. *troi* 193,18. 21, A. Masc. *trois* 193,19. 21; 194,37; 195,34; N. Fem. *trois* 193,15; A. Fem. *trois* 195,2; 196,1; 197,30; 198,30. 44; 199,1; *avoir* 193,31; 196,23 und daneben bereits *cha,or* 195,12; *voirement* 194,35; *doit* 198,1. 2; *doyent* 196,9; *avoit* 198,42; *devoit* 200,3; *seroit* 194,24; *seroient* 197,2; aber bereits umgebildet *po,ez* 198,40; 2) *foiz* 198,26 (*fidēs*), *foit* 197,33; 198,34, *foyt* 200,1; *voie* 194,19. 21. 30. 33. 36; 195,3. 12. 14. 37, *voye* 195,29; *lotevoies* 194,37; 195,12; *soit* 194,30; 195,22. 27;

196,23. 32. 37; 197,32. 40. 41; 198,22. 23. 24; 199,3; *soient*
193,17; 196,18, *dezoit* 196,28; 3) *doyens* 193,38 ist förmell
debeāmus und schwerlich nach Analogie der stammbetonten Formen
aus einem **de,ens* umgebildet (cf. *ve,ons* 194,22. 23), und doch
scheint der Conjunctiv syntaktisch nicht am Orte; 4) *droit* 196,11;
200,2; *droite* 194,34; *droituriers* 193,28, *endroit* 198,9: *estroite*
195,3, *destroit* 197,14 (*dēstrictī*), *esploitier* 195,13. 17. 22, *esploit*
197,35; *loist* 193,31, wozu *anzois* 196,31 (aber kein *ei, oi* entwickelt sich aus *ec* (*īc*) vor *t + i purum: adrecier* 197,17, **ad-
dīrēctiāre; estrece* 195,6, **strictia*). Auch vor Nasalen ist *ei* in *oi*
übergegangen in *poine* 195,37; 196,2. 4. 12; *amoinet* 195,3, *foynte*
200,1, woneben bereits *mœns* 195,24; hingegen in *destraignent*
195,20, *ensaignier* 197,43, *ensaignet* 198,2; *plaine* 193,15; 196,38;
sains 196,38 (*sinūs*) ist *ei* vor Nasalen in *ai*, und in *estignre*
197,28, *vignet* 195,6, *avignet* 193,39; 196,18 (hingegen Indic.
apartienent 194,15; 196,20; 198,37), *signor* 198,14, *finte* 197,33;
198,26; 198,32 in *i* übergegangen, ohne dass für diese divergirenden Richtungen (einerseits *ai, oi,* andererseits *i*) eine Veranlassung erkennbar wäre. Neben *oi* aus *ei* besteht nun *ei* in eben
denselben Fällen weiter, in denen es in anderen Texten in *i* übergegangen ist: 1) *mei* 193,22; 197,4. 19 (*medium*), *preis* 196,27
(*pretium*), *preis* 198,32. 38 (*pretio*), [*meies* 198,5 (*medicus*) l. *mejes*];
aber N. *sires* 198,44; 199,2, V. *sire* 198,5; 2) *deleit* 196,5;
197,10; *parfeitement* 196,7. 16, *sosgeis* 197,42; 198,2. 20, *leis*
197,27 (*legis*), *esleire* 195,22; *soffeire* 196,42, *soffeist* 196,39;
197,5; *preist* (*precet*) 195,5 (vgl. das Pronomen *lei* 195,34. 36).
Lauteten *ei* aus *a* und *ei* aus *e + i purum* oder *c* gleich? Schwerlich. Das alte *ei*, aus welchem einerseits *oi* und andererseits *i*
hervorgeht, ist *ēi*; das hier neben *oi* fortbestehende *ei* dürfte daher
hart an *ii* grenzen. Für *ei* aus *a* hingegen ist eher *ẹi* oder *ẹ̈i* zu
vermuthen. Die Assonanzen der Romanze bei Bartsch[3], p. 50,
welche *ei* für *a* besitzt, geben keinen Aufschluss: *torneit* : *citeit* :
espouseit 50, 26 ff. (cf. *souueif* 13. 30, *soueif* 16, *seis* 18 (*sapis*),
aber *laxier* 24, *bagnier* 11), und können keinen Aufschluss geben,
weil *ei* aus *e* hier einerseits bereits in *oi* : *soir* 9, *toi* 18; *droit* 27
nebst *anmoinnet* 22, *anmoinne* 25, und andererseits bereits in *i*
übergegangen ist, *priset* (*pretiat*) : *prise* : *vile* 17 ff. Vereinzelt

findet sich *ei* aus *a* im Reim auf *e* aus *a* in Texten, denen es
nicht ursprünglich eigen ist; so *eil* Alex. (cf. *despeiret*); *citez : aseiz*
Hohelied (cf. *aseit, seit, apeleid, entreiz* und sogar *noncieiz*); speciell
auch in solchen, die für *ei* aus *ē oi* besitzen; so *seil* Am. et Am.
1016 (cf. 15. 704). Allein aus dieser fehlerhaften Orthographie
lässt sich für die Aussprache des lautgesetzlichen *ei* aus *a* kein
Schluss ziehen.

Blicken wir zurück. Mundartliches *ái* neben *e*, herrschendes
áin neben *e*, mundartliches *-iáin* neben *-ien*, endlich mundartliches
-ei neben *e* deuten darauf hin, dass *a* mittels *ai* und *ei* in *e* übergegangen ist. Diese Hypothese ergibt, auf die einzelnen Fälle an-
gewandt, folgende Reihen : *minare*, **menair* (*menair* auf Guernsey);
meneir (Sct. Bernhard u. a.), *mener*; *turbāta*, **trovaide*, **troveide*,
troveie (Sct. Bernhard u. ä.), *trovee*; *calcāta*, **cjalcjaide*, **cjalcjeide*,
woher einerseits **chalchieide*, *chauchieie* (Sct. Bernhard) und andererseits **chalchiede*, *chauchiee*, *chauchie*; *cārum*, **cair*, **cjair*,
*cjeir, *chier*; *canem*, **cain*, **cjain* (*-iain* bei Benceit de Sainte-More),
*cjein, *chien*; *prīmāria*, **primairje*, **prīmiaire*, **prīmieire*, *primiere*,
premiere; **terrānea*, **terrainje*, **terriaine*, **terrieine*, *terriene*; *pā-
nem*, *pain*. *Cārum* und *canem*, *prīmāria* und *terrānea* gehen also
denselben Weg. Dass das *i* des Diphthongen *ie*, welcher in *chier*
und *chien*, *premiere* und *terriene* vorliegt, jünger sei als *ai*, lässt
sich a priori nicht behaupten: es kann ebensowohl *ai* aus *a* verhindert als *e* aus *ai* herbeigeführt haben. Nur das mundartliche
-iain bürgt dafür, dass *ai* älter ist als *i;* denn dasselbe *i*, welches
trotz des Nasals *ai* verdrängte, würde, wenn es älter als *ai* wäre,
seine Entstehung verhindert haben. — Eine Bestätigung findet diese
Hypothese, dass *a* durch *ai* und *ei* in *e* überging, durch die nachweisbare Thatsache, dass auch das jüngere *ai* (aus *a*) mittels *ei*
zu *e* wurde. Allein dieses *ai* ergab *è*, das ältere *é*. Dieser Unterschied lässt sich als ein Unterschied des Alters auffassen, vielleicht ist er aber dennoch ein Unterschied der Entwicklung. Es
ist zu beachten, dass im Auslaut doch auch das jüngere *ai* in
Verbalformen *é* ergab. Während im Rolandsliede *sai* und *cumbatrai* noch in *è* assoniren, so assonirt *dire*, d. i. *dirai*, Am. et Am.
3327. 3338 bereits mit *e* aus *a*; ja dieser Uebergang von auslautendem *ái* in *é* hat hier bereits stattgefunden, während das

ai der Endsilbe vor Consonanten, sowie in *lai*, zwar nicht mehr
ái, aber auch noch nicht *è* war. Diese Erscheinung lässt sich
allenfalls durch die Annahme erklären, dass auslautendes *ai* in
den Verbalformen der Mundart von Amis et Amiles überhaupt nicht
durch *è* hindurchgegangen ist: das *a* von *ái* musste zwar durch *è*
gehen, aber *ái* konnte durch *ęi* und *èi* zu *éi* und weiter zu *é*
werden. Sollte das ältere *ai* diesen Weg gegangen sein? In
der Reihe *minare*, *menair, *meneir*, *mener* würde dann *ei* die
chronologische Reihe *ęi*, *èi*, *éi* bedeuten.

5) Eine Schwierigkeit entsteht der Reihe *a*, *ai*, *ei*, *e* in dem
a == lat. *a* der Strassburger Eidformeln. Ich vermag nicht
mit STORM in diesem *a* ein *ę* zu sehen, und um so weniger, als
ę durch die Theorie ausgeschlossen wird. Vielmehr halte ich
daran fest, dass der Buchstabe *a* in der Tonsilbe den Laut *a* bedeutet, und ziehe daraus folgende Consequenzen: entweder sind
die Eidformeln ein gemeinfranzösisches Denkmal, dann muss
die Entwickelung *a*, *ai*, *ei*, *e* erst nach dem Jahre 842 eingetreten
sein, oder sie repräsentiren eine Mundart, in der jene Entwickelung entweder überhaupt nicht oder später als in andern Mundarten erfolgt ist. Dass *a*, *ai*, *ei*, *e* allenthalben erst dem Zeitraume
angehören, welcher das Eulalialied von den Eidformeln trennt, ist
durchaus überwiegend unwahrscheinlich. Dass diese unwahr-
scheinliche Annahme unnöthig ist, folgt daraus, dass die Eidformeln, wie sich herausstellen wird, eine Mundart repräsentiren.
Dass in dieser Mundart *a* später in *ai* übergegangen ist als in
andern, wird zur Wahrscheinlichkeit erhoben werden, nachdem
erwiesen ist, dass eine Mundart vorliegt.

V. *E* vor Nasalen.

Es handelt sich um die Beantwortung folgender Fragen:
1) Welchen oralen Klang bedeutete der Buchstabe *e* vor Nasalen?
und seit welcher Zeit coincidirt der Laut des *e* mit dem des *a*
vor Nasalen? 2) Wodurch ist der Uebergang des *e* in *a* vor Nasalen bewirkt worden? Durch Nasale überhaupt, oder durch einen
speciellen Nasal? oder gar durch das Verstummen von Nasalen?
Ist insbesondere der Uebergang von *e* in *a* ein Beweis dafür,

dass der orale Laut einen nasalen Beiklang angenommen hatte, oder nicht?

Die Strassburger Eidformeln haben für lat. *i* vor *n* als Silbenauslaut *i* (*in*, *int*), für lat. *ĕ* aber *e* in der Tonsilbe (*salvament*, *sagrament*) und *i* in tonloser Silbe (*prindrai*). Aehnlich verhält sich *consilier* Leod. 12 b, *consiliers* 16 b zu *conselz* (d. i. *conseilz*) Pass. 20 d, *aurelie* 40 b; 41 b, und dem *consilier* entsprechen *mistier* Leod. 14 c, 18 a und *giterent* 38 b, *gitez* Pass. 18 d, *gitad* 68 b. Aehnlich verhalten sich auch bei Bernhard von Clairvaux *legiere* BARTSCH [3] 194,31 und *ligierement* 195,31. Das *i* der Eidformeln als unfranzösisch durch *e* zu ersetzen, ist willkürlich. Denn wie dürfte man den zwar auffälligen, aber consequenten Vocalismus des ältesten Denkmals dem Vocalismus weit späterer Denkmäler gleichstellen? Der Copist der erhaltenen Nithardhandschrift, welcher anderthalb Jahrhundert nach der Abfassung der Eidformeln schrieb, sprach freilich *en*. Denn an der ersten Stelle, wo er *in* schreiben sollte, schrieb er *en*. Er respectirte aber das alte *i*, denn er durchstrich sein *e*. Statt also *i* in *e* zu ändern, vermuthen wir vielmehr, dass *i* und *e* nahe verwandte Laute bezeichnen und dass mithin *e* nicht *è*, sondern *é* bedeutet. Diese Vermuthung findet eine Stütze an der Parallele der labialen Vocale: lat. *ŏ* und *ü* vor Nasalen sind afr. nicht *ò*, sondern *ó*; also lat. *ŏ* oder *ŭ*: afr. *ó* = lat. *ĕ* oder *ĭ*: afr. *x* (*x* = *é*). Befragen wir nunmehr die Assonanzen.

Das Eulalialied hat die *en*-Assonanzen *paramenz* : *preiemen(t)* und *elément* : *empedement(z)*, aber keine *an*-Assonanzen. Das Leodegarlied hat *an*-Assonanzen, 9 cd, 23 ab, 26 ab, 31 cd, 32 cf, 34 cf (insbesondere *sanz* : *aanz* 1 cd, I. *sáinz* : *ahanz*) und *en*-Assonanzen, 3 ab, 6 ab, 29 cf. Das Alexiuslied besitzt ebenso *an*-Assonanzen (männliche Str. 2. 8. 23. 46. 55, weibliche Str. 122) und *en*-Assonanzen (männliche Str. 5. 10. 28. 106, weibliche Str. 91). Diese drei Gedichte bezeugen also nur, dass *en* noch nicht *an* lautete. Mit *an* assonirt *en* erst im Rolandsliede.

Welchen speciellen Werth nun der Laut *e* vor *n* noch im 10. Jahrhundert besass, lehrt die Passion. Auch hier sind *an* und *en* geschieden: *an* : *an* 12 ab, cd, 20 cd, 51 cd, 73 cd, 95 cd, 102 cd, 121 cd, 123 ab .(ferner 19 ab, 65 ab und 99 cd, an der letzten Stelle durch Umstellung), dazu *áin* : *an* weiblich: *rams* : *branches* 10 ab, l. *raimes* : *branches*, und so männlich statt *chad* : *ardenz* 119 cd *sainz* : *ardanz*; — *en* : *en*, und zwar = lat. *en* : *en* 3 cd, 8 cd, 9 ab, 17 ab, 88 ab, cd, 98 cd, 99 ab, = lat. *en* : *in* 82 cd (*pend* : *fend*). — Daneben aber assonirt *an* mit *a* und *en* mit *e*, und zwar in folgenden besonderen Fällen:

1) *an* : *a*, und zwar α) *an* : *ái*: *forsfait* : *oicisesant* 44 ab, *anz* : *laisei* 70 ab, d. i. *laissai*; — es ist daher β) auch *an* : *a* möglich: die Scheinassonanz *morir* : *ver* 84 cd lässt sich durch *morant* : *resurdrat* ersetzen; — γ) da einerseits *áin* : *an* und andererseits *an* : *ái* vorkommen, so muss auch *áin* : *a* möglich sein; daher lässt sich *vin* : *commandez* 24 ab durch *páin* : *comandat* und das prov. *laudar* : *secula* 129 cd durch *saint* : *secula* ersetzen.

Aus diesen Assonanzen folgt, dass *a* vor *n* noch keine nasale Klangfarbe und dass es dieselbe orale Qualität besitzt wie *a*, sowie dass *ai* noch der Diphthong *ái* ist.

2) *en* : *e*, und zwar α) *en* : *ei* in *vestimenz* : *ver* 68 cd, d. i. *vestimenz* : *veir*; mithin darf *Hierussalem* : *pechet* 14 ab, d. i. *pechiet*, durch *H.* : *wai tei* ersetzt werden. Man vergleiche *veren* : *rer* 116 ab, d. i. *venein* : *veir*; — β) *en* : *e* aus *ĭ* in *marrimenz* : *ades* 31 ab; *gent et popu* : *elz* 122 cd, l. *puople et gent* : *elz*; — γ) *en* : *e* aus *a* in *Jherusalem* : *plorer* 66 ab; *alo,en* : *a donad* 87 cd, d. i. *at donet*; folglich lässt sich *escarnid* : *vestiment* 64 ab durch *asez* : *vestiment* ersetzen; — δ) in allen bisher genannten Fällen ist *e* vor Nasal lat. *e* vor Nasal (*ĕ* oder *ē*); auf *i* beruht es in (*crucifige*) : *ensems* 57 cd.

Aus den obigen Assonanzen folgt: 1) *e* vor *n* hat keine nasale Klangfarbe; 2) *e* vor *n* lautet wie *e* in *ei*, wie *e* aus lat. *ĭ* und wie *e* aus lat. *a*; 3) aus *pend* : *fend* folgt, dass auch *e* in *en* aus *in* denselben Laut besitzt; mithin speciell in *ensems*; 4) aus *ensems* : *crucifige* folgt nun weiter, dass auch das *e* des Latinismus *crucifige* gleichwerthig ist. Es lauten mithin gleich: 1) *e* in *ei*, 2) *e* aus *ĭ*, 3) *e* aus *a*, 4) *e* in *crucifige*, 5) *e* vor *n* = lat. *e*, 6) *e* vor *n* aus lat. *i*. Nun lautet aber, wie allgemein zugegeben wird, *ei* = *ái*; dass *e* aus *ĭ* bis ins 12. Jahrh. und dass *e* aus *a* bereits in der

Passion *é* lautet, hat sich oben ergeben. Daraus folgt, dass *e* in *en* = lat. *en* und *in* in der Passion *é* bedeutet.

Es hat mithin fr. *é* vor Nasalen in dem Zeitraume, der zwischen der Passion und dem Rolandsliede liegt, die Stufe *è* durchlaufen, um in der Sprache des Rolandsliedes bei einem Laute anzulangen, welcher mit ursprünglichem *a* vor Nasalen assoniren konnte.

Angefangen hat der Uebergang von *en* in *an* im tonlosen Anlaut. Dies erhellt aus der Lambspringer Handschrift. Im Alexiusliede steht in den Assonanzen und im Text sowohl in tonloser wie in betonter Silbe *en* geschrieben: 1) betont: *tens* 1a, 2a, 3a, *sainement* 17b, cf. 10c, 49b, 53b, 58c, 64b, 65d, 69a, 114c; *dreitemt* 16a, cf. 67c; *cumandement* 59c, *cumandemt* 18c; *parent* 44c, *parenz* 40d, 76d; *ni,ent* 33a, 49c, 123d; *gent* 60d, 103a, 107a, 115a; *consent* 73c, 75c, *tent* 75ae, *prent* 23a, *rent* 20e, 51c, *ra,ens* 14b (*redempsit* st. *redēmit*), *cent* 119e; — *suvent* 26e, *sovent* 48a, *enz* 16c, 74d, 109d, 117c, *dedenz* 75d; *senz* 122a; — *sempres* 24a, 46c, 88b, 112b; *pendre* 29d, *purpenset* 8e, *atente* 89b; *p̄nget* 8d, *prendra* 74a, *dolente* 27a, 87d, 89d, 90e, 91d, 94d, 96c, *dolentu* 80a, *juvente* 96a, *juventa* 91b, *ventre* 91c; — *remembret* 12b, *tendra* 24a, 91a (*tendrement* 49b); — *soventes* 49a, *enca* 57a, *entra* 20a, *entre* 94a (*entrels* 104a), *dementres* 67a, 100c; *trente* 56a; *renges* 15b; — *ansemble* 5a, 9d, 31d, 98d, 110c, 121c (*ansemblot* 30e, 43d, 122b). Dazu *femme* 42b, 91e. Eine vereinzelte Ausnahme bildet *esample* 37b. — 2) In tonloser Silbe: *parentet* 9a, *parentez* 83d; *provenders* 25c, 68d; *pensif* 66b; *gentils* 4e, 96c; *atempredes* 117a; *atendeiz* 110c, *atendi* 78d, *atendeie* 69d, *atendude* 94d; *antendit* 85b; *prendrunt* 44d; *apresentet* 79b; *aventure* 89a; *ancensers* 117a; (Lehnwort *penitence* 110b); — *revendrai* 21a; *blastengier* 64b; — *asembler* 9e; — *malendus* (?) 111d.

Dagegen ist die Präposition *en* bald *en*, bald *an* geschrieben: *en* 11c, 28a, 32c, 35c, 39a, 59b, 72c, 77be, 108ac, 116c, 117c, 125acd, *an* 8c, 10e, 13a, 29b, 42d, 58e, 59a, 60b, 67a, 72b, 94d, 95b, 109c, 114b, 117a. In Zusammensetzungen ist die Präposition vorherrschend mit *a* geschrieben: *andreit* 39ce, 43a, 47a; *amferm* 44c, 112a, *amfermetet* 98b, 112a, *anfermetet* 56b, *ancuntret* 43 c, *anganer* 32 e, *anterciet* 25 a, *antercier* 36 b, *angreget* 56 c, *amvi,et* 59 d, *anseinet* 63 b, *an ditet* 63 c, *andurede* 80 b, *ambailide* 107 d, *antendit*, *ancensers*, *ansemble* s. o.; seltener mit *e*: *ensure* 15 e, 38 d, *ensor* 123 e, *engraisser* 51 d, *enquer* 65 d, *enhadithe* 87 c, *enfodir* 120 b, nebst *entrer* 16 b, 35 c, *entrat* 39 a. Die Schreibweise schwankt in: *anpur* 82 c, *enpur* 81 e; *ampirie* 105 a, *empirie* 113 a; *amperedor* 73 b, *emperere* 4 c, *emperethur* 7 e, *empereor* 62 a, 72 a, *empereur* 66 a, *emperedur* 83 e; *ancumbret* 19 e, *ancumbrer* 77 d, *ancumbrez* 124 c, *encumbrent* 40 c; endlich *amfant* 5 be, 8 a, 9 c, 23 b, *amfanz* 9 e, aber nur *emfes* 7 e, 11 d, 24 a.

Auch das **A d v e r b** *en* findet sich bald *en*, bald *an* geschrieben: *en* 19 a, 27 d, 46 c, 51 c, 92 d, 109 bd, 119 c, *an* 41 c, 62 d, 76 a, 105 abe, 109 c, *an portent* 114 c, aber nie ist *a* geschrieben in *sen* 15 e, 25 e, 26 a, 45 b, 47 d, 54 c, 56 d, 57 e, 58 b, 59 a, 64 a, 69 d, 77 ac, 93 c, 100 b, 104 c, 110 ab, 121 ab, *sentraient* 116 c, *sem* 26 d; *men* 12 e, 98 c; *tem* 12 e; *len* 19 c, 46 b, 49 c, 112 c, *lem* 47 e; *nen* 82 c.

Mit dem Alexiusliede stimmen die **E i n l e i t u n g** und der **A p p e n d i x**: Einl. *juvente, cumencet, angendrat, purement, dignement*, aber die Präposition *an* in *angendrat* und dennoch *emfes;* Append. *entra, senz, asēbles, dementiers* und *genz, penses, angendrasses, aprendre, maismement, nient*, aber die Präposition *an* in *antendra, angendrasses, anstruire, anióust, ampur, amvidie*. — Dass es sich bei *an* nicht um die tonlose Silbe handelt, ist deutlich genug; dass es sich nicht um den Anlaut handelt, ergibt sich aus *emfes, entra*. Auch soll nicht die Präposition von dem Adverb *en* unterschieden werden; denn auch dieses ist *an* geschrieben. Es handelt sich mithin um den **t o n l o s e n A n l a u t**.

Wie erklärt sich nun dieser Uebergang von *é* durch *è* in *a?* Derselbe ist nicht so wunderbar wie er auf den ersten Blick erscheint.   Auch afr. *ó* vor Nasalen ist später in *ò* übergegangen und mithin dem *a* einen Schritt näher gekommen: afr. *hóme, bóne*, nfr. *hòmme, bònne;* afr. *óm, bón*, nfr. *òn, bòn;* und gelegentlich ist auch *ó* in *a* übergegangen: *dame, dameisele, dameisel; dan(t), danzele, danzel; cante (comitem* und *computum); dangier, langouste;* in *paon* und *faon* mag Assimilation stattgefunden haben. Dieser Uebergang von *ó* in *ò*, resp. *a*, erfolgt deutlich vor dem labialen und dem dentalen Nasal ebenso wie vor dem hinsichtlich seines Lautwerthes streitigen Silbenauslaut; er ist also von der Articulationsstelle des Nasals unabhängig und berechtigt folglich nicht zu der Annahme, dass in afr. *dan(t)*, *cante n* etwas anderes bedeute als den dentalen Nasal. Der Uebergang von *ó* in *ò*, resp. *a*, erfolgt ferner unabhängig davon, ob der Vocal einen nasalen Beiklang erhält oder nicht, und berechtigt mithin nicht zu der Vermuthung, dass *dant* und *cante* ein nasales *a* besessen hätten. Eben dasselbe Resultat ergibt sich für *en* aus einer Untersuchung der ältesten Denkmäler, in denen *en* auf *an* reimt. Das Rolandslied, in welchem die phonetische Frage durch ihren Zusammenhang mit der Textkritik verwickelter erscheint, lassen wir vorläufig bei Seite und untersuchen vielmehr zunächst die Assonanzen in Amis et Amiles und Jourdains de Blaivies, im Coronement de Looys und der Bataille d'Aleschans, sowie die Reime im Chevalier au lyon. Der Uebergang von *é* vor Nasalen in *a* hat eine Parallele an dem Uebergange von *éi* vor Nasalen in *ái*. Da nun dieser Lautwandel nur durch den Nachweis constatirt werden kann, dass *ai* aus *éi* mit ursprünglichem *ái* assonirt, so muss die Untersuchung von dem letzteren ausgehen.

In Amis et Amiles liegen folgende Assonanzverhältnisse vor. In männlichen Versausgängen assonirt *ai* weder mit *a*, 494—496, 895—901, 2109—17, 2706—12, 2982—98, noch mit *è*, 51—57, 1480—90, sondern es bildet eine Tirade für sich, 2532—42. *Ai* in der Endsilbe lautet also nicht mehr *ái*, aber auch noch nicht *è*, sondern es ist im Uebergange von *ái* in *è* begriffen und bedeutet etwa *ei*. Dies gilt insbesondere auch von *ai* im Auslaut, z. B. *lai*, jedoch mit Ausnahme der 1. Pers. Sing. des Futurs, welche in *é* assonirt: *diré* 3327. 3338 (dieselbe lässt auf den Lautwerth von *ai* in *sai*, *amai* schliessen). In weiblichen Versausgängen assonirt *ai* dagegen noch mit *a*, 643—660, 764— 780 (*fáites* 793), 1864—69 (*fáites* 67, *Bláivies* 65), 2169—83 (*Bláivies* 84, *gláive* 83, *arráisnent* 72), 2226—42; aber noch nicht mit *è*, 44—49, 199—206, 2509—19; und bildet auch keine Tirade für sich. Betontes *ái* ist mithin in der Mundart dieses Gedichtes in der Endsilbe früher alterirt worden als in der vorletzten.

In männlichen Versausgängen assonirt *an* nicht mehr mit *a* und *en* weder mit *é* noch mit *è* (s. die Assonanzentabelle), sondern *en* assonirt bereits mit *an*, wie im Rolandsliede, 70—76, 136—142, 1257—1320, 1563—74, 1803—25, 2378—85, 2826—46, 3000—22, 3122—66, 3273—81, 3421—70; vereinzelte reine *an*- und *en*-Tiraden, 1470—79 und 2131—42, sind Zufälligkeiten. *Ain* assonirt zwar noch mit *an*, 2499—2507 (*desirrans* u. ä.: *parráin, máin, sáin; ga,áing; Romáins*), aber vorherrschend doch bereits mit sich selbst, 3080—85, 3414—20. In der Endsilbe hat also die Alterirung von *ái* vor Nasalen etwas später begonnen als vor andern Consonanten. In weiblichen Versausgängen assoniren zwar *arráisnent* 2172 und *páumes* 2236 (cf. *áube* 2169) mit *a*. Aber *a* unmittelbar vor Nasalen assonirt nicht mit *a*, und *e* in derselben Stellung weder mit *é* noch mit *è*. Es assoniren vielmehr: Tir. 513—522 (1) *chan,tent* u. ä., *calen,dre* (mlt. *calandra*, χαλάνδρα), (2) *fa,me*, (4) *chatáinne*, und Tir. 2042—49 (2) *sem,pres*, (3) *en,trent, ensam,ble*, (4) *chatáinnes* u. ä., (5) *demáinnent*. Da *en* = lat. *en* und *ain* aus *an + i* einerseits mit *an* und andererseits mit *en* = lat. *in* und mit *ain* aus *éin* assoniren, so sind auch *an* : *en* aus *in* : *ain* aus *éin* möglich. Es folgt, dass *ai* aus *éi* ebenso wie *ai* aus *a ái* bedeutet. Hiermit ist·erwiesen, dass der Diphthong *éi* vor einem dentalen Nasal in den Diphthongen *ái* übergegangen ist. Ebenso wie *éi* in *ái*, ist nun *é* in *fame, sempres, entrent, ensamble* in *a* übergegangen.

In Jourdains de Blaivies findet sich *ai* weder in männlichen *a*-, noch in männlichen *è*-Assonanzen, 874—884, 2644—64, 2970—3032, 2855—65 und 613—623, 1661—70. Auch bildet *ai* keine Tirade für sich. In der Penultima assonirt *ai* in der Regel noch mit *a*, 965—1048 (*Bláivies* 973. 989; -*aille* 970. 984. 999. 1002. 1018; -*aige* 972. 974. 976 *al.*, *aláissent* 976); 1061—1134 (*Bláivies* 1127; -*aille* 1064. 67. 72 *al.*, -*aige* 1077. 78. 83 *al.*, *Gerváise* 1069, *esláissent* 1096, *máistre* 1087, *paláigre* 1122, ·*faire* 1125), 1181—90 (*sáiges* 85, *gláive* 89, *gláivies* 90, *escláire* 82, *áigue* 83. 84), 1509—21 (-*aille* 11. 13, -*aige* 16. 18. 19, *larme* 20, l. *láirme*). Daneben assonirt es aber auch bereits mit *è*: 15—27 (*aigue* 24), 501—527 (*traire* 516), 1523

—33 (*traite* 30, *gaires* 32, *larme* 25, l. *lairme*), 2061—75 (*vaires* 70), was in Amis et Amiles noch nicht der Fall ist; die Tiraden 2400—10, 2421—30, 2492—2502 enthalten kein *ai*. Nicht in *è*-Assonanzen finden sich die Wörter auf -*aige* und -*aille*, vielmehr bilden diese nebenher besondere Tiraden, 2686—2708 und 3396 —3407; in der ersten findet sich vereinzelt *ma,áille* 2703. Aus *ai* : *è* ergibt sich, dass *ai* hier entweder *èi* oder bereits *è* bedeutet. Da jedoch, wie sich herausstellen wird, der Uebergang von *ái* in *è* ein sehr allmählicher ist, so ist es wahrscheinlich, dass *ai* in Schriften, wo es einerseits mit *a* und andererseits mit *è* assonirt, neben *ái* *èi* bedeutet.

Wie in Amis et Amiles, assonirt *en* bereits mit *an* (s. d. Tab.), wenngleich einige *an*-Tiraden nur vereinzelte *en* enthalten. *Ain* assonirt nur noch vereinzelt mit *an*, *Jordáins* 2192, im übrigen nur mit sich selbst; so insbesondere *Jordain* 3045. Uebrigens enthalten die beiden *ain*-Tiraden, 144—149 und 3034—46, speciell 1) Wörter auf *ain* mit ursprünglichem *a*, 2) Wörter auf *aing* (*aiñ*) mit ursprünglichem *a*, *mehaing* 146, *plaing* 3039, 3) Wörter auf *ain*, *aint*, doren *ai* aus *ei* entstanden ist, nämlich *plain* 144, *destraint* 147. Wie vor dentalem Nasal (*demainent*), so ist also auch vor dem streitigen auslautenden Nasal *ai* aus *ei* entstanden. Da das diphthongische *ai* in *Jordáins* 2192 in seiner Vereinzelung als Archaismus erscheint, so ist zu vermuthen, dass das *ai* der beiden Tiraden bereits nicht mehr *ái*, sondern *ei* oder *èi* bedeutet. Gleichwohl muss man, da *ai* in *demainent* Am. et Am. noch *ái* ist, annehmen, dass auch hier der Uebergang von *ei* in *ai* so erfolgt ist, dass der Diphthong *èi* in den Diphthongen *ái* überging, welcher sodann gleichzeitig mit dem alten *ái* *ei* oder *èi* ergab.

In der weiblichen *an*-Tirade, 1639—49, assoniren: 1) *lan,ce* u. ä., 2) *exam,ple*, 3) *montai,gne*, 4) *roiau,me*. Neben *roiáume* in *an*-Assonanz findet sich *hiáume* 1063 (cf. *páumes* Am. et Am.), ebenso wie *pasme* 1006 und *mesa,asme* (aus *mesa,esme*) 993 und wie andererseits *espáules* 980. 1009 und *máubre* 984. 1005, in *a*-Assonanz. An eine Entfernung dieser Wörter aus den Assonanzen ist, da sich dieselben Erscheinungen auch sonst vorfinden, nicht zu denken. Nun kann aber der Wortausgang von *roiaume* nicht anders klingen als der von *paume* und *hiaume*. Da

nun *páume* und *hiáume* nach Ausweis der Assonanzen ein rein
orales *a* besitzen, so muss *roiáume* dasselbe *a* haben. Daraus folgt
weiter, dass auch *lan,ce* u. ä., *exam,ple*, *montai,gne* kein nasales
a besitzen. Uebrigens gilt diese Folgerung nur für die Penultima.
Von dieser lässt sich auf die Ultima kein sicherer Schluss ziehen,
da diese, wie sich oben wenigstens für *ai* ergeben, in der Lautentstellung voraneilt. In Betreff der Ultima bringt man es an dieser
Stelle nicht über eine Alternative hinaus: entweder lautete *a* in
dolans 2193 u. ä. rein oral, oder es lautete auch in *Jordáins*
2192 nasal.

Li coronemenz Lo,o,ys enthält keine männlichen *a*-
und *è*-Tiraden. Aber *ai*, statt dessen, *ait* 33 ausgenommen, *e* geschrieben steht, bildet eigene Tiraden, 28—39 und 164—167, wie
in Amis et Amiles. Die Orthographie erweist nicht den Lautwerth
è, da sie hier ebenso von einem späteren Copisten herrühren kann,
wie sie in den weiblichen Tiraden von einem solchen herrühren
muss. In der Penultima assonirt nämlich *ai* noch in *a*: 252—
274 (*malese* 264, l. *maláise*), 382—487 (*deboneres* 454, l. *debo-
náires*), 2356—2419 (*lermes* 2411, l. *láirmes*; *aresne* 2419, l. *aráisne* ;
die *a*-Tiraden 328—345, 874—926, 1324—44, 1420—39, 1747—
63, 2017—24 enthalten kein *ai*. In den drei weiblichen *è*-Tiraden,
40—45, 1589—1618, 2156—69, findet sich nur *fete* 43 1610,
l. *faite* = *fèite*.

Es reimen bereits *an* : *en*, jedoch nur so, dass in *an*-Tiraden
vereinzelte *en*, 1—10, 2120—95, 2626—32, oder in einer *en*-
Tirade, 830—873, vereinzelte *an* vorkommen. Die weibliche *an*-
Tirade, 11—20, enthält 1) *Fran,ce*, *avenan,te*, 2) *apen,de*, *exem,ple*,
3) *Alemái,gne*, *Bretái,gne*, *Charlemái,[g]ne*, 4) *roiáu,me*, 5) *Tosca,ne*.
Neu ist hier *Tosca,ne*, welches mit *Alemái,gne* und *roiáu,me* für
rein orales *a* bürgt.

La bataille d'Aleschans, wo der Reim die Assonanz bereits überwiegt, hat neben einer Reihe von *a*-Tiraden (s. d. Tab.)
und einer *èl*-Tirade, 6256—90, eine *ait*-Tirade, 1208—24, in der
sich orthographisch *ai* und *e* neben einander vorfinden. Trotzdem
bedeutet in dem Original das *ai* dieses *ait* noch nicht *è*; denn es
reimt nicht mit ursprünglichem *et*, obwohl *et* bereits *èt* ist. Das
Letztere lässt sich aus *messèle* (*maxilla*) 811 erschliessen.

Ent reimt auf *ant*, *enz* auf *anz* (s. d. Tab.); daneben finden sich vereinzelt reine *ant*- und reine *ent*-Tiraden, 69—103, 2190—2213 und 1402—29; *ent* zum Theil *ant* geschrieben. In den *ant*- und *anz*-Tiraden findet sich kein -*aint* und -*ainz*. Die *ain*-Tirade des Gedichts, 883—900, enthält 1) *main* u. ä., *germains*, *reclaim*, 2) *sein* (*sinum*) 894, also mit der alten Orthographie. Folgt daraus *ai : ei = è?* Nein. Denn *ái* vor *n* behält auf dem Wege durch *ei*, *èi* nach *è* regelmässig seine alte Orthographie, und *ai* repräsentirt also nach einander verschiedene Lautwerthe. Altes *éi* aber geht durch *ái* und mithin ebenfalls durch *ei*, *èi* in *è* über. Folglich kann *ai : ei* sowohl *ei* als *èi* als *è* bedeuten.

Die weiblichen *a*-Tiraden des Gedichtes sind folgende: eine Tirade in -*age*, 7499—7509, welche jedoch *face* 7503 enthält, und eine andere, 7883—94, welche jedoch *large* 7886 aufweist; eine Tirade in -*aille*, 5540—48; drei Tiraden in -*aigne*, 597—617, 1604—30, 5227—82. Die letzteren enthalten 1) *barge* 615, 2) *estrange* 598. 1604, 3) -*aigne* mit ursprünglichem *a*, z. B. *compaigne*, mittels umgekehrter Schreibung mehrfach, namentlich in der mittleren Tirade, *eigne* geschrieben, z. B. *monteigne*; 4) -*aigne* aus -*éigne*, z B. *se saigne* 5280, *daigne* 5268, mehrfach noch -*eigne* geschrieben, z. B. *enseigne* 5275 neben *ensaigne* 599. *Barge*, *estrange* : *compáigne*, *monteigne* : *ensáigne*, *enseigne* assoniren in *a*, und zwar in rein oralem *a*. Es hat also auch *estrange* dieses *a*. Hat sich oben ergeben, dass *éi* vor dem dentalen Nasal in *demainent* und vor dem silbenauslautenden Nasal zweifelhaften Lautwerthes in *plain*, *destraint* in den Diphthongen *ái* übergegangen ist, so ergibt sich eben dasselbe nunmehr für den palatalen Nasal in *dáigne*, *ensáigne* u. ä. Da also *éi* sicher vor dem dentalen und dem palatalen Nasal in *ái* übergeht, so schliesst derselbe Vocalwandel in *plain*, *destraint* die Annahme, dass *n* als Silbenauslaut ein anderer als der dentale Nasal sei, vielmehr aus, als dass er sie fordert. —

Blicken wir zurück. Es sollte ermittelt werden, unter welchen Bedingungen *én* in *an* übergeht. Bisher hat sich nur für *éi* vor Nasalen ein deutliches Resultat ergeben. Wenn aber rein orales *éi* vor dem dentalen Nasal in rein orales *ái* übergeht, kann dann nicht, oder vielmehr muss dann nicht auch rein orales *é*

8*

vor demselben Nasal in eben solches *a* übergehen? Die Reime im Chevalier au lyon geben Aufschluss.

In der Endsilbe steht hier für *ai* vor Consonanten, bis auf vereinzelte Fälle, in denen *ai* erhalten ist (*ait* : *plait* 1743, *ait* : *fait* 2859. 4375, *estais* : *lais* 5027, jedoch auch *mesfet* : *et* 3553, cf. 3589. 6197) ein *e* geschrieben; im Auslaut jedoch *ai*, 273. 547. 993. 1431. 1613. 1975. 2153. 2567. 3593. 4985. 5975. 95. 6407. 6565. 6733, mit Ausnahme des Futurums (*sosferre* : *rerre* 6573), dessen *e* nach Massgabe von *dire* Am. et Am. 3327. 3338 als *é* aufzufassen ist. — Gleichwohl reimt -*ait* nur mit sich selbst (s. d. Tab.), nicht mit *recèt* : *sèt* 3777; auch -*aist* reimt nur mit sich selbst, z. B. *lest* : *plest* 2235 (s. d. Tab.) und nicht mit *èst* in *arest* : *forest* 2223, *prest* : *est* 2601, *vest* : *forest* 3027; *ais* mit *ais*, z. B. *huimès* : *pes* 119 (s. d. Tab.) und nicht mit *ès* in *apres* : *pres* 933. 3093. 3265. 3763. 6667; und so reimt *aiz* nur auf *aiz*, z. B. *lez* : *contrefez* 709, cf. 1213. 3155. 4467, und nicht mit *ez* in *quachez* : *brachez* 1263, obwohl *e* aus *i*, wie oben nachgewiesen worden, bereits *è* ist. Bei Crestien de Troies ist also *ai* in der Endsilbe vor Consonanten zwar nicht mehr *ái*, aber auch noch nicht *è*.

In der Penultima steht vor tonlosem *e* *ai* geschrieben, z. B. *plaie* : *veraie* 1179, cf. 2517. 4051. 4291. 4463. 4555. 5677 u. 3817; aber vor *r*, *s*, *ss*, *t*, kurz vor einfacher oder doppelter Consonanz steht zwar vereinzelt noch *ai* geschrieben, nämlich *luminaire* : *faire* 5441, *traire* : *sanctuaire* 6619, *repaires* : *contraires* 6017, *traire* neben *feire* 143, *fuite* : *agaite* 911, *faites* neben *agueites* 1701; aber in der Regel findet sich *ei*, z. B. *retreire* : *feire* 787, cf. 1305. 1503. 43. 1977. 3387. 3663. 3719. 3963. 4149. 4761. 5201. 5425. 5713. 5889. 5941. 6281. 6451. 6553; *veires* : *afeires* 4359; *teise* : *despleise* 121, cf. 1081. 1691. 1729. 4331. 4639. 5285. 5401. 6797; *teisent* : *a,eisent* 3125, cf. 6303; *antresleissent* ∴ *beissent* 2245; *feite* : *agueite* 1283, cf. 2823. 3105. 3321. 3809. 4203. 4311. 71. 4477. 4549. 5829, und nur ausnahmsweise *e*, wie in der Endsilbe: *fere* : *retrere* 1807, cf. 2525. 3501, *s'iresse* : *lesse* 4997, *trete* : *guete* 2547, cf. 4873. 5661. Vor mehrfacher Consonanz steht jedoch stets *e*: *fresne* : *aresne* 6101, cf. 1471. 2701. 2871. 5209. Das *ei* vor einfacher oder doppelter Consonanz reimt nicht mit *è*: *eite* (*ete*) nicht mit *ete* 1581 u. ä., *esse* st. *eisse*

nicht mit *esce* 79 u. ä. oder *ece* 1475 u. ä., deren *e* doch, wie
gezeigt worden, bereits *è* ist. Dagegen reimen nun bereits *termes*:
termes 1471. 2704, *fenestre* : *repestre* 2871, *mestre* : *estre* 5209,
und es ergibt sich folglich, dass *ai* in der Penultima zwar noch
nicht vor einfacher und doppelter, wohl aber vor mehrfacher Consonanz bereits bei dem Lautwerthe *è* angelangt ist.
Für den ersteren Fall bezeugt die Orthographie im Einklange mit
den Reimen den Lautwerth *ęi* oder *èi*. — Es ist oben für die
Sprache in Amis et Amiles, Jourdains de Blaivies und dem Coronement de Looys nachgewiesen worden, dass *ai* in der vorletzten
Silbe, und zwar auch vor mehrfacher Consonanz (*arráisnent*,
máistre, *láirmes*), noch *ái* war, als es in der Endsilbe diesen
Lautwerth bereits aufgegeben hatte. In der Mundart Crestien's ist
die chronologische Folge diese : voran geht *ai* in der Vorletzten
vor mehrfacher Consonanz, es folgt *ai* in der Endsilbe, und *ai* in
der Vorletzten vor einfacher oder doppelter Consonanz schliesst
die Reihe.

Es bleiben *ai, ei* und *a, e* vor Nasalen zu untersuchen.
Wir beginnen mit den Diphthongen, und unterscheiden, ob
der nachfolgende Nasal Silbenanlaut (oder wenigstens nur durch
Gemination zugleich Silbenauslaut) oder ob er Silbenauslaut ist.

I. *Ai, ei* vor einem Nasal als Silbenanlaut.

1) Vor dem labialen Nasal steht nur *ai* aus *a: claimme* :
aimme 1944. 2419. 4063. 5997; *aimment* : *claimment* 2729.
3611. 4505.

2) Vor dem dentalen Nasal reimen:

α) *ai* : *ai* aus *a* : *a*, z. B. *vilainne* : *fontainne* 797, cf. 663.
1573. 1619. 3481. 4475. 6557;

β) *ai* : *ai* aus *ei* : *éi*, nämlich *plainne* : *painne* 181, *enmainne* :
painne 2053, *plainne* : *mainne* 2335, *enmainne* : *painne*
3703. 4883. 5737, *vainnes* (*vēnās*) : *alainnes* 6145, *enmainne* : *alainne* 4857, *s'an painnent* : *enmainnent* 3807,
s'an painnent : *sormainnent* 4499; vereinzelt ist *ei* geschrieben: *afreinne* : *painne* 4344;

γ) *ai* : *ai* aus *a* : *ei*: *fontainne* : *painne* 369. 2875; *semainne* :
painne 2479. 5303; *sainne* : *painne* 4819; *vilainne* : *painne*
6757; *vilainne* : *plainne* 5111; *vilainne* : *demainne* 5599;

cha,ainne : *fontainne* 385; *semainne* : *enmainne* 5805; *gre-*
vainne : *enmainne* 1935. 6435, *germainne* : *enmainne* 3909,
plainne : *mainne* 5029, *remainnent* : *amainnent* 5983; vereinzelt steht *ei* geschrieben: *greinne* : *meinne* 2969, hier
die alte, dort eine umgekehrte Schreibweise. — Da also
ei in ein *ai* übergegangen ist, welches mit altem *ai* reimt,
so folgt, dass die vereinzelten *oi : poinne* : *anmoinne* 2637,
sormoinne : *se poinne* 1321, cf. *avoinne* 5350, der Mundart
eines Copisten angehören.

3) Vor dem palatalen Nasal reimen:

α) *ai* : *ai* aus *a* : *a*; so *remaingne* : *Alemaingne* 5473, cf. 2329.
3230 und 4539. 6109; bisweilen steht *ei* geschrieben:
sein(g)nent : *pleingnent* 1195, *ateignent* : *anfreignent, ateigne* :
remeigne 1803.

β) *ai* : *ai* aus *éi* : *éi̯*, gewöhnlich *ei* geschrieben: *aceignent* :
deignent 3143; — *enseigne* : *apreigne* 4947, *apreingnent* :
enseingnent 5007; — *praingne* : *apraingne* 6255;

γ) *ai* : *ai* aus *a* : *éi*; so *Bretaigne* : *enseigne* 1; — *praigne* :
Bretaigne 2545, *praingne* : *remaingne* 2101, *montaingne* :
praigne 3849; —

δ) besondere Reimpaare bilden die Formen des Conjunctivs
des Präsens von *venir* und *tenir*, gewöhnlich mit *ei*, nur
vereinzelt mit *ai* geschrieben, z. B. *soveigne* : *veigne* 1333,
cf. 3985. 5149; *teingne* : *soveingne* 5783, cf. 1673. 1715.
2769. 6431; *s'antrevaignent* : *maintaignent* 6083. Lautet
der Vocal in *veigne* aus *veniam* anders als in *praigne* aus
prennia(m) st. *prendam?*

II. *Ai, ei* vor einem Nasal als Silbenauslaut.

1) Vor *m* reimen: *ai* : *ai* aus *a* : *a*, nämlich *aim* : *claim* 1457.

2) Vor *n* reimen:

α) *ai* : *ai* aus *a* : *a*, nämlich *main* : *vilain* 294, cf. 599. 791.
1549. 1943. 2067. 2149. 2717. 2877. 3819. 3907. 4103.
4225. 67. 4659. 4759. 4993. 5325. 6627; *pains* : *fains*
2847, cf. 55. 579. 861. 1047. 1377. 1815. 2673. 3197.
3275. 3617. 4553. 5001. 5605. 6065. 6245. 75. 6515; *con-*
painz : *sainz* 1295. 2529, *atainz* : *ainz* 3254, *compainz* :
atainz 6295; *aint* : *remaint* 2494, *claint* : *remaint* 6305,

ataint : *fraint* 4483 ; — *sain,tes* : *main,tes* 4847, *atain,dre* : *plain,dre* 885, mit *ei atein,dre* : *plain,dre* 3851;

β) *ai* : *ai* aus *éi* : *éi* fchlt ;

γ) *ai* : *ai* aus *a* : *éi*; so *plain* : *plain* 80, *frain* : *main* 2269, *sain* : *fain* (*fœnum*) 5349, *demain* : *anmain* 1571; *mains* (*minus*): *mains* 1487. 1843. 5297. 5407, cf. 2451. 3075. 2485; *plains* : *vilains* 89, cf. 3355; *m'en fains* (*finxī*) : *atains* (*attanxī st. *attigī*) 527 ; *sainz* : *fainz* (*finctus st. *fictus*) 6641; *remaint* : *se demaint* 1341, cf. 2645; *sormaint* : *ataint* 3033, cf. 6095: *faint* : *ataint* 3267; — *fainte* : *sainte* 6043, cf. 4379, *graindre* : *faindre* 3095.

3) Vor *ng* reimen :

α) *ai* : *ai* aus *a* : *a* kommt zufällig nicht vor;

β) *ai* : *ai* aus *éi* : *éi*, geschrieben *ei* : *ei*; nämlich *desdeing* : *preing* 5693 ;

γ) *ai* : *ai* aus *a* : *éi*, nämlich *ataing* : *praing* 5035.

Die angeführten ·Reime gewähren nun folgende Auskunft. 1) Der orale Lautwerth, welchen *ai* vor Nasalen aus *a* und aus *éi* bei Crestien besitzt, lässt sich nur negativ feststellen. *Ai* ist, wie oben gezeigt worden, noch nicht *è*. Nun folgt aber *ain*, wie aus Amis et Amiles ermittelt worden, dem *ai* in der Lautentstellung nach. Folglich wird auch *ai* vor Nasalen noch nicht *è* sein. 2) Die Reime *aim* : *aim*, *ain* : *ain*, *aing* : *aing* ergeben, dass *m*, *n* und *ng* noch nicht einen, sondern noch drei Lautwerthe darstellen, also *m* wirklich den labialen, *n* den dentalen und *ng* den palatalen Nasal.   3) Aus der Proportion *anmaine* : *anmain* = *praigne* : *praing* kann man entnehmen, dass der Uebergang von *éi* in *ai* zwar durch den Nasal bedingt, aber von der Articulationsstelle desselben unabhängig ist.   4) Aus der Proportion *anmaine* : *praigne* = *anmain* : *praing* erhellt, dass der Uebergang von *éi* in *ai* unabhängig ist von einer Verwandlung des rein oralen Vocals in einen nasalen.

Diese Resultate sind geeignet, über die Bedingungen, unter welchen afr *é* aus lat. *e* oder *i* vor Nasalen in *a* übergeht, Licht zu verbreiten. Man hat bisher stets nur *e* vor einem Nasal als Silbenauslaut ins Auge gefasst.   Aber *é* geht auch vor einem

Nasal als Silbenanlaut in *a* über, und zwar sowohl vor dem labialen wie vor dem dentalen.

I. *A, e* vor einem Nasal als Silbenanlaut.

1) Vor dem labialen Nasal reimen:

α) *a : a* = lat. *a : a*; so *levames : deignames* 81, cf. 207;

β) *a : a* = lat. *a : e*; so *ame : fame* 5737;

γ) *a : a* = lat. *a : o*; so *dame : ame* 1285. 2549. 3527. 4429; *dame : flame* 4457; *escames : dames* 1143;

δ) *a : a* = lat. *o : e*; so *dame : fame* 1651. 2489. 3331. 4367. 5693. 6433. 6595. 6709.

Fame ist bei Crestien nicht, wie Rom. Stud. I, 5,611 für das Rolandslied vermuthet wird, *fań,me.* Man vergleiche *fame : dame* und *dame : flame.* Zu *fame* gesellt sich *rame.*

2) Vor dem dentalen Nasal reimen:

[α) kein *a : a* = lat. *a : a*;]

β) *a : a* = *a : é*; so *forsane : depane* 2805; *barbaquane : asane* 4869;

γ) *a : a* aus *é : é*; so *forsene : asene* 5601, l. *forsane : asane.*

Mit *forsane, asane* vergleichen sich *il glane, il fane* und *banne*; auch *prannent* ist belegt.

II. *A, e* vor einem Nasal als Silbenauslaut.

1) Der Nasal ist einfacher Silbenauslaut am Wortende. Es finden sich nur folgende Reime: α) *an : an* aus *om : in*, nämlich *an (homo) : san* 1203. 2125. 2797. 2923. 3699. 4455. 6587; β) *an : an* = *an : an*; so *Jehan : an* 2573. 2749; γ) *an : an* aus *in : in*; so *an (inde) : san* 97. 6721. — *An* aus *om:* ist der labiale in den dentalen Nasal übergegangen, oder beide in einen dritten, einen gutturalen Nasal? Rom. Stud. I, 5,610 wird für die letztere Annahme *Loum* Rol. 2097 neben *Loun* 2910 angeführt. Allein dies erscheint nicht entscheidend. Ein *passium* existirt in der Passion nicht, aber *evirum* 39a im Reim auf *Jesum*, ein Schreibfehler, wie *doment* Alex. 10a statt *donent* und MÜLLER's *consulacium* in der Einleitung zum Alexiuslied statt des *consulaciun* der Handschrift. Dass *an* nur durch *ań* habe in *ã* übergehen können, ist unerwiesen.

2) Der Nasal ist einfacher Silbenauslaut im Innern des Wortes. Im Lateinischen ist der Nasal seiner Articulationsstelle

nach von einem nachfolgenden Explosiv- oder Reibelaut abhängig,
z. B. *cambire*, *mandare*, *truncare*. Aus *manica* wurde *mañca*,
manche durch Assimilation, aus *laudēmia* ebenso *lo,enge* = *lo,endže*
und mithin aus *lancea* *lance* = *lantse*. Aber beim Zusammentreffen eines Nasals mit einer Liquida blieb der Nasal unverändert,
wie *semble*, *chambre* aus *simulat*, *camera*, *ğendre* aus *generum*.
zeigen; denn dort entwickelte sich ein labialer, hier ein dentaler
Hülfslaut. Es fragt sich, wie lange dieses alte Verhältnis fortbestanden hat. Die Reime können keine Auskunft geben. Da
aber statt *m* fast ohne Ausnahme (*samble* : *ansamble* 1695) *n* geschrieben steht, so wird man annehmen müssen, dass der labiale
Nasal hier nicht mehr gehört wurde. Aber was sprach man?
N bezeichnete von Alters her zwei Nasale, den dentalen und den
gutturalen. Wurden beide noch unterschieden, und sprach man
etwa statt des 'Labials den Dental? Oder war etwa *m* in *ñ* übergegangen, und sprach man auch statt *n* *ñ*? Der Text bietet keinen
directen Anhalt zur Entscheidung dieser Frage. Es reimen:

α) *a* : *a* = lat. *a* : *a*; so *comande* : *demande* 2139. 4805, cf.
187; *pesance* : *che,ance* 403, cf. 1523. 2395. 2655. 3063. 3575.
3717. 5045. 5287. 6267. 6599; *estrange* : *lange* 307; — *hanches* :
blanches 834, *manches* : *blanches* 5443; — *puissance* : *lance* 529;

β) *a* : *a* aus *e* : *é*; so *samble* : *ansamble* 1695, *sanble* : *an-*
sanble 2455 2685. 3151. 3477. 4503. 5769. 6019, *ansanble* : *re-*
sanble 2105, *anblent* : *sanblent* ?2735, *ansanble* : *tranble* 5523. 6529,
cf. 347, *m'an manbre* : *manbre* 5057? cf. 721; — *gente* : *antente*
225. 5367. 5717, *tormante* : *vante* 773, cf. 6523; *atalante* : *gente*
5749; *santent* : *mantent* 25; *desfande* : *pande* 3597, cf. 3975. 4049.
4169. 5331; *depandent* : *desfandent* 827. 2343. 37·9. 4547; *vantre* :
entre 167. 5354; *entandre* : *randre* 169, cf. 499. 315. 447. 987.
1239. 1399. 1563. 1641. 25. 1703. 1849. 2001. 33. 2271. 2375.
2615. 2687. 2709. 3279. 3329. 3673. 3867 4399. 4663. 5139.
5259. 69. 5465. 6253. 6353. 93. 6761; *desfansse* : *apansse* 873,
cf. 1169. 1639. 2989.

γ) *a* : *a* = *a* : *é*; so *chanbre* : *manbre* 1257. 5587. 6025;
— *presante* : ,cre,ante 3297, cf. 3555. 5225. 2443; *prandre* :
espandre 393; *revanche* : *estrange* 644; — (vgl. *franche* : *tranche*
3369, cf. 3495. 4217; *losange* 2189. 6297?).

3) Der Nasal ist Bestandtheil eines complicirten Silbenauslauts. *Demando* hat dentales *n*, mithin ursprünglich auch *demant; sanguinem* oder vielmehr *sanguem ñ*, also auch *sañc.* Als in *sañctus*, *attañctus (st. *attactus*) *c* schwand, ging *ñ* vor *t* durch Assimilation in *n* über: *atainz* reimt auf *ainz.* Aber was geschah, als später in *frañcs c* schwand? Blieb *ñ*, oder ging es durch Assimilation in *n* über? *Frans, flans, bans* reimen nur unter einander, nicht mit *tans, sens, pans, espans;* folglich lautete *n* in *flans* und *tans* verschieden, also dort guttural und hier dental. Es ist mithin aus *tempus, temps* Leodeg., *temps, tems* Hohelied, durch Assimilation ein *tens* Alexiusl., *tens* == *tans* Crestien mit dentalem *n* entstanden. Ebenso *aint, claint* aus *aimt, claimt, amet, clamet.* Aus *banc : vant* 2203 lässt sich nicht auf *bañc : vañt* schliessen; denn da *c* und *t* noch lauten, so bleibt der Reim unter allen Umständen unvollkommen und kann mithin sehr wohl eine blosse Assonanz sein, wie eine solche in *hom : adonc* 6493 vorliegt. — Dieses Ergebnis spricht nicht dafür, dass *an añ* und *sanble sañble* lautete. — Es reimen:

α) *a : a* = lat. *a : a*; so *comant : demant* 737, cf. 71. 203. 257. 481. 655. 759. 921. 947. 1141. 1353. 1667. 1919 (2561. 6273). 2253. 2911. 3053. 3219. 3345. 3967. 71. 4143. 4343. 4995. 5103. 5317. 5801. 5957. 6113. 99. 6651; *anz : pa,isanz* 173, cf. 57. 297. 497. 675. 781. 1521. 2745. 3239. 3489. 3631. 3951. 5063. 5267. 5365 (5531). 5607. 5863; — *sanc : blanc* 867; *bans : frans* 1433, *flans : frans* 2385;   •

β) *a : a* aus *é : é*; so *sovant : covant* 15, cf. 249. 427. 557. 635. 887. 915. 931. 1287. 1531. 1801. 2003. 37. 2144. 45. 2221. 59. 2331. 41. 2597. 2659. 2707. 2981. 3101. 63. 73. 3299. 3427. 3933. 4031. 4173. 4349. 4444. 4545. 4629. 61. 1859. 77. 5379. 5443. 69. 5751. 5819. 49. 6073. 6195. 6335. 6623. 6765; *genz : sergenz* 1409. 2055. 5003, cf. 1877. 4691 und 5185. 5215; *sens : espens* 3473, *espans : despans* 1583; — *tens : sens* 1311. 4073, *tans : je pans* 5909, *tans : espans* 2755. 6689;

γ) *a : a* = *a : é*; so *hardemant : demant* 361, cf. 985. 1165. 1719. 1347. 2227. 2365. 2407. 2681. 2731. 2884. 3357. 3411. 4081. 85. 5723. 29; *bruianz : anz* 3083, cf. 3797. 3881. 5447.

5583. 95. 5755. 6355; — *ranc : banc* 2069, *ranc : sanc* 3207; dazu die Assonanz *banc : vant* 2203.

Es ergibt sich als Resultat, dass der Uebergang von *e* in *a* vor Nasalen unabhängig ist von der Articulationsstelle des Nasals und unabhängig von einem Uebergehen des oralen Vocals in einen nasalen. Wie rein orales *éi* vor einem Nasal, gleichviel ob es der dentale oder der palatale war, in rein orales *ái* überging, ebenso ging rein orales *é* vor einem Nasal, gleichviel ob es der labiale, der der dentale oder der gutturale war, in eben solches *a* über. Nunmehr dürften auch die Assonanzverhältnisse des Rolandsliedes noch einiges Licht gewinnen.

In der Endsilbe ist *ai* in *a*-Assonanz für den letzten Redactor des Gedichtes bereits ein Archaismus; es findet sich (Tir. 58. 158. 215. 254) nur der Eigenname *Ais* 726 und *váit* 2106, neben dem jedoch *vat* bestand (cf. *recr(e)rái* 3848); *amiráill* 3329. 3429 ist nicht von Bedeutung, da hier *ái* nicht in *è* überging. Die *a*-Tiraden 72. 89. 97. 161 enthalten kein *ai*. Dagegen findet sich *ai* in allen *è*-Tiraden, 47. 109. 170. 239. 276. 285a, nämlich *sai* 1386, *cumbatrai* 3844, *Ais* 3734, *mais* 3840, *jamais* 3248, *plaist* 606, *forsfait* 608. 1393, *fait* 3843, *frait* 1384, *plait* 3741, *ait* 1381 = *hait*, *ait* (*habeat*) 2263. 3740. 3842, *faiz* 2268, *plaiz* 3844, *laiz* 3238, und so vor Nasal in *main* 2264. *Ai* = *èi* vor Nasal ist also rein oral. Mittels phonetischer Schreibweise steht vor *s* in zwei Wörtern *ei* statt *ai : paleis* 3736, *Murgleis* 607, vor *t* e in *guaret* 1385. 2266.

Auch in der Penultima findet sich *ai* in den *a*-Tiraden, 13. 20. 29. 53. 59. 61. 88. 106. 128. 132. 150. 171. 206. 217. 218. 223. 232. 253. 255. 258. 286. 288. 294, nur noch selten: *faire* 278, *áire* 763, *saive* 279, *Blaive* 3938, *ráiet* 1980, wenn man absieht von den Wörtern auf *-aille*, wie *bataille* 658. 1095. 1274. 1648. 1713. 2854. 2977. 3044. 3134. 3478. 3850. 74. 3934, *vaille* 376, *vaillet* 1666, *cuntrevaillet* 1984, *desmailet* 1270, *curaille* 1271, *tailent* 1339, *Grossaille* 1649, *asaillet* 1659, *faillent* 3133, *vantaille* 3449 und von denen auf *-aigne*, *Espaigne* 1103, *Alemaigne* 3038, deren *ai* nicht in *è* übergeht. [Statt *depiecent* 3380 liest Böhmer *departent*, statt *cheent a terre* 3381 *acraventent* (oder *acre-*

raulent), statt *chaeite* 1986 *chaite* mit Einschiebung eines *et*. Allein *chaite* aus *cha,ite* ist für das Ende des 11. Jahrh. unwahrscheinlich. Sollte nicht vielmehr *cha,aite* am Platze sein, welches durch Assimilation aus *cha,éite* (**cadēta*, cf. *cadeit* Hohelied), wie *a,asme* aus *a,esme*?) Dagegen gibt es ausser Tir. **26** und **101** keine weibliche *è*-Tirade, 4. 54. 66. 76. 130. 159. 169. 184. 192. 212. 226. 243. 251. 277. welche nicht *ai* enthielte, nämlich *faire* 807. 934. 1698. 2423. 2493, *aire* 2252, *repaire* 51. 661, *repairet* 2115, *esclairet* 667. 2637. 3302, *atraire* 2256, *detraire* 2930, *traire* 3749, *suffraite* 60. 939. 2257. 2925, *fraite* 663, *faite* 3748, *faites* 3060, *traites* 811, *retraite* 1701, *escalguaite* 2495, *enhaitet* 1693. Vor *s* steht neben *ai* in *graisles* 2116 *ei* in *greisles* 3301, *Seisne* 2921 und vor *r* vereinzelt *e* : *desfere* 49, *fere* 3400. Da betontes *ai* vor *l* nicht in *è* übergeht, so ist *ventaille* 1293 (cf. 3449) ein offenbarer Fehler, den Böhmer vergebens in *venteille* zu corrigiren sucht; cf. Scholle, Jahrb. XV, 67, Anm.

Auch vor Nasalen assonirt *ai* in der Endsilbe nur vereinzelt noch in *a*, nämlich in *mains* 1158. 3965 (cf. *main* = *mèin* 2264); *cumpáinz* 285. 559. 944, *cumpáignz* 3494 (st. *Loráins* 3022, *Loráin* 3469 liest Hofmann nach *Vn. Lorant*. Böhmer *Loram* aus *Lotram*). Eine besondere *ain*-Tirade ist nicht vorhanden. Häufiger assonirt *ai* vor Nasalen in der Penultima in *a* : *enáimet* 7, *áimet* 1092, *Máine* 2323, *Romáine* 3094 (2386 *Romanie* B.), *remáinnent* 2623 und *fráindre* 5; dazu *recleimet* 8, *Neimes* 3621, *dubleines* 3088 und *freindre* 2314, *pleindre* 2315, endlich *marrenes* 3982, deren *ei* und *e* zwei dem Verfasser in diesem Falle fremde Lautwerthe repräsentiren und daher mit Recht durch *ái* ersetzt werden. Wörter wie *Espáigne*, deren *ái* nicht in *è* übergeht, finden sich zahlreich vor. *Meignent* 983 in einer *ei*-Tirade scheint ein Fehler. Böhmer liest *meinent*. Allein der Sinn ist dunkel.

Ist im Rolandsliede *ei* vor Nasalen in *ai* übergegangen? Wörter wie *sein, plein, meins* finden sich weder in *an*-Tiraden noch in *ei*-Tiraden, 6. 39. 44. 80. 199. 242. 252. 256. 263. 278. 282. 290, und kommen also in den Assonanzen überhaupt nicht vor. Da jedoch in der Endsilbe *en* in *an* übergegangen ist, so wird man bei dem oben nachgewiesenen Parallelismus des Lautwandels annehmen dürfen, dass auch *plein* bereits *plain* lautet. In der Penultima assonirt *ei* vor Nasalen nur mit *ei* und mit *e* vor Nasalen (das syntaktisch fehlerhafte *amein(et)* 2760 in *é*-Assonanz beseitigt Böhmer, während er es in der Ausgabe in das unmögliche *amenet* corrigirt, Rom. Stud. I, 5,602 mit Recht; *ateignet* 7 in *a*-Assonanz beruht auf *attangat* st. *attingat* und wird daher richtig in *atäignet* corrigirt). In der einzigen weiblichen *ei*-Tirade, 79, finden sich nämlich *mei,nent* 991 und *cein,te* 984 (*deserte* 989 corrigirt B. in *destreite*, *meignent* 983 in *meinent*, *esteit* 979 in *esteiet*, *Munigre* 975 in *Muneire*, *balient* 976 in *baleient*). In weiblichen *en*-Tiraden, 110, 137, 266, finden sich 1) *aleine* 1789, *peine* 1790, 2) *enseigne* 1400. 1793, 3) *ceintes* 3601. Aus *ei* : *meinent, ceinte* folgt, dass *ei* in der Penultima vor Nasalen keinen nasalen Beiklang hat; aus *ceintes*, *aleine* u. ä. : *ene* folgt mithin, dass auch *e* in der Penultima vor Nasalen ein rein oraler Vocal ist. Aus *ei* : *meinent*, *ceinte* folgt ferner, dass auch *ei* vor Nasalen in der Penultima noch *ei* ist, und aus *ceintes, aleine* u. ä. : *ene* folgt also hinwiederum, dass *e* vor Nasalen in der Penultima noch *e* lautet.

. Diese Folgerung stösst freilich auf eine Schwierigkeit: *e* vor Nasalen in der Penultima scheint nämlich mit *a* in derselben Lage zu assoniren. Dass in männlichen Versausgängen *en* mit *an* assonirt, steht fest: 19. 21. 25. 31. 43. 48. 64. 70. 77. 86. 92. 102. 112 (wo mit B. st. *Seins* 1428 *Sens* zu lesen ist). 115. 124. 126. 131. 136. 140. 167. 176. 182. 186. 194. 198. 204. 224. 230. 231. 235. 246. 249. 257. 260. 290. Fraglich ist, ob eben dasselbe in weiblichen Versausgängen der Fall ist. Nur *a* haben die Tiraden 1. 68. 74. 87 (wenn man mit B. *huntage me venget* 1091 umstellt). 141. 174 (*sardonie* 2312, *esgrunie* 2313, B. *sardanie, esgranie*). 211. 229. 268. 280. 281, nur *e* die Tiraden 110. 123. 137. 266. 280. 281 (welche B. freilich mit *a* untermischt, indem er statt *en vos ami* 3786 *en vos ai ma fi,ance* liest und *calunie* 1787 in *chalange* ändert, wofür vielmehr *calenge* zu lesen). Hingegen findet sich einerseits Tir. 274 *prendre* 3710 und Tir. 297 *essamples* 3979 und andererseits Tir. 111 *sucurance* 1405, *esperance* 1411, Tir. 220 *cuntenances* 3006, *fi,ance* 3009 (aber 3786 durch Conjectur) und Tir. 292 *acraventet* 3923. (3787 l. st. *calunie calenge*, wie 3592).

Es stehen also 9 reine *a(n)*-Tiraden und 6 reine *e(n)*-Tiraden 2 + 3 gemischten Tiraden gegenüber, welche 2 + 5 abweichende Wörter enthalten (unter ihnen 5 von Participien des Präsens abgeleitete). G. Paris, Rom. II, 263, will *an.e* und *en.e* sondern und demgemäss die abweichenden Wörter, von denen jedoch *fi,ance* 3009 übersehen wird, ändern. Ueber *acraventet* kann man verschiedener Meinung sein: *crepantat* ergab *acrevantet*; hat in *acraventet* ein Austausch von Vocalen stattgefunden? *Esample* findet sich als einzige Ausnahme bereits Alex. 37 b. Aber G. Paris weiss für *prendre* und *esperance* keinen Rath, und der für *sucurance* und *cuntenances* gegebene ist unannehmbar. Böhmer hingegen schliesst aus jenen Wörtern, wie G. Paris Alexis, Préf. p. 37, gethan hatte, dass auch in der Penultima *e* vor Nasalen in *a* übergegangen sei, und ist geneigt, *aleine, peine, enseigne, ceintes* in *en*-Tiraden in *aláine, páine, ensáigne, cáintes* zu ändern. Dem widersprechen jedoch *meinent* und *ceinte* in der weiblichen *ei*-Tirade. Scholle, Jahrb. XV, 81, lässt die Frage unentschieden. Aus anderen Texten hat sich die lautgeschichtliche Parallele ergeben: *én* in *an* wie *éin* in *áin*. Es ist unwahrscheinlich, dass dasselbe Verhältnis nicht auch hier statthaben sollte: entweder bestehen noch *en* und *ein*, oder *en* ist in *an* und *ein* in *ain* übergegangen. Nun assonirt aber *ei* in Vorletzter vor Nasalen noch nicht mit *ái*, welches noch in *a* assonirt: kein *demáinent!* Vielmehr steht durch *meinent, ceinte:* *ei* der alte Lautwerth fest, der als solcher dem Verfasser selbst angehören muss. Folglich gehören auch *ceintes, aleine* u. ä.: *ene* dem Verfasser an und mithin die Scheidung von *ene* und *ane*, und die wenigen widersprechenden Wörter, welche sich nicht ändern lassen, werden mithin bei späteren Umarbeitungen oder Erweiterungen in den Text gekommen sein.

Besitzen *a* und *e* vor Nasalen bereits einen nasalen Klang? Gegen diese Annahme spricht in männlichen Assonanzen einerseits *main* 2264 in einer *è*-Tirade und *camps* 3336 in einer *a*-Tirade und andererseits *amiralz* 2834 in einer *an*-Tirade, sowie Tir. 280 b *guant, demant : leial, recr(e)rai, serat* 3845 49. [Böhmer ersetzt *amiralz* durch *amirants* (wie gegen allen orthographischen Usus geschrieben wird); allein *amirant* ist, wie Löschhorn S. 31 Anm. bemerkt, dem Gedichte fremd. Böhmer verwandelt ferner Tir. 280 b

in eine *an*-Tirade: *guant, demant, parent, itant, serat en;* allein
es ist inconsequent, *a* aus *an*-Tiraden zu entfernen und *an* in
a-Tiraden stehen zu lassen (*camps* 3336; cf. *main* 2264), und ein
Widerspruch ist es, obendrein *a* in *an*-Tiraden (*huntage* 1091) und
en oder *an* in *a*-Tiraden einzubringen (*acraventet* oder *acrevantet*
3381).] ·Auch die weiblichen *an*- und *en*-Tiraden sprechen
gegen die Annahme, dass *a* und *e* vor Nasalen bereits nasal sind.
1) Es assoniren nämlich unter einander: *α*) Wörter wie *Fran,ce,*
cham,bre oder *sanglen,te, mem,bre, cein,te,* in denen *n* oder *m* Silbenauslaut ist; *β*) Wörter wie *Espai,gne, ma,gne* 1. 2321. 3622, *Carle-*
ma,gne 3092. 3720 oder *ensei,gne*; *γ*) Wörter wie *da,mes* 3983
(*dame* 3708 st. *damisele* B.), *enai,met* 7, *reclei,met* 8, *ai,met* 1092
oder *femmes* 1402; *Mori,a,ne* 909. 2318, *Juli,a,ne* 3986, *marre,nes*
3982, *dublei,nes* 3086 oder *Gue,nes* 1406, *alei,ne* 1789, *pei,ne* 1790;
δ) die Wörter *chevalchet* 831 (jedoch *Vs. chev li dux Naimes*),
rere-guarde 838, *une estrange marche* 839 (wo freilich Umstellung möglich); *li reis Charles* 1842 (jedoch *Vn. Charlemagnes*)
blasme 1082 (vgl. *blasme* 1346. 1718, *pasment* 1348, *pasmet* 1998.
2273 in *a*-Assonanz), *blanche barbe* 1843 (wo freilich Umstellung
möglich), *reialme* 2914 (vgl. *jalne* 1655 u. 3427 in *a*-Assonanz),
sale 3707, *marches* 3716 (*parle* st. *parler* 3715). 2) Andererseits assoniren in *a*: *han,ste* 1273 und *quaran,te* 3936 (wofür
freilich nach dem Zusammenhange *quatre* erforderlich scheint,
LÖSCHHORN S. 32), *Alemai,gne* 3038 und *Espai,gne* 1103;
vgl. *cein,te* 984 und *mei,nent* 991 (u. 983?) in *ei*-Assonanz.
SCHÖLLE erschliesst die Unwahrscheinlichkeit der Berechtigung zur
Entfernung dieser Wörter aus ihrer verhältnismässig grossen Zahl.
Und diese Ansicht findet eine Unterstützung an der Thatsache, dass
in andern alten Chansons de geste, wie sich oben ergeben hat,
dieselben Assonanzverhältnisse vorliegen wie im Rolandsliede: dass
Wörter, deren vorletzte Silbe mit einem Nasal auslautet oder deren
Endsilbe mit einem Nasal anlautet, unter einander assoniren, ist
zwar Usus, aber kein Gesetz.

Es bleibt zu erklären, woher jene Gewohnheit, aus der man
auf einen nasalen Klang des *a* und *e* geschlossen hat, stammt.
Sie hängt mit der Entwicklung des Reimes aus der Assonanz zu-

sammen. Diese Vermuthung Scholle's bleibt zu begründen.
Besteht die Assonanz in dem Gleichklange des letzten betonten
Vocals, so besteht der Reim in dem Gleichklange der Versausgänge
von dem letzten betonten Vocale an. Facultativ ist bei der Assonanz wie beim Reime der Gleichklang des Anlautes der letzten
Tonsilbe. Im Eulalialiede z. B. hat derselbe in drei von vierzehn
Assonanzpaaren statt: *paramenz* : *preiemen(t)*, *element* : *empedementz*
nebst *virginitet* : *honestet*. Facultativ ist von je her in assoniren-
den Gedichten der Reim. Derselbe fand sich in männlichen Assonanzen leichter ein als in weiblichen, und in den ersteren wiederum leichter bei einfachem als bei complicirtem Wortauslaut.
Für den complicirten Wortauslaut enthalten die Assonanzen die
Fälle 1) *abt* : *abz*, 2) *abt* : *act*, 3) *abt* : *acz*, der Reim nur *abt* : *abt*.
Der Uebergang von der Assonanz zum Reim erfolgte, wie z. B. die
Bataille d'Aleschans lehrt, so, dass die Dichter zunächst *abt* : *abz*
(: *ab*) zu erreichen suchten, *abt* : *act* noch zuliessen, aber *abt* : *acz*
vermieden; *abt* : *abz* : *ab* ist also die Formel des unvollkommenen
männlichen Reims. Bei weiblichen Wortausgängen trachtete man
zunächst nach Gleichheit oder Aehnlichkeit der inlautenden Consonanten, und zwar zuvörderst wiederum derjenigen, welche dem
betonten Vocale zunächst standen: man begnügte sich also einerseits mit *a,be* : *a,ble* und andererseits mit *am,be* : *am,ble* : *a,me*.
Der Reim fand sich ferner um so leichter ein, je geringer die Zahl
der zu bindenden Verse war, und endlich bei grösserer Anzahl
um so leichter, je häufiger gewisse Wortausgänge vorkamen,
z. B. *-aille*, *-aige*. Zu den gewöhnlichsten Wortausgängen aber
gehören die auf *ant* und *ent*. Das Eulalialied hat unter seinen
vierzehn Assonanzpaaren (abgesehen von *Eulali,a* : *anima*) drei
unvollkommene und drei vollkommene Reimpaare: *paramenz* :
preiemen(t), *element* : *empedementz*, *Maximiien* : *pagiens* und *pleier* :
menestier, *virginitet* : *honestet*, *contredist* : *Krist*; vgl. *tost* : *coist*.
Unter den 120 Assonanzpaaren des Leodegarliedes finden sich
über ein Drittel (43) vollkommene Reimpaare: 1) *i* 3 cd, *ui* 18 ef;
2) *at* 8 cd, 12 cd, ef, 13 ef, 14 ef, 17 cd, 22 ab, 30 ab, 33 cd, 37 cd,
ef. *ait* : *at* 15 ef; *it* 32 ab, 37 ab, 39 cd; *et* 6 cd; *er* 1 ab, ef, 27 ef,
28 ef, *ier* 9 ab, 11 ef, 18 ab, 30 cd; *eir* 16 cd; *or* 13 cd; *us* 39 ef;
el 17 ef; *uom* 33 ef; 3) *ist* 4 cd, 8 ab, ef, 12 ab, 15 cd; *iert* 7 ab;

ors 2 ab; *els* 29 cd; *ant* 23 ab, 32 cf, *anz* 2 cd, 26 ab, 34 ef (cf.
sáinz : *ahanz* 1 cd); *ent* 29 cf. Dazu kommen drei unvollkommene
Reimpaare : *er* : *ers* 29 ab, *ier* : *iers* 17 ab, *ant* : *anz* 31 cd (vgl.
páis : *paiast* 19 ab). Die *en-* und *án*-Assonanzen erscheinen also
in diesen Gedichten als eine Species der facultativen Reime. Es
ist eine Spielart des Reims, wenn sich statt gleicher Consonanten
ähnliche vorfinden. Unter allen Consonanten lauten aber keine
ähnlicher als die Nasale. So stehen neben *ent* : *ent temps* : *parent*
3 ab und *juvent* : *temps* 6 ab. Im Alexiusliede, wo fünf Verse
gebunden werden, darf man nur wenige Reimstrophen erwarten.
Es findet sich eine Strophe auf *er* 86; vier auf *ent* 5. 10. 28. 106,
vier auf *ant*, 2 (aber *Abraham* 2 a). 8 (aber *franc* 8 e). 23 (aber
serganz 23 a). 46 (aber *franc* 46 b, *ahan* 46 e); dazu weibliche
auf -*ede*, 15 (*pedre* 15 d). 29 (-*edes* 29 d). 80 (*medra* 80 a). 85
(*pedra*, *medre* 80 ab). 94 (*medre*, *pedra* 80 ad); *consireres* 80 c und
demurere 94 c sind corrigirt worden. Ferner 43 : *Ro,me*, *coin,te*,
ancun,tret, *hu,mes*, *nu,met*, während 40 neben *Ro,me*, *ho,me*,
encum,brent *redutet* und *recunuissent* stehen. Mehrfach machen
sich gewisse Gruppen bemerkbar, wie *anz* 55 abc : *ant* de; so insbesondere in den Strophen, wo *er*, *et*, *ez* verwendet werden. Es
sei noch auf folgende Erscheinungen aufmerksam gemacht. Im
Coronement Looys findet sich neben zwei gemischten *ó*-Tiraden
eine reine *ón*-Tirade; in Amis et Amiles neben 8 gemischten
ó-Tiraden 15 reine *ón*-Tiraden. Jourdains de Blaivies enthält neben einer *as* : *ars* : *art*-Tirade zwei *a*- und eine *al*-Tirade,
neben gemischten *é*-Tiraden eine *ez*-Tirade, eine *er*-Tirade (jedoch
monté 4030, *sainglers* 4053), eine *é*-Tirade (jedoch *aprestez* 4152),
ebenso neben -*aige* und -*aille* in *a*-Tiraden eine Tirade in -*aige* mit
vereinzeltem *ma,aille* 2703. Indem die Dichter inmitten der Assonanzen Reime zuliessen oder anstrebten, folgten sie bei der Aus-
wahl der zu reimenden Wortausgänge, bis sich eine bestimmte
Tradition bildete, ihrer individuellen Neigung. Am frühesten aber
bildete sich eine Tradition in betreff der Wortausgänge, welche
Nasale enthielten.

VI. Z für lat. s nach n und l.

Wir beginnen mit *nz* für lat. *n-s*. Es sind drei Fälle zu unterscheiden: dem Laute *s* ging entweder 1) einfaches *n* oder 2) doppeltes *n* (resp. *mn*) oder 3) eine solche Combination vorher, welche palatales *n* (*ñ*) zu ergeben pflegt. Im ersten Falle haben die ältesten Denkmäler *ns*, in den beiden anderen *nz*.

Die **Eidformeln** und das **Fragment von Valenciennes** bieten kein Beispiel; das **Eulalialied** hat (1) *pagiens*. Im **Leodegarliede** finden sich 1) *buons* 7c, 33e, *biens* 1e, 37a, *raizons* 6e, 32d, *sermons* 6e, *uns* 38e, *passions* 40f, *Evruins* 1e, 11c, 19a, 21c, 25e, 27d, 32a, 37a, *sens* 14f, cf. *ensems* 57d, 59a, 60c (Latinismus *infans* 1a); 2) *aanz* 1d, 2c und *damz* 9c; 3) —. Die **Passion** enthält 1) *uns* 39d, 72c, 80a, *alcuns* 116a, *matins* 51a, *Symeons* 85a, *bons* 27a, 37a, 38a, 41a, 49c, 54b, 75a, *passiuns* 3d, 4a, *redemptions* 4b, *maisons* 16c, *raizons* 128c, *raisons* 61a, *lasruns* 71b, *felluns* 90a, *peisons* 111ac, *sens* 96c, auch *chuns* 93c, lies *charns*, sowie *mans* (*manēs*) 128a, *mans* (*manūs*) 41c, 60a, 109c, 116a, l. *mains*; 2) *affanz* 1c, *afanz* 4d, 28c, 123b, *ahanz* 73d, *anz* 2a, 95d; 3) —. Im **Alexiusliede** liest man 1) *bons* 1a, 2c, 7c, 68e, *boens* 45d, 68a, 120e, *giens* 54c, *gens* 19c, *pelerins* 71d, *povrins* 51c, *poverins* 20e, *cristiens* 68e, *ureisuns* 72b, *afflictiuns* 72c, *crins* 86c, *fins* 92e, *mains* 78b, und so *mens* 89e, *tons* 83d, *sons* 38e, 55b; *s* auch nach *m* und einem aus *m* entstandenen *n*: *cons* 4b, *quons* 103d, *fains* 80c, *tens* 1a, 2a, 3a; *avums* 71c, *preiums* 110d, *querreūs* 105b, *preiuns* 101e, 125b, *poduns* 114b, *veduns* 124b, *aiuns* 125a, *feruns* 105c (ohne *s poissum* 110e, *do,ussum* 124e, *avrū* 107e); 2) *anz* 33a, 55a, 56a, *ahanz* 55c nebst *danz* (*dominus*, *domnus*, *donnus) 13b, 25b, 30b, 32c, 39a, 114c (daher das spätere *dant*? *vailanz* : *vailant* = *danz* : *x*?); 3) *luinz* 95b, *bosuinz* 47c. Abweichend von dem *sens* Leod. 14f und Pass. 96c steht *senz* 122a und im Appendix. Dem *chans* Pass. 93c, l. *charns*, steht *jurz* 11a, 42c, 115c (*jurs* 95a) gegenüber, wo freilich *n* geschwunden ist.

Die beiden Bedingungen, unter denen *z* st. *s* nach *n* statt hat, gelten für *z* nach *l* nur in der Passion; die übrigen Denkmäler haben nicht nur in dem ersten, sondern auch in dem zweiten Falle *ls*, das Leodegarlied in allen drei Fällen.

Die Eidformeln haben (2) *ne,uls;* das Eulalialied (2) *cels, mals (*mallos* statt *malōs),* aber (3) *melz;* das Fragment von Valenciennes 1) *douls,* 2) *els, cels, ni,uls, mals;* 3) —. Das Leodegarlied bietet 1) *tels* 13 a, 14 a, 35 de, 40 f, *miels* 22 c, 27 d *(malus), cruels* 26 c, *carnels* 29 c, *espiritels* 29 d, wozu *dels* 2 c, 40 b, *als* 35 b, 40 d, *sobrels* 39 b; 2) *cels* 6 b, 35 d, *bels* 6 e, *nuls* 6 a, 10 e, 26 f, *flaiels* 40 b, und ebenso, abweichend von den übrigen Denkmälern, 3) *fils* 3 c, *ols* 16 d, 26 d, 29 c. In der Passion liest man 1) *tals* 128 c, *carnals* 2 a, 96 a (verschrieben *mortalz* 85 c), *mels* 111 d, Nom. zu *mel,* d. i. *miel; fedels* 23 d, 25 b, *fidels* 28 d, 30 c, 33 a, 123 b, 126 d, *chamsils* 86 d, *dols* 31 a, 85 a, *nurols* 117 d, *vols* 14 c, *sols* 30 d, 40 a, 42 c, wozu *dels* 5 c, 10 a, 70 a, 72 c, *als* 123 b; 2) *jalz* 49 a (aber *mals* 20 c), *belz* 16 c, *mantelz* 6 bc (aber *mantenls* 11 c), *elz* 113 c, 122 d (aber *d'els* 116 a, Verwechslung mit *de-ls), celz* 77 c (aber *cels* 71 c), *nulz* 85 c, 89 d; 3) *melz* 38 c, *conselz* 20 c, *solelz* 78 c, *soleilz* 98 b, *filz* 78 d (aber *fils* 45 d), *orgolz* 14 d, *genolz* 63 a, *olz* 13 d, 74 a (aber *ols* 47 a). — Das Alexiuslied zeigt 1) *vols* 31 a, *dols* 21 d, 79 b, 80 c, 85 b, 93 d, 104 b, *quels* 79 b, *menestrels* 65 d, *gentils* 4 c, 96 c, dazu *vels* 90 c, aber abweichend *fedeilz* 59 d; Einleitung *quels, virginels;* 2) *bels* 41 a, 98 b, *els* 37 c, 65 e, 102 d, 104 a, 120 d, *cels* 100 c, *ne,uls* 65 c, 111 b, *nuls* 55 b, 104 c, 111 cd, *mals* 101 c, 125 b; 3) *oilz* 49 b, *filz* 3 c, 6 c, 11 b, 22 a, 26 c, 27 a, 30 c, 31 e, 44 d, 45 a, 69 c, 80 a, 81 a, 82 c, 84 b, 85 e, 87 c, 88 b, 91 a, 93 e (*fiz* 90 e); Einleitung *filz; velz* 2 d, *melz* 4 be, 97 c.

Alle Denkmäler haben also übereinstimmend *z* statt *s* nach *n* und *l + i purum; fils* und *ols* im Leodegarliede werden dem Copisten angehören. Dass Wörter wie *compainz* kein palatales, sondern dentales *n* besitzen, erhellt aus Reimen wie *conpainz : sainz* Chev. au lyon. 1295. 2529, *compainz : atainz (*attanctus* st. *attactus)* 6295 (s. o.); *cumpaignz* neben *cumpainz* im Rolandsliede scheint mithin eine fehlerhafte Schreibweise. Man darf schliessen, dass auch *conseilz* u. ä. dentales und nicht palatales *l* besitzen. Das *z* in *compainz* lässt sich auf demselben Wege erklären, wie *dž* in *lange* und *tš* in *sache.* Der Laut *j* ging nicht durch *ž,* sondern

durch *dj* in *dź* über, welches erst hinterher *ź* ergab: *lā,ne,um*,
*lū,nio, **landje*, *lan,dźe* ; entsprechend **compānius*, **compainies*,
*compaindjes, *compainz*: das *d* ist ein Hülfslaut, welcher sich zwischen dem dentalen *n* und dem aus *i* entstehenden Palatal *j* entwickelte. Hingegen der Unterschied zwischen *anz* (*an,nus*) und
mains (*ma,nus*) wird sich erklären wie im Deutschen der Unterschied zwischen Gans und Kahns : Gans lautet wie ganz, nämlich
gännts (*nn* = langes *n*), aber Kahns, lautet *kāns*. Auch Hals unterscheidet sich von Salz nur durch den Anlaut: *hällts*, *fällts*. Von
den ältesten französischen Denkmälern unterscheidet jedoch nur
die Passion *lz* aus *ll-s* und *ls* aus *l-s*, und hierin gibt sich eine
mundartliche Eigenthümlichkeit zu erkennen.

B. Kriterien.

Die bisher geführte Untersuchung hat zwar bereits für einzelne Denkmäler mundartliche Spuren aufgewiesen; so das erhaltene
hochtonige *a* und *in*, *int*, *prindrai* in den Eidformeln und *lz* für
ll-s in der Passion. Allein dieselben stehen zu vereinzelt da, als
dass sie an und für sich die Ueberzeugung, dass es sich in den
ältesten Denkmälern um Mundarten handelt, sicher zu begründen
vermöchten. Durchgreifende Kriterien aber bietet das Schicksal
des lateinischen *c* und *g* vor *a*, das des *au*, des langen *o* und
des hochtonigen kurzen *o* in kurzer Silbe, des Imperfects des Indicativs auf *-abam* und des Imperfects des Conjunctivs auf *uissem*,
sowie des deutschen *w* und der Präposition *per*.

I. Das Schicksal von *c* und *g* vor *a* im Anlaut und im
Inlaut nach Consonanten.

Bei dem Versuche, die in den letzten Jahren so vielfach ventilirte Frage nach dem Schicksale des *c* und *g* vor *a* im Anlaut
und im Inlaut nach Consonanten zu lösen, sind für unsere Texte
folgende Gesichtspunkte festzuhalten.

1) Für eine spätere Zeit als die unserer Denkmäler steht es
fest, dass Wörter wie *campum*, *cārum*, *causa* einerseits *camp*, *kier*,

cose und andererseits *champ*, *chier*, *chose* ergeben haben. Aus dieser Thatsache folgt, dass der Uebergang von *c* in *ch*, oder genauer diejenige Modification des *c*, welche den Laut *tš* zum Resultat hatte, in denjenigen Mundarten, in welchen dieser Lautwandel ursprünglich eingetreten, älter ist als der Uebergang von *a* in *e* und von *au* in *ò*. Vergebens hat man diesem fundamentalen Satze etwas abzumarkten versucht. Nur ein entschiedenes Festhalten an demselben kann zur Klarheit führen.

2) Aus dem obigen Satze ergibt sich die Folgerung, dass eine Mundart, in der *c* = *k* noch bestand, als *au* in ihr bereits in *ò* übergegangen war, kein *ch* mehr aus *c* entwickelte. Denn aus *còse* konnte nicht mehr *chòse* hervorgehen; und da später einem *còse* stets *camp*, *kier* und einem *chòse* stets *champ*, *chier* entsprechen, so folgt, dass wo *chose* nicht mehr entstehen k o n n t e, auch *champ* und *chier* nicht e n t s t a n d e n.

3) Wo für lateinisches *c k* geschrieben steht, ist der klanglose gutturale Explosivlaut und kein *kj*, *tj* oder irgend ein anderer Laut gesprochen worden.

4) Wo man *cha*, *cho* schrieb, sprach man nicht *ka*, *ko*, sondern *tša*, *tšo*. Doch gilt dies nicht nothwendig von fremden Eigennamen: *Acharies* Alex. 62 b *L* u. *A* = *Akaries P* und *Acayres M*.

5) Dagegen ist die Schreibweise *chie*, *che* zweideutig: sie kann *kie*, *ke* oder *tšie*, *tše* bedeuten. *Ch* vor *i* oder *e* bedeutet *k* z. B. in *chi* Eul., Fragm. v. Val., Leodeg., Pass., Alex., Hohelied, in *donches* Pass. 117 a neben *dunques* 32 b, 60 a, *duncques* 47 a, in *jusche* ib. 82 d neben *jusque* 78 a, *usque* 96 c, in *unches* Alex. 28 c, 87 c, 108 a, 115 c, 124 b. Welcher Lautwerth dem *ch* vor *e*, *i* in den einzelnen Denkmälern beizumessen ist, lässt sich mithin nur durch Folgerungen ermitteln.

6) Kriterien für den Lautwerth von *chie*, *che* in etymologisch gleichartigen Wörtern sind folgende: a) besteht neben *chie*, *che kie*, *ke*, so ist *chie*, *che* mit *kie*, *ke* gleichwerthig; b) besteht neben *chie*, *che ca* oder *co* (*ko*), so bedeutet *chie*, *che kie*, *ke*; c) besteht neben *chie*, *che cha* oder *cho*, so bedeutet *chie*, *che tšie*, *tše*.

7) Auch die Schreibweise *ce* ist zweideutig: *c* vor *e* bezeichnet zwar in der Regel einen Zischlaut, aber sicher bezeichnet es den Laut *k* z. B. in *ci* Pass. 76 b neben *chi* 76 c, *pos ci* Leod. 16 f statt

pois que, *unces* Alex. 48c, 49c; cf. Vulg. *pasce* Joh. 13,1 statt
pascue.

8) Der Lautwerth von *ce* aus *ca* kann mithin nur mittels der
unter 6 für *che* angegebenen Kriterien erkannt werden.

Mit diesen lautgeschichtlichen und hermeneutischen Normen
gehen wir nunmehr an die Untersuchung unserer Denkmäler.
Die Eidformeln enthalten die Wörter *Karlus*, *Karlo*, *cad
huna*, *cosa*, d. i. *kadhuna*, *kosa*. Die Sprache der Eidformeln ver-
mochte mithin nimmermehr aus sich heraus *chose*, *Charles* zu entwickeln. Da aber in späterer Zeit *chose*, *Charles* bestanden, so
folgt, dass die Sprache der Eidformeln eine Mundart
repräsentirt, neben der eine andere Mundart bestand, welche *chose*, *Charles* entweder bereits besass
oder noch zu entwickeln fähig war.

Im Eulalialiede finden sich *kose*, *cose* und *chiell* (*chieef*).
Kose und *cose* beweisen unzweideutig, dass *chiell* (*chieef*) den Lautwerth *kiell* (*kief*) besitzt. Auch das Eulalialied gehört also einer
Mundart an, welche kein *ch* $= t\acute{s}$ mehr entwickeln konnte, woraus
natürlich nicht folgt, dass es derselben Mundart angehören muss
wie die Eidformeln.

Im Fragment von Valenciennes stehen *cheve*, *seché*,
cherte, *acheder* und *iholt* (2 mal). Der Lautwerth des zweideutigen
ch vor *e* kann nur mittels *iholt* bestimmt werden. Aber was bedeutet dieses *ih?* Génin findet p. 478 in *iholt* den Lautwerth aus-
gedrückt, den er aus dem Munde älterer Personen vernommen,
welche statt *chevaux*, *cheveux jevaux*, *jeveux* (oder vielmehr
j'vaux, *j'veux*) sprachen. Allein die von Génin gehörte Aussprache
ist eine mundartliche, welche auf Assimilation seitens des *v* beruht
und folglich für *iholt* nicht in Betracht kommt. Andere mundartliche Beispiele der Art bei Joret, p. 262. 264. 265. Nach Littré
bezeichnet *ih* den Lautwerth von *ch;* er bringt ein Beispiel dafür
aus der Chron. de Rains p. 7: *come vous orés conter ih a* ($= cha$)
en avant. Hist. de l. l. fr. II², 325. Allein ist dieses *iha* kritisch
sicher? Es liegt gar zu nahe, dass *ih* statt *ch* verschrieben oder
verlesen wird. Joret, welcher sich ebenfalls für den Lautwerth
ch entscheidet, vergleicht p. 178 ein *iose* in den Gesetzen Wilhelms
des Eroberers. Allein *i* ist nicht *ih*, und da Joret selbst nach-

weist, dass das Normannische *cose* und nicht *chose* besessen, so dürfte *wse* ein Schreib- oder Lesefehler für *cose* sein. Darmsteter, Rom. III, 392, erblickt in *iholt* »*une notation ingénieuse et très-claire du son tcholt*«, unterlässt es aber, diese ihm sehr klare Bezeichnung Anderen klar zu machen. Das Zeichen *i* bedeutete als Consonantzeichen *dž*, welches sich zu *tš* verhält wie der klingende zum klanglosen Laute. Soll nun etwa *h* andeuten, dass *i* nicht *dž*, sondern *tš* bedeuten soll? Allein wo sonst deutet *h* an, dass das Zeichen eines klingenden Lautes den entsprechenden klanglosen ausdrücken soll? Einen ganz andern Weg der Deutung schlägt Schuchardt, Rom. III, 283, ein: *grant iholt* bedeute *grant yolt* für *grant tyolt*. Das *h* würde also andeuten, dass *i* nicht den französischen Lautwerth *dž*, sondern den des lateinischen *i* in *iam* besitze. Diese Annahme erscheint plausibel, wenn man die Verwendung des *h* in *chi, chielt* (*chieef*) und im ital. *ch, gh* vergleicht. Allein sie scheitert an *grancefmef iholt*; denn so ist statt *grancef iholt* zu lesen. Der »Strich« hinter *grances* hatte sich mir schon in Génin's Facsimile in ein *m* aufgelöst, welches hoch steht wie in *pofciom* Z. 33 und nicht viel kleiner und undeutlicher ist als das *m* dieses Wortes. In dem photographischen Facsimile erkenne ich nicht nur deutlich ein *m*, sondern glaube auch *ef* herauszulesen. *Grancefmef* ist entweder ein Schreibfehler für *grandefmef* oder ein aus dem Nominativ *grunz* (freilich seltsam genug) neu gebildeter Superlativ; cf. *permessient.* — Es wird sich also um einen neuen Versuch handeln, das *ih* von *iholt* zu erklären. Nimmt. man an, dass der Verfasser den Lautwerth *dž* bezeichnen wollte, oder dass er klanglose und klingende Laute nicht deutlich unterschied, so konnte er die Combination *ih* der für den Namen *Jesus* im Gebrauch befindlichen Abkürzung entnehmen. Die Passion hat neben *iesus* 7b und *iesu* 1b, 7d regelmässig *ihs, ihm* mit einem Abkürzungszeichen, welches das *h* zu durchschneiden pflegt. Diese Abkürzung ist den lateinischen Handschriften entlehnt; cf. Wattenbach, Lat. Paläogr. S. 20. Entstanden ist sie durch einen Irrthum: die Schreiber fassten das griechische *H* von *IHC* als ein lateinisches *H* auf und schrieben daher in der Minuskel *ihc* oder *ihs*. Da nun *džézüs* gesprochen wurde, so schien *ih dž* zu bezeichnen und wurde in diesem Sinne auf *iherlm* Pass. 66a, d. i. *Jherusalem*, übertragen, eine Schreibweise, die sich in späteren Denkmälern wiederfindet (cf. *Jherusalant* Am. et Am. 76). Aber wie passt dieses *ih* = *dž* für den Anlaut des aus *caldum* entstandenen Wortes? Sprach der Verfasser des Fragments *cherté* mit *ch* = *tš*, aber daneben *džolt?* Oder unterschied er nicht deutlich zwischen klanglosen oder klingenden Lauten? Das Letztere war in der That der Fall. Dies bezeugen *pretiet* und *acheder*. *Pretiet* in den Worten »*cum Jonas propheta cel populum habuit pretiet et convers*« fasst BARTSCH mit GÉNIN p. 476 im Sinne von *apprécié* auf. Allein LITTRÉ, Hist. de l. l. franç. II², 325, erkennt richtig, dass das Wort *prêché* bedeuten muss; obwohl das vorgeschlagene *preetiet* eine Unform ist. Der Verfasser schreibt *pretiet* statt *prediet* mittels Verwechslung von *tenuis* und *media*. Das Verbum steht hier transitiv wie in *Et šc. l. lis predi,at* Leod. 36 c, während es 31 e intransitiv gebraucht ist. Umgekehrt schreibt der Verfasser *acheder* »erlangen, erwerben« statt *acheter* (*adcaptare*), und so schreibt er *iholt* = *džolt* statt *cholt*. Diese Verwechslung der Buchstaben nach den beiden entgegengesetzten Richtungen ist aber ein deutliches Symptom dafür, dass er klingende und klanglose Laute in seiner Aussprache nicht oder wenigstens nicht deutlich unterscheidet. Dies mag für einen Franzosen auffällig erscheinen. Allein es ist nicht beispiellos. Man vergleiche *kardé*, *caste* statt *gardé*, *gaste* in einem lothringischen Texte des 12. Jahrhunderts, Rom. V, 325, und *pidié* im Bestiaire de Gervaise 334, dessen in der Handschrift des Britischen Museums vorliegende Redaction ebenfalls dem Osten angehört. — Da mithin *ih* in *iholt* einen Zischlaut bezeichnet, so bezeichnet auch *ch* in *cheve* u. ä. einen solchen.

In der Passion besteht neben französischem *cha*, *che* (für *chié*, *che*) provenzalisches *ca*. So liest man franz. *cha(r)ns* 93 c, aber prov. *carnals* 2 d, 96 a, *carn* 2 b, 84 b, 97 b; franz. *chad(it)* 119 c und *chedent* 35 d, 81 c, aber prov. *cadegren* 35 b; franz. *pechez* 14 a, 60 d, *pechedors* 128 b, aber prov. *peccad* 127 d, *pecat* 96 c, *pecaz* 77 c; franz. *cher* 22 d, aber prov. *caritad* 69 d; franz. *chamiscæ* 67 c, *chamsils* 86 d, *trebucher* 124 c, *roches* 81 c, *marchedanz* 18 c, *branches* 10 b, aber prov. *cab* 60 d, *cap* 125 c, *caitiu* 17 a, *judicar* 118 c. Folgende französische Wörter sind mehr oder minder provenzalisirt: nur am Wortende *chera* 22 c und *pecchiad* 95 a; am

Wortende und in betreff des *c cantcn* 11a, *encalceran* 115d, und so sind nur hinsichtlich des *c* provenzalisirt *castel* 107c, *escarnil* 55a (cf. *escarnie* 72d), *escarnid* 64a, *escarn* 63d, 71d, 72b, an denen nichts weiter zu ändern war, und *escarnissent* 47c, *canter* 49a, Partic. *canted* 7d, wo auch die Flexion hätte geändert werden können. Es ergibt sich also, dass der französische Verfasser der Passion für lat. *c* vor *a ch* geschrieben hat, und zwar speciell auch vor *a*, und dass er somit *tš* gesprochen hat. — Das Fremdwort *Escarioth* 21a, Vulg. *Scarioth*, Ἰσκαριώτης Luc. 22,3; Joh. 13,26 ist nicht beweiskräftig. Wie erklärt sich daneben *Ischarioh* 25,c? *Pasches* 23a kann ein Gräcismus sein; die Vulgata hat *pasca*. *Pasques* herrscht auch in späteren Denkmälern, welche *ch* für *c* vor *a* besitzen.

Schwieriger liegen die Verhältnisse im Leodegarliede. In dem deutlich provenzalisirten Worte *causa* 35d steht *c* vor *a*. In den Wörtern, welche im übrigen ein französisches Gepräge haben, steht *c* vor *a: cantomps* 1c, *cantumps* 1f, *cantat* 14d, *castier* 18b, *castres* 30b, *calsist* 28b, *carnels* 29c, *cadit* 39c, *caritet* 6c, *qu* vor *e* in *queu* 21c, 27b, 39a (wozu *evesquet* 16c, 21b), *ch* vor *ie* in *pechietz* 38c. G. Paris beurtheilt die Sachlage so: der Verfasser spricht *ca = ka*, resp. *quié (quieu, evesquiet); paschas* 14b ist eine latinisirende Schreibweise mit dem Lautwerthe *pasques*, und *pechietz* bedeutet ebenfalls *pequiez*. Diese Auffassung findet Joret mit Recht bedenklich, wofern das Leodegarlied ein burgundisches Denkmal sein soll, und Darmsteter, Rom. III, 392, zeigt, dass sie doch nicht nothwendig die richtige zu sein braucht. Sie stützt sich, da *c* vor *a* auf Provenzalisirung beruhen kann, auf *queu* und *evesquet*. Allein *evesquiet* beruht in der That nicht auf *episcopātum*, sondern ist ein Derivatum von *evesque* und folglich *eveschiet* erst eine Umbildung. *Queu* aber hat mindestens eine, vielleicht sogar zwei Veränderungen erlitten, mithin kann es auch eine dritte erfahren haben. *Pechietz* hingegen gehört dem Original an. Da also *pechietz* und *queu* von verschiedener Hand stammen, so ist man nicht genöthigt, das *ch* des ersteren an dem *qu* des letzteren zu messen. *Paschas* 14b ist zu beurtheilen wie *pasches* Pass. 23a. Da aber *pechietz* zweideutig ist, so ist nur die Möglichkeit dargelegt, dass der Verfasser *tš* gesprochen. Die Frage

lässt sich mithin nur so entscheiden, dass zunächst aus anderen
Merkmalen die Heimath des Denkmals ermittelt wird, und diese
spricht in der That für *ch* = *tš*.

Im Alexiusliede findet sich vor *a* und *o* ohne Ausnahme
c geschrieben: *cambre* 15d, 28a, *cambra* 11c, 13a, 29a, *carn*
24a, 45c, 87b, 91a, *cascune* 52b, *escarnissent* 54a, *cartre* 70c,
71d, 74c, 75a, 76b, 78a, *cartra* 57d, *cancelers* 76a, *cantent*
117d, *cantant* 102b, 112c, *capes* 117b, *candelabres* 117a, *acatet*
8c, *acat* 125c, *pecables* 79d, *parcamin* 57a, *canuthe* 82a und
cose 61c, 64c, 69b, *coisir* 35b. Vor *e*, *ie* steht theils *k*, theils
ch, theils *c* geschrieben: *kiers* 96a, *ker* 26c, *kers* 27c, aber *chers*
22d, *cher* 12c, 22a, 90e, *chef* 82a, *pechet* 22c, 64c, 110a,
pechez 124c; *chevels* 87a, *eschevelede* 85d und *colcer* 11b, *vocet*
73b, *pecet* 12d, *buce* 97a, *blance* 78b, *alascet* 75b. Endlich hat
der Copist 85c zuerst *cet* geschrieben und dann *h* übergeschrieben.
Mit dem Alexiusliede stimmen die Einleitung und der Ap-
pendix überein: dort *canter*, *cançun*, *castethet*, *cascun* und *certel*,
hier *cöse* (sechsmal) nebst dem nicht beweiskräftigen Lehnworte
scandale. Aus *cose*, *cambre*, *kiers* muss man schliessen, dass auch
ch in *chiers* und *c* in *pecet k* bedeuten. — Die Handschrift A des
Alexiusliedes hat freilich nach G. Paris' Angabe in zwei Wörtern
cha neben *ca* (*chambre* 3 mal, *cambre* 2 mal; *chartre* 1 mal, *cartre*
1 mal). Allein diese Handschrift steht dem Original um eine Stufe
ferner. Wenn also G. Paris trotzdem schliesst, das Original habe
ch besessen, so widerspricht dieser Schluss der von ihm ermittelten
Genealogie der Handschriften.

Nach dem verschiedenen Schicksale des *c* vor *a* zerfallen also
unsere Denkmäler in zwei Gruppen: auf der einen Seite stehen
die Eidformeln, das Eulalialied und das Alexiuslied
nebst Einleitung und Appendix, auf der andern das Fragment von Valenciennes und die Passion. Das Leodegarlied bleibt vorläufig zweifelhaft.

Mit *c* vor *a* correspondirt *g* vor *a*: beide beleuchten sich gegenseitig. Die Eidformeln und das Fragment von Valen-
ciennes bieten kein Beispiel. Das *g* von *regiel* und *pagiens* im
Eulalialiede muss, da *c* in diesem Denkmal gleich *k* ist, den
klingenden gutturalen Explosivlaut bedeuten. Das Leodegarlied

bietet nur *Lethgier* 1f al., welches, da *g* vor *e* und *i* so zweideutig
ist wie *c* vor denselben Buchstaben, an und für sich nicht entscheidet. In *cumgiel* 14 f, *ralgent* 20 f und *giterent* 38 b bedeutet
freilich *g* sicher *dž*. In der Passion entspricht dem *ch* für *c*
das *i* für *g* in *ialz* 49 a, *coniaudit* 106 d, *arberiaran* 15 c, welches
hier ebenso unzweideutig *dž* bedeutet wie in *ia* 119 b, *iac* 102 d,
iay 88 d, 89 d, *iorn* 119 c und *veiniar* 40 a, *manier* 23 c, 26 c,
manied 26 a, 113 a. Folglich bedeutet auch *g* in *arberget* 97 d *dž*
(ebenso wie in *gitez* 18 d, *gilad* 68 b und *manget* 111 a). *Neger* 60 b
ist kritisch unhaltbar.

Das Alexiuslied hat ebenso unzweideutig den Lautwerth *g*,
wie es den Lautwerth *k* besitzt. Es enthält *goie* 101 c, *goiuse* 92 c,
Einl. *yoies*, nicht *ioie*, *ioiuse*, *ioies* (cf. *anioust*, *injacuisset, des
Appendix), und somit ist *y* kein Zischlaut in *longa* 94 c, *lunga*
89 a, *lungament* 69 a, *longament* 5 a, *longes* 17 d, *largas* 115 c,
larges 19 c, 81 b, *renges* 15 b, *herberge* 84 d, 116 a (neben *helberc*
65 b), *herberges* 44 b, *herberget* 114 c, sondern es hat hier denselben Lautwerth wie in *geres* (Appendix) aus *guaires*.

II. Das Schicksal des lat. *au.*

Wir gehen von Corssens Forschung aus.

In den lateinischen Inschriften der voraugusteischen Zeit
finden sich nur wenige Wörter mit *o* neben *au*, z. B. *plostrum*
45 v. Chr. In Schriftstellern derselben Periode ist *o* neben
au häufiger, namentlich bei Cato und Varro, z. B. *plostrum*, *clostra*,
coda, *clodicat*, *plodo*, *colis*, *dehorito*, und Festus bezeichnet *orum*,
orata, *oriculas* als rustik. In Inschriften und Schriftstellern
der Kaiserzeit (jedoch nicht in den amtlichen Urkunden der älteren
Kaiserzeit) finden sich ebenfalls Wörter wie *plostra*, *clostrum*,
hostus, *coda*, *clode*, *lotus*, *coliculi*, *sorix*, *oricla*, nämlich *o* fast
ausschliesslich vor den Dentalen *d*, *t*, *l*, *r*, *s impurum*. Der Consular Mestrius Florus tadelte den Vespasian, weil er nach Art des
gemeinen Mannes *plostra* statt *plaustra* sprach, Suet. Vesp. 22. Im
5. Jahrh. sprach man neben einander *claustra* und *clostra*,
cauda und *coda* u. ä., Dion. 1, 383, K, und Probus schreibt vor,
auris, nicht *oricla* zu sprechen. Corssen, Ausspr. 1, 655—660.

Wie in o, so geht *au* vor den Dentalen *d*, *t*, *s* auch in *ū* über: *rudus*, *cludus*, *cludere*, *clusis* neben *rodus*, *raudus*, *claudus*, *claudere*, *clausis*, *scruta* neben *scrotum*, *scrautum*, *frūstra* neben *fraus*, *fraudare*, *frausus*, Corssen, Ausspr. I, 660 f.

Aus dem Vorkommen von *ū* neben *ō* schliesst Corssen, *ō* aus *au* habe dem *ū* ähnlicher gelautet als *ō* aus *ā*, I, 663, d. h. *ō* aus *au* sei *ó*, *ō* aus *ā* hingegen *ò* gewesen. Dieser Annahme widerspricht jedoch das Zeugnis romanischer Sprachen: *o* aus *au* ist im Italienischen und war nach Ausweis der Assonanzen im Altfranzösischen *ò*; und in der That lässt sich *u* neben *ò* sehr wohl erklären. Der Stammbaum wird folgender gewesen sein:

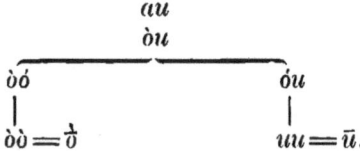

Es trat zunächst regressive Assimilation ein, *au*, *òu*, und sodann vorherrschend progressive, *òó*, *òò*; gelegentlich aber schritt die regressive Assimilation weiter fort, *óu*, *uu*. Schuchardt, Vok. I, 302, erklärt *ū* aus *ȯ* mittels *ó*; allein diese Erklärung enthält die unerweisbare Voraussetzung, dass *ū* jüngeren Datums sei als *ȯ*.

Das Nebeneinander von *o* und *au* in der Schriftsprache der Gebildeten erklärt sich also aus einem Eindringen der Volkssprache. Allein dieser Umstand berechtigt nicht zu dem Schlusse, dass die Volkssprache allenthalben ausschliesslich *o* besessen hätte. Eine solche Annahme würde durch das Zeugnis der romanischen Sprachen widerlegt werden; denn das Italienische hat *o*, das Walachische *au*, das Spanische *o*, das Portugiesische *ou* (aus *au*), das Französische *o*, das Provenzalische *au*. Allein auch das Französische hat nicht von je her auf seinem gesammten Gebiete *o* besessen. Dies bezeugen die ältesten Denkmäler. Die Reichenauer Glossen haben zwar neben *causa*, *causarum*, *causabant* *soma* aus **sauma* (prov. *sauma*), neben *baucus* (ahd. *boug*) *ros* (goth. *raus*) und *sora* (prov. *saura*, it. *saura*, *sora*). Und dem entsprechend besitzen die Eidformeln *cosa*, das Eulalialied *cose*, *kose*, *or*, das Alexiuslied *oz* 14a, *ot* 45a, 78a, *o,it* 18b, *o,id* 60 e, *o,it* 61d, 102d, *povres* 19d, 20 b, 108 b, *povre* 61b, 84 d, 106 b, *poverins* 28 e, *povrins* 51c, *poverte* 50 c, 84 a, *lothet* 25b, *lodet* 108 e, *poser* 118, *reposer* 47 b, *posent* 114 d, *cose* 61c, 64 c, 69 b, *orez* 39 c, *tresors* 106 a, *or* 106 a, *ories* 117 a, *goie* 101c, *goiuse* 92 c, *noise* 101 b, *coisir* 35-d, die Einleitung *o,it* und der Appendix *cóse;* das Hohelied *o,it* u. s. w. Andererseits aber zeigen die Casseler Glossen keine Spur von *o* für *au;* sie enthalten vielmehr neben den lateinischen Wörtern *aures*, *claudus* die romanischen *aucas*, *auciun.* Ebenso hat nun auch das Fragment von Valenciennes zwar bereits *odit* und *u (aut)*, aber im Inlaute noch *au: repauser*, *repausement*, welche dennoch keine Lehnwörter sind. Das Leodegarlied hat ohne Ausnahme *au: lauder*, *laudier* 1a, 27 f, 28 f, 31b, *laudiez* 7 e, *conlauder* 35 f, *audit* 15 a, 37 a, 40 a, *audid* 7 f, *aurez* 19 e, 26 a, *exaudis* 29 b, *restaurat* 34a, *causa* 35 a, *Laudebert* 33 e, *Laudeberz* 35 a.[1]) G. PARIS verwandelt zwar diese *au* in *o*, indem er es als selbstverständlich betrachtet, dass dieselben auf Rechnung des provenzalischen Copisten zu setzen seien. Allein selbst wenn man es nicht auffällig finden sollte, dass ein *o* des Originals in keinem Falle der Aufmerksamkeit des Copisten entgangen wäre, so entscheiden doch zwei Erwägungen für die Annahme, dass das französische Original *au* besessen. 1) Auch lateinisches *a-u* besteht noch in der Gestalt von *au: aut* 5 a, 6 d, 22 e, 26 e, 27 c, 31c, *aud* 39 a, und dieses *au* erklärt sich nicht aus dem Provenzalischen. 2) Wenn der provenzalische Copist überall *au* setzte, wo einem *o* des Originals ein *au* seiner Muttersprache entsprach, warum liess er *occidere* 37 d und *occist* 2 f

---

[1]) *Ostedun*, *Hostedun (Augustodūnum)* ist keine Ausnahme. Wie *a,oust*, *a,ur*, *Sa,one*, *La,on* von **agusto*, **agurio*, **Sacōna*, **Ladōno* statt *augustum*, *augurium*, *Saucōna*, *Laudūnum* ausgegangen sind, so muss *Ostedun* von **Agustodūno* seinen Ausgang genommen haben. Allein die im Leodegarliede vorliegende Form des Namens erklärt sich überhaupt nicht lautgesetzlich. *Agustodūno* hat regelrecht nfr. *Autun* mittels **A,oustun* ergeben. Der tieftonige Vocal der Vortonsilbe musste schwinden; denn er wird nur gehalten durch *muta cum liquida.* (DARMSTETER geht Rom. V, 140 ff. in der Annahme von Gruppenwirkungen zu weit.) *Ostedun* oder *Hostedun* lässt sich daher nur aus einer alten Umdeutung des Wortes, nämlich aus einer Anlehnung an *hoste* oder *oster*, *hoster* erklären. Das *h* entscheidet nichts: *de|hostedun* neben *ad ostedun* kann denselben Grund haben wie *de|holivet* Pass. 117 b neben *mont oliver* 5b.

bestehen? Besass das Original *o* für *au*, so entsprach in 19 Fällen
einem franz. *o* ein prov. *au*; nur in 2 von diesen Fällen steht es
fest, dass das franz. Original *o* besessen; und grade an diesen
beiden Stellen lässt der prov. Copist *o* bestehen. Dieser wunder-
bare Zufall ist nicht glaublich. Das Original hat mithin *au* = lat.
au besessen.

Auch die Passion hat ohne Ausnahme *au* für lateinisches *au*:
laudar 129 c, *laudant* 12 b, *laudam* 77 a, *audid* 9 a, 61 a, *audez*
16 a, *auseron* 68 a, *pausen* 88 c, *conjaudid* 106 d, *aurelia* 40 d, 41 b,
dazu *raus* 62 b; vgl. *claufisdrent* 57 b (**clāvifīxerunt*). Für die
weit gründlicher als das Leodegarlied provenzalisirte Passion darf
die Annahme, dass ein *o* des Originals ausnahmslos durch prov. *au*
ersetzt worden, kein Bedenken erregen. In der That liegt hier
eine unverkennbare Provenzalisirung vor in *aucidrai* 58 a, *aucidrant* 16 b, *aucid* 56 d, *aucis* 3 b, *aucise* 93 c. Und dennoch stellt
grade dieses Verbum die Annahme, dass *au* in *laudar* u. ä. auf
Provenzalisirung beruhe, in Frage. Denn das fr. *o* ist in *oicisesant*
44 b (st. *occisesant*) erhalten. Wenn das einzige von den in
Frage kommenden Wörtern, welches in dem franz. Original sicher
o besessen hat, an einer Stelle sein *o* gerettet hat, so wird die
Annahme, dass von den übrigen Wörtern kein einziges an
irgend einer Stelle *o* bewahrt habe, durchaus überwiegend unwahrscheinlich. Es nöthigt aber nichts zu dieser Annahme, nachdem für das Fragment von Valenciennes und das Leodegarlied *au* festgestellt ist; vielmehr schliesst die Verwandtschaft der Sprache dieser drei Texte, welche sich mehr und mehr
herausstellen wird, jene Annahme aus. Ein Unterschied zwischen
den beiden Texten der Clermonter Handschrift besteht darin, dass
das Leodegarlied auch für lat. *a-u* noch *au* besitzt, die Passion
hingegen bereits *ò*, cf. *vòl : òg* 40 ab. Das Fragment von Valenciennes aber hat, wie erwähnt worden, selbst lat. *au* nur noch im
Inlaut. Wir sehen also *au* im Uebergange zu *ò* begriffen.

Es liegen mithin zwei Reihen von Texten vor: die eine hat,
wie die Reichenauer Glossen, *ò* für lat. *au*, nämlich die
Eidformeln, das Eulalialied und das Alexiuslied nebst
Einleitung und Appendix; die andere bewahrt, wie die

Casseler Glossen, noch *au*, nämlich das Fragment von Valenciennes, das Leodegarlied und die Passion. Vergleicht man das Schicksal des lat. *c* vor *a* und das des lat. *au* in unseren Denkmälern, so ergibt sich, dass die *k*-Reihe derselben sich mit der *o*-Reihe und die *ch*-Reihe sich mit der *au*-Reihe deckt. Die Sprache der Eidformeln, des Eulalialiedes und des Alexiusliedes konnte kein *ch* mehr entwickeln, da sie bereits *còse* besass; die Sprache der übrigen Denkmäler besitzt es bereits, obwohl sie noch *au* bewahrt. Der Uebergang von *ca* in *cja, csa, tsa* hat also in den Mundarten, die *cha* besitzen, vor der Mitte des 10. Jahrhunderts stattgefunden. Wann aber dieser Uebergang hier begonnen hat, lässt sich nicht ermitteln, da die Eidformeln und das Eulalialied solchen Mundarten angehören, die überhaupt kein *ch* entwickeln.

III. Das Schicksal der labialen Vocale.

Bei den labialen Vocalen hat die seltene Erscheinung statt, dass nicht nur die Orthographie, sondern zum Theil auch die Assonanzen der Ermittelung des Lautwerthes Schwierigkeiten bereiten. Um so mehr ist zu fragen, ob nicht die Dialektforschung über die dunkeln Punkte Licht zu verbreiten geeignet ist.

Nach dem Zeugnisse der Assonanzen, welche aber freilich nur über die hochtonigen Vocale Aufschluss geben, sind vier labiale Vocallaute zu unterscheiden. Nicht alle zeigen mundartliche Verschiedenheiten; allein sie müssen im Zusammenhange untersucht werden. Wir betrachten zunächst die allen Denkmälern gemeinsamen Laute, um sodann diejenigen zu untersuchen, bei welchen mundartliche Unterschiede in Betracht kommen können.

1. Lateinisches *ū*.

Schuchardt theilt Vok. II, 180 ff. eine Anzahl vulgärlateinischer Wörter mit, in denen sich für lat. *ū o* geschrieben findet. Für das Französische kommen in Betracht: *Lugdonenses, *Lugdōnum, Lyon*, cf. *Nyon, Meudon* u. ä. (hingegen *Verdun, Embrun* trotz *Virdonum, Eburodono!*); *fromentus, fromentum*, fr. *froment; jocundus*, afr. *Jogond*, welches jedoch kein ‘echtes Erbwort ist; *ōrīna*,

*ōrīnāre, afr. oriner; notrix, notrivi, afr. nonrit Leod. 5 c, l. nodrit, nurrir Alex. 7 b, nurrit (*nōtrīto) Einl., nfr. nourrir. Indocebamus, sedocebant, superdocentes, wo o aus ou in indoucebamus, sind für das Französische schwerlich verwerthbar; denn das doceiet des Fragments von Valenciennes scheint vielmehr docēbat als dūcēbat zu sein. In einigen Fällen hängt der Uebergang von ū in franz. ó, ou mit der Schärfung des nachfolgenden Consonanten zusammen, welche eine Kürzung des ŭ zur Folge hatte. So haben glouton, coupe, outre ebenso *gluttōne(m), cuppa, utter statt *glūtōne(m), cūpa, ūter zur Voraussetzung wie z. B. afr. letre littera und ˈnicht litera. Hingegen setzt nodrīr nōtrīre und nicht ein nottrīre voraus. Lourd wird mittels *lūr,do aus lū,ri,dum entstanden sein. In den Reichenauer und Casseler Glossen findet sich kein Wort dieser Art, und in den ältesten französischen Denkmälern nur die bereits genannten.

Lateinisches ū ist sonst stets u geschrieben und assonirt nur mit sich selbst. Die Eidformeln bieten adiudha, aiudha, cad huna, comun; das Eulalialied sus (entweder lat. sū-s aus *sup-si mit Ersatzdehnung, Corssen, Ausspr. II, 580, oder aus dem Compositum sūsum, sūrsum, *sūsvorsum, ib. II, 575), adunet, une, Lehnwort figure; das Fragment von Valenciennes salut, cōburir, un und die Neubildungen pdut, (de)fendut, sowie das Fremdwort Hierussalem. Das Leodegarlied hat reclus : devengunz 26 ef, ferner un 10 d al., uns 38 c al, hostedun 8 f, ostedun 24 a, reclusdrent 30 d, dures 32 d, aiud 40 e, sus 39 f, Compositum sustint 40 bf, susting 2 d (cf. Corssen, II, 581), encusat 13 b, cruels 26 c, adunat 16 a, 22 e, Lehnwort communiat 14 c, Neubildungen tolhud 39 a, perdud 27 e, 28 e.

Langes u in den Assonanzen der Passion hat oben Erwähnung gefunden. Im Texte finden sich: tu 74 d, sus 7 b, 71 a, 80 b, 117 a, dazu suspiret 13 c (sū-spīrat für *sūs-spīrat, Corssen, II, 581), suscitet 8 b (sūs-citāvit), susteg 4 d (sosteg 2 d ist auch in betreff des o ein Provenzalismus), resurdra 84 d, 91 a (sūrgo aus *sūs-rego, Curtius, Grundz. No. 393), murs 16 c, 101 a, durs 123 b, durament 84 b, pura 45 c, conjuret 45 b, custurœ 67 c, vertuz 53 d, 102 c, virtuz 124 b, aiude 125 a, sudor 32 bd, suded 32 b, trassudad 36 a, refuded 37 c, saludent 63 c, pudenz 8 e, acusent 54 c, acusand 51 c, conducent 64 d, nuvols 117 d, Lehnwort judicar 118 c, *una* 25 d, *huna* 69 c, 76 c, *uns* 72 c, 80 c, *alcuns* 116 a, *un* 5 d, 54 d, 62 b, 84 a (*u* 117 a), *negun* 3 a, 120 d, *adun* 46 b (34 c), *uniz* 69 d, *adunent* 108 a, *aduncd* 29 c, *adunovent* 43 c, *communa* 96 d, Neubildungen *spandud* 122 a, *veduz* 105 b (cf. 82 b), *jagud* 8 d; endlich *Jesus* 7 b, *Jesu* 1 b, 7 d, *Judas* 26 a, 33 c, 36 c, 37 a, *Judes* 21 a, 25 c, *Judeus* 21 b, 26 d, 33 d, *Judeu* 20 a, 43 a, 54 c, 56 b, 62 c, 120 d, *Hierussalem* 14 a (cf. 66 a).

Das Alexiuslied hat *ū*-Assonanzen Str. 22 und 82, 89, 97, 107. Langes *u* in der Tonsilbe haben (*tu* 31 e, 44 d, 67 c, 78 e, 94 e) *plus* 12 c, 22 e, 40 a, 42 b, 50 e, 87 e, 97 c, 103 b, 110 c, 113 d, 125 d, *sus* 116 c, *rues* 43 b, 103 c, *muz* 111 b, *vertuz* 113 b, *dur* 86 e, 90 a, *dures* 96 e (*durement* 40 c), *duret* 89 e, *cure* 82 c, 107 b, *aiude* 107 e, *lavadures* 53 d, *faiture* 97 a, *creature* 97 c, *aventure* 89 a, *porte,ure* 89 b, *figure* 97 b, *canuthe* 82 a, *menude* 105 d, 107 a, *malfe,uz* 124 a, *mal fe,ude* 89 d, *perdut* 1 d, 22 a, *devenut* 22 b, *tolut* 22 c, *o,ut* 22 d, *vedud* 79 e, *retenude* 82 b, *venude* 89 c, *aparude* 82 d, 97 d, 107 c, *absoluthe* 82 e, *atendude* 94 d, *ge,ud* 89 b, *revestuz* 117 b, *commune* 62 c, *cascune* 52 b, *une* 39 a, 57 b, 59 b, 63 c, 74 e, 90 c, 107 a (*un* 114 b), *un* 3 ce, 6 c, 8 e, 9 b, 15 c, 40 a, 44 c, 46 ac, 75 e, *uns* 62 b, 71 d, dazu *deduit* 50 c, 53 b (*dēdūcit*); Einleitung *un*, *cascun* (*purement*), Appendix (*tu*) *reclus*, *peinture*, *scripture*. Langes *u* in tonloser Silbe haben: *mu,ez* 1 d, *mudede* 24 a, 97 b, *durable* 14 d, 110 c, 125 d, *andurede* 80 b, *jugedor* 73 d, Lehnwort *adjutorie* 101 d, *ralumer* 124 e, *acustumerent* 100 d, *acomunier* 52 b; dazu *pluisur* 117 d (**plūsiōrī*); Appendix *cru,eles*.

Ein langes *u* muss ferner bisweilen **vor doppelter oder mehrfacher Consonanz** und volkslateinisch auch **vor Vocalen** (*i*, *e*) bestanden haben.

1) **Vor doppelter oder mehrfacher Consonanz** muss ausser in den erwähnten Compositen mit *sūs* langes *u* in folgenden Fällen vorhanden gewesen sein:

α) Eidf. *ne,uls*, *nul*, *nulla*; Eul. *ni,ule*; Fragm. v. Val. *ni,uls*, *ni,ul*; Leodegar *nuls* 10 c, 26 f, *nul* (*nuil*) 13 f; Passion: *ne,ul*: *envenguz* 44 cd; *nulz* 85 c, 89 d, *nul* 96 c, 112 d; Alexiuslied *ne,uls* 65 e, 111 b, *ne,ul* 28 c; *nuls* 55 bc, 104 c, 111 cd, *nul* 1 c, 19 e, 112 a, *nule* 36 e, 47 e, 48 c, 97 c. *Ne,uls* oder *ni,uls*

aus *nec-ūllus; ūllus* aus **ūnulus*, Dem. v. *ūnus; nuls*, lat.
nūllus, *nē-ūllus.

β, Eul. *pulcella;* Alex. *pulcele* 14a, 48b, 94b, *pulcela* 9a,
12a, 99a, 100b, 121b, 122b setzt **pŭllicella* voraus, Dem. v.
pūlla aus *puella, puerula.* Doch hat das Eulalialied neben
pulcella polle (pŭlla).

γ) Passion: *usque* 96b, *jusque* 78a, *jusche* 82d; Alexiuslied
usque 58b, *jusque* 23c, *jusq;* 30a, *jusqu'a* 121c. Das *ūs-* in
ūs-que ist aus **ub-s-*, **ubi-s-* hervorgegangen. Aber bei
St. Bernhard liest man dennoch *enjosk'* Bartsch 197,19f.

δ) Alexiuslied *justise* 1b, *jūs-titia*, cf. *jūs.*

ε) Leodegar *duistrent* 3b (*dūxerunt*), *duis(t)* 33f (*dūxit*); Alexius
deduit 84b, 91b (*dēdūctum*);

ζ' Alexius *destruite* 29c (*dēstrūctam*).

η) Leodeg. *fruit* 36c (*frūctum*).

2) Vor Vocalen muss in der lateinischen Volkssprache langes
u bestanden haben in den Perfecten auf *ūī* und den Plusquamperfecten des Ind. und des Conj. auf *ūeram, ūissem.*
Eul. *fut, furent;* (*auuisset*). — Fragm. v. Val. *fut, fu.* —
Leodeg. *fud* (*fo* 27a ist Provenzalismus), *furent, fust;* dazu die
Neubildungen *reciut* (**recĭpuit*) und *instut* st. *estut* aus *ester.* —
Passion: *plus : fu* 2ab; *luna : fure* 78cd; (zu corrigiren *cogno-
uist : receubist* 17cd in *conovist : recevist*); ferner *fut* 68c, *fud* 4b,
44c, 90a, *fu* 3b, 31a, 68d, 84b, 85a, 89a, 93c (Prov. *fo* 96a);
furet 43b, *fure* 78d, 89c, *furæ* 105b, *fura* 38c, *fusses* 38c,
fus(t) 8e (Prov. *fos* 93c, 96b); dazu *fui* 109d. — Alexiuslied:
fut 1e, 2c, 3c, 4b, 7d, 11a, 21d, 25d, 26c, 33a, 68e, 116a,
118a, *fud* 3d, 7a, 9a, 21c (*fuz* 67a), *fumes* 124bc, *furent* 13a,
121c, *fusse* 97e, *fusses* 81d, 92b, *fust* 86e, *fussent* 33d; *plo,ust*
41b, 84e, *do,uses* 64c, 83c, *do,usses* 84e, *do,ust* 84c, *o,us* 87d,
90a, *o,usse* 46a, 98de, *so,usse* 98a, *so,usent* 98c, *esto,ust* 86e,
le,ust 98e, *cone,umes* 72e; *do,ussum* 124e; — *dut* 59a, *receut*
24d, *reçut* 20c; (*reconut* 43e, 54b, *reconurent* 24be, 25a,
aconurent 23d); — Einl. *fut;* — Appendix *de,uses, anjo,ust;*
déut.

Die Perfecte und Plusquamperfecte auf *uī, ueram, uissem*
sind mit *fuī, fueram, fuissem* zusammengesetzt. Diese aber haben

ihr ursprünglich langes *u* noch bei Plautus und Junius: *fūit*,
fūimus, fūerim, fūerint, fūisset, Corssen, Ausspr. II, 681.

Schwierig sind die Dativformen *cui, lui, celui, cestui*:
Cui Eidf., Leod. 28b, 30a, Pass. 25d, 36d, 52c, 83b,
105d; Alex. 35e, 36b, 76a, 81a.

Lui Eul., Fragm. v. Val.; Leod. 18ef, 22c, 39e; Pass.
fu : *lui* 89ab, *lui* 46d, 53c, 65c, 80d, (89b), 89d, 93c, 106d,
114c, 125a (jedoch *loi* 42a, 46d: an der ersteren Stelle ist *lu*
in *lo* corrigirt und dann *oi* übergeschrieben); Alexius 7b, 9c,
13e, 20e, 24c, 43d, 49c, 51c, 64b, 69a, 75c, 77c, 81d, 99e,
107e, 117e.

Celui Pass. 36d; Alex. 14a.

Cestui Alex. 101d.

Lat. *cuī* ist aus *quoī, quoei* entstanden, Corssen, Ausspr. II,
706. 731. War die Mittelstufe zwischen *quoī* und *cuī quuī, cūī*?
und hat sich dieses *cūī* in der Volkssprache erhalten? Oder hat *ī*
das kurze *u* vor dem Uebergehen in *o* geschützt? Neben dem Masculinum *lui* besteht das Femininum *lei* Eul., St. Bernh. Die Hypothese: *lui* aus *illūc*, Rom. III, 335 f., lässt *lei* unerklärt; ein
illāc müsste *lai* ergeben.

Anm. 1. Ein *ū* hat sich aus *ō* ergeben in *jus*: Leodeg.
dejus : sus 39ef, *la jus* 30b; daher ist die falsche Assonanz
Jesus : jos Pass. 35ab, wo *jos* ein Provenzalismus ist, durch *jus*
zu corrigiren. *Deorsum*, *diōso, **djūse, jus*. Der Uebergang von
ō in *ū* muss sehr früh erfolgt sein und ist durch *j* veranlasst.

Anm. 2. Auch die Formen von *fu,ir* haben den Laut des
langen *u*, sowohl diejenigen, welche den Diphthongen *ui*, als die,
welche zweisilbiges *u,i* besitzen:

α) Eul. *fuiet* (*fugiat*).

Pass. *fui(t)* (*fugit*) 78c.

Alex. *fui* 12e, *fuit* 15e, 38d;

β) *fu,is* Alex. 91c, *fu,it* 77a, *refu,it* 77e;

Part. *fu,it* 27b.

Fu,is, fu,istes, fu,isse u. s. w. erklären sich aus *fūgistī, fū-
gistis, fūgissem* und ebenso *fu,i, fu,it* aus den Neubildungen *fūgi,
*fūgit statt *fūgī, fūgit*. Dem Perfect analog scheint ein *fūgīto
gebildet zu sein. Aber in *fu,ir* (*fugīre*) scheint *u* auf Analogie

10*

zu beruhen. In den Formen *fui* (*fugio*), *fuient* (*fugiunt*), *fuie* (*fugiam*), *fuieie* (*fugiēbam*) mit *ui* erklärt sich *u*, wie in *muire*, *Saumure*, afr. *a,ur*, *e,ur*; in *fuis* (*fugis*) und *fuit* *fugit*) aber und jn *fuirai* (2 silb.) kann *u* ebenso durch das aus *g* entwickelte *i* erhalten sein. Es vergleichen sich ihnen *ruit*, *bruit*, *bruire*; so *tuit* : *bruit* Chev. au lyon 279. 1059, *bruit* : *ruit* 811, *bruire* : *nuire* 117.

Was nun den Lautwerth des *ū* betrifft, so unterschieden die Römer den Laut ihres *u* deutlich von dem des griechischen υ, Quintil. XII, 10, 27, und fanden ihn dem des griechischen ου gleich, Marius Victor. p. 2454; lateinisches *u* lautete demnach wie das deutsche; Corssen, Ausspr. I, 343 ff. 346. — Seit wann das lange *u* im nördlichen Gallien den Laut *ü* besitzt, hat sich bisher nicht sicher ermitteln lassen; ebenso wenig, ob es unmittelbar oder mittels eines Diphthongen in *ü* übergegangen ist. Nach Diez, Gr. I[3], 426, ist der Untergang des lateinischen Lautwerthes mindestens so alt, wie die Einführung der Combination *ou*; denn diese sei durch eben jenen Lautwandel veranlasst worden. Die ältesten Spuren eines *ou* für *ō* finden sich im Eulalialiede, *bellezour*, und im Fragment von Valenciennes, *correcious*, und die ältesten Spuren von *ou* für *ŭ* im Eulalialiede, *souue*, und im Alexiusliede: *ou* vorherrschend vor *u* und *o* (*ubī*). Nach Diez (und G. Paris, Alex. p. 60 Anm. 1) bezeichnete *ou*, wo es für lat. *ō* und *ŭ* vorkommt, den Endlaut der labialen Vocalreihe (*u*) und wäre erfunden, um diesen Laut von dem Laute *ü* (aus lat. *ū*) zu unterscheiden. Allein *ou* aus *ō* bezeichnete, wie aus Assonanzen erwiesen werden wird, einen Diphthongen *óu*, und der Lautwerth *ü* für *ū* kann daher mit *ou* nicht in Zusammenhang gebracht werden. Andererseits warnt der Umstand, dass *ū* auf dem Gebiet der übrigen romanischen Sprachen nur in einzelnen Mundarten, wie im Neuprovenzalischen, im Churwälschen engadinischer Mundart und im Lombardischen, in *ü* übergegangen, davor, diesen Lautwandel so hoch hinaufzurücken, wie dies G. Paris, Alex. Préf. p. 61, thut. Nach ihm stammt derselbe ohne Zweifel bereits aus der Zeit der römischen Herrschaft in Gallien. Gegen diese Annahme zeugt die alte Schreibung *u* aus *ō*, welche sich in den merovingischen Urkunden vorfindet. Zu einer

Zeit, wo das alte $\bar{u}$ bereits $\ddot{u}$ lautete, konnte man nicht wohl auf den Gedanken kommen, dasselbe Zeichen statt des Zeichens o für einen Laut anwenden zu wollen, welcher sicher ein anderer als $\ddot{u}$ war. Die Schreibung u für $\bar{o}$ muss älter sein als der Lautwerth $\ddot{u}$ für $\bar{u}$. Hinwiederum lässt sich gegen die Annahme, dass lateinisches $\bar{u}$ bereits in dem ältesten französischen Denkmale seinen alten Lautwerth eingebüsst hatte, nichts Positives geltend machen. Es wird also richtig sein, dass bereits in den Eidformeln das u in *cadhuna* anders lautete als das u in *dunat*.

2. Die Quellen des altfranzösischen ò.

Es assoniren unter einander, und zwar mit dem offenen, hohen Laute, folgende o:

a. o aus *au*;
b. ŏ in lateinischer langer Silbe;
c. ŏ in romanischer langer Silbe;
d. ō in romanischer langer Silbe;
e. o aus lat. *a*, resp. *a-u*;
f. o in hebräischen Eigennamen;
Ausgenommen ist jedoch o vor Nasalen.

a. Von ò aus *au* war oben bereits die Rede.

b. ŏ in lateinischer langer Silbe.

Die Quantität des o in positionslanger Silbe kann, da die Metrik versagt und Angaben römischer Grammatiker fehlen, nur mittels der Etymologie und etwa aus griechischen Transscriptionen erkannt werden. Allein die Etymologie gibt nicht in jedem Falle sicheren Aufschluss. Da nun die Kürze vorzuherrschen scheint, so pflegt man o in positionslanger Silbe als ein kurzes zu betrachten, bis die Länge desselben erwiesen ist.

Für o in Position findet sich vulgärlateinisch nicht selten u. Schuchardt ordnet Vok. II, 114 ff., III, 203 die Quantität des zu Grunde liegenden o anderen Gesichtspunkten unter. Für die Zwecke der französischen Lautlehre müssen u für langes und u für kurzes o gesondert werden. Von den Wörtern mit u, für welche Länge des ursprünglichen o unerweislich ist, kommt die Mehrzahl im Französischen nicht vor; andere, wie *curpus, curnu,*

furtuna, inturquere, durmat, haben hier ò, z. B. *destòrt* Cor. de
Looys 937. 947. Aber von Bedeutung für die französische Lautlehre sind ausser dem älteren *purpura turtos, turmentorum, curtem,* κουρτίνα, *turnum* und speciell diejenigen, welche sich in merovingischen Urkunden *(curtem),* in den Reichenauer *(culcet, fulcos,
turta)* und Casseler Glossen *(purcelli)* vorfinden.

Dem vulgärlateinischen *turnus* entspricht *returnar* Strassb.
Eidf.; *duœs* : *retornent* Pass. 106 ab; folglich *tórnat* 110 a, *tórna-
das* 104 c, *entórn* 15 c und *tòrne* Leod. 35 b. Der Stamm ist im
Alexiusliede, wie in den Eidformeln, consequent mit *u* geschrieben:
turnent 32 a, *returnent* 64 a, *turner* 34 e, 98 c, 104 a, *turnet* 69 d,
returnerent 24 e, *aturnat* 28 d, 49 e, *aturnede* 29 e. Offenes *o* ist
ausgeschlossen durch die Assonanzen *turnet* Rol. Tir. 270, *turnent*
ib. T. 152, 193, *tresturnet* T. 100, 110, *tresturnent* T. 189, *tór*
Jourd. de Blaiv. 3854, ferner durch Reime wie *retorne* : *sejorne*
Chev. au lyon 1727. 3215, *atorne* : *sejorne* 3133. 4153. 4715,
torne : *sejorne* 5763 *(trestorne* : *retorne* 5205), *retort* : *cort (currit)*
747, *tort* : *cort (currit)* 1301 *(retort* : *tort* 4413), *sourt (surgit)* :
atourt 2081, *jor* : *retor* 1839. 2577, *entor* : *sejor* 2475, *ator* : *jor*
2893 *(destor* : *ator* 755), *antor* : *estor* 1137. Nfr. *tourner.*

Mit dem volkslateinischen *curtem* harmonirt *fellun* : *cort*
Pass. 61 cd; die Orthographie *curt* Leod. 8 b; *cort* assonirt in ó
Bartsch 3 49,2. 10. Dazu die Reime *cort (currit)* : *cort (curtem)*
Chev. au lyon 1827; *cort* : *acort* 5985; *corz* : *sorz (surdus)* 631;
jorz : *corz* 3683. 4795. 6270. Nfr. *cour.*

Dem nachgewiesenén κουρτίνα (jedoch Reichen. Gl. *cortina)*
entspricht die Orthographie *curtines* Alex. 29 d. Man wird daher
auch *cortine* Pass. 82 c mit ó ansetzen müssen. Nfr. *courtine.*

Mit *fulcos* stimmt *fulc* Leod. 22 e, wonach man *folcs* Pass.
12 a als *fólcs* wird auffassen müssen.

Mit *culcet* harmonirt *culchet* Rol. Tir. 2. 152; *boche* : *coche*
Chev. au lyon 289. *Colcer* Alex. 11 b wird dem französischen
Copisten der hypothetischen Handschrift *a* angehören. Nfr. *coucher*
beweist nicht für *cólchier.*

Den Wörtern *turtos, turta* und *purcelli* entsprechen nfr.
tourte und *pourceau,* und da dem volkslateinischen *turmen-
torem* nfr. *tourment* entspricht, so darf man *torment* Leod. 2 f,

29e, Pass. 17 b mit *ó* ansetzen. — *Pantecoste : coste (cōstat, constat)* Chev. au lyon 5 scheint sich durch Anlehnung zu erklären.
Dem volkslat. *durmat* entspricht zwar die Orthographie *con-
durmiʒ* Pass. 27 c. Da jedoch das daneben stehende *condormirent*
31 b dem afr. ufr. *dòrmir* zu entsprechen scheint, so wird *con-
durmiʒ* ein Provenzalismus sein.

Auffällig ist *usted* Pass. 39 e ; allein der Copist verwechselt
mehrfach *u* und *o* und corrigirt hinterher : *percuidat* 18 a, *noit*
29 a, *cumpannie* 33 d, *fellon* 40 c ; *usted* hat er zu corrigiren ver-
gessen. Das Verbum hat sonst *ò* : *oste* : *oste (hospitem)* Chev. au
lyon 1381, cf. 5405; *reposte* : *oste* 3005 ; *coste (costa)* : *oste* 3453 ;
oste : *acoste* 3507 ; und dieses *ò* entspricht seiner Herkunft. *Oster*
oder *hoster*, prov. *ostar* oder *hostar*, stammt von *hospitare* »mit
einem *hospes* versehen«. Dieses Verbum bekam für die römischen
Provinzialen in Gallien den Sinn von »wegnehmen« zur Zeit der
Völkerwanderung. Die germanischen Eroberer, speciell die Bur
gunden, beanspruchten in der Eigenschaft als *hospites (hospitali-
tate)* zwei Drittel des Grundes und Bodens : *hospitabant terras Ro-
manis,* sie besetzten ihnen die Güter mit (burgundischen) An-
siedlern, d. h. sie nahmen sie ihnen weg. Die schmerzliche
Erinnerung an den bitteren Verlust spricht sich auch in der volks-
thümlichen Umdeutung des Namens *Agustodūno* in *Ostedun* oder
Hostedun »Nimmstadt« aus. Die Stadt war ein Sitz burgundischer
Verwaltung, von dem aus die Gütervertheilung für die Umgegend
geregelt wurde.

Abgesehen von den erwähnten, aus dem Volkslatein sich er-
klärenden Ausnahmen haben unsere Denkmäler für lat. *ŏ* in Position stets *o*.

Die **Eidformeln** bieten nur *n͞ro*, d. i. *nostro*; das **Eulalia-**
lied *tost* : *coist, corps, enortet, morte, mort, tolir (post)*; das
Fragment von Valenciennes *correcious, tost, vost*. Das
Leodegarlied hat *mors* : *toit* 20 a, l. *morʒ* : *tost*; *morʒ* 9 c, *corps*
2 d, 29 e, 39 bf, 40 a, *confortent* 20 e, *porter* 1 b, 34 b, *absols* 38 d,
tollud 39 a, *decoller* 37 f, *decollat* 38 f, *observer* 23 d, *observat* 11 e,
occist 2 f, *occidere* 37 d. Von den Assonanzen der **Passion** war
oben die Rede ; ausserhalb der Assonanzen finden sich *coleiar* 47 b,

Golgota 67a, *solses* 96d, *mort* f. 3c, 29d, 39d, 60b, 75b, 94c, *mort* m. 9c. 100c, *mortalz* 85c, *fort* 13d, 19a, *fortment* 29c, 51c, 79c, 110c, *fortmen* 80c, *confortet* 33b, *corps* 82a, 86b, 88d, 102c, *sort* 68b, *tort* 73b, *porta* 67b, *corda* 19c, *portet* 86c, 89c, *portavent* 98d, *aportet* 87b, *escorter* 124a, l. *escorchier*, *toster* 124c, *nostres* 3b, *vostres* 21d, 66c, *roches* 81c, *oicisesant* 44b. Das Alexiuslied enthält ò-Assonanzen Str. 61. 101. 125. Geschrieben stehen: α) *cors* 20d, 33d, 51bd, 56a, 58d, 67b, 72c, 80d, 100c, 102b, 103e, 104c, 107d, 109c, 114e, 116b, 117c, 118b, 120c, 121é, *fort* 12d, 89a (*fortment* 5b, 64b, 65d), *porz* 40a, *portet* 39e, *portent* 102b, 114c, *aportet* 57c, *report* 111c, *orbs* 111b, *mort* 85e, 86d, 92d, *morz* 68d, 71d, *morte* 89b, 97d, *host* 29c, *tost* 103b, *vostra* 97b, *nostr-os* 101c, (*ñre* 31d), *noz* 105c, 124c; *mòilent* 54b, cf. Chev. au lyon 4195. β) *efforcer* 52d, *confortasses* 90d, *reconfortasses* 78e, *porter* 83ae, 112c, *portai* 88b, 89d, 91c, *portat* 7b, 17de, 27a, *portet* 19a, *porte,ure* 89b, *recorder* 110a, *mortel* 13c, 123b, *corucet* 53e, 54c, *corocier* 11d, *acoler* 86d, *tolir* 71e, *volsist* 10c, *volisse* 41b, l. *volsisse*, *ostel* 45e.

Wie *o* in Position lautet ursprünglich das *o* des aus *o* in Position entstandenen *oi*. Die Eidformeln und das Fragment von Valenciennes bieten kein Beispiel; das Eulalialied hat *tost* : *coist*. Im Leodegarliede steht stets *o* geschrieben: *noit* 33c, *doit* (*doctum*) 5a, *doist* (**doxit* st. *docuit*) 4e; dazu *aprosmat* 39d, l. *aproismat*, und *pos ci* 16f, l. *pois que*. Ebenso hat die Passion *o* : *noit* 49a, 77a, auch 29b (*u* ist zu *o* corrigirt), *noiz* 78b, *aproismer* 4c, -*ad* 36b, -*ed* 4a, -*et* 13a, 33c, 99b, *poisses* (*postea*) 58d. Das Hohelied enthält *pois* (*postea*) 52,22. 34. Auch die Lambspringer Handschrift des Alexiusliedes besitzt noch *aproismet* 58d, aber neben *pois* (*postea*) 15b bereits *puis* 3a, 7ce, 28e, *nuit* 15e, 38d, *anuitet* 11a; cf. *mòilent* 54b (cf. *dòilet* 101c, *vòilent* 120b, *vòillent* 116d, *vòil* 117e). Das ältere *oi* gehört dem Verfasser, das jüngere *ui* dem Copisten an, und es ist mithin *ui* aus *oi* in ursprünglicher Position mindestens so alt wie die Lambspringer Handschrift. Crestien de Troies hat bereits consequent *ui*, wie sich unten ergeben wird. Der

Diphthong *òi* ist entweder mittels *ôi, ói* oder mittels *ói, ôi* oder mittels *ói, ui*, wahrscheinlich aber auf dem ersten Wege, in *ui* übergegangen.

c. ŏ in romanischer langer Silbe.

Die Reichenauer Glossen enthalten *colpis* 79, die Casseler mit erhaltenem Vocal der vorletzten *stomachus, timporibus.* In den Eidformeln kein Beispiel. Das Eulalialied bietet *voldrent, voldret, pouret,* das Fragment von Valenciennes *solt* (*soluit*), *alsmosnes,* das Leodegarlied *vol* 10c, 17e, 25c, 34a, welches, wenn man es nach *voldrent, voldret* des Eulalialiedes und nicht nach *volsist* im Alexiusliede beurtheilt, *voluit* und nicht **volsit* ist. *Pot* ist Präsens und Perfect; entscheiden können nur die Assonanzen und der Zusammenhang. Die Assonanzen *bons* : *pod* 7cd und *dol* : *poth* 11cd fordern das Präsens; der Zusammenhang das Präsens 23c, 28c (*puot*), das Perfect 24c, 32b, 37b (*pòt* oder *pòut*). Die Passion enthält zuerst Wörter dieser Art in den Assonanzen: *Escarioth* : *rebost* 21ab, *vol* : *og* 40ab und durch Umstellung *pot* : *ot* 85cd. [Keine Position bilden *lj* und *c-l* : *poz* : *orgolz* 14cd; cf. *olz* 13d, 74c, *ols* 47a; *vol* 1c (**voleo*)]. Das Alexiuslied zeigt in ò-Assonanzen: *memorie* 125a (cf. Appendix *historie,* Einl. *memorie, historie*), *apostolie* 61a, 104a, ausserhalb der Assonanzen *apostolie* 62a, 71b, 72a, *apostolies* 74a (*-e* 75a), *pout* 19d, 103b, *pourent* 26b, 102a, 103e, 120a, *almosne* 20c, 24c, 105d, *almosnes* 19c, cf. *almosners* 25d. Bartsch[3] p. 50: *crollent* : *dorment.* Das Rolandslied hat in ò-Assonanzen: *colps* T. 84. 94. 138, *Rosne* 122, *Capadoce* 122, *Marmorie* 122, Perf. *volt* 94. 172, auch 237, wo *volt* nicht das Präsens ist; *pout* 94. 119, und so ist T. 238 *pout* statt *poet* zu lesen. *Pot* in einer òt-Tirade Bat. d'Aleschans 6062; *pòt* Jourd. de Blaiv. 1652. 1657, *decòpent* 2147, *Ròsne* 2140. Crestien de Troies reimt *cos* : *anclos* Chev. au lyon 271, *cos* : *desclos* 4199, *tost* : *an repost* 1899. Aber: *apróche* : *tóche* 881. 5841, *apróche* : *bóche* 1961 (*apróche* : *repróche* 6227).

Dem ŏ in romanischer Position entspricht das *o* des unter derselben Bedingung entstandenen *oi.* Die Reichenauer Glossen enthalten folgende hierher gehörige Wörter: *ovium, in odio habui*, »*tedet anoget*« 185, *corium*, *ivorgeis* 143; die Casseler Glossen *moi*. Die Eidformeln bieten *pois* (**poteo*); das Eulalialied geht leer aus, das Fragment von Valenciennes bietet *oi* (aber *posciomes*). Das Leodegarlied hat *posc* 16 f statt *pois* (**poteo*), die Passion *oi* (*hodie*) 75 c, *oidi* 73 d sowie *posc* 112 c, 1. P. *posche* 129 ac, 3. P. *posche* 60 b statt *pois*, *poisse*, *poisset*. Das Hohelied zeigt *pois* (*poteo*) 51,28. Ebenso hat die Lambspringer Handschrift des Alexiusliedes *oi* (*hodie*) 109 b, *poi* (*potui*) 79 e, auch *poissent* (**poteant*) 63 b, aber bereits *puis* 22 e, 71 e, 93 c, 96 c, *puisse* 31 c, *puiset* 118 c, tonlos *poissum* 110 e, aber *puisum* 74 e. Auch hier gehört *ui* dem Copisten an. Crestien de Troies hat in allen diesen Fällen *ui*; aber vor *r* hält sich *oi* : *mimoire* : *yvoire* Chev. au lyon 3013 wird man noch mit *òi* ansetzen müssen; vgl. *li estoires* in *ò*-Assonanz Jourd. de Blaiv. 2137.

d. ō in romanischer langer Silbe.

Rasorium, *ventilatorium*, *gaforium*, *lectorium* und *custodia* in den Reichenauer Glossen zeigen die alte Form. — Französische Beispiele sind nicht allzu häufig; sie fehlen in den Eidformeln, im Eulalialiede, im Fragment von Valenciennes, im Leodegarliede und in der Passion; *glori,ae* Pass. 129 b ist ein Latinismus. Das Alexiuslied hat in *ò*-Assonanzen *adjutorie* 101 d, *glorie* 125 cd, ausserhalb der Assonanzen *glorie* 59 d, 123 d, *Anories* 62 b; der Appendix enthält *Gregorie*.

e. ò aus lat. *a*, resp. *a-u*.

Es handelt sich hier um die Perfecte *habui*, *sapui*, *placui*, *tacui*, *jacui* nebst den entsprechenden Plusquamperfecten, um das Imperfect auf *ābam* und um vereinzelte andere Wörter.

α) Die Perfecte. Das Eulalialied hat noch *avret* nebst *auvisset*; das Leodegarlied noch *aut* 5 a, 6 d, 22 e, 26 e, 27 c, 31 c, *aud* 39 a und daneben *oth* 6 ef, 10 a, 30 a, *oct* 11 c, 28 b, 32 d, *oc-s* 13 d, sowie *souurent* 20 b, d. i. *sovrent*, *sot* 13 e, *soth* 15 e, 26 f, *joth* 28 a. Die Passion enthält diese Perfecte zuerst in der Assonanz: *vòl* : *òg* 40 ab, durch Umstellung *pot* : *ot* 85 cd; cf. *oc* 23 b, *og* 26 a (*oi* 85 d Schreibfehler für *oc*, *ot*). Das Alexius-

lied zeigt *oi* 89a, *out* 46c, 62b, 94b 108ab, 109a, 119e,
ovrent 39b, *sout* 55c, jedoch sämmtlich ausserhalb der Assonanzen.
Das Rolandslied aber hat in ò-Tiraden *out* Tir. 94. 119. 137,
ebenso die Bataille d'Aleschans *ot* 6064, Jourd. de Blaivies *orent* 2143, und so reimt Crestien de Troies *poi* : *oi* Chev.
au lyon 275. Das Hohelied hat *eusel* 57,30 st. *oisel*.

β) Das Imperfect. In ò-Tiraden steht *tochot* Coron. Looys
950, *portot* Bat. d'Aleschans 6057, *ammot* Jourd. de Blaiv. 225. Es
reimen *ot* : *stot* Bestiaire de Philippe de Tha,un, MALL S. 110;
amot : *sot*, *gardot* : *ot Brut* 8826 f., 8861 f. bei BURG. I, 221;
sout : *deve,out* Rom. de Troie, BARTSCH [3] 131,28 f.

γ) Andere hierhergehörige Wörter sind: *od* (*apud*) Alex.
122cd, *ansemblot* 30e, 43d, 122b, jedoch ausserhalb der Assonanzen. Das Rolandslied hat in ò-Tiraden *Anjòu* T. 214 und
parolt T. 94. Crestien de Troies reimt *clos* (*clāvōs*) : *galos*
Chev. au lyon 751, *anclos* : *clos* 961; *voisent* : *noisent* 2325,
(*s'estoisent* : *voisent* 6215), *chois* : *je m'anvois* 5453, *estois* : *bois*
331, *je m'an vois* : *bois* 3069. 3755.

f. ò in hebräischen Eigennamen.

In der Passion assoniren *Escari,òth* : *en rebòst* 21ab,
Eschari,òh : *vor* 25cd, l. *corps*. Im Rolandsliede assoniren in ò
Aelroth Tir. 94, *Jericho* Tir. 237, im Coron. de Looys *Loth* 951;
und so reimt Crestien de Troies *Loth* : *ot* Chev. au lyon 6259.

3. Die Quellen des altfranzösischen ó.

Es assoniren unter einander:

a. langes *o* in der (auch positionslangen) Penultima oder Ultima;
b. kurzes *u*;
c. kurzes *o* in lat. langer Silbe vor Nasalen;
d. kurzes *o* in rom. langer Silbe vor Nasalen;
e. langes *o* in rom. langer Silbe vor Nasalen;
f. *o* aus *a* vor Nasalen;
g. das *u* der lat. Endung *-um*.

a. Lat. ō in der Penultima oder Ultima.

Das lange *o* ist in unsern Denkmälern durch *o* oder *u*, vereinzelt durch *ou* vertreten.

U statt *ō* findet sich häufig bereits im Vulgärlatein, und zwar insbesondere auch in positionslangen Silben. Wörter dieser Art sind unter den von Schuchardt mit *u* statt *o* aufgeführten folgende: wie *arbŭstum*, **arbōsētum*, so *cōgnŭsces* u. ä., *cōgnō-sco*, cf. *cōgnō-vī*: *nŭngentōs*, *nōngentōs*, *nōnus*; *rŭscidus*, *rōs-cidus*, *rōs*; *ūstiārius*, *ōstiārius*, *ōs-tium*, *ōs*; *ūrdo* u. ä., *ōrdo*; *ūrnātūra* 301 n. Chr., *ōrnāre*; *prŭspera*, *prōsper* aus **pró-spēre*; *prūrsus*, *prōrsus*, **prō-vorsus*; *prŭmptum*, *prōmptum*, **prō-emptum*; con-*fŭsus*, *fŏssus*: *fŭstis*, **fōstis*, **fons-ti-s*, **fond-ti-s*; *frūs*, **frōs*, *frons*: *tŭsillās*, **tōsillās*, *tonsillās*; insbesondere *cŭsire*, *cūsuere*, **cōsuere*, *cónsuere*; *cūstūma*, **cōstūma*, **consuētūma* st. *consuētūdo*; *cūstitūtus*, **cōstitūtus*, *constitūtus*; *Cūstantius*, *Cōstantius*, *Constantius*; auch *cūiux*, **cōiux*, *coniux*; *cūnivēre*, **cōnivēre* st. *connivēre*: *cūgnāta*, *cōgnāta*.

Von den Wörtern mit *u* statt *o*, welche d'Arbois de Jubainville aus merovingischen Urkunden mittheilt, gehören hieher: *nus*, *geneturi*, *universurum* u. ä.; *aucturetas*, *negucia*; *custudire*, *aucturetate*, *neguciantes*; insbesondere *nuscetur*, *cognuscat*, *cognuscito*, *cognuscitur* u. ä.; *urdo*, *urdene*, *urdenandum*, *prumpta*; ferner *testimunium*, *testimuniavit* und *victuriae*, *terreturiis*.

Die Reichenauer Glossen haben *ū* für *ō* nur vor *n* als Silbenauslaut: *mansiunculas*, *impruntare* (*imprōmutuare*), *impruntatum habebam*; sonst steht *o* : *ros* 129. 98, *gerlosu* 120, *meliores*, *discolorant*, *mortuorum*, *solamente*, auch *dona*, *donans*, *cardonis*, *paparonem*, *fanonem*, *aculionis* 124, *mationes*, *macionibus*, *vitiosior*; *ostium*. Die Casseler Glossen haben ebenfalls *u* vor *n* als Silbenauslaut in den Substantiven *mantun*, *tal'auun*, *auciun*, *capriuns*, aber *masione*, *liones* d. i. *ligones*, nebst *non*, *nomen*, *quomodo*, *fomera* st. *vomera*, *romana*; ausserdem vereinzelt *u* in *tūtti*, *scruva*, woneben *troia*, *nobis*, *ponderosus*; *cogita*.

Auf dem volkslateinischen *ū* aus *ō* beruht der Diphthong *ui* = *üi* in folgenden Wörtern: *tūtti*, *tuit* Eul., Leod. 11 a, 36 a, *trestuit* 36 b, *tuit* Pass. 31 b, 35 b, 36 a, 46 b, 59 a, 60 c, 63 a,

69 b, *trestuit* 57 d, 90 b; *tuit* Alex. 37 e, 66 c, 100 d, 102 ce, 104 e, 119 cd, 124 b, *trestuit* 37 b; — *ūstiāria*, *useire* Pass. 48 b, l. *uissiere*; *ūstium*, *us* Alex. 36 c, l. *uis*; — *cūgitāre*, *percuidat* Pass. 18 a (*percogded* 85 d, *per cho inded* 29 a), *quident* Alex. 106 c. Zwar finden sich diese Wörter in den ältesten Denkmälern nicht' in den Assonanzen; allein das consequente *ui* in Denkmälern, welche für lat. ō *o* besitzen, bezeugt den Lautwerth *üi* unzweideutig. Es assoniren *trestui't* : *ce's'tui*, *lui* Ep. farc. 3, Jahrb. IV, 313. In einer *ü*-Tirade steht *trestuit* Jourd. de Blaiv. 1208. Hingegen haben kein *üi* : *voiz*, welches nie mit *ui* geschrieben ist, *conoissent*, *doinst*, *cointe* oder *conuissent*, *duinst*, *cuinte*, in denen ō nach Ausweis der Assonanzen das gewöhnliche Schicksal des lat. ō theilt.

Abgesehen von den genannten Wörtern haben unter den ältesten französischen Denkmälern die E i d f o r m e l n *u* : *amur*, *dunat*, *nun* (*non* daneben gehört dem Copisten an); *pro* ist ein Latinismus. Hingegen das E u l a l i a l i e d und das F r a g m e n t v o n V a l e n c i e n n e s haben *o* und vereinzelt *ou*: Eul. *nos*, *por*, *poro*, *orum*, *nom*, *non* und daneben *bellezour*; Fragm. *nos*, *vos*, *tot*, *lor*, *por*, *poro*, *laboret*, *mostret* und daneben *correcious*. Das Eulalialied und das Fragment bilden durch ihr *o* und *ou* einen bemerkenswerthen Gegensatz zu den Eidformeln.

Das L e o d e g a r l i e d enthält *num* 30 a, *nū* 10 b, d. i. *nium* (aber *nom* in *nomavadart* 38 e) und *Didun* 4 a, also *u* vor auslautendem *m* und vereinzelt in der Substantivendung -*un*. Aber sonst steht stets *o* : *raizons* 6 e, 32 d, *sermons* 6 e, *baron* 9 d, Lehnwort *passi,ons* 40 f, *non* 1 b, 6 f, 17 f, 27 f, 29 ac nebst *no-l* 13 f, *no-ls* 11 d; *coronat* 21 e, *honorez* 9 b, *l'onorat* 8 c, *perdonat* 8 d, 36 f, *perdonet* 38 d, *comandat* 4 b, 20 b, 39 f (**cōmandāvit*), *promist* 32 f; *consolement* 29 f, *amor* 1 c, *honor* 1 b, *honors* 20 f, *pavor* 13 d, *furor* 33 a, *seniors* 2 b, 40 e, *senior* 13 c, *hora* 25 e, *lor* 20 c, 35 b, 38 c, *por* 1 d al., *nos* 1 f, 40 e, *vos* 2 ac, 19 e, *tot* 15 d, 27 c, *toth* 17 f, 18 d, 21 f, 25 d, *toz* 28 d, *trestoz* 6 f, dazu *duos* : *honors* 20 ef (cf. 2 b), welches G. P a r i s in *dous* ändert.

In der P a s s i o n liest man, wie im Leodegarliede, *u* vor silbenschliessendem *m*; so steht *nu-m* 17 cd, obwohl consequent *non*. S c h w a n k e n d· ist, wie im Leodegarliede (das Fragment bleibt

neutral, die Schreibweise in der Substantivendung *on, un* :
die Wörter, welche nur ein einziges Mal vorkommen, haben *on*,
ausgen. (*evirum* 39a), *cridaizun* 72b, *Petdrun* 103b: nämlich *sermon* 28a, *peissons* 111ac, *menton* 37b, *Symeons* 85d, *confessi,on*
76c, *redempti,ons* 4ab; die öfter vorkommenden haben bald *o*,
bald *u*: 1) *raizon* 108c, 112a, *raizons* 128c, *raison* 48c, *raisons* 61a, aber *raizun* 1a; 2) *passi,on* 52c, 111c, 112b, aber
passi,un 1b, 24c, 44d, *pasi,un* 64d, *passi,uns* 3d, 4a: 3) *fellon* 46b, 47b, 55d, 56b, 63b, *felon* 43c (*felo* 20a), aber *fellun*
62d, 59a, 61c, *felluns* 80a, 90a, *felun* 36a, *feluns* 70a;
4) *ladron* 41c, aber *ladrun* 56c, 76d, *ladruns* 72c, *lasruns*
71b, lies *ladruns*. So steht *o* vor *n* als Silbenauslaut auch in
don 76b, *non* 3a, 14cd. 16d, 22d, 28b. 44c, 54d, 58b, 60b,
68c, 69c, 73b, 75a, 88d, 90ad, 94d, 96ab, 97a, 102b, 110b,
116b, 120bc, 126a, 127a, *no* 44d, 89d, 103b, 121c, (*no-s* 39c,
no-l 14c, 37c, 54b, 68a, 85c, 112cd, 114d). Im übrigen finden
sich nur vier vereinzelte *u* : *custurae* 67d, *tradetur* 37d,
esvegurad 125c und *nu-ls* 125a, welches auf Verwechslung mit
nuls beruhen mag. Sonst stets *o* sowohl vor Nasalen : *corona* 62c,
nona 78a, 79a, *perdone* 77c, *perdones* 76d, 128d, *perdonent* 56c,
donad 87d, *donét* 97a, *donéd* 37d, *donés* 86b, *aromatizen* 98b,
comandet 92d (*commandez* 24b); — als vor anderen Consonanten :
honor 9d, 86c, 88a, *pavor* 100bd, *pavors* 19b, *errors* 92a, *sudor* 32bd, *sennior* 20d, 22b, 61b, 104c, *senior* 63c, 70d, *emperador* 59cd, 63d, *maior* 46c, *maiors* 92b, *pechedors* 128b, *redemptor* 104d; *adorent* 104d, *adhoraz* 125d, *plorer* 66b, *plorant*
65b, *plorez* 66d, *plorét* 50b, *orar* 30d, 31d, 32a, *lor* 6bc, 19d,
20b, 24b, 34b, 35c, 42b, 45c, 61b, 67c, 92cd, 103d, 118a,
121c, 125b; — *sols* 30d, 40a, 42c, *soleilz* 98a; — *custodes*
100a; — *tot* 1d, 2cd, 12c, 15c, 19d, 26d, 68d, 102b, 103a,
112c, (121a), 122d, 125d, 129d, *trestot* 71d, 78b, *toz* 3d, 8d,
(16a), 25b, 28d, 30c, 60d, 64d, 69d, 72c, 89c, 94d, 96d,
97c, 114b, 116d, 118cd, *trestoz* 24d, 31d, 108d, 109a, *tota*
9a, *totas* 17a, 35d; — *nos* 3d, 4d, 47d, 50d, 60d, 73c,
77abcd, 90c, 126ab, 127a, *vos* 1a, 21c, 66bcd, 70a, 101c,
102b, 103b, 112ac, 117a, *mos* 109a, *tos* 14b, 16c, *sos* 5c, 19b,
25c, 28d, 30c, 33a, 47a, 71b, 74a, 86d, 103'a, 113a, nach

Vocalen *ssos* 11 d, 13 d, 23 d, *dos* (*duōs*) 5 c, 71 bc, *los* 18 d, 31 cd, 33 b, 97 d, 111 b, *los* 3 b, 16 a, 18 c, 19 a, 34 a, 47 a, 124 a, 126 d; Lehnwort *promet* 75 c, *promesdrent* 22 a; *cognoguist* 17 c, auch *vo s* : *fellun* 59 b, l. *voi s: r e c o g n o s t r e* 49 d, *r e c o n n o s s e n t* 104 c, l. *reconoistre*, *reconoissent.* Die Assonanzen bezeugen die Identität des Lautes in *on* und *un*: *passiuns* : *redemptions* 4 ab, *ladron* : *passiun* 41 cd, *confession* : *ladrun* 76 cd, ferner *passiun* : *trestos* 24 cd, *fellun* : *vos* 59 ab, *fellun* : *cort* 61 cd, *fellun* : *excos* 40 cd, *felluns* : *van* 90 ab, lies *vont*; man vergleiche *felon* : *Jesum* 43 cd, *emperador* : *Jesum* 59˙cd neben *evirum* : *Jesum* 39 ab, . *ladrun* : *Jesum* 56 cd, *ladruns* : *Jesum* 72 cd. Man wird ebenso die vereinzelten Wörter *tradetur*, *esvegurad*, *custurae* beurtheilen dürfen. Aber *-um* (s. u.) ist auffällig.

Im A l e x i u s l i e d e (Ass. Str. 1. 14. 44. 54. 62. 66. 72. 73. 111 u. 40. 43. 60. 92. 103) erscheint lat ō fast durchweg als *u*:
α) Betont: *nus* 3 a, 5 e, 14 b, 64 c, 67 e, 73 c, 74 d, 104 bc, 105 be, 107 bc, 124 d, 125 c (aber *n o s* 101 e, 125 b); *vus* 3 e, 22 c, 25 e, 37 b, 122 e (aber *v o s* 79 c); *tut* 1 d, 2 de, 10 e, 12 c, 13 a, 19 ab, 34 a, 41 a, 44 e, 45 e, 47 c, 49 c, 50 e, 58 e, 62 c, 64 d, 67 c, 69 d, 73 de, 90 b, 111 c, 123 e, *trestut* 37 b, 106 e, 108 e, *tu s* 4 c, 54 a, 59 d, 64 a, 65 d, 71 b, 100 b, 101 e, 102 a, *tute* 27 d, 57 d, 89 b, 91 d, 92 d, 98 c, 99 c, *tuta* 4 e, 21 e, *tutes* 115 d (aber *t o t* 20 a, 99 d, *to s* 125 b, *t o t a* 103 a); *sul* 8 b, 13 a, 69 d (aber *s o l e* 90 c); *spuse* 11 c, 21 b, 22 c, 30 b, 42 c, 95 c, 119 b, *espus* 14 a, *espuset* 10 c: *plurus* 66 b, *dolerus* 78 c (aber *m o s t r e t* 13 d); — *l'ure* 61 e; *lur* 5 b, 6 c, 10 a, 11 bd, 20 a, 25 d, 39 b, 42 cd, 48 d, 49 ab, 54 d, 60 a, 62 d, 63 bc, 66 d, 72 c, 76 c, 77 a, 106 ae, 108 cd, 112 d, 117 e, 120 e, 121 de, 122 de (aber *l o r* 119 c); *pluret* 118 d, *plurent* 45 b, 88 a (aber *p l o r e n t* 113 c); *pluisur* 117 d, *meilurs* 23 a, *anceisur* 3 b, *emperethur* 7 d, *emperedur* 83 e, *seinur* 31 e, 32 d, 47 d, 100 d, 113 a, *seinurs* 93 a, 105 b (aber *s e i n o r* 12 b, 67 d, 104 a, *seignor* 120 e, *seignors* 101 a, 125 a und *s e r v i t o r* 34 d); *amur* 31 b, 34 c, 46 e, 93 a (aber *a m o r.* 45 c); *dolur* 32 b, 82 d, 84 a, 85 a, 97 c, *dolurs* 80 b; *tristur* 28 d; *honur* 29 c, 38 c, 40 e, *honurs* 33 d, *l'onurent* 37 d (aber *l'o n o r* 73 c, 77 d, *c l a m o r* 45 a), *pur* 17 b, 27 a, 31 bc, 33 cd, 34 c, 37 c, 42 a, 43 c, 44 bde, 45 c, 46 de, 49 c, 51 d, 54 a, 77 cd, 80 bd, 81 e, 82 c, 88 d, 89 d,

91 ce, 93 a, 95 bd, 108 c, 109 b, 118 b, nebst *purpenset* 8 c (aber
por 45 c); — *dunet* 16 c, 19 d, *dune* 74 c (aber *done* 5 e; verschrieben *doment* 10 a st. *dunent*), *maisun* 63 d, 65 c, 94 d, *raisun*
15 a, *ureisuns* 72 b, *oraisun* 33 c, *gunfanun* 83 e, *num* 4 a, 6 e, 7 a,
17 c, 43 e, 76 c, *nun* (*nōn*) 116 d (*nu-l* 27 e). Dazu: *duinst* 74 c,
duins(*t*) 62 d, 66 d, *parduinst* 54 d, *conuissent* 41 c, *recunuissent* 40 d, *reconuissent* 58 d, aber *voiz* 59 b, 60 a, 63 c, 79 a,
107 a und *cointe* 43 b. Stets mit *o* sind geschrieben: *Rome*
3 c, 4 b, 9 b, 26 a, 39 e, 40 a, 43 a, 75 c, 77 e, 81 c, 93 a, 108 a,
109 c, 114 b, 115 a, 118 d und *noble* 8 e, *nobilitet*3 d, vermuthlich als Lehnwörter.

β) Tonlos: *espusethe* 21 b, *espusede* 48 b, *muster* 36 a, 37 a,
mustret 112 b, *mustrethe* 15 a, *demustrer* 58 a, *doloserent* 119 bd,
plurus 66 b, *plurer* 49 b, 86 e, *plurat* 100 a, *plurant* 112 e, *pluredes*
80 d, 119 e, *honurer* 9 c, *onurer* 38 a, *honurede* 4 d (verschrieben
oneuret 109 b st. *onuret*), aber *honorethe* 121 d, *enoret* 81 d,
enorerent 100 e; *ureisuns* 72 b, aber *oraisun* 63 c; — *duner* 59 e,
guereduner 56 b, *dunat* 6 b, *dunethe* 24 c, *durai* 45 d, aber *donet*
104 c; *avirunet* 115 d, *felunie* 95 d; ferner *cumandet* 15 b, 34 e,
cumandet 58 c, *cumand* 11 c, 46 d, *cumandement* 5 d, 59 c, *cumandemt* 18 c, aber *comandethe* 15 c, *cuvenist* 83 a, *acustumerent*
100 d, *recunuissent* 40 d, *cunuisseie* 87 e, aber *conuissent* 41 c,
conuistrunt 42 e, *reconut* 43 e, 55 b, *reconuissent* 58 b, *cone,umes*
72 e; *Nō,e* 2 a. Dazu: *cunuisseie* 87 e, *conuistrunt* 42 e. —
In *dolerus* 78 c, *doleruse* 92 d, *languerus* 111 c wird man mundartlichen Einfluss des *r* anerkennen müssen.

Mit dem Alexiusliede stimmt die **Einleitung** überein: sie
hat ausser *noble* consequent *u*: *sul, consulaciun, nus, spus, spuse,
faitur; num, cançun, raisun, barun, consulaciun, cumandat.* Nicht
minder stimmt der **Appendix**: *vus, sulement, pastur, depdethur,
a,úrier* (3 mal), *honurables, pur, ampur, purtenir; leceun, raisun*
(aber *raison* in der Ueberschrift und *discrecion*), *num, cum,
cumandat.* Aber *o* besteht in dem Lehnworte *ignoranz*.

Es ist schliesslich noch einer **Ausnahme** zu gedenken: das
Adverbium *or* nebst seinen Compositen ist stets mit *o* geschrieben;
nicht nur im **Fragment von Valenciennes** (*ore* 4 mal), im
Leodegarliede (*or* 1 e, 28 e, *hor* 26 a, 27 e) und in der **Passion**

(*hora* 1a, *or* 92a), sondern auch im Alexiusliede *ore* 1c,
30d, 71c, 96e, 99a, *or* 12e, 21a, 22e, 25d, 41a, 42d, 56d,
74e, 82d, 89b, 92d, 97c, 122d, 123c, *uncore* 72e (105e).

Diese consequente Schreibweise verräth deutlich einen eigenthümlichen Lautwerth, und in der That assoniren ja diese Wörter
in *ò*: *uncore* Rol. Tir. 122; *or* (*aurum*): *ancor* Chev. au lyon 1417.
3649 (*ore* : *ancore* 1439); *defors* : *lors* 1577. Der Unterschied
zwischen dem Adverbium *òre* und dem Substantiv *hóre* wird sich
daraus erklären, dass man zur Differenzirung der Bedeutungen im
ersteren Falle *(h)orra* gesprochen hat.

b. Lateinisches ŭ.

Die Reichenauer Glossen haben, das volksthümliche *ior-
nalis* ausgenommen, *u*: 1) in langer Silbe : *α*) *multum, culpabi-
lis, sepulcra, crapullam, bulcatum,* (*compullerunt*); *furnus; custos,
custodia, angustiaretur, subportatum, submergatur*: *β*) vor Nasalen :
verecundia, iuncture, summitas 232, *circumdabat; brunia;* 2) in
kurzer Silbe: *iuuentus, pluuia, gubernat, subito, fugatus, super-
fluus.* — Die Casseler Glossen haben stets *u*: 1) in langer
Silbe: *α*) *multum, stultus, stultitia, pulmone, cuppa, β*) vor Nasalen: *unde, uncla, lumbus, lumbulum, umbilico;* 2) in kurzer
Silbe: *ubi, tua.*

In den französischen Denkmälern ist zu unterscheiden,
ob die Silbe mit einem Nasal schliesst (2) oder nicht (1).

Die Eidformeln haben 1) *u*, und zwar *α*) in langer Silbe das
oben erwähnte *returnar, β*) in kurzer Silbe *suo* (f.); 2) vor Nasalen *u* in *nŭquŭ* (das Abkürzungszeichen über *a* beruht auf dem
Irrthum eines Schreibers, der an das lateinische *nunquam* dachte),
jedoch *o* in den Pronomen *son* (2 mal), *meon* (2 mal).

Das Eulalialied hat auch hier kein *u*: 1) *α*) in langer
Silbe: *polle, eskoltet, colpes; sostendreiet, β*) in kurzer Silbe *sovre,
lo,* nebst *souue* (*sua*); 2) vor Nasalen: *dont, omq;, nonq;, colomb.*

Das Fragment von Valenciennes enthält: 1) *o*, und
zwar *α*) in langer Silbe, *sost,* jedoch *mult* (5 mal), und *pcussist,*
d. i. *percussist,* welches jedoch ein Lehnwort zu sein scheint;
β) *sore, lo;* aber 2) vor Nasalen *u* : *dunc* 4 mal, *dunt* 2 mal,

sunt, umbre, a sun soveir e a sun repausement und daneben *sen cheve, sen peer.*

Das **Leodegarlied** besitzt 1) *o*, und zwar *α*) in langer Silbe: *corropt* : *toth* 18cd, *corroptios* 32c, auch *trovat* 117e (*turbavit*, *controverent* 9d, jedoch *mult* 28a, 35cf, *mul* 14d, 24e, *molt* 17e; *β*) in kurzer Silbe: *covit* 3e, *sobrels* 39c, *lo* 3b al., *o* (*ubi*) 7d, dazu *soi* (*suī*) 3b, *croix* 25b; jedoch *ut il intrat* 17c und *juvent* 6a. [Lehnwörter sind *humilitiet* 6f, *vituperet* 27c, *percutant* 23b, *lucrat* 36d, *furor* 33a, und ein Latinismus ist *super* 28c.] 2) Auch vor Nasalen hat das Leodegarlied *o* : *donc* 3ac, 6b, 21d, 32d (*doc* 31e), *dontre* 33d (**dó-entre* aus **do-énter*, *dum inter*; cf. *gurpir* Pass. aus *guerpir*, *fregondent* Alex. 60d, **frequentant*, *frequéntant* und lat. *prōmptus*, *pró-emptus*), jedoch *u* in *voluntiers* 17a, 20e.

Die **Passion** hat 1) *o*, und zwar *α*) in langer Silbe: *colpas* 73c, *jorn* 119b, *passion* : *jorn* 52cd, *trovez* 44c, *trobet* 18c, *fellun* : *excos* 40d; *desoz* 5b: dazu *cobetad* 38d (*cupiditatem*), *dobten* 120d und *sopa* : *gola* 26ab, *sopa* 25d, *sopar* 27a, *sopét* 107d; jedoch *u* haben *mult* 4d, 50b, 51d, 53bc, *munt* : *mult* 81cd, 82a, 86a, 87b, 127a (*molt* 84a, 98d), *mulz* 7c, 95d, 118b, *multes* 54a und *dulcement* 27b sowie *curr-* : *gutas* 32cd; [Lehnwörter sind *purpure* 62a, *sepulcra* 81d (*custodes* 100a), ein Latinismus ist *sub* 16d]: *β*) *o* in kurzer Silbe: *dobpla* 19c, *sobre* 27c, 60d, 116c, *sobrels* 119c (*soblel* 100d), *ensobre* 12c, 47c, 72c; *o* (*ubī*) 6d, 70b, 103d; *lo* 10d al.; *tos* 14d, *sos* 68c, 89c; vor dem tonlosen Vocal der Endsilbe findet sich jedoch neben *o* auch *u*: *soa* 97b: 84b, 94c, *la soa* 51d, 89a, aber *sua* 7a, 42d, *tua* 77d, *dúæs* 106a. Es kommt hinzu *ói* : *toi* 15b, 17a, *soi* 69b, 91c, 107b, 108a, 115a, 119a, *soi* (*sum*) 35a, 109b; aber neben *croz* 83a, l. *croiz*, in der Regel *cruz* 57b, 80b, 123c, *cruz* : *pasiun* 64cd, *cruz* : *lasruns* 74ab, *cruz* : *cridaizun* 72ab. In drittletzter lat. Silbe *ó* in *genolz* : *fellon* 63a. [Lehnwörter sind *monument* 88c, 92d, 98c, 99b, *munument* 89c, 106b, *moniment* 8c, und *humilited* 7a]. 2) Vor Nasalen hat die Passion regelmässig *u* : *mund* 1d, 78b, 114a, 122a, 125d, 127d, *finimunz* 127a, *sunt* 16a, 82b, 104a, 120a, 122a, *sun* 82a, 110a, aber *son* 36c, 119a, *dunc* 22a, 32a, 42a, 55a, 63c, 64d, 67c, 79b, 80c, 88c, 92c, 104c, 107b, aber *donc* 43c, 61c, 62a, *dunques* 32b, 60a, *duncques* 47a, aber *donches* 117a; *drontre* 127c; *unque* 3a, 89d, *rumpre* 58c; *voluntaz* 126c, *nuncer* 26d, *nuncent* 122b, *annunciaz* 103a, *annuncian* 121b, *unguement* 87b, *unguemenz* 98d (Latinismus *nunc* 129d); auch *pugnes* 126a, *pugnar* 126b. Aber die possessiven Pronomen haben stets *o* : *ton* 74d, *son* 13c, 22b, 27c, 62d, 64b, 95b, 97b, *som peccad* 127d, *mo* 109d, *to* 38b, 129b.

Das **Alexiuslied** hat 1) *u*, mit vereinzelten Ausnahmen, welche auf Rechnung des Copisten der hypothetischen französischen Handschrift *a* kommen.

α) Betont: *jurz* 11a, 42e, 115b, *jurs* 95a, *jurn* 108b, 109b, 116a, 119e, *surz* 111a, *curre* 16d, 39b, aber *acorent* 102e, 104e, *mult* 9c, 12e, 13c, 16a, 49b, 52d, 56c, 61d, 64e, 69a, 86e, 90a, 92ab, 114b, *multes* 23b, *buce* 97a, aber *costre* 36a; *suz* 43c, 47a, 53a, 69e, 71d, 79c, 98a, 118e, aber *soz* 50a; *corucet* 53e; *sur* 4c, 6e, 50a, 53d, 64a, *ensur* 15e, 38d, 111c, *desur* 120a, aber *sor* 93d, 115b, *ensor* 123e; — *tue* 44b, 46e, 57b, 74c, 82e, 91a (nebst *tui* 83b), *sue* 34c, 44e, 56c, 63a, 75b, 87b; nebst *dui* 9d, 23c, 24b, 73a, 113a, *andui* 5c, 6b, *sui* (*sum*) 22e, 27bd, 91d, 92d, 99a, aber *soi* 44e; *u* 19d, 114e, *o* 16e, 47b, 63b, 116d, *ou* 11e, 16b, 17e, 41d, 50a, 53a, 89e, 94e, 98b. Einl. *juvene, sue;* Appendix *culpa.*

β) Tonlos: *turtrele* 30d; *curante* 85c, *soferai* 46e, *summunse* 60a, *somondre* 102d, *corocier* 11d; *suvent* 26e, *sovent* 48a, *soventes* 49a: *truver* 26b, *truverent* 23d, *truvede* 76e, *trover* 19d, *trovet* 71c, *trovrat* 74d (l. *troverat*), *trovereiz* 63e: *guvernes* 44a, 83c, *guvernent* 113a, *juvente* 96a, *juventa* 91b, *purirat* 96b, *su,ef* 7b, 68c: — *dutance* 122a, *recovrer* 63b; — *lu* 69e, 98a; — dazu *muiler* 4d, 6b, 11f, aber *moyler* 8d; — der Appendix hat *dutance;* die Einleitung *juvente, suverain, sulunc.*

2) Vor Nasalen: α) Betont: *dunt* 1c, 10d, 17b, 20d, 31c, 42b, 44d, 51b, 74b, 77d, 81b, 122c (verschrieben *dum* 70a), *dunc* 4bd, 8ce, 10b, 12b, 13c, 16ac, 23a, 47a (verschrieben *dunt* 86a), *idunc* 61a, *unces* 48c, 49c, *unches* 28e, 87e, 108a,

11*

115e, 121b, *uncore* 72c (105d), *sunt* 65b, 121c, 122d, *mund*
73d, *nuncent* 26b, *derump e̦t* 78b, *derumpent* 113e, *derūpre* 86e,
encumbrent 40e; *sumes* 73de; — die tonlosen Possessivpronomen
mun 31e, 42c, 45c, 71d, 79c, 81d, 93b, *tun* 5e, 27e, 30c,
31e, 43c, 44d, 90b, 94d; *sun* 8d, 10e, 12b, 14b, 19a, 20a,
23b, 26e, 28d, 32d, 33b, 34a, 40c, 43ce, 45a, 47b, 50ce,
51bd, 54b, 56ab, 67d, 69e, 86abd, 114e (verschrieben *sen* 86c),
sum 11d, 15d, 16c, 23e, 24b, 34b, 53c, 68b, 70c, 85e,
86b, (Einl. *sum*); — *brunie* 83a nebst *puing* 70b, *bo-*
suin̄z 47c.

β) Tonlos: *nuncier* 64c, *nunçat* 68b, *ancumbrer* 38c, 77d,
ancumbret 19e, *ancumbrez* 124c, *discumbrement* 105c (*fecunditet*
6b, *humilitet* 6a), dazu *busuinus* 73e; aber *volentiers* 68a, *-ers* 52a.
volentet 32d, 109a.

Hinsichtlich des *ŭ* in nicht nasal auslautender Silbe gruppiren
sich die Denkmäler so: auf der einen Seite die Eidformeln und
das Alexiuslied, welche *u* haben, und auf der andern Seite
das Eulalialied, das Fragment von Valenciennes, Leodegar und
die Passion, welche *o* besitzen. Die letztern drei haben *mult*
als gemeinsame Ausnahme. Hinsichtlich des *ŭ* vor Nasalen jedoch
gehen die Denkmäler aus einander: die Eidformeln und Alexius
haben *u*; Eulalia *o*, aber das Fragment *u*, Leodegar *o* (*u*) und die
Passion *u* (*o*). —

Das kurze *u* weicht in einzelnen Wörtern ab: in langer Silbe
assonirt es bisweilen in *ò*, in kurzer in *uo*, *ue*.

In beiden Fällen muss es frühzeitig in *o* übergegangen sein.

1) Lat. *ŭ* in langer Silbe hat in folgenden Wörtern *ò* ergeben:
mot Pass. 54c, 120b; das Wort assonirt in *ò*: *mot* Rol. Tir. 172,
moz Tir. 94. Vgl. *mot* : *plot* Chev. au lyon 429, *mot* : *sot* 657;
ot : *mot* 1007. 1733. — Wie *mot* verhält sich *flote* (*fluctuat*),
welches Jourd. de Blaiv. 2147 in *ò* assonirt, sowie das Verbalsubstantiv *flote* 2141. — Der Reim *nòces* : *cròces* findet sich
Chev. au lyon 2155. Entsprechend steht Einl. zum Alex. *noces*,
nicht *nuces*. — Aber *anglutet* Alex. 61e neben Wörtern,
welche in *ò* assoniren, wird sowohl durch die Orthographie wie

durch die Reime *englót* : *tót* Bestiaire de Gervaise 667 f. und
glóte : *góte* Chev. au lyon 6045 als ein Fehler erwiesen.

2) Lat. *ŭ* in kurzer Silbe theilt das Schicksal von *ŏ* in kurzer
Silbe in *studet, tuum, suum* (s. u.).

c. ŏ in lat. langer Silbe vor Nasalen.

Das Vulgärlatein weist eine Anzahl von Fällen auf, in denen
statt *ŏ* vor auslautendem Nasal *u* geschrieben steht: 1) in Wörtern
griechischen Ursprungs: *rumbus* (ῥόμφος), *rumphea*, *rumpia*
(ῥομφαῖα), arch. *cunchia* (κόγχος), *luncho* (λόγχη), *uncus* (ὄγκος)
arch. *gungrum* (γόγγρος), *spungiam* (σπογγία), 2) in echt lateinischen Wörtern: *abscundi, frundes, punderibus, respunsum, fun-
tes, Muntanus, promunturium; (p)untifex, Tripuntio*
u. ä.; — *Vesuncione*; — *nunnus, nunna*, SCHUCHARDT, Vok. II,
115 f. Insbesondere findet sich auch statt *con- cun-* geschrieben:
cuncaptum, cuncordia, cunserbandis, cunvixit, cunsul und in dem
neugebildeten *cunlationis.* Aber kein phonetischer Vorgang, sondern eine neue Composition mit *cum* hat statt in *cumcurrentem,
cumfessi, cumliberto, cumlocatus* u. ä., und daher auch in *cumbu-
rentem, cummemorare, cumparavit* u. ä.

Eine merovingische Urkunde zeigt *respunsis.* Die
Reichenauer Glossen aber haben stets *om, on* : *omnes, omni,
conca, contra, in absconso*, und speciell *compullerint, concambiis,
contentio, congregatio.* Die Casseler Glossen hingegen weisen
neben *ponderosus, tondit* ein *tundi* auf.

Unter den französischen Denkmälern haben die Eidformeln *o*: *contra, comun, conservat*; ebenso Eulalia: *contredist,
conselliers, concreidre*, und das Fragment von Valenciennes:
cōburir, comcieft, convers (2 mal). Im Leodegarliede findet
sich *cumgiet* 14 f, aber sonst *o* : *lonx* 5d, 39c, *incontra* 12d,
demonstrat 13f, 19b, insbesondere *condignet* 10e, *conseil*
11a, *consiel* 12c, *consilier* 12b, 16b, *controverent* 9d. Die
Passion hat *cumpannie* 33d und *munt* : *mult* 81c neben
mont 117a, *montét* 117a, 118a, aber sonst stets *o*: *contra* 28c,
94d, 126b, *encontr'al* 10c, *encontraxirent* 9d, *encontradas* 104b;
respont 46a, *respon* 75a, *respondre* 54d, Lehnwort *pontifex* 45a,

dazu *lon* 127 a, und insbesondere *comptar* 112 c, *comuna* 96 d, *acomplit* 102 b, *conselz* 20 c, *condormirent* 31 b, *condurmir* 27 c, *conforted* 33 b, *consegued* 40 c, *consentunt* 56 b, *conducent* 61 d, *conjuret* 45 b, *conjaudit* 106 d, *converteñt* 122 c, Lehnwörter *confession* 76 c, *confirmet* 11 b. *Cumpannie* und *cumgiet* entsprechen dem consequenten *cum* (s. u.); *munt* neben *mont* scheint durch das assonirende *mult* veranlasst.

Im **Alexiusliede** steht *o* neben *u*. α) Betont: neben *ancuntret* 43 c besteht *contra* 47 d, neben *lung* 98 b, *lunga* 89 c (*lungament* 69 a), wozu *luinz* 95 b, bestehen *longes* 17 d, *longa* 94 c (*longament* 5 a) und *respont* 22 b, 36 c, *respondent* 65 e, 105 a. Der **Appendix** hat *respuns*, die **Einleitung** *sulunc.* β) Tonlos: es bestehen *cuntretha* 4 d und *contrethe* 15 e, *contrede* 27 c, wozu *esluiner* 36 e, 52 e. Aber die Präposition *con* ist stets mit *o* geschrieben: *conseil* 61 c, 62 d, 66 d, 73 e; *conseilers* 52 c, cf. 64 d, 68 c, *converserent* 5 a, cf. 17 d, 52 a, 53 a, 54 a, 89 a; *consirrer* 49 d, cf. 80 c; *escondit* 65 a, *contint* 28 e, cf. 32 a, 73 c, 75 c, 78 e, 90 d, 98 d, 100 c, 111 a, 120 c, *desconfortet* 61 d, cf. 95 c, *acomunier* 52 b, cf. 62 c, 103 a, 122 b. Ebenso **Einleitung** *consulaciun* (aber *cumencet* ist *cum-initiat).

d. Lat. ŏ vor Nasalen in romanischer Position.

Die **Strassburger Eidformeln** und das **Fragment von Valenciennes** bieten kein Beispiel; **Eulalia** hat *domnizelle*. Das **Leodegarlied** bietet *compte* 10 a, *omne* 13 f, 35 c, 36 a, *omnes* 37 e; *dom deu* 27 e, *don deu* 28 e, *dom sanct L.* 24 b und *monstier* 11 f, 16 e, 17 b, 19 c, 30 c, nebst dem Lehnwort *dominat* 12 f und dem Latinismus *domine deu*; die **Passion** *omne* 94 d, *don* 36 b. — Im **Alexiusliede** steht *o* neben *u*: *l'ume* 34 e, 35 a, 60 b, 69 c, *hume* 62 e, 99 c, 106 e, *humes* 43 d, aber *home* 35 e, 40 b, 91 e, 118 e, 124 e, *sũmunse* (*submonita*) 60 a, aber *somondre* 102 d, *conpta* 9 b. — Daneben *damne deu* (*dominum*) 18 e, 33 b, *danz Alexis* (*domnus*) 10 c, 13 b, 17 c, 20 b, 23 d, 25 b, 30 b, 32 c, 39 a, 49 d, *dam Eufemien* 64 a (*domnum*), *dama* 30 c (*domna*).

Im Rolandsliede in den Assonanzen: *hume, home* T. 2. 30. 51. 75. 135. 152. 189. 219. 262. 270, *produme, prodome* 100. 116. 240, *prozdomes* 228, *cunte* 2. 30. 51. 116. 228. 262, *canonie* 220.

e. Lat. ō vor Nasalen in romanischer Position.

Die Eidformeln haben *cum*, das Eulalialied *com*, das Fragment von Valenciennes stets dieselbe Abbreviatur, welche *cum* bedeutet, das Leodegarlied *cum* 13c, 19f, 31bd, 34ef, die Passion *cum* wie 7c, 20d, 32c, 39d, 42b, 44b, 84c, 93c, 99cd, 104d, 119d, *cume* 41c, *cum* als 4a, 5a, 6a, 13a, 20a, 23b, 26a, 31c, 32a, 33a, 51a, 53a, 61a, 64a, 67a, 71a, 72a, 74d, 79a, 81a, 83c, 98b, 104a, 106b, 108c, 119c, 125b, *numnat* 117b, aber *nomnavent* 43a; das Alexiuslied hat *u: numet* 43e, *cume* 24d, 65a, 83b, *cum* wie 1e, 12d, 17d, 22a, 25e, 29c, 33e, 57e, 77ab, 79d, 83d, 85c, 87cd, 89a, 90b, 94c, 97b, 119b, 122e, 123a, 124a, *cū* 57e, 96c (verschrieben *cun* 108b), aber *com* 100e; *cum* als 12a, 67a.

f. Der aus lat. *a* entstandene labiale Vocal
vor Nasalen.

Es handelt sich hier um die 3. Person des Plurals des Präsens des Indic. von vier Verben nebst der 3. Person des Plurals des Futurs und um die 1. Person des Plurals.

Die Eidformeln enthalten kein Wort dieser Art. Das Eulalialied hat das abweichende *oram*. Das Fragment von Valenciennes bietet (neben dem isolirten *feent*) *posciom es*. Im Leodegarliede steht neben *cantomps* 1c *cantumps* 4f, was für den Lautwerth *ó* spricht. Die Passion bietet eine beträchtliche Anzahl von Formen: 1) Die Formen der 3. Pers. d. Plur. sind sämmtlich provenzalisirt: *ant* 6b, *an* 128c, *van* 12bd, 20c, 65a, 121a, *fan* 71d, 72b; *venrant* 15a, *asaldran* 15b, *diran* 91d, *avran* 91c, *seran* 114d, *faran* 115a, *credran* 114c, *cretran* 114d, *vetran* 103d; sie assoniren unter einander: *arberjaran : crebanturan* 15c, *parleran : encalceran* 115cd, *metran : rendran* 116cd. Aber das *t* einiger Formen und das *e* in *parleran, encalceran* er-

innert noch an die ursprünglichen, französischen Formen, welche
das Original, wie zwei Assonanzen beweisen, besessen haben
muss.   Die Assonanzen *sunt* : *aucidrant* 16ab und *maisons* : *laiserant* 16cd zeigen, dass statt des *a* ursprünglich ein labialer
Vocal, und zwar ein auf lat. *ŭ* und *ō* reimender, vorhanden gewesen.   Man muss also *ocidront*, *laisseront* u. s. w., *ont*, *vont*,
font restituiren.   2) Die 1. Pers. d. Plur. hat a) *-am* für *āmus*,
und zwar α) im Indicativ der Verben auf *āre*: *laudam* 77a,
præiam 90c, und β) im Conjunctiv der Verben auf *ēre* und *ĕre*:
aiam 126d, *façā* 127c; b) *em* für *ēmus* in *avem* 46d, 92a, 126a
nebst *avrem* 92b, *devem* 126bc, sowie in den Neubildungen *querem* 34d, 46c und *gurpissē* 127d.   *Avem*, *avrem*, *devem* stimmen
in betreff des Vocals mit dem *devemps* des Leodegarliedes, und
es erscheint völlig regelrecht, wenn die französische (nicht provenzalische) Neubildung *gurpissē* dieselbe Endung besitzt.   Aber
laudam und *præiam* stimmen nicht zu *cantomps*, *cantumps*.   Sind
dieselben dem *oram* des Eulalialiedes zu vergleichen, oder sind es
Provenzalisirungen?   Das Letztere liegt näher.   Das Original wird
also *laudom*, *preiom* (oder *laudoms*, *preioms?*) besessen haben.

   Das Alexiuslied hat auch hier *u* (in Assonanzen Str. 54.
62. 66 u. 72): *estunt* 73a (*stant*); *unt* 6d, 21d, 24c, 25a, 64d,
76e, 102d, 108c, 115ad, 119b (*un* 60e), *prendrunt* 41d. *conuistrunt* 42e, *guarirunt* 62e, 66e; *traīrt* 41e; *vunt* 9d, 112c,
113e, *funt* 10b, (54e), 105e, 106b, 112c, 124d; 1. Pers. Plur.:
preiums 110d, *preiuns* 101e, 125b (*precāmus*); — *poissum* 110e,
puisum 74e (**poţeāmus*), *aiuns* 125a (*habeāmus*); — *avums* 71c,
avum 107bd, *poduns* 104b, *veduns* 124b (*avrum* 101d, 107e,
feruns 105c, *querreūs* 105b, 1. *querrums*) und *do,ussum* 124e,
Umbildungen aus *avems*, *podems*, *vedems* und *do,ussems;* — *plai-
nums* 31d, *conuissum* 72f, Neubildungen statt *plángimus*, *cōgnōsci-
mus*, aus denen *pláinmes*, *cunúismes* hervorgehen mussten.

   g. Die lateinische Endung *um* in Lehnwörtern findet sich nicht
in den Eidformeln, im Eulalialiede, im Fragment von Valenciennes
sowie im Leodegarliede.   Die Passion aber hat den Namen *Jesum* 34d, 44b, 57a, 74a, 101d, und zwar assonirend in *ó*:
Jesum : *menton* 37b : *evirum* 39a : *felon* 43c : *ladrun* 56c, *la-*

druns 72 c und *Jesum* : *emperador* 59 d : *trestot.* 71 d. Dagegen assoniren auffälligerweise *Nazarenum* : *adun* 34 d. Das **A l e x i u s - l i e d** hat *grabatum* 44 c, assonirend mit *maison, dohır,* und den Gräcismus *Tarson* 39 c.

4. Hochtoniges ŏ in lat. oder rom. kurzer Silbe.

Wir nehmen einige Ausnahmefälle vorweg. Lat. ŏ in kurzer Silbe theilt vereinzelt das Schicksal von ō, oder das von ŏ in langer Silbe. Im erstern Falle muss es früh gedehnt, im letztern muss der nachfolgende Consonant geschärft gesprochen sein. Es weichen ferner ab die Wörter, in denen auf ŏ *cu* folgt.

1) Das Schicksal von ō theilt ŏ in *dēmóro* st. *dēmoror,* Tobler, Gött. gel. Anz. 1872, S. 887. Zwar das **A l e x i u s l i e d,** welches *demoret* 92 e in *ó*-Assonanz hat, beweist nichts, da hier auch *linçol* 54 b in derselben Assonanz vorkommt. Auch das **R o l a n d s l i e d,** wo sich *demuret* Tir. 152, *demurent* Tir. 228 in derselben Lage finden, ist nicht beweiskräftig. Allein das Wort hat auch in solchen Schriften *ó,* welche für ŏ *ue* besitzen; so *demor* in *ó*-Assonanz Jourd. de Blaiv. 324; *demore* : *ore* (Subst.) Chev. au lyon 159. 247. 649. 4295. 4953; *hore* : *desmore* Best. de Gerv. 385. Ebenso scheint es sich mit *prób* (*prope*) : *lón* Pass. 127 ab zu verhalten; cf. *apróche.*

2) In *ó* assoniren folgende Wörter: *fors* (**forris* st. *foris*) Rol. Tir. 94. 172; *hors* Li coron. Looys 929. 940. 942; *defors* Jourd. de Blaivies 2480; *defors* : *Sagremors* Chev. au lyon 53 f; *pors* : *fors* 3971 f., *fors* : *cors* 1271 f.; 3529 f., 4905 f., *defors* : *lors* 1577. So mithin auch ausserhalb der Assonanz: *fors* Leod. 25 b, *defors* 24 df; *hors* Alex. 59 b nebst *forsenede* 85 c. Das Frag. v. Val. hat abweichend *foers.*

Ein *ó* hat *escole* Alex. 7 c (**iscolla* st. *schola*). Man vergleiche *fole* : *escole* Chev. au lyon 1797; *escole* : *parole* Rom. de la Rose 2691. 7131 (bei Littré). — Ferner *volet* (**vollat* st. *volat*) Rol. T. 122; Chev. au lyon *parole* : *vole* 157, *volent* : *tolent* 841. — Hierher gehört auch **vocet,* d. i. *voket* (**voccat* st. *vocat*), welches man aus *vocet* Alex. 73 b, d. i. *vokiet,* **voccātī* st. *vocātī,* erschliessen darf.

3) Es weichen ferner ab die Wörter *focus, jocus, locus,*
A. nfr. *feu, jeu, lieu.* Das Eulalialied hat noch *fóu*, das Fragment
von Valenciennes bereits *lieu.* Das Leodegarlied und die
Passion zeigen prov. Formen: jenes *foc* 23a, diese *loc* 102c,
focs 99c, *fog* 48b, 124b, *fugs* 119d. Es werden *fóu, lóu* zu
restituiren sein. Das Alexiuslied hat *léu* 27c und *liu* 114e
(aus **lieu, liéu, léu, lóu?*). — Man vergleiche *pou* (*paucum*)
Alex. 22c, d. i. *pòu*, und *bou*, d. i. *bòu, baucum*, ahd. *boug,
bouga*, Diez, Altrom. Gloss. S. 39. — Auch *sarquéus* Alex. 118a,
sarquéu 117c (*sarcóphagus*, **sarcócus?*) scheint hierher zu gehören. — *Fóu, *lóu, *jóu, pòu, bòu* scheinen ebenso aus *focum,
locum, jocum, paucum, baucum* entstanden zu sein, wie *éo* Eidf.
aus *ego, amai* aus *amāvī*, cf. *ai, sai, dei* aus *habeo, sapio, dēbeo*.
Diphthongirung des *ŏ* zu *uo* trat nicht ein, weil bereits ein Diphthong (*óu*) vorhanden war.

Aber das gewöhnliche Schicksal von *ŏ* theilt *illo loco*, fr.
iloc oder *iluoc, iluec.*

Hoc erscheint als *o* in den Eidformeln, ebenso in der
Composition *ezo, poro* im Eulalialiede; *zo, poro* im Fragment
von Valenciennes; *cio* Leod. 3d al., *porro* 11d, 25c; *cio,
ço, zo, cho* Passion. Das Alexiuslied hat *iço* 106c, *ço* 10d
al., aber *pur hoc* 3e, *ne pur huec* 42a, *pur oec* 109b nebst
avoc 11c, 42c (s. u.).

Betrachten wir nunmehr das gewöhnliche Schicksal des *ŏ*, an
dem die Wörter *studet* und *tuus, suus, tuum, suum* (wofern sie
betont sind) participiren, deren *u* mithin frühzeitig in *ŏ* übergegangen sein muss. *Stodeat* neben *studeat* in fränkischen Urkunden, bei Diez; *estodiant, estodium* weist aus merovingischen
Urkunden nach d'Arbois de Jubainville, Rom. I, 323. Auch
turbo nimmt Theil, nachdem Metathesis des *r* stattgefunden; ebenso
suffero und *offero*, seitdem *ff* wie *f* gesprochen wurde; endlich
colligis, colligit, colligunt, colligam u. s. w.: *cols; colt* werden behandelt wie *dols, dolt; sols, solt; vols, volt; l* in **coilent* bildet
so wenig Position wie in den aus *doleam, soleam, *voleam* entstandenen Formen.

Vulgärlateinisch steht statt des betonten kurzen *o* in kurzer
Silbe bisweilen *u* geschrieben: *lucum, lucos, mudum* Schuchardt,

Vok. II, 132, *dulo*, *lulio* II, 134, *turo* II, 139, *Thuas* II, 140, *butro* II, 140, *pupulo* (Trier) II, 137 und vor Nasalen *dumat*, *dumos*, arch. *humo* II, 135, *munet* II, 136. Ein Beispiel des Diphthongen *uo*, *uobit* II, 130, zweifelt Schuchardt an.

Die Reichenauer und die Casseler Glossen haben stets *o*: Reich. Gl. *fodunt*, *bismódis*; *voles* (st. *vīs*), *in-vólent* (*furent*), *linciólos*, *linciólo* (die Betonung ist aus der Assibilation des *t* erkennbar), *fasciolis*; *domus*; *loca*; Cass. Gl. *volo*, *boves*; *homo*, *domo*, *bonum*.

Unter den französischen Denkmälern haben die Eidformeln *o*: *vol*, *poblo*, auch vor einem Nasal: *om* (und darum kein *lo suon*). Das Eulalialied besitzt *uo*, *ruovet*, auch vor einem Nasal, *buona* und *lo suon*. Das Fragment von Valenciennes hat *ou* : *niul moud*, *douls*. Das Leodegarlied bietet *duol* 11 e und *buons* 33 e, also *uo* auch vor einem Nasal. Ausserdem assonirt lateinisches *ŏ* nur mit sich selbst, und zwar in drei Fällen: *dol* : *poth* 11 cd, *bons* : *pod* 7 cd, *om* : *dom* (*domum*) 33 ef. G. Paris restituirt daher mit Recht überall *uo*; so in *bona* 4 f, 9 e, *om* 6 b, 13 a, *oms* 26 f; *pot* 23 c, 24 c, *pod* 28 c; *volunt* 10 f, *vols* 16 d, (*vols* statt *vuols* ist ein Druckfehler; cf. S. 292), *volt* 23 d; *rova* 34 b; er corrigirt das sinnlose *corps* 32 e in *cuor*, setzt statt *roors* 34 e *ruode*, jedoch ohne Noth (das Wort findet sich auch in den assonirenden lat. Formeln des 7. Jahrh., bei Boucherie, p. 22: *buccas inflat in rotore* die Backen bläht er zur Kugel auf, eine Bedeutung, welche auch Leod. 34 e passt und welche für ein Derivatum von *rota* erklärlich erscheint); endlich ist *iluoc* (*illo loco*) statt *illo* 30 d, *ille* 17 d und auch statt *il cio* 22 a gesetzt, wofür jedoch besser mit Bartsch *in cio*, *en cio* zu lesen sein dürfte; endlich in *poble* 31 f (cf. *poblen* 14 e) und *ols* 26 d, 29 c, *vol* (*voleo*) 16 f. Genau entsprechend dem *uo* in *duol* und *buons* hat die Handschrift *li suos corps* 2 d, *al suo conseil* 12 c, wo *suo* st. *suon* vor consonantischem Anlaut steht wie *so* 10 f, 11 b statt *son*; provenzalisirt ist *li seu fredre* 10 d st. *lo suon fredre*. Es ist mithin auch *del son juvent* 12 c in *del suon* zu ändern.

In der Passion steht *o* geschrieben: *vol* 1 c, *vols* 14 c, *vol* 56 a; *dols* 31 a, 85 a, *dol* 82 d, 123 a, *baisol* 43 b, *orgolz* 14 d; *cor* 85 b; *poz* 14 c; *pod* 85 c, 102 d, 121 c; *rova* 24 d; *nous* 89 d, (*neus* 99d), *noves* 115c; *obs* 66bd; *poples* 10d, *pople* 122c. *olʒ* 47a, *ols* 74a; *li sos* 102d (*lo sos* 69c): und so vor Nasalen: *hom* 2d, *om* 83d, 85c, 89d, 95a, 96a, 102d, 121c: *bons* 37c, 41a, 43a, 49c, 54b, 75a; *lo son* 27d, 37b, 85b. Dass sich aus den Assonanzen des Gedichtes ergiebt, dass das Original wahrscheinlich, wie das Leodegarlied, *uo* besessen, ist oben bereits zur Sprache gekommen.

Das Alexiuslied besitzt nirgends *u*, sondern stets *o*, oder auch *ue*, *oe*. Das indefinite Pronomen *hom* 47e, 115e, wofür 50b, 114a *l'um* steht, kommt kaum in Betracht, da es vor dem Verb tonlos, 47c, 114a, 115e, und nur nach demselben, insbesondere am Versende und vor der Cäsur, 50b, betont ist.

a) Vor Nasalen: 1) *cons* 4b, *quons* 103d; 2) *hom* 3d, 44a, 45d, 48e, 54c, 55c, 72d, 96c (verschrieben *homo* 123b); 3) *bons* 1a, 2c, 7c, 68e (*bont* 6c), *bone* 26d, 32d, 107e, 109a, 121d, 123a, *bones* 96d, aber *boens* 45d, 68a, 120e, *boen* 75e, 101d, 123a; dazu die betonten Possessivpronomen: *li sons* 38e, *nuls sons* 55b, *les sons* 55c, *d'un son* 3e, *cel son* 56e, *al son* 120e; *del ton* 73e, *pur le ton* 80d, *li tons* 83d, prädicativ *toen* 84c; auch nach Präpositionen kann die schwere Form stehen: *par ton* 5d, 46d, cf. *pur tue* 46e, *par tue* 74c, *an tue* 44b, *pur sue* 34c, 44e.

b) Vor andern Consonanten: wie *linçol* 54b in einer ó-Assonanz, so *dols* 21d, 79b, 80e, 85b, 93d, 101b, *dol* 29c, 86a, 94a, *duel* 30a, 49a, 87b, 89c, 93b, *doel* 31d, *vols* 31a, *volt* 8d, 9c, 11c, 16e, 19e, 33e, 36e, 47d, 50d, 52de, 56b, 58a, 59e, 70d, 71a, 77d, 104c, 123d, *volent* 9e, 38a; *quors* 89e, 93c, *quor* 34a (80e?), *bor* 90e; *pot* 47b, 99b, 110ab, *puet* 20d, 39d, 45b, 47e, 106d, 116e, *poet* 32ae, 103d, 109e, 115e, *pothent* 32b; *estot* 26c, 39d, 102d, 119a, *estuet* 115c; *nostr-os* 101c; *rovent* 106d; *poples* 104d, 118d, *pople* 62c, 64d, 108e, 121a, *avogles* 111a, wozu *oil* 45b, 88c, *oilʒ* 49b: — *hoc* 3e, *huec* 42a, *oec* 109b, *avoc* 11c, 42c; *iloc* 18a, 23d, 53b, 55a, 63e, 66c, 76e, *iluec* 50b, *iloec* 17b, 40b, 63e, 67a, 114c.

Es ergibt sich mithin folgendes Resultat: die Eidformeln haben o, die Handschrift des Alexiusliedes o, ue, oe, aber das Eulalialied, das Leodegarlied und wahrscheinlich auch die Passion *uo*; endlich das Fragment von Valenciennes *óu*, welches durch Metathesis aus *uó* entstanden ist, wie *dóus* aus *duós*, *dúōs*.

Es bleibt zu untersuchen, ob das Original des Alexius-liedes *o* oder *ue*, *oe* besessen hat, einen einfachen Vocal, wie die Eidformeln, oder einen Diphthongen, wie die übrigen Denkmäler. Prüfen wir zunächst das Zeugniss der Assonanzen. Es asso-niren mit dem aus *ō* oder *ŭ* hervorgegangenen Vocal: 1) vor einem Nasal *hom* 44 a, 54 c, 72 d, 2) vor einem andern Consonanten *lin-çol* 54 b. Um die Beweiskraft dieser Assonanzen zu prüfen, muss man zunächst die Frage entscheiden, wie der Diphthong *ue*, *oe* gesprochen wurde. Denn da einfache Vocale ohne Schwierig-keit mit solchen Diphthongen assoniren, welche den Ton auf dem ersten, aber nicht mit solchen, welche ihn auf dem zweiten Bestandtheile haben: so kann das Original *oe*, *ue* be-sessen haben, wenn *óe*, *úe*, aber nicht, wenn *oé*, *ué* gesprochen wurde.

Für die Betonung des zweiten Bestandtheils zeugen die Theorie und die Reime, welche sich gegenseitig stützen. Lat. *ŏ* ergab mittels *uó* *ué*, *oé*. Das letztere scheint sich im Anlaut ent-wickelt zu haben; wenigstens stehen bei Crestien de Troies anlau-tendes *oe* und inlautendes *ue* einander gegenüber (s. u.). Für *ué*, *oé* entscheiden Reime wie die folgenden: *huém* : *Ru,ém* Rou 8132, *Ca,em* : *hoem* ib. 16242, *quiérent* : *moérent* Brut 9746, wozu *près* : *oès* Ren. Nouv. 3445, Tobler, Aniel, S. 24. Ebenso reimt nach Böhmer, Rom. Stud. I, 5,601, bei Beneeit *quéns* mit *porpens*, *sens*, *tens* und *hoém* mit *Jerusalem*. Im Bestiaire de Gervaise reimen *viél* : *oéil* 831. Da also *ue*, *oe* *ué*, *oé* lauteten, so be-weisen *hom* und *linçol* in *ó*-Assonanzen, dass *o* dem Verfasser und *ue*, *oe* dem Copisten angehört. *Linçol* wird unterstützt durch *pe-çol* (*petiolum*) Am. et Amil. 857 in einer *ó*-Tirade. Dagegen steht *ue* in *chevrel* : *vuel*, l. *chevruel*, Chev. au lyon 3439 f.

Den Assonanzen widerspricht nicht die Orthographie. Die Majorität ist entschieden auf Seiten von *o*. Von einundzwanzig Wörtern hat kein einziges nur *ue* oder *oe*, dagegen haben fünf-zehn nur *o*: *cons*, *hom*, *bone*; *linçol*, *vols*, *volt*, *volent*, *quor*, *pothent*, *os*, *rovent*, *pople*, *avogles*, *avoc* nebst *oil*, und nur bei sechs findet sich neben *o* auch *ue*, resp. *oe*: *bons*, *boens*; *dol*, *duel, doel*: *pol, puet, poet; estot, estuet; hoc, huec, oec, iloc, iluec, iloec.* Dazu ist *ue, oe* auf die Endsilbe beschränkt; die franz. Paroxytona haben stets *o: bone; volent, pothent, rovent, pople, avogles.* Zählt man die einzelnen Fälle, in denen diese Wörter vorkommen, so stellt sich heraus: 95 (73 + 22) *o,* 18 *oe,* 14 *ue;* also *o : (oe + ue)* = 3 : 1. — Diese Majorität ist zwar nicht streng entscheidend. Allein sie erhält, wie G. Paris, Préf. p. 71, ausführt, durch einen merkwürdigen Umstand eine entscheidende Bedeutung. Bis auf die geringe Zahl von sieben (nicht fünf) Fällen stimmen nämlich *L* und *A* (soweit nicht *A* Varianten und Lücken enthält) in der Orthographie überein; daraus kann mit Sicherheit geschlossen werden, dass beide dieselbe Vorlage *(a)* copiren, und dass diese bereits *o* und *ue* wesentlich in derselben Vertheilung enthielt, wie *L* und *A.* Daraus lässt sich nun freilich n i c h t unm i t t e l b a r schliessen, dass *o* dem Original angehört habe. Denn der Copist von *a* kann ja ebensowohl *o* wie *ue* eingebracht haben. Allein diese gemeinsame Quelle von *L* und *A* ist eine f r a n z ö - s i s c h e Copie des Gedichtes. Die f r a n z ö s i s c h e Mundart aber besass, soweit wir sie rückwärts verfolgen können, *ue* und nicht *o* für lat *ŏ.* Der französische Copist von *a* kann mithin nur *ue,* nicht *o* in das Gedicht gebracht haben. Folglich ergibt auch die Orthographie, dass *o* dem Original angehört.

Es wird behauptet, das R o l a n d s l i e d habe sicher *oe ue,* und es wird das Zeugniss der Tiraden 22 *estoet, poet, soer, estoet, prozdoem, fieus, oilz, coer, estoet* und 259 *volt, avoec, doels, coers, oilz, estoet, poet, iloec* angerufen, Alex., Préf. p. 70. Allein eine Prüfung dieser Assonanzen ergibt vielmehr, dass der Verfasser des Rolandsliedes für betontes lateinisches *ŏ* in kurzer Silbe, s o w o h l v o r N a s a l e n w i e v o r a n d e r n C o n s o n a n t e n, denselben einfachen Laut gesprochen hat, wie der Verfasser des Alexiusliedes, nämlich einen Laut, welcher mit dem aus lat. *ō* und *ŭ* entstandenen assoniren konnte. Sehen wir zu. Mit jenem Laute assoniren *sunet* 1754, *sunent* 3263, *suns* 1027 und *hom* T. 15. 17. 33. 49. 95. 180. 188, *hoem* T. 241. 283. An eine Beseitigung dieser Wörter ist so wenig zu denken wie an eine Entfernung von *hom* aus den Assonanzen des Alexiusliedes. Es ergibt sich also: 1) v o r N a s a l e n assonirt im Rolandsliede wie im Alexiusliede lat. *ŏ*, mit lat. *ō* oder *ŭ*: 2) für *hoem* ist, da *oe* *oé* lautet, *hom* zu restituiren: *oe* statt *o* vor Nasalen gehört also nicht dem Verfasser des Gedichtes, sondern einem Copisten an. Daraus folgt nun freilich nicht unmittelbar, dass *oe* auch vor andern Consonanten unursprünglich ist, wohl aber mittelbar. Das Wort *hom* kommt als Bestandtheil des Compositums *prozdoem* auch in Tir. 22 vor. Da nun *hom* mit lat. *ō* und *ŭ* assonirt, so folgt: entweder hat das Original *prozdom* besessen, oder *prozdoem* ist kritisch zu beseitigen, oder endlich der Verfasser des Rolandsliedes sprach für lateinisches *ŏ* bald einen einfachen Laut, bald einen Diphthongen. Die letzte Annahme ist ein offenbarer Nothbehelf und kann nicht ernstlich in Frage kommen, so lange entweder die erste oder die zweite haltbar erscheint. Nun dürfte aber eine Beseitigung von *prozdoem* unausführbar sein. Und ungerechtfertigt muss dieselbe erscheinen, wofern die beiden Tiraden noch andere Spuren enthalten, dass sie ursprünglich in *ó* und nicht in *oé* assonirten. Diese Spuren liegen aber deutlich zu Tage: 1) Beide Tiraden enthalten, ebenso wie Alex. 49b, cf. 45b und 88a, *oilz* (nicht *oéilz*), und dieses *óilz* assonirt in *ó* und nicht in *oé*; 2) Tir. 250 hat die Oxforder Handschrift *volt* und nicht *voélt*, wie MÜLLER nach GENIN corrigirt, cf. *volt* Alex.; 3) das in einer *oé*-Assonanz unmögliche *fiéus* T. 22 lässt sich, unter der Voraussetzung, dass lat. *ŏ* im Rolandsliede, wie in dem *linçol* des Alexiusliedes, mit lat. *ō* und *ŭ* assonirte, durch Umstellung beseitigen; man lese *A lui lais jo mes fieus e mes honurs*. Eine Schwierigkeit scheint *estoet* V. 295 zu bereiten. Nach BÖHMER, Rom. Stud. I, 5, 600 f., soll *estoet* nichts anderes sein können als *stabat*. Allein *estoet* kann vielmehr unmöglich *stabat* sein. Denn 1) ein aus *stabat* entstandenes *estoet* müsste dreisilbig sein; es ist unerhört, dass ein aus tonlosem *a* entstandenes *e* (d. h. ein halbstummes und nicht ein »offenes«) mit dem vorhergehenden Vocal einen Diphthongen bildet; ein solches *e* bildet entweder Silbe oder es verstummt und schwindet. 2) Ein auf *a* beruhendes *o* ist *ò*: *o* aus *ŏ* ist *ó* und nicht *ò*. 3) Die 3. Pers. d. Imperf. lautet im Roland auf *out* aus, und dieses *out* ist nicht unursprünglich, wie später gezeigt werden wird. 4) Endlich ist der Sinn eines solchen *stabat* nicht klar: ein schönerer stand nicht? — *Estoet* ist *studet; bel* st. *bels* ist '

Object eines aus dem vorhergehenden Satze hinzu zu denkenden
aveir: Ich habe einen Sohn von ihr, einen schönern braucht man
nicht zu haben). Vielleicht statt *n'en estoet* besser *ne m'estot*; cf.
un autre vous estuet avoir, Burg, II, 56. Die Tir. 22 und 219
assonirten mithin ursprünglich in einem einfachen Vocal, nicht in
einem Diphthongen.

Die Eidformeln, das Alexiuslied, das Rolandslied
nebst Philippe de Thaün stimmen also darin überein, dass sie
für lat. ŏ einen einfachen Vocal und keinen Diphthongen besitzen.
Ue und *oe* sind in die Handschriften dieser Denkmäler aus Mundarten eingedrungen, in denen *ué* mittels *uó* aus ŏ entstanden war.

Die nebenstehende Tabelle mag das Ergebniss der in den
letzten beiden Abschnitten geführten Untersuchung veranschau-
lichen.

5. Qualität der aus lat. ō und lat. ŏ entstandenen Laute.

Dass in Texten, wo neben lat. ū auch lat. ō und ŭ mit *u*
bezeichnet sind, diese beiden *u* verschiedene Lautwerthe besitzen,
hat Diez erwiesen. Zwar unterscheidet schon Fallot *u* = *ü* und
u = *ou*, p. 27, jedoch in unklarer Weise (oder ist etwa Z. 10 v.
u. statt *eu u* zu lesen?), und Burguy wiederholt diese Bemerkung,
soweit sie klar erscheint, I, 18. Diez begründet den Unterschied von *u* = lat. ō und *u* = lat. ū auf die Assonanzen, Gr.
I², 414. — Nachdem P. Meyer im Provenzalischen vorangegangen,
unterscheidet nun G. Paris neben dem linguolabialen *u* = *ü*
aus lat. ū mittels der Assonanzen zwei labiale Vocale, von denen
der eine, ò, stets mit *o*, der andere, ó, bald mit *o*, bald mit *u*
bezeichnet sei. Die Aussonderung des ò ist unantastbar. Fraglich
bleibt jedoch, ob der bald mit *o*, bald mit *u* bezeichnete Laut,
den wir oben zum Unterschiede von ò vorläufig mit ó bezeichnet
haben, wirklich in allen Mundarten identisch war, oder ob nicht
vielmehr die orthographische Differenz eine phonetische andeutet.
Prüfen wir also die Beweisführung von G. Paris. Als man Französisch zu schreiben begann, war lat. ū bereits ü (*pur, pūrum*)
und lat. ó war ò geblieben (*port, portum*). Da man nun für den

	4) Vor nicht nasalen Cons.: (Abschn. 3.)		2) Vor Nasalen:				(Abschn. 4.)
	lat. ō	ŭ	ō	ŭ	a	ŏ	ŏ
I. Eid.	u	u	un, cum	nāquā (son)	—	o	ö
Alex.	u (o)	u (o)	un (on), cum, numet	um, un	u	u (o)	o
II. Eul.	o, -our	o, souue	o (com, non)	om, on	(oram)	o	uo
III. Fragm.	o, -ous	o, mult	cum, —	um, un	posciones	o	ou
Leod.	o	o, mult (molt) (juvent, ul)	o, num (Didran)	on, voluntiers	cantumps, -omps cupgiet	o	uo
Pass.	o, casturae tradetur, esvegurad nu-ls	o, mult (molt) dulcement, curr: gutas soa, sua, tua croz, cruz	o, cum, nunnat (nonnavent), nu-m	un, un (ton, son)		o, cumpannie	*uo, —

Laut *ü* das traditionelle Zeichen festhielt, so fehlte es an einem
eigenthümlichen Zeichen für den Laut *u*, und die Schreiber
brauchten daher in ihrer Verlegenheit bald das Zeichen *o*, bald
das Zeichen *u* (*por* oder *pur*, lat. *prō*). — Allein die Theorie widerspricht sich: die Schreiber waren jener Verlegenheit nicht ausgesetzt,
da sie ja nach G. Paris' Annahme keinen Laut *u* zu bezeichnen
hatten. Denn der labiale Vocal, welcher weder *ü* noch *ò* war,
war nach G. Paris ein geschlossenes, tiefes o (*ó*), p. 61. 66. Dieses
ó aber ist nicht ein Mittellaut zwischen *ò* und *ü*, sondern zwischen
ò und *u*. Ein Schreiber, der neben *ü* und *ò ó* zu bezeichnen
hatte, konnte in betreff des Buchstabens schwerlich in Verlegenheit sein. Aber eben dies ist fraglich, ob neben *ü* und *ò* allenthalben ausschliesslich *ó*, oder hier *ó* und dort *u* zu bezeichnen
war.

Worauf gründet sich also die Ansicht, dass neben *ü* und *ò*
allenthalben nur ein und derselbe labiale Vocal (*ó*) gesprochen
wurde? Der Unterschied zwischen den Bezeichnungen *o* und *u* für
ō ist kein dialektischer und folglich kein phonetischer.
— Allein die Prämisse ist unrichtig und daher die Folgerung un-
begründet. Der Vordersatz wird nämlich in folgender Weise entwickelt. In den ältesten Texten schwankt die Schreibweise zwischen *o* und *u*; nun gehört aber keiner dieser Texte dem Westen
an; mithin ist *u* für lat. *ō* keine normannische Eigenthümlichkeit.
— Allein 1) das Eulalialied hat, wie G. Paris selbst bemerkt,
kein *u*, sondern *o* und daneben *ou* in *bellezour* und *souue*. Der
Verfasser oder Schreiber spricht *ó* und unter bestimmten Bedingungen den Diphthongen *óu* und ist nicht in Verlegenheit, wie
er sein *ó* bezeichnen soll. 2) Die Eidformeln haben für lat. *ō*
und *ŭ*, speciell auch vor Nasalen, *u*, hingegen für lat. *ŏ* vor Nasalen *o*. ·Als Ausnahmen erscheinen ein *non* neben *nun* und *meon*,
son. Allein jenes gehört dem Copisten an: wie derselbe da, wo
er zum ersten Male *in* schreiben soll, das *en* einsetzt, welches er
selbst spricht, so schreibt er bei der ersten Gelegenheit sein *non*
statt *nun*. Und wenn er nun jenes *en* mittels Durchstreichens des
e unvollständig corrigirt, so unterlässt er hier die Correctur vollends.
Die Possessivpronomen haben durchweg eine tonlose und eine
betonte Form. Betontes *tuum* und *suum* theilen überall das Schick-

sal von *ö*, folglich in der Sprache der Eidformeln das von *om*, *vol*, *poblo*, und mussten hier mithin *lo son*, *lo ton* lauten, wie im Alexiusliede. Das tonlose *son* für *sun* in *son fradre*, *son fradra* mag auf Verwechslung mit *lo son* beruhen, obwohl im Alexiusliede *mun*, *tun*, *sun* und *lo ton*, *lo son* scharf geschieden sind. Der Diphthong *éo* für lat. *é,u* in *cist méon fradre* und *méon vol* kann so wenig auffallen wie *éo* in *Déo*. Contra braucht noch nicht *cuntre* gelautet zu haben, und in *conservat*, *comuna* ist *o*, wie überhaupt in der Präposition *con-*, auch im Alexiusliede Gesetz. — 3) Die Lambspringer Handschrift des Alexiusliedes hat zwar *o* (aber bedeutend in der Minderzahl) neben *u* für lat. *ō*, *ŭ* und *ō* oder *ŏ* vor Nasalen, aber ohne Ausnahme *u* für lat. *ŭ* vor Nasalen und für den aus lat. *a* vor Nasalen entstandenen labialen Vocal. Der Beweis, dass das Original das in der Minorität befindliche *o* besessen, ist nicht stichhaltig und steht mit einer andern Annahme im Widerspruch. Das Anglonormannische hat *u*; mithin kann der Copist von *L* kein *o*, wohl aber *u* in den Text gebracht haben; folglich gehört *o* dem Original an. Allein man kann nur schliessen: folglich muss er *o* vorgefunden haben. Zwischen der anglonormannischen Handschrift *L* und dem Original liegt aber die französische Handschrift *a*, deren Copist das *ue*, *oe* eingebracht. Da nun die französische Mundart, soweit sie sich rückwärts verfolgen lässt, *o* hat, wie das Eulalialied, so kann der Copist von *a* die wenig zahlreichen *o* in den Text gebracht haben. Und diese Annahme ist nothwendig, wenn man sich nicht in einen Widerspruch verwickeln will. Die anglonormannischen Schriftsteller und Schreiber haben die Bezeichnung *u* nicht erfunden, sondern beibehalten; *u* muss zur Zeit der Eroberung Englands herrschend gewesen sein, Préf. p. 64, und zwar im Westen. Nun ist aber das Alexiuslied kurz vor 1066 eben dort verfasst worden, und trotzdem sollte es das herrschende *u* nicht besessen haben? 4) Auch der Verfasser des Fragments von Valenciennes schwankt nicht zwischen *o* und *u*, sondern er schreibt regelmässig *o* (und daneben *ou* vor *s*: *correcious*) und nur unter ganz bestimmten Bedingungen *u*, nämlich für lat. *ŭ* vor Nasalen, für lat. *ō* vor *m* als Silbenauslaut (*cum*), endlich in *mult*. 5) Dagegen hat ein wirkliches Schwanken zwischen *o* und *u* in

den Gedichten der Clermonter Handschrift statt, deren
Copisten in der That o und u mehrfach verwechseln und hinterher
corrigiren. Und dennoch sind auch hier die Grenzen des Schwan-
kens ziemlich eng gezogen. Die beiden Gedichte haben regelmässig o, doch haben sie beide, wie das Fragment, u vor m als
Silbenauslaut (cum, num, cumgiet, cantumps neben cantomps Leod.,
cum, nu-m, numnat, aber nomnavent, cumpannie Pass.), beide
ebenfalls mult (daneben molt), Leodegar ausserdem juvent und
ut, die Passion dulcement, curr(ent) : gutas, sua, tua (soa), cruz
(croz). Für ō vor n als Silbenauslaut in Substantiven hat das
Leodegarlied nur vereinzelt u in Didun, die Passion aber u ab-
wechselnd mit o. Für ō vor andern Consonanten hat das Leodegarlied ausschliesslich o, die Passion neben o vereinzelt custurae, tradetur, esvegurat, nu-ls. Für ŭ vor Nasalen hat das Leodegarlied o
bis auf voluntiers, die Passion aber u, mit Ausnahme von mon,
ton, welche hier ebenso ausgenommen sind, wie son in den Eidformeln. Es ist schwer zu ermitteln, welche Einzelheiten hier auf
Rechnung des Verfassers, und welche auf Rechnung der Copisten
zu setzen sind. Allein diejenigen u, welche beide Gedichte mit
dem Fragment gemeinsam haben, also u vor m als Silbenauslaut
und mult (sowie u für lat. ŭ vor Nasalen in der Passion) dürften
dem Original angehören. Vielleicht auch die Substantivendung -un :
auch die Casseler Glossen, mit welchen diese Denkmäler au gemeinsam haben, zeigen grade diese Orthographie regelmässig.

Es sind also in der That deutliche mundartliche Unterschiede
vorhanden : auf der einen Seite stehen die Eidformeln und das
Alexiuslied mit u, auf der andern das Eulalialied mit o und eino
dritte Gruppe bilden das Fragment von Valenciennes, das Leodegarlied und die Passion mit vorherrschendem o, mit u unter gewissen
Bedingungen und vereinzelten u neben o.

Nun gehören aber, wie sich herausstellen wird, die Eidformeln dem Westen an, und das herrschende u beruht folglich, wenn auch nicht exclusiv in der Normandie, so doch im
Westen auf einer von den merovingischen Urkunden her durch die
Eidformeln und das Alexiuslied sich einerseits bei Philippe de
Thaün und den übrigen anglonormannischen Schriftstellern und
andererseits im Rolandsliede und andern normannischen Schriften

fortsetzenden Tradition. Es folgt, dass das *u* des Westens und das *o* des Eulalialiedes verschiedene, wenn auch nahe verwandte, Lautwerthe bezeichnen können. Der Lautwerth *ó* wird für das Eulalialied bestätigt durch den vor *r* und tonlosem *e* daneben bestehenden Diphthongen *óu; óu : ó* (volkslat. *ō* = lat. *ō* oder *ŭ*) = *éi* : volkslat. *ẹ̆* (= lat. *ē* oder *ĭ*). Andererseits erhält der Lautwerth *u* für den Westen darin eine Bestätigung, dass hier nicht die Diphthongen *óu, éu* entstehen. Neunormannisch *leur* oder *leu* und *bricon* beruhen auf französischem Einflusse, und neunormannisches *tout* ist nur die französische Orthographie für das alte *tut*. Auch im Fragment von Valenciennes hat der Lautwerth *ó* an *óu* vor *s* einen Beweisgrund. Ob im Leodegarliede und in der Passion neben *ó* eine von demselben verschiedene, dumpfere Nuance des Lautes, namentlich vor *m* als Silbenauslaut, statt hat, wage ich nicht zu entscheiden, da die Assonanzen nicht für alle Fälle ausreichen.

Für lat. *ŏ* in kurzer Silbe haben die Eidformeln und das Alexiuslied ohne Ausnahme *o*. Doch assonirt dieses *o* in *hom* und *linçol* mit *u* für *ō, ŭ*. Dies spricht für eine Identität des Lautes. Und doch ist es auffällig, dass lat. *ŏ* und *ō* so selten mit einander assoniren. Sicher sind die labialen Vocale in *amur* und *linçol* quantitativ verschieden. Quantitativ verschiedene Vocale enthalten aber häufig zugleich eine leise, wenn auch vielfach unbeachtete, qualitative Differenz, wie z. B. regelmässig im Deutschen. Auch die Tonvocale in *amur* und *linçol* mögen nicht schlechthin qualitativ identisch gewesen sein. Auf keinen Fall aber lautete *linçol linçòl*. Dass im Rolandsliede lat. *ŏ* in *ò* assonire, ist ein Irrthum: *vòlt* 2287 (für welches *tient, fiert* u. ä. nichts beweisen) ist *voluit*, nicht *volet, und *poet* 3232 ist ebenso in *pòut* zu ändern, wie *hoem* T. 244. 283 in *hom*. Spätere Reime wie *dòl : Pòl, duòl : fòl* bekunden bereits eine Ausartung des alten Lautes. Wenn aber *o* aus *ŏ* ein dem *u* nahe stehendes *ó* ist, so bedeutet auch *uo* ursprünglich nicht, wie gegenwärtig im Italienischen, *uò*, sondern *uó*; *é* in *eret, Deus : ié* = *ó : x* (*x* = *uó*). Für *uó* spricht auch der Umstand, dass *ue* aus *uo* mit *é* reimt. Spätere Reime wie *près : oès* vergleichen sich Reimen wie *Pol : dol*.

IV. Das Imperfect des Indicativs.

Das Imperfect auf -*ēbam* zeigt keine mundartlichen Verschiedenheiten, obwohl sich neben -*eie* vereinzelt -*ie* vorfindet. Die Eidformeln enthalten kein Imperfect dieser Art. Für das Eulalialied lässt sich *aveiet* aus *sọstendreiet* erschliessen. Das Fragment von Valenciennes bietet *saveiet, doceiet, penteiet* und daneben *fiçt*, d. i. *fisient* (3 mal) und *pmefçt*, d. i. *permessient*. Das Leodegarlied enthält nur das entstellte *servier* 4 f, wofür mit G. Paris *serveit* zu lesen. In der¹ Passion weisen die Assonanzen folgende Imperfecte auf: *fedel* : *aveia* 42ab, l. *fedeil* : *aveit*; *fidel* : *soliae* 115ab, l. *fedeil* : *soleit; fidel* : *era* 108 ab, l. *fedeil* : *esteit*. Ausserhalb der Assonanzen finden sich *aveie* 8 d, l. *aveiet*; *aveien* 7 d, l. *aveient*; und *voliet* 52 b. Mit diesem letztern könnte man *fisient, permessient* im Fragment von Valenciennes vergleichen wollen. Allein da *soliae* 115 b durch die Assonanz als eine unursprüngliche, provenzalisirte Form erwiesen wird, so wird auch das *i* in *voliet* auf Provenzalisirung beruhen. In der dritten Person des Singulars bestehen in der Passion -*eiet* und -*eit* neben einander: für *aveit, soleit, esteit* bürgen die Assonanzen, für *aveiet, voleiet* das Metrum. — Das Alexiuslied bietet *aveie* 81 b, 82 b, *aveies* 82 c, 88 c, *aveit* 67 d, 114 b, *vedeies* 88 d, *deveit* 16 b; *cunuisseie* 87 d, *atendeie* 96 d; dazu *serveit* 34 d, 68 a und die Neubildung *esteie* 81 e, *esteit* 48 e, 70 a, 75 c, und der Appendix *poeies, attendeies*. — In der Beurtheilung des im Fragment von Valenciennes neben -*eie* vorkommenden -*ie* kann man schwanken. Es bieten sich zwei Theorien dar: -*ie* kann auf -*ībam*, z. B. *audībam*, woher nach Analogie *audiēbam*, oder auf -*ēbam* beruhen. Langes *e* ist bald zu *i*, bald zu *ei* geworden, ohne dass sich bestimmte Bedingungen für das Eintreten des einen oder des andern Lautwandels hätten ermitteln lassen. Es ist daher wohl denkbar, dass -*ēbam* -*eie* und -*ie* neben einander ergeben und dass schliesslich -*eie* den Sieg davongetragen hätte. Andererseits erscheint aber auch die Annahme möglich, dass -*ībam* nicht nur Nachwirkungen hinterliess, sondern auch Umbildungen (*fisient, permessient*) veranlasste, und für diese Annahme scheint die 1. u. 2. Pers. d. Plur. des Imperfects zu zeugen. Das tonlose, silbenbildende *i* der Formen *-i,ens, -i,ez* erklärt sich eher aus *-ībāmus, -ībātis* als aus *-ēbāmus, -ēbātis.* Man sieht sich also auf jeden Fall zu der Annahme genöthigt, dass in der romanischen Epoche *ēva, ēvas, ēvat, ēvant, ēvāmes, ēvātes* und *īva, īvas, īvat, īvant, īvames, īvates* für die Verben auf *ēre, ĕre, īre* neben einander bestanden. Der Kampf um das Dasein, den die Imperfecte auf *ēva* und *īva* geführt, hat für das Französische mit einem Compromiss geendigt: neben *éva, évas, évat, évant* haben sich *īvámes, īvátes,* neben betontem *ē* hat sich tonloses *ī* behauptet, *Fisient, permessient* sind archaische Reste des betonten *i.*

Während *-ie* neben *-eie* für mundartliche Unterscheidungen keine Handhabe bietet, so hat dagegen das **Imperfect auf -ābam** frühzeitig zwei mundartlich verschiedene Wege eingeschlagen. Die **Eidformeln** und das **Eulalialied** enthalten kein Imperfect dieser Art. Das **Fragment von Valenciennes** bietet *avardevet,* das **Leodegarlied** *regnevet* 3 c. In der Handschrift der **Passion** liegen drei verschiedene Formen vor: 1) *estevent* 95 d; 2) *eswardovet* 48 b, *adunovent* 43 c, *annovent* 43 d; 3) *nomnavent* 43 a, *portavent* 98 d, *menaven* 108 c. Es fragt sich, welche von diesen drei Formen die des Verfassers ist. Die Formen mit *a* geben sich als Provenzalisirungsversuche zu erkennen. Die herrschende provenzalische Form ist freilich die auf *avan;* allein *aven* hat das Boethiuslied: *apellaven* 39, *laudaven* 139. 142, *anaven* 145 neben der 3. Pers. Sing. auf *ava: contava* 97, *blasmava* 138. Es bleibt also zu entscheiden, ob *-eve* oder *-ove* dem Original angehört. Nur in einem Falle findet sich ein Imperfect in der Assonanz: *Petre : eswardovet* 48 ab. Diese Assonanz, welche Diez durch Einsetzung von *eswardevet* corrigirt hat, würde beweisen, dass in *estevent* 95 d die Form des Originals erhalten ist, wenn sie selbst als eine dem Original angehörige Assonanz betrachtet werden könnte. Allein wenn das französische Original *Piedres* besessen hat, so müssen die Verse *Fors en les estres estut Piedres; L'eswardevet al fou l'uissiere* gelautet haben. Hat aber das Original *Piedres : uissiere* gehabt, so ist es wahrscheinlicher, dass der Copist, welcher die Umstellung der Vershälften vornahm, *eswardevet* als dass er *eswardovet* vorgefunden hat. Erst hinterher scheint *e* in *o* verwandelt zu sein. Der Copist, der das Imperfect auf *ove* eingeführt hat, ist derselbe, dem das *cho* 4 b, 8 a, 18 a, 20 a, 84 d zuzuschreiben ist, welches sich, als die älteste Spur der Bezeichnung des Lautwerthes *tšo*, neben *cio* 50 c (der constanten Orthographie des Leodegarliedes) und *co* 9 a, *zo* 34 b, 35 a, 38 a, 58 b, 68 d, 91 a, 110 c, 116 b, in der Handschrift findet.

Das Alexiuslied enthält kein auf *-abam* beruhendes Imperfect; aber der Appendix liefert *demandout*. Das Rolandslied hat drei hieher gehörige Imperfecte; *portout* 203, *depeçout* 837, aber *vante ent* 2861. Zwischen den beiden *e* der Oxforder Handschrift ist ein Buchstabe verwischt, und Génin und Müller nehmen an, der verwischte Buchstabe sei *i*. So würde denn bereits in der ältesten Handschrift des Rolandsliedes eine Form von der Art vorliegen, wie sie in späteren normannischen Schriften häufig vorkommen, nämlich eine Umbildung des Imperfects auf *-ove* nach Analogie des Imperfects auf *-eie*.

Nach der Gestalt des Imperfects auf *-ābam* gehören also einerseits die Lambspringer Handschrift und das Rolandslied, andererseits das Fragment von Valenciennes, das Leodegarlied und die Passion zusammen. Die Eidformeln und das Eulalialied bleiben neutral.

V. Das Imperfect des Conjunctivs auf *-uïssem*.

Das lat. Plusquamperfect auf *-uïssem* liegt in den Eidformeln und dem Fragment von Valenciennes nicht vor. Das Eulalialied hat *auuisset*, d. i. *auvisset*, das Leodegarlied *ovist* im Reime auf *revenist* 15 cd, die Passion = *cognoguist : receubist* 17 cd, d. i. *conovist : recevist* und daneben *aparegués* 110 d (assonirend mit *éls*), d. i. *aparevést*, dem sich-hinsichtlich des *é* für *i* das *perdésse* des Eulalialiedes vergleicht. Im Alexiusliede hingegen geht die lat. Form auf *-uïssem* stets auf *-usse* aus. In den Assonanzen findet sich freilich nur *fusse* 97 e, aber die Orthogra-

phie ist völlig constant; die Belege oben III, 1, unter $\bar{u}$. — Es
gruppiren sich also das Eulalialied, das Leodegarlied und die
Passion dem Alexiusliede gegenüber zusammen. Die Eidformeln
und das Fragment von Valenciennes bleiben unbetheiligt.

VI. Das Schicksal des deutschen w.

Für deutsches w oder ein an dasselbe angelehntes lat. v
hat das Fragment von Valenciennes v (u) : *avardevet;*
ebenso das Leodegarlied: *devastar* 22f; *garda* 34c statt
vardat oder *wardat* ist mithin ein Provenzalismus. Auch in der
Passion ist das w (uu) des Originals erhalten in *œswardovet* 48b,
reswardet 49c, *vises* 54a, während die provenzalische Orthographie
statthat in *la-sgarded* 13b, *gardet* 65c, *gardes* 90d, *garnid* 28d,
· *gai* 14b, *gaimentan* 65b, *gurpir* 29d, 42a, 64b, 70c, 79d, 124d.
— Die Eidformeln und das Eulalialied haben keine Beispiele. Dem
Alexiusliede ist w oder v völlig fremd: es hat stets *gu:* *guar-*
darai 34b, *guardrat* 46b, *guardent* 64e, *esguardent* 66c, *guardet*
75d, *guard* 16d, *guardét* 95b, 08c, *guarde* 79c, *guarir* 20d
(verschrieben *grarir* 74e), *guarirunt* 62e, 66e; *esguarethe* 27d,
eguarede 94e; *guarnit* 7d; *guise* 30d, 36c, 47e, 48c, 52e;
guerpir 71a, *guerpide* 42c; *guereduner* 56b. Der Appendix
hat *geres* st. *guaires.*

Wie das Fragment von Valenciennes, das Leodegarlied und
die Passion, hat Sanct Bernhard w für deutsches w: *rewar-*
deir Bartsch[3] 195,24; *eswarde* 196,6; 198,28; *eswart* 195,30;
waires 198,32. 38; *weit* 193,20; 194,60; 197,14. 18. Eben so
steht w für lat. *qu* in *ewalment* 196,24; *awes* 197,13; *ewier*
194,39; 195,25 und für lat. *cū* in *par uns awillons* 195,20, lies
un awillon (**acūleōnem*, Der. v. *acūleus*). Diese Verhältnisse dürften
sich folgendermassen begreifen lassen. Das deutsche w wurde
graphisch beibehalten, trotzdem sein Lautwerth (vermuthlich vu)
in den Lautwerth gu übergegangen war, und wurde nunmehr
auch auf die Wörter übertragen, welche ein aus lat. *qu* oder *cū*
entstandenes gu besassen. Aus w für *cū* in *awillon* lässt sich
übrigens schliessen, dass der zweite Bestandtheil dieser Lautfolge
vor i (und also auch wohl vor e, $\ddot{u}$ war. Daneben bezeichnet

freilich *w* deutlich den Lautwerth *vu* oder *vü* in *wels, welent* u. ä.
Wenn diese Ansicht richtig ist, so ist der Unterschied zwischen
w und *gu* nur ein orthographischer. Allein diese orthographische
Differenz ist dennoch characteristisch genug. Uebrigens könnten
gu und *uu* doch auch phonetisch verschieden sein. In *uuardeir* =
vuardeir hat sich der deutsche Laut erhalten, und *auues, auuillon*
= *avues, avuillon* sind aus *aquās, acūleōnem* mittels **agvuas,
agvūliōne entstanden: der Parasit *v* hat das aus *q* entstandene
g verdrängt. Bei dieser Auffassung hat *uu* in *uuardeir, auues*
denselben Lautwerth (*vu*) wie in *uuels.*

VII. Die Präposition *per.*

Die Eidformeln haben *p*, d. i. *per;* das Eulalialied *par.* Das
Fragment von Valenciennes bietet *p, pcussist, pmefçt* : *p* = *per*
wie in *pdut.* Im Leodegarliede finden sich *p* 6 f, 17 f, *pcutan* 23 b,
pfides 26 c, *pdonat* 36 f, *pdonet* 38 d : *p* = *per,* wie in *perdonat*
8 d und *pfectus* 6 c. Die Passion enthält *per* 1 d, 2 cd, 7 a, 17 a,
20 c, 24 a, 27 a, 38 d, 121 a, *p* 24 a, 45 bc, 46 d, 71 d, 73 c, 74 c,
76 b, 82 d, 85 b, 90 c, 94 c, 95 b, 114 a, 121 d, 122 abd, 125 d,
128 d, 129 d, *pveng* 67 c, 79 a, 119 b, *pveing* 5 a, *pdonent* 56 c,
57 a, *pdones* 76 d, *pdone* 77 c, cf. 128 d. Uebrigens steht *per* hier
auch als Provenzalismus für *por* : *per* 3 b, 4 d, 14 b, 24 c, 29 d,
38 b, 50 c, 66 a, 68 d, 79 d, *p* 41 a, 66 c, 68 d, 76 c, 84 d, 85 a,
93 d, 96 d, 101 c. In *percuidat* 18 a, *per cho inded* 29 a, *pcogded*
85 d ist *per* eine Entstellung von *pre.* Das Alexiuslied hat *par*
2 b, 5 d, 8 b, 16 d, 21 e, 23 b, 36 e, 37 b, 39 b, 41 d, 47 d, 48 c,
52 e, 54 e, 59 c, 62 ce, 66 e, 73 b, 74 c, 78 e, 79 d, 80 e, 87 d,
103 c, 118 c, 121 d, 124 e, *parduint* 54 d, *parfit* 14 c, *parfitement*
58 c, *parfitemt* 5 c, *apartenanz* 55 b; *parcamin* 57 a beruht auf einer
Volksetymologie. *Par* ist nirgends durch *p* bezeichnet. Es steht
also hier das Eulalialied mit dem Alexiusliede und die Eidformeln
mit dem Fragment, dem Leodegarliede und der Passion zusammen.
— *Per* hat auch die in der Handschrift des Britischen Museums
vorliegende Redaction des Bestiaire des Normannen Gervaise,
deren Urheber dem Osten angehört; cf. P. Meyer, Rom. I, 423.
427 Anm.

C. Gruppirung der Denkmäler nach den sprachlichen Kriterien.

Die Untersuchung der Sprache der ältesten Denkmäler hat folgende mundartliche Kriterien ergeben:

1) Das lat. *c* vor *a* ist theils unverändert geblieben, theils in *ch = tš* übergegangen.

2) Das lat. *au* ist theils noch erhalten, theils in *o = ò* übergangen.

3) Das lat. hochtonige *ŏ* in lat. oder rom. kurzer Silbe besteht theils als *ó*, theils ist es in den Diphthongen *uó* übergegangen, aus welchem in einem Denkmal durch Metathesis *óu* entstanden ist.

4) Lat. *ō* und *ŭ* sind theils *u*, theils *ó*, resp. *óu*.

5) Das Imperfect auf *-ābam* hat theils *-ove*, theils *-eve*.

6) Das Imperfect des Conjunctivs auf *-uíssem* hat theils *usse*, theils *-visse*.

7) Deutsches *w* ist theils *gu*, theils *w* oder *v*.

8) Die Präposition *per* lautet *per* oder *par*.

Es kommen einige Eigenthümlichkeiten der Eidformeln und des Eulalialiedes hinzu, welche oben Erwähnung gefunden haben.

Nach diesen characteristischen Merkmalen gruppiren sich unsere Denkmäler folgendermassen:

		I.	II.	III.	
Eidformeln:		Alexiuslied:	Eulalialied:	Fragm. v. Val.:	Leodegarlied, Passion:
1) lat. c vor a:	k	k	k	ch	ch
2) lat. au:	ŏ	ŏ	ŏ	au, ŏ	au
3) lat. ō:	ŏ	ŏ	uŏ	ŏu	uŏ
4) lat. ō, ŭ:	u	u	ŏ, ŏu	ŏ, ŏu, cum, madl	ŏ (u), cum, madl
4a) lat. suum:	son	sun	—	son, sen	son
5) lat. -ūbam:	—	-ŏve App.	—	-ève	-ève
6) lat. -ūssem:	—	-usse	-visse	—	-visse
7) deutsches w:	—	gu	—	v	w, v
8) per:	per	par	par	per	per
9) lat. ū:	a, ian	e, ien	e, ien	e (et), —	e, —
10) lat. ē, ĭ:	i	ei	ei	ei	ei
11) lat. ĭn:	in	en	en	en	en
12) saeculum	—	siecle	seule	—	—
13) diabolum	—	(cf. durable)	di,avle	—	P. di,able

D. Localisirung der Gruppen.

Es bleibt übrig, die Heimath der linguistisch ermittelten Mundarten festzustellen. Wir beginnen mit dem Alexiusliede. Dass dieses Denkmal aus der Normandie stammt, dafür spricht der Umstand, dass drei Handschriften, unter welchen die beiden ältesten, in England angefertigt worden sind, sowie die Uebereinstimmung der Sprache normannischer Denkmäler. Speciell weist auf Rouen der Umstand, dass die durch Vergleichung der Sprache des Rolandsliedes annähernd zu bestimmende Zeit der Abfassung im Verein mit anderen Umständen die Vermuthung nahe legt, dass *Thetbaldus Veronensis, sanctae Rotomagensis ecclesiae canonicus*, das Gedicht verfasst hat. Vernon, der Geburtsort Thetbalds, liegt am linken Seineufer, sieben Wegstunden nordöstlich von Evreux, im Departement Eure. Thetbald ist also in der Provinz, wo er ein kirchliches Amt bekleidete, auch geboren. Mithin wird auch seine Sprache die damals in der Normandie gesprochene sein.

Von dem Alexiusliede fällt ein Licht auf die Heimath der Sprache der Strassburger Eidformeln. Nach G. Paris, Préf. p. 41, sollen gewisse Wahrscheinlichkeitsgründe vielmehr für den Osten als für den Westen sprechen. Allein eine Vergleichung der Sprache ergibt, dass die Eidformeln und das Alexiuslied derselben Zone, nämlich dem Westen, und zugleich, dass sie verschiedenen Gegenden dieser westlichen Zone angehören. Gemeinsam haben die beiden Denkmäler *kose, vol, amur, returnar*, resp. *returner*, und *dreit*; allein normannisches *podeir, saveir, mei, deit* und *seit* konnte nicht aus *podir, savir, mi, dift* und *sit*, und normannisches *pople* nicht aus *poblo* hervorgehen. *Poblo* und das erhaltene *a* in *fradre, returnar* deuten vielmehr auf südlicher gelegene Landschaften. Es ist oben wahrscheinlich gemacht worden, dass das normannisch-französisch-picardische *é* mittels *ai ei* aus lateinischem *a* hervorgegangen ist; es ist aber zugleich unwahrscheinlich befunden worden, dass dieses *ai* erst nach dem Jahre 842 aus *a* entstanden sein sollte, und daraus der Schluss gezogen, dass die Mundart der Eidformeln ein *ai* und mithin *é* entweder überhaupt nicht oder später entwickelt habe als andere Mundarten. Wie neben *ò* aus *au* im Westen im Osten noch *au* fortbestand, ebenso kann neben *ai* aus *a* in den nördlicher gelegenen Landschaften weiter südwärts noch *a* und folglich später neben dem aus *ai* hervorgegangenen *e* noch das aus *a* entstandene *ai* fortbestanden haben. In der That besteht dieses *ai* zu einer Zeit, wo sonst überall *e* herrscht, noch in -*iain* bei Beneeit von Sainte-More. Als die Heimath Beneeit's aber kann nur Sancta Maura südlich von Tours ernstlich in Betracht kommen. Grade auf die Loiregegend aber als die Heimath der Sprache der Eidformeln verweisen uns historische Erwägungen.

Bei dem Bündnisse, welches Karl der Kahle und Ludwig der Deutsche 842 zu Strassburg schlossen, bediente sich bekanntlich Karl der Sprache des Heeres seines Bruders und Ludwig der Sprache der Leute Karls; die beiden Heere selbst sprachen in ihrer eigenen Sprache. Aus welcher Gegend Frankreichs stammten nun Karls Lehnsmannen? Aus Nithard's Historien erhellt unzweideutig, dass Karl bis zum Strassburger Vertrage seinen einzigen festen Stützpunkt an der Loire hatte; ja es wird ausdrücklich erwähnt, dass seine Leute aus Gascognern und Brittonen bestanden. Wir geben zur Bestätigung aus Nith. Hist. I, 7 — III, 7 die unsere Frage betreffenden Notizen.

Im Jahre 839 theilt Ludwig der Fromme ad Vangionem urbem (Vangio Rivi, Vignory?) das Reich, abgesehen von Baiern, welches sein Sohn Ludwig besitzt (und von Aquitanien, welches sein Sohn Pipin erhalten hat), unter Lothar und Karl in zwei durch die Maas geschiedene Theile. Lothar wählt den Osten und willigt ein, dass Karl den Westen erhalten soll. Lothar begibt sich nach Italien. I, 7. — Pipin stirbt: ein Theil der Aquitanier erklärt sich für seinen ältesten Sohn Pipin, ein anderer will des Kaisers Entscheidung abwarten. Ludwig begibt sich daher mit seinem Sohne Karl und dessen Mutter nach Clermont und überträgt Aquitanien Karl. Aber Pipins Anhänger unterwerfen sich nicht. — Da inzwischen Ludwig der Sohn mit Hülfe von Thüringern und Sachsen Alemannien angreift, so eilt der Vater, indem

er Karl und dessen Mutter in Poitou zurücklässt, über
Aachen, wo er das Osterfest (840) feiert, nach Thüringen und
nöthigt Ludwig zum Rückzuge durch slavisches Gebiet nach Baiern.
Heimgekehrt, stirbt er auf einer Insel bei Mainz, während sich
Lothar in Italien, Ludwig jenseits des Rheins und Karl in Aquitanien befindet. I, 8. — Bei der Nachricht von des Vaters Tode
schickt Lothar (im Widerspruch mit dem letzten Theilungsvertrage)
Boten per totam Franciam, um die Grossen für sich zu gewinnen,
und wendet sich dann zunächst gegen Ludwig: über Vangio eilt er
nach dem Rhein und trifft unvermuthet bei Frankfurt mit Ludwig
zusammen, lässt es jedoch nicht auf eine Schlacht ankommen,
sondern schliesst mit ihm einen vorläufigen Vertrag. II, 1. Nun
wendet sich Lothar gegen Karl. — Derselbe erhält die Nachricht
von seines Vaters Tode in Bourges, wo er seinen Neffen Pipin
vergebens zu einer Besprechung erwartet. Da die Bevölkerung
zwischen Maas und Seine ihn auffordert, zu kommen, ehe
Lothar sie in Pflicht nehme, so eilt er mit einem sehr geringen
Gefolge nach Carisiacum (Quiercy), findet jedoch getheilte Aufnahme (II, 2), und da Pipin Karls Mutter, welche in Aquitanien
zurückgeblieben, überfallen will, so eilt Karl aus Francien nach
Aquitanien zurück, wo er Pipin in die Flucht schlägt. —
Inzwischen überschreitet Lothar die Maas, die Grenze seines Ge-
biets, um nach der Seine vorzudringen. In Francien nördlich von
der Seine fällt ihm alles zu, auch Hilduin, der Abt von Saint-
Denis, und Gerard, der Graf von Paris. Lothar überschreitet die
Seine, sucht durch Emissäre das Land zwischen Seine und
Loire zum Abfall zu verleiten und rückt, da er Anhang findet,
bis zur Loire vor. II, 3. Karl, der eben von dem Zuge gegen
Pipin zurückkehrt, ist rings von Feinden umgeben: im Süden steht
Pipin, im Norden Lothar, im Nordwesten sind die Brittonen feind-
lich gesinnt. Bei Orleans stehen Lothar und Karl einander
gegenüber; aber Lothar lässt es auch hier nicht auf einen Kampf
ankommen, sondern schliesst mit Karl einen Vertrag, nach welchem
dieser bis zu einer Zusammenkunft in Attiniacum Aquitanien,
Septimanien, die Provence und zehn Grafschaften
zwischen Loire und Seine beherrschen soll. II, 4. — Während sich nun Lothar wieder gegen Ludwig wendet, verweilt Karl

in Orleans, wo sich ihm einige burgundische Grosse anschliessen, in Nevers, in Bourges (Jan. 841), dann in der Cenomannica urbs (also nördlich von der Loire), um dort Huldigungen entgegen zu nehmen. Auch der Herzog der Brittonen schickt jetzt Geschenke und schwört Treue. Die Abwesenheit Lothars benutzend, eilt Karl mit den Getreuen, die grade um ihn versammelt sind, nordwärts; seine Anhänger aus Aquitanien, Burgund und dem Gebiete zwischen Loire und Seine sollen mit seiner Mutter nachkommen. Er überschreitet die Seine, deren rechtes Ufer Lothars französische Anhänger besetzt halten, bei Rouen, rückt nach St. Denis, und nachdem er von hier über St. Germain bis zur Mündung des Loin zurückgegangen, um Verstärkungen an sich zu ziehen, rückt er über Sens nach Troyes, wo er das Osterfest (841) feiert. II, 6. — Auf die Nachricht, dass Karl (gegen den Vertrag von Orleans) die Seine überschritten, eilt Lothar, der inzwischen Ludwig zum Rückzuge nach Baiern genöthigt, nach Westen: er feiert Ostern in Aachen. II, 7. In Attiniacum, wohin sich Karl der Verabredung gemäss begibt, erscheint Lothar nicht. II, 8. Da Ludwig seine Hülfe anbietet, so zieht Karl, indem er Lothar ausweicht, nach Chalons, wo seine Mutter mit den Aquitaniern ihn erreicht. II, 9. Nachdem sich Karl und Ludwig vereinigt, wendet sich Lothar nach Süden, Pipin entgegen, der ihm von Aquitanien aus zu Hülfe kommt. Die Brüder folgen ihm und schlagen ihn bei Fontenailles in Burgund. II, 10. Von einer Verfolgung steht man ab. III, 1. Ludwig kehrt nach dem Rheine, Karl mit seiner Mutter nach der Loire zurück. — Da die Franken, welche Karl durch Gesandte zur Anerkennung seiner Herrschaft hat auffordern lassen, ihn selbst zu sehen verlangen, so reist er nach Francien: seine Gesandten, welche zuerst nach Carisiacum und von da nach Paris gezogen sind, trifft er bereits in Esponne-sur-Aube. Um den Franken Gelegenheit zur Huldigung zu geben, will er über Beauvais, Compiegne, Soissons, Reims, Châlons seinen Weg nach Langres nehmen, wo eine Zusammenkunft mit Ludwig stattfinden soll. Allein die Franken, welche ihn wegen seines geringen Gefolges misachten, entziehen sich der Huldigung unter verschiedenen Vorwänden. III, 2. Da Karl in Reims erfährt, dass Ludwig, von Lothar bedrängt, nicht nach Langres kommen kann, so wendet er sich nordwärts nach St. Quentin, um von hier über Maestricht Ludwig zu Hülfe zu eilen. Allein unterwegs hört er, dass Lothar von Ludwig ablässt und von Worms her gegen ihn selbst heranrückt. Daher zieht er sich nach Paris zurück, um hier Ludwigs und seiner eigenen Getreuen Ankunft zu erwarten. Als Lothar mit Sachsen und Austrasiern, denen sich auch Alemannen zugesellt haben, nach St. Denis kommt (Sept. 841), verlegt Karl sein Hauptquartier nach St. Cloud, hält aber Paris und die Seine-übergänge besetzt. Lothar, der die Seine nicht zu überschreiten vermag, zieht am Flusse aufwärts und vereinigt sich dann bei Sens mit Pipin. III, 3. Vergebens wartet Karl auf Ludwig, der durch den Erzbischof Otgar von Mainz und andere Anhänger Lo-thars an dem Uebergange über den Rhein gehindert wird. Bei dieser Nachricht entschliesst sich Karl zum Marsche nach dem Rhein. Als er über Toul in die Nähe von Zabern kommt, zer-streuen sich Otgar und Genossen, und die Brüder vereinigen sich in Strassburg (März 842). — Inzwischen ist Lothar, in der Hoffnung, der Herzog der Bretagne werde seine Partei ergreifen, von Sens aus gegen Tours vorgedrungen, kehrt aber unverrichteter Sache nach Francien zurück. III, 4. — Nach Erneuerung ihres Bündnisses in Strassburg ziehen die Brüder nach Worms, um hier die Ankunft Karlmanns, des ältesten Sohnes Ludwigs, abzu-warten. III, 5. Bei den Manövern, welche mittlerweile zwischen Worms und Mainz veranstaltet werden (*ludos exercitii causa fre-quentabant*), stehen Ludwigs Sachsen und Austrasiern Karls Gas-cogner und Brittonen gegenüber. III, 6. Als Karlmann mit Baiern und Alemannen in Mainz angelangt ist, beginnt der Vor-marsch rheinabwärts. Die Mosel wird überschritten, und Lothar, der bei Sinzig steht, lässt sein Reich im Stich und entflieht mit wenigen Getreuen nach der Rhone. Ungehindert ziehen die Brüder in Aachen ein. III, 7.

Das Resultat der linguistischen Untersuchung findet also durch die Geschichte seine Bestätigung: die Heimath der Sprache der Strassburger Eidformeln ist der Süden der west-lichen Zone des französischen Sprachgebietes, die Gegend an und südlich von der Loire.

Gehört also die Sprache der Eidformeln und des Alexiusliedes dem Westen und die des letztern speciell der Normandie an, so folgt, dass der Westen nicht auch die Heimath des Eulalialiedes sein kann. Denn dieses hat zwar, wie jene, *k* für lateinisches *c* vor *a* und *ò* für lateinisches *au*; allein es weicht von ihnen darin ab, dass es für lat. ŏ in kurzer Silbe nicht *ó*, sondern *uó* und für lat. ō und ŭ nicht *u*, sondern *o*, *óu* besitzt. LITTRÉ's Annahme, dass das Eulalialied dem Westen, d. i. der Normandie, angehöre, Hist. de la langue franç. II², 305, stützt sich nur auf das *ei* von *concreidre, sostendreiet, raneiet, preier, preiement, pleier*, mithin auf ein Merkmal, welches den ältesten Denkmälern gemeinsam ist und welches zum Kriterium des Normannischen erst dadurch wird, dass in den übrigen Mundarten *ei* in *oi* übergeht, ein Lautwandel, welcher im Laufe des 11. Jahrhunderts seinen Anfang genommen zu haben scheint. Die Combination der angegebenen vier Merkmale weist vielmehr auf das Gebiet der picardischen Mundart. Hier besteht noch im 13. Jahrh. *k* für *c* vor *a*, *ò* für *au*, *óu* aus *ò* für *ō* und *ŭ* und ein *ue*, welches ein älteres *uo* voraussetzt, sowie *diavle* und *seule*. Man muss mithin der Annahme von G. PARIS beistimmen, dass der Fundort der Handschrift des Gedichts, die Abtei Saint-Amand, fünf Stunden nördlich von Valenciennes, auf dem Wege nach Tournay, auch die Heimath desselben sei. Jedoch bleibt diese Annahme gegen einige mögliche Einwendungen sicher zu stellen. Als picardische Eigenthümlichkeit gilt für das 13. Jahrhundert die Diphthongirung des ĕ in langer Silbe. Das Eulalialied hat keine Spur einer solchen: *bel, pulcella*. Zeugt dies gegen seine picardische Herkunft? Gewiss nicht. Die Diphthongirung des ĕ in Position kann ein secundärer Vorgang sein, und der Mangel derselben im Eulalialiede würde vielmehr beweisen, dass sie ein solcher ist, stände nicht fest, dass sogar noch im 13. Jahrhundert das Artesische nicht immer diphthongirt. — Eine Eigenthümlichkeit des Picardischen im 13. Jahrh. ist ferner die Gestalt des Singulars des Femininums des bestimmten Artikels. Der Artikel lautet für das Masc. Nom. *li*, Acc. *le*, dazu *del, al*, für das Fem. Nom. *li*, Acc. *le*, aber *de le, a le*. Das Eulalialied aber hat zwar für das Masc. Nom. *li*, Acc. *lo*, dazu *enl*, für das Fem.

aber im Nom. u. Acc. *la* und stimmt also im Femininum mit dem
Leodegarliede und der Passion, dem Alexiusliede und dem Rolandsliede (Nom. *la* 717. 737 al.) überein. Diese Thatsache spricht
entweder gegen die picardische Herkunft des Gedichtes, oder sie
beweist, dass die picardische Identität zwischen der Masculin- und
der Femininform, wie sie aus dem 13. Jahrb. bekannt ist, eine
spätere Ausartung ist. Die letztere Hypothese muss als die richtige
erscheinen, wenn die Femininformen *li*, *le* sich wirklich, wie angenommen zu werden pflegt, so erklären, dass die Masculinformen
etymologische Femininformen verdrängt und ersetzt haben. Gegen
diese Annahme spricht nicht *de le*, *a le* neben *del al*; für dieselbe zeugt aber der analoge Vorgang in der Mundart der Predigten Sanct Bernhards. Hier lautet der Singular des Artikels für
das Masculinum: Nom. *li* BARTSCH [3], 193,19. 20; 194,27; 195,6.
37. 39, speciell *li ordenes* 193,26; 194,28; cf. 198,33; Acc. *lo*
193,30. 35; 194,12. 32; 195,4, speciell *l'abysme* 194,25; cf.
195,30; 197,35; dazu *del* 193,23. 32; 194,37, *al* 197,29, *el*
195,1; und für das Femininum: Nom. *li* 195,10. 14. 37. 38;
196,2. 5. 23; 197,31: 198,10 und speciell *li estrece* 195,1, *li
obedience* 195,37; 196,3, *li humiliteiz* 198,27; Acc. *la* 193,24;
194,12; 195,5. 8. 12. 19. 33 und *l'arche* 193,22; dazu *de la*
193,29; 194,36, *a la* 195,8, *en la* 198,26 und *en l'obedience*
196,13, *en l'onor* 197,36. Es ist hier also nur der alte Nominativ
des Feminins (*la*) durch den Nominativ des Masculins (*li*) verdrängt. Das Picardische ist einen Schritt weiter gegangen, indem
es auch den alten Accusativ *la* durch *le* ersetzt hat. Aber *del*, *al*
sind doch auch hier nicht eingetreten. — Schliesslich bleibt noch
eine Folgerung zu ziehen. Lateinisches *c* vor *e* und *i* lautet in
der picardischen Mundart der späteren Zeit *tš*. Da nun dieser
Lautwerth *tš* nicht durch Vermittelung von *ts*, sondern direct aus
dem lateinischen *c* hervorgegangen ist, so ist zu schliessen, dass
bereits im Eulalialiede das *c* in den Wörtern *cels*, *celle*, *pulcella*,
ciel, *mercit*, *manatce* den Lautwerth *tš* bezeichnet. Die Orthographie steht dieser Annahme nicht im Wege. Allein in *domnizelle*,
ezo (und *bellezour*) das *z* ebenso zu lesen, verbieten *paramenz*
(*empedementz*) und *melz*.

Auch das Fragment von Valenciennes hält G. PARIS,

Préf. p. 42, für ein picardisches Denkmal. Allein dieser Annahme widerstreitet der Umstand, dass lat. *c* vor *a* hier den Lautwerth *tš* (nicht *k*) besitzt. Die Sprache des Denkmals stimmt in wesentlichen Merkmalen mit der des Leodegarliedes und der Passion überein. Sie unterscheidet sich von derselben durch die Umstellung des *uó* zu *óu* und durch eine Reihe eigenthümlicher Züge, welche kein anderes Denkmal besitzt. Eine Metathesis findet sich in *ſt* statt *s* im Auslaut für lateinisches *t-s*; so in *ſoſt* (*subtus*), *ireiſt* (*īrātus*), in *voſt alſmoſneſ, voſt elemoſynaſ* für *vos*, in der 2. Pers. d. Plur. *aveiſt, aieſt, facieſt, comcieſt, preieſt*, (aber *preiretſ* und *ſeietſt*), woneben lateinisches *st* besteht: *ceſt, toſt*. Der Verfasser verwechselt, wie oben gezeigt worden, klingende und klanglose Consonanten; er lässt das demonstrative Pronomen im Genus nicht mit seinem Nomen congruiren: *per cel predictam...*, *ceſt predictam poenitentiam, cels elemosynas*. Es sind ferner zu merken die alten Imperfecte *fisient* und *permessient, iholt* für *ihalt, feent, foers*, das Masculinum *cheve*, welches sich wohl nicht aus *capite* oder aus einer Neubildung *capitum erklären lässt, sondern ähnlich betrachtet sein will wie *verme*, in welchem ebenfalls der tonlose Vocal der Endsilbe nicht geschwunden ist. *Dist* ist nicht allein das Perfect, sondern es steht auch, wie es scheint, bereits für das Particip des Perfects geschrieben: *si cum dist ele evangelio, lieu davant dist*, woraus folgen würde, dass *s* vor *t* bereits verstummt ist. An das Picardische erinnert *sen, sem* neben *son*, an Gregor und St. Bernhard *ireist*. Nach Verben des Wollens steht bald der Indicativ, bald der Conjunctiv: *preiest li que de ceſt periculo nos liberat*, aber *poscite li que ceſt fructum que moſtret nos habemus, qe-l nos conservet*.

Aus den Merkmalen, welche das Fragment von Valenciennes mit dem Leodegarliede und der Passion gemeinsam hat, ist zu schliessen, dass es mit denselben e i n e r g l e i c h e n Z o n e des französischen Sprachgebietes angehört. Da diese Zone nicht der Westen, aber auch nicht der picardische Norden sein kann, so sieht man sich auf den O s t e n verwiesen. Die Abweichungen des Fragments von den Gedichten der Clermonter Handschrift bezeugen, dass das erstere e i n e r a n d e r e n P r o v i n z der östlichen

Zone angehört, als die letzteren. Und die Abweichungen von allem, was sonst als Französisch bekannt ist, sowie die offenbaren Sprachfehler weisen speciell auf die Peripherie des französischen Sprachgebiets. Da nun der Fundort, Valenciennes, überdies auf den Norden deutet, so ergibt die Combination aller dieser Merkmale, dass die Heimath des Verfassers der Homilie über den Propheten Jonas an der Nordostgrenze des französischen Sprachgebiets zu suchen ist.

Was nun endlich die Gedichte der Clermonter Handschrift betrifft, so hat G. Paris wahrscheinlich gemacht, dass das Leodegarlied aus Burgund stammt. Da dieses Gedicht nämlich einen liturgischen Zweck hat, so wird es in einer Gegend und an einem Orte entstanden sein, wo das Fest des Heiligen gefeiert wurde. Nun blieb aber das Andenken des hl. Leodegar am lebendigsten in Poitou, wo er als Abt von Saint-Maixent gelebt hatte, und in Burgund, wo er als Bischof von Autun sich dem die Stadt belagernden Ebroin freiwillig auslieferte. Lassen mithin geschichtliche Erwägungen die Wahl zwischen Poitou und Burgund, so entscheidet die Sprache des Gedichtes, und namentlich das Imperfect *regnevet*, gegen Poitou und für Burgund. Ueberdies soll das Fest des Heiligen am frühesten in Autun gefeiert worden sein. Stammt aber das Leodegarlied aus Burgund, so bürgt die Uebereinstimmung der Sprache dafür, dass auch die Passion ein burgundisches Denkmal ist. Das erwähnte *lz* aus *ll-s* in der Passion kann eine locale Eigenthümlichkeit sein.

Das Gesammtergebnis des Versuchs, die ältesten Denkmäler zu localisiren, ist also folgendes. Wir haben zwei dem Westen angehörige Schriften: die Strassburger Eidformeln vom Jahre 842, welche die Sprache der Loiregegend, und das Alexiuslied aus der Mitte des 11. Jahrh., welches die Sprache der Normandie repräsentirt. Wir haben ferner ein Denkmal in der Sprache des picardischen Nordens etwa aus der Mitte des 10. Jahrhunderts, das Eulalialied. Endlich repräsentiren drei Denkmäler die Sprache des Ostens, und zwar zwei von ihnen, das Leodegarlied und die Passion, die Mundart Burgunds, und das dritte, das Fragment von Valenciennes,

die Mundart einer nördlich von Burgund gelegenen Grenzland-
schaft des französischen Sprachgebiets.

Die Centrallandschaften des französischen Sprachgebiets
gehen leer aus, wofern nicht etwa ihre Sprache durch die Strassburger Eidformeln oder das Alexiuslied mit repräsentirt wird.
Eben diese Frage, die Frage nach dem Verhältnisse der centralfranzösischen Mundart zu den Mundarten der ältesten Denkmäler, bleibt nunmehr zu erörtern.

Zweiter Theil.

Der Ursprung der centralfranzösischen Mundart.

1. Charakteristik des Centralfranzösischen.

Die Scheidung zwischen dem Westen, welcher *còse* und *amur*
der Eidformeln bewahrt, und dem Osten, welcher *chause* in *chòse*
übergehen lässt und *amór* sich erhält, reicht mindestens bis in die
erste Hälfte des 9. Jahrhunderts zurück. Den Gegensatz zwischen
o und *au* in romanischen Wörtern repräsentiren jedoch bereits die
Reichenauer und Casseler Glossen. Da ferner das *amur* des
Westens bereits aus der Merovingerzeit datirt ·und das *amór* des
Ostens nicht erst aus *amur* entstanden, sondern älter ist als dieses,
so ist der Gegensatz zwischen dem Westen und dem Osten so alt
wie die merovingischen Urkunden. Um die Mitte des 10. Jahrhunderts hebt sich der Norden durch sein *kòse* deutlich vom Osten
ab. Sein *k*-Laut stammt, wie der der Eidformeln, aus dem Lateinischen; aber das Datum dés Ueberganges von *au* in *ò* lässt
sich für den Norden nicht ermitteln und mithin nicht der Zeit-
punkt, in welchem der Norden die Fähigkeit verlor, ein *chòse* zu
entwickeln. Aber gegen den Westen steht der Norden durch sein
uraltes *nos, non* seit der Merovingerzeit mit dem Osten zusammen.
Und so mögen auch *duol* und *buon*, welche dem Norden und dem
Osten gemeinsam sind, bereits zur Zeit der Eidformeln neben *dol*
und *bon* des Westens bestanden haben. Der Gegensatz zwischen
dem Westen einerseits und dem Osten und Norden andererseits ist
sehr alt. Die Trennung zwischen Norden und Osten hingegen
k a n n im 9. Jahrhundert erfolgt sein.

Inmitten dieser Gruppen des Westens, des Ostens und des
Nordens ist nun gegen das Ende des 11. Jahrhunderts in den

centralen Provinzen des nördlichen Frankreichs, der nordöstlichen
Zone von Neustrien, eine vierte Mundart erkennbar. Nicht zu
den ältesten, aber zu den reinsten Denkmälern dieser centralfranzösischen Mundart gehören die Epen Christians von Troyes.
Seinen Ritter mit dem Löwen legen wir der Charakteristik
dieser Mundart zu Grunde.

Von den beiden consonantischen Kriterien der aus
älterer Zeit nachweisbaren Mundarten hat die Sprache Christians
das eine mit dem Osten, das andere mit dem Westen gemeinsam.
Ch für lateinisches *c* vor *a* hebt die Sprache Christians von der
des Westens und des Nordens scharf ab. Es finden sich im Ritter
mit dem Löwen V. 1—600 : *chose* 34. 95. 122. 139. 153. 326.
337. 504; *chanbre* 47. 53, *chaille* 132, *chasti,er* 135, *chat* 300,
chaz 592, *chanter* 467, *chantoit* 465, *chantoient* 463, *chacié* 503,
chastel 506, *eschapa* 571, *chascuns* 465. 516. 594; *chaude* 421,
chauces 597; *chiere* 272, *chief* 579, *rechief* 141, *meschief* 521,
escorchiez 310, *tochier* 314; *cha,aine* 385, *cheval* 482. 537. 542,
chevax 268, *chevalier* 9. 40. 257. 534. 548, *chevaliers* 58. 177.
357. 405. 477. 480. 517. 536, *chevalchent* 185, *che,oir* 66,
che,oient 445, *che,ance* 404, *chemin* 178, *chevox* 295, *chevriax*
397; *boche* 289. 301, *coche* 290, *branche* 460; *boschage* 335,
seneschal 133.   Das *c* in *escarlate* 231 beweist, dass das Wort
nach der Epoche des Ueberganges von *c* in *ch* aufgenommen
worden ist.

Dagegen steht für deutsches *w* nicht *w*, wie im Osten, sondern *gu* vor *e* und bereits *g* vor *a*. V. 1—600 finden sich:
guerredon 262; *gardez* 94, *gart* 332. 339, *gardes* 333, *garder* 336,
regarda 541, *esgarder* 226, *esgarda* 321, *garanz* 498, *garni* 316,
gaires 276. 450.

Vocalische Merkmale.   Für lat. *au* steht *o*, und dieses
reimt noch entweder mit sich selbst oder mit *ò* aus *av* oder aus
ŏ in langer Silbe: 1) *tor : mor* 285, *ot* (*audit*) : *lot* 1653, *s'esjot* :
ot 6677; *parclos : los* 2089; *o,ent* : *lo,ent* 153. 5785, *chose* :
anclose 337. 1029, *ose* : *chose* 1223. 1397. 4261. 4787, *ose* :
alose 2187, *osent* : *chosent* 5142, *reposent* : *osent* 6209; 2) *anclos* ·
clos (*clāvŏs*) 961. 5569, *jo,e* : *desclo,e* 3493 (*jo,es* : *blo,es* 6119),
estors (*extorsus*) : *tors* 4219, *cos* : *anclos* 217, *cos* : *desclos* 4199,

os : *repos* 3469, *clos* : *gros* 5183 (*lot* : *sorcot* 4365). Ausgenommen ist *cóe* 5525, welches auf *rescó,e* reimt. Allein diese Ausnahme ist keine Eigenthümlichkeit der Sprache Christians. ` Für hochtoniges *ŏ* in kurzer Silbe besteht im In- und Auslaut *ue*, im Anlaut *oe*, welches mit *ue* reimt. Auch vor Nasalen steht *ue*, *buens*, *cuens*, *tuens*, *suens*, ausgenommen *hom*, *semont* (*submónet*), *le son* (*sonum*), *sone* (*sonat*), welche in *ó* assoniren. Jedoch scheint *submónet* in keiner Mundart Diphthongirung erfahren zu haben und also das Schicksal von *demóre* zu theilen. *Cue* (*cocum*) : *alue* (*allŏdum*) 1405, *bues* : *lues* 311, *enfuet* : *puet* 1343, *puet* : *muet* 1731. 2025. 2641. 4079. 4305. 5665. 6035, *muet* : *estuet* 2507, *estuet* : *puet* 2773. 4645. 4793. 5491. 5827; *cuer* : *suer* 5815. 5947, *suer* : *fuer* 3973. 4709, *cuer* : *fuer* 849. 1751. 2647. 2727. 3837. 4507. 6411; *orguel* : *vuel* 281. 1795, *chevrel* : *vuel* 3439, 1. *chevruel*, *vuel.* : *duel* 691. 1603. 3835; *pue,ent* : *anfue,ent* 1245, *s'antrespruevent* : *muevent* 833, *prueves* : *nueves* 3305, *vuelle* : *fuelle* 459, *orguelle* : *vuelle* 4129; *vuelent* : *suelent* 5143. 5387. 5987, *vuelent* : *duelent* 6203, *recuevre* : *cuevre* 3157; *rueve* : *trueve* 5673, *trueve* : *nueve* 3017. 5181, *trueve* : *prueve* 1389. 1773. 3205, *trueve* : *esprueve* 4339, *truevent* : *repruevent* 4685; — *suel* : *oel* 1103; *oel* : *duel* 1473, aber *uel* : *orguel* 2185; *cuevre* : *oevre* (*operam*) 1327, *oevre* (*operam*) : *oevre*. — Vor Nasalen: *buens* : *suens* 17. 3017. 6399. 6727, *buens* : *tuens* 1207, *suen* : *buen* 517. 2109. 2971. 4045. 4485, *suen* : *tuen* 5951, *suens* : *cuens* 3271. Hingegen: *non* : *hom* 327, cf. 5391, *maison* : *hom* 569, cf. 2839. 6537, *prodom* : *randon* 3945, *preudom* : *ly,on* 4001; dazu die Assonanz *hom* : *adonc* 6493; *le son* : *meison* 219; *done* : *sone* 2337; *amont* : *semont* 2075. 5177, *mont* : *semont* 2323. — Die Geschichte des Diphthongen scheint folgende gewesen zu sein: *ŏ*, *uó*, *ué*, *üé*, *ŏé*, *üŏ̂* = *ó*. Die Combination *oé* bedeutet *üé* und mithin *ue* bereits *üé*. Dieses *üé* hat im Anlaut begonnen, wie z. B. auch *an* aus *en*. Die Combination *eu*, welche sich vereinzelt bereits in Denkmälern der ersten Hälfte des 12. Jahrhunderts findet, aber von späteren Copisten herrühren wird, bedeutet bereits den Laut *ŏ*. Sie ist nach Analogie von *feu*, *jeu*, *leu* und *preuz* u. ä. eingeführt, nachdem in diesen Wörtern *óu*, *éu*, *éü*, *ŏ̂ü* in *ŏ̂ŏ* = *ŏ* über-

gegangen war. Nachdem *uó, ué üé* und *öé* ergeben, sind diese
aus der französischen und der picardischen Mundart in die normannische und anglonormannische eingedrungen, wo sie sich nunmehr neben dem ursprünglichen *ó (u)* dieser Mundarten · in den
Handschriften vorfinden; so bereits in der Lambspringer Handschrift des Alexiusliedes und in der Oxforder Handschrift des Rolandsliedes.

Lateinisches *ō* ist *ó*, nicht nur vor Nasalen: *tançon : sospeçon*
107 u. ä., *Bretons : renons* 37 u. ä., sondern auch vor *r, l, s*
+ Consonant und einem tonlosen *e*: *jor : clamor* 2763, *retor :
amor* 6499, *amor : jor* 6739, *amors : cors (cursum)* 1359; *vavasor : enor* 209. 777, cf. 1205. 1365. 1677. 2353. 2521. 35.
2691 *(lor)*. 2719. 3499. 3805. 4039. 4163. 5403. 5639. 6171. 6415.
99. 6739, *amors : dolors* 13; *demore : ore* 160. 247. 649. 2135.
3939. 4295. 4953, *demore : enore* 2453. 5825, *demore : plore*
2633, *enore : plore* 3829, *plorent : demorent* 5199; — *sole : gole*
1413; *bolent : colent* 6201; — *coste (*cōstat, constat) : pantecoste* 5; — *la soe : desnoe* 3903. Dagegen ist *ō* in *eu* übergegangen vor *s, z* und im Auslaut, wo *t* geschwunden: *ranponeus :
venimeus* 69, *boissoneus : cusançoneus* 697; *merveilleuse·: perilleuse*
807, *angoisseuse : glori,euse* 4055, *obli,euse : pereceuse* 4641,
oiseuse : joieuse 3549, *preci,euses : graci,euses* 1889; *preuz : neveuz*
3923, *neuz : preuz* 4099; *neveu : preu* 4745. 6439. Ausgenommen
sind *nos, vos, jalos, espos (spōsus, sponsus), estros (*extrōso,
extrorsum)*: *vos : ros (russus)* 1969, *vos : nos* 73. 1873.
3801. 5013. 5549. 5691. 6313, *vos : vos* 491, *vos : jalos* 2501,
vos : espos 6745, *a estros : nos* 5305; ferner *toz : desoz* 825.
925, *corroz : toz* 3665. 4583. 6261, und so *tot : redot* 1989.
2833. 3991; *gote : tote* 415, *dote : tote* 519. 995. 1219, *tote :
rote* 2333, *bote : tote* 5659, *totes : gotes* 5235, *totes : rotes* 4681,
wo *t* auf *tt* (cf. *tōttum*) beruht. Der Einfluss des *s* wird recht
deutlich an *seus (sōlus) : angoisseus, seus : deus (dóus,* lat. *duōs)*
2955. 4493. 5551 neben *sole*; *seul* 481 beruht auf Anlehnung an
seus. Das aus *ō* hervorgegangene *eu* reimt mit dem aus *óu,* lat.
ŏ(cu), entstandenen: *leu : preu* 853. 1323. 5157. 3175, *preu :
feu* 2191, *corageus : geus* 6152, *venimeus : feus* 3353. Unter einander reimen *feu : geu* 3890 und *leus : deus (duōs)* 6363, *geus :*

deus 3123. Dieser Umstand lässt vermuthen, dass *eu* aus ō ebenfalls mittels *óu* hervorgegangen ist. *Eu* aus ō und *eu* aus ŏ, beide aus dem Diphthongen *óu*, bedeuten vermuthlich noch den Diphthongen *éu*. — Durch *greignor* u. ä. hebt sich die Sprache Christians deutlich von dem Picardischen ab, welches bereits im Eulalialiede *bellezóur* besitzt; dagegen ist sie durch *pereceus* u. ä. aus *pereçóus* mit der Sprache des Fragments von Valenciennes verwandt, welches bereits *correcióus* aufweist.

Lat. ŭ ist regelmässig ó, z. B. *secort* : *cort* 5633, *dot* : *derot* 437. Das vereinzelte *ou*, *sourt* (*surgit*) : *atoúrt* 2084, *lous* : *rous* 301, mag einem Copisten angehören.

Der Diphthong *éi* ist theils in *oi*, theils in *i* und vor Nasalen in *ai* (s. o.) übergegangen. Beispiele für *i*: *liz* : *deliz* 1074, *piz* : *acompliz* 3541, *partiz* : *piz* 4187; *conquis* : *le pris* 1699, *pris* (*pretio*) : *enpris* 6231; *despit* : *respit* 1765. 2751. 3741, *prise* (*pretiat*) : *prise* (**prēsa*, *prensa*) 1633, *reprise* : *despise* (*despeise*, *dēspeciat*) 2495, *gisent* : *prisent* 2167. Insbesondere ist *ei* auch vor palatalem *l* in *oi* übergegangen: *consoil* : *me mervoil* 1599. 3897. 4767, *aparoil* : *soloil* 2345, *consoil* : *soloil* 2397, *artuel* : *soloil* 2995, 1. *artoil*; *mervoille* : *voille* (*veille*, *vigilia*) 665. 2174, *aparoille* : *vermoille* 1883, *mervoille* : *vermoille* 1947; *mervoille* : *esvoille* 2907, *mervoille* : *paroille* 6185, *mervoille* : *consoille* 3347. 3869, *tu consoilles* : *mervoilles* 363. Dagegen findet man in tonloser Silbe *ei*: *conseillier* 3983. 6544. 6570, *conseilleroie* 6568, *apareillie* 3008. — *Oi* aus *ei* besteht noch in der 2. Pers. Plur. des Futurs, aber nicht mehr in der des Präsens: *droiz* : *voldroiz* 4275; *prendroiz* : *rendroiz* 1021, cf. 1845. 3745. 4281. 4984. 5085. 5447. 5545. 6631. 6735 (*eschaper* : *avrez* 5479 ist zu corrigiren), und so ausserhalb der Assonanzen, z. B. *avroiz* 514, cf. 595. 1645. 1694. 1981. 2484. Hingegen: *volez* : *apelez* 3059, *menez* : *venez* 3067, *querez* : *desesperez* 5093, *oci,ez* : *chasti,ez* (!) 1669; (*savez* : *avez* 1634. 1799, *venez* : *contenez* 1929).

Neben dem aus *ei* hervorgegangenen *oi* bestehen zwei andere: *ói* aus lat. ō, ŭ und *ŏi* aus lat. *au* (*a*) od. *o* in Position: 1) *ói* besteht vor Nasalen und vor *z* und *ss*, während es im Auslaut in *üi* übergegangen ist, nämlich *vóiz*, *cróiz*, *dóiz* (*dŭctio* aus *dūctio*) und

conöisse, angöisse, fröissent, aber *sui* (*sum*) und *dui* (**duī* st. *duo;
annōs : annī = duōs : x*). Beruht *pluie* auf *pluvia* oder auf *plovia?*
cf. *pluet *plovit*, nicht *pluit*. α) Vor Nasalen: *tesmoing : loing* 35,
doing : loing 2045, *besoing : tesmoing* 4395. 4897, *doing : besoing*
2433, *soing : loing* 2801, *besoing : loing* 4033. 6547, *besoing : soing*
2939. 5859, *redoing : soing* 5695; *doint : point* 1385. 3757. 4401.
4581. 5471, *point : anpoint* 1027, *pardoint : joint* 1971, *point :
anjoint* 1035, *point : joint* 2643, *oint : point* 2985; *doingne : besoingne*
1841. 5759, *besoingne : oingne* 2963, *besoingne : vergoingne* 3169,
esloingne : besoingne 4479, *essoine*, l. *essoingne : remoingne* (*remo-
neam*) 2509, *s'antresloingnent : poingnent* 4469; *cointe : s'acointe*
2417, *apointe : pointe* 3491; — β) vor *z* und *ss: voiz : croiz*
1163. 4861, *doiz : voiz* 165; *conoisse : angoisse* 2195. 3723.
4627. 4347 (*conuisse*, l. *conoisse*), *s'antre conoissent : froissent*
(**frustiant*) 6099. — 2) *öi* in *poi : oi* 275, *chois : je m'an vois*
5453, *je m'an vois : bois* 3069. 3755, *estois : bois* 331, *redois :
bois* 4093. *Redòis* bedeutet »durchgeritten«, vgl. die bei Burg.
I, 149 angeführte Stelle, und ist also **redossius*, Der. v. *dossum*,
dorsum. Equus redorsatus ist mlt. ein Pferd, welches beim Reiten
dorsi fracturam erlitten hat. *Joie : oie* (*audiat*) 471. 1449. 2321.
4621. 5241, *voisent : noisent* 2325, *s'estoisent : voisent* 6215; *mimoire : yvoire* 3013; *moille : roille* 4195 (*molliat : rotulat*). Das
aus ŏ + *i purum* und aus ŏc entstandene *oi* ist in *üi* übergegangen:
1) *muire; enui, hui, apuier; puis, puisse; puis* (jedoch *redois*);
2) *nuire, cuire; nuit, cuit,* mithin auch **cuist*. — 3) *Oi* aus *ei*
reimt regelmässig mit sich selbst (vgl. die Reimtabelle), nie
mit *ói* und nur vereinzelt mit *òi: cervoise : s'anvoise* 591, *joie :
coie* 4683. Es muss mithin dem *òi*, wenn nicht gleich, so doch
sehr ähnlich klingen und auf jeden Fall den Ton auf dem ersten
Bestandtheile haben. Wie konnte *éi òi* ergeben? Das alte *éi* ist
durch *èi* und *ái* in *òi* übergegangen. Dafür sprechen folgende
Gründe: 1) Vor Nasalen ist, wie oben nachgewiesen worden, der
Diphthong *éi* durch *èi* in den Diphthongen *ái* übergegangen. Nun
pflegt sich aber vor Nasalen ein älterer Vocalismus zu erhalten.
Folglich erscheint *oi* aus *éi* neben *ain* aus *éin* als ein fortge-
schrittener Zustand. 2) Neben *vermoil : soloil* bestehen *vermauz :
solauz* 425, cf. *consauz* 5731. Das *au* solcher Formen erklärt

sich ungezwungen durch die Annahme, dass die Auflösung des *l*
vor Consonanten in *u* zu der Zeit erfolgt ist, wo noch *vermail*,
vermailz, *solail*, *solailz* neben einander bestanden. 3) Neben *eil* ist
auch *ail* vereinzelt in ein *oil* übergegangen, welches mit *oil* aus
eil reimt: *to,oille* : *vermoille* 4527, *to,oil* : *vermoil* 1187, cf.
to,auz : *vermauz* 1177. Dass nicht Assimilation das Entscheidende
gewesen, zeigt *to,auz*. 4) Auch lat. *ĭ* hat *ò* ergeben in *chevox* :
vòx 1463; aber daneben besteht noch *fautre* : *autre* 3225. 6075,
ax : *çax* 2483. 5) Der Uebergang von *é* durch *è* in *a* liegt auch
in *ia* aus *ié* und in *ia* aus *ué* vor.

Das **Imperfect des Indicativs** der Verben auf *er* besitzt,
wie das der übrigen Verben, die Endung *-oie*, welche mit *oi* aus
ei reimt. *Lessoie* : *soie* 4421, *aloie* : *voie* 4771; *aloit* : *voit* 6449;
,*contoit* : *escontoit* 61, cf. 1201. 5025); *demenoit* : *venoit* 479, cf.
679. 851. 923. 1149. 2831. 3475. 3661. 4083. 4201. 4755.
5079. 5837. 5949. 6177. 6713; *reconfortoient* : *voient* 3981,
s'antrebeisoient : *voient* 6447; (*chantoient* : *s'antrecordoient* 463,
cf. 1193. 2441. 3823. 4101); *che,oient* : *pece,oient* 445, cf. 3191.
3249. 4091. 5187. 5237.

Das **Imperfect des Conjunctivs** auf *uīssem* hat *-usse:*
e,usse : *se,usse* 3695. 4617. 6477, *rece,usse* : *de,usse* 5719,
cone,usse : *rece,usse* 6241, *cone,usse* : *fusse* 6271; *se,ust* : *e,ust*
323. 1367. 2289. 2617. 3015. 39. 55. 3905. 6023. 6449; *cre,ust* :
ple,ust 413, *e,ust* : *ple,ust* 3913, *de,ust* : *ne,ust* 5451, *de,ust* :
recone,ust 6047, *fust* : *e,ust* 1233. 3201, *fust* : *se,ust* 2787, *fust*
füstem) : *fust* 213. 511. 939; *se,ussent* : *e,ussent* 571. 4013,
e,ussent : *ple,ussent* 5227, *ge,ussent* : *cone,ussent* 5857, *fussent* :
e,ussent 6103.

Die Präposition *per* lautet *par*.

Es reimen bereits mit einander *ui* : *ui* = *üi* : *üi* aus 1) *ū* :
ū; 2) *ū* : *ō* (volkslat. *ū*) und folglich *ō* : *ō* (volkslat. *ū* : *ū*);
3) *ū* : *ŭ* und folglich *ŭ* : *ŭ*; 4) *ū* : *ŏ* und folglich *ŏ* : *ŏ*; mithin
auch 5) *ō* (volkslat. *ū*) : *ŭ*, *ō* (volkslat. *ū*) : *ŏ*, *ŭ* : *ŏ*.

1) *Ui* : *ui* aus *ū* : *ū* : α) *reluisent* : *aiguisent* 1465, *souduite* :
estruite 2725; — β) *fui* : *lui* 521, *fui* : *nelui* 3685, (*aparçui* :
lui 563, *quenui* : *lui* 4893, *conui* : *lui* 2119); — *lui* : *cui* 5357,
autrui : *lui* 2197. 2533. 6691, *cestui* : *lui* 6737.

2) *Ui : ui* aus *ū : ō: tuit : conduit* 1857. 5787 und aus
ō : ō: cuit : tuit 77. 1127. 2127.

3) *Ui : ui* aus *ū : ŭ: (sui (sum) : reconui* 6325), *lui : sui*
3625. 5981. 6665, *sui : autrui* 2435, *lui : andui* 2669. 3787, cf.
4015. 4494. 5687. 5813. 6459, *cui : dui* 3605, *cui : andui* 6097.
anbedui : lui 6205, *autrui : dui* 5547, und aus *ŭ : ŭ: bruit : ruit*
814, *s'anfuit : fuit* 3265.

4) *Ui : ui* aus *ū : ŏ: α) enuie : conduie* 5797 (*conui : enui*
455), *enui : nelui* 1249, *enui : lui* 1351. 1605. 1745. 6003. 6601.
6793, *celui : enui* 2779. 3929. 5977, *lui : hui* 4579. 6577:
je muire : deduire 3735; *β) conduire : nuire* 1917, *nuire : deduire*
5535, *cuire : buire* 2870; *γ) cuiz : deduiz* 3460, *conduit : nuit*
4841, und aus *ŏ : ŏ: je puis : puis* 5745. 6609 und *nuit : enuit*
3759, *nuiz : enuiz* 4829.

5) *Ui : ui* aus *ō : ŭ: tuit : bruit* 279. 1059, *s'anfuit : tuit*
6453, *s'anfuit : cuit* 2941. 3003; — *ō : ŏ: nuit : tuit* 567, *nuit :*
cuit 211, *cuit : anquenuit* 3224 und *huis : puis* 2865, *l'uis : puis*
4019, *je puis : l'uis* 5234; *vuide : cuide* 3085; — *ŭ : ŏ: sui*
(*sum*) *: enui* 113. 3895, *hui : sui* 5883, 1. P. *puis : truis* 357.
2027. 4453. 4895, *puisse : truisse* 3031. 4775. 4853. 5377. 5843;
pluie : enuie 503. 4835, *anfuies : enuies* 1649, *enuie : fuie* 2783,
enuie : enfuie 4415, *apuie : anfuie* 3509; *bruire : nuire* 117.

L vor Consonanten ist geschwunden nach *ò* in *cos : anclos*
217 : *desclos* 4199 : *dos* 6117, aber in *u* aufgelöst in *vox : chevox*
1463 = *vous : chevous*. Das aus *l* entstandene *u* ist mit *ü* oder
óu verschmolzen in *nus : plus* 2287. 3547, *je refus : nus* 5713
und (*sōlus, sóls, *sóuls, *sóus*) *seus : angoisseus* 667, *seus : deus*
2955. 4493. 5551. Die Orthographie schwankt nach *ó* aus *ŭ:*
neben *molt : bolt* 4037, *dolz : estolz* 4127, *genolz : volz* (*vultūs*)
5511 stehen *móult : bóut* 377, *moult : vout* (*vultum*) 4817. 5223,
moult : estout 1635, *douz : estouz* 6285, *escoute : estoute* 1695.
5129 (dazu *couche : couche* 4649). Dagegen herrscht Auflösung
des *l* nach *a: chaut : vaut* 629. 843, *haut : assaut* 821, *chaut :*
aut 1544, *haut : aut* 1854, cf. 2739. 75. 3179. 3337. 63. 3441.
3762. 4044. 4223. 4529. 5207. 5795. 5925. 6747; *vasax : max*
= *vasáus : máus* 495, *seneschax : bax* 2079, *le,ax : max* 2605,
seneschax : mortax 3659, *max : chevax* 4837; *chaude : esmeraude*

421. 6127, *paumes* : *saumes* 1415, *fausse* : *sausse* 4193; ebenso nach *é* aus *a*: *tex* : *mortex* 1237 = *téus* : *mortéus*, *ostex* : *tex* 1387. 5147. Von *solauz* u. ä. war bereits die Rede. Die Orthographie schwankt nach *ia*: 1) *biax*; 2) *mialz*, aber *ciax*; 3) *vialt*, *ialz*, aber *viaut*, *viaus*.

Eine eigenthümliche Bahn hat der Vocalismus vor *l* + Consonant zum Theil eingeschlagen. Während *é* in *téls*, *téus* beharrt, so ist 1) *ié* durch *iè* in *ia* übergegangen: *mialz* 4172, *ciax* 4065. Ebenso hat sich 2) statt *è* mittels *iè ia* eingefunden: *oisiax* : *biax* 461, *creniax* : *isniax* 4241, *apiaut* : *espiaut* 4607, und endlich ist 3) *ué* durch *uè*, *iè* (?) in *iá* übergegangen: *siaut* : *vialt* 1835, *dialt* : *vialt* 4557. 5653, *siaut* : *viaut* 6673, *vialt* : *aquialt* 5169, *vialt* : *requialt* 1445; *aquiaus* : *viaus* 5131. Alle drei *ia* reimen unter einander: *se viax* : *oisiax* 1823; *ialz* : *mialz* 4177; *ciax* : *moiax* 4065. — Von *solauz* und *soloil*, *fautre* und *chevox* war bereits die Rede. Da *é* aus *a* verschont bleibt und *è* in (*i*)*a* übergeht, so werden zu der Zeit, wo dieser Uebergang erfolgte, *ié* und *ué* bereits in *iè* und *uè*, *é* aus *l* bereits in *è* verwandelt gewesen sein.

Statt des palatalen *l* steht nach gewissen Vocalen das dentale. Palatales *l* steht nach *ai* : -*aille* 684. 1181. 1265. 1697. 2229. 3721. 4107. 5281. 5489. 5597. 5895. 4151. 6347. 6687; -*ailles* 4517; -*aillent* 2355; 6125; cf. *vaillant* 6440, *traveillier* 6543, *assaillie* : *baillie* 6561 u. ä.; ferner nach *oi* aus *ei* und nach *ei*, p. 203. Ebenso finden sich zwar *doillant* : *boillant* 6199; aber *bolent* (*bulliunt*) reimt auf *colent* (*cōlant*) 6201. Ebenso stehen consequent ohne *i* geschrieben *oel* : *duel*, *uel* : *orguel*, *vuelle* : *fuelle* u. ä. (p. 204), obwohl das doppelte *l* dennoch andeutet, dass *vuellent* nicht mit *vuelent* : *duelent* : *suelent* reimen kann. Von Wörtern auf *il* reimen 1) *il* : *cil* 4635, *il* : *nenil* 5993, *il* : *vil* 5757, *il* : *gentil* 1811, *o,il* : *gentil* 6349 (cf. *gentil* f. 3369), und 2) *peril* : *fil* (*fīlii*) 3937; aber es reimen 3) auch *il* : *fil* (*fīlii*) 4265, *fil* (*fīlii*) : *cil* 4121, *peril* : *il* 5253, *peril* : *o,il* 3603. Ferner reimen nicht nur *fille* : *essille* 703, *fille* : *aville* (*advīliat) 4131, sondern auch *mile* (*mīlia*) : *vile* (*vīlla*) 1277. — BEZA stellt ausdrücklich in Abrede, dass man am Ende des Wortes ein *l molle* spreche.

2. Das Centralfranzösische und das Alexiuslied.

Obwohl G. Paris es wahrscheinlich macht, dass die Normandie
die Heimath des Verfassers des Alexiusliedes ist, Préf. p. 43 ff.,
und er eben dies positiv behauptet, p. 136: so hält er doch die
Frage, ob die Sprache des Gedichts der Normandie oder Francien angehöre, in der Schwebe und erklärt diese Frage für eine
gleichgültige. · Die normannische und die französische Mundart
seien erst seit dem 12. Jahrhundert, also erst etwa zwei Menschenalter nach der Abfassung des Alexiusliedes, aus einer dem Westen
gemeinsamen, neustrischen Mundart entstanden, deren Denkmal
eben das Alexiuslied sei — eine Hypothese, aus der nun weiterhin folgt, dass dasselbe die älteste Schrift ist, auf die man sich
bei streng methodischer Erklärung des Neufranzösischen mit Sicherheit berufen darf. Dieses Ergebniss muss nun freilich als ein
höchst erfreuliches erscheinen. So wäre denn ein sicherer Aus-
gangspunkt gefunden, und zwar schon in der Mitte des 11. Jahrhunderts! — Wenn Normannisch und Französisch sich erst seit dem
12. Jahrhundert durch Spaltung einer neustrischen Mundart gebildet haben, und wenn das Alexiuslied das Denkmal dieser neutralen Mundart ist, so müssen sich die Unterschiede, welche
zwischen der Sprache desselben und der centralfranzösischen Mundart bestehen, als ältere und jüngere, als solche Erscheinungen
begreifen lassen, welche in einem Descendenzverhältnisse
zu einander stehen. Untersuchen wir also die obwaltenden Verschiedenheiten unter diesem Gesichtspunkte.

1) Das Alexiuslied hat cose, cambre, kier, das Centralfranzösische chose, chambre, chier. Chose konnte unmöglich lautgesetzlich aus cose hervorgehen und mithin auch chambre, chier nicht
aus cambre, kier. Soll also dennoch die Sprache des Alexiusliedes
die Mutter des Französischen sein, so muss angenommen werden,
dass das französische ch auf dem Uebergreifen einer östlichen
Mundart beruhe, welches nach der Abfassung des Alexiusliedes
stattgefunden habe.

2) Das Alexiuslied hat für ŏ in kurzer Silbe ó, das
Centralfranzösische ué. Dieses ué setzt uó voraus, und uó ist

alt und datirt nicht erst aus der zweiten Hälfte des 11. Jahrhunderts. Ja, das französische *ue* ist seit 1070 nachweisbar; denn aus dieser Zeit datirt, wenigstens nach G. Paris, die hypothetische französische Handschrift *a*, deren Copist *ue* in .den Text des Gedichtes brachte. Soll zwischen 1040 oder 1050 und 1070 *ó* durch *uó* in *ué* übergegangen sein? G. Paris, welcher selbst die Reihe *ŏ, uo, ue* annimmt, verwickelt sich hier in einen Widerspruch.

· 3) Das Alexiuslied hat für lat. *ō u* (= *u*, nicht = *ü*), das Centralfranzösische *ó, óu* (s. u.), *éu*. Franz. *ó* ist nicht erst aus *u* entstanden, sondern es ist uralt. Aber nehmen wir einmal mit G. Paris an, *u* und *o* seien nur graphisch verschieden. Das *u* des Alexiusliedes beruht auf einer Tradition, welche durch die Eidformeln bis zu den merovingischen Urkunden zurückreicht. O aber schreibt schon der französische Copist der Handschrift *a*; denn er ist es, welcher *o* in den Text bringt, dessen Original nur *u* besessen. Wie will man erklären, dass in Francien das traditionelle *u* zwischen 1040 und 1070 plötzlich aufgegeben worden?

4) Entsprechend dem *ei* des Alexiusliedes hat das Centralfranzösische *oi*, d. i. *òi*. *Oi* ist ja freilich aus *éi* hervorgegangen, allein es ist nicht sehr wahrscheinlich, dass dieser Lautwandel erst nach der Mitte des 11. Jahrhunderts begonnen, da *éi* durch *èi* und *ai* hindurchgegangen, um zu *òi* zu gelangen. G. Paris selbst nimmt hier die Hypothese burgundischen Einflusses zu Hülfe, Préf. p. 74. 43.

5) Die Mundart des Alexiusliedes hat ein Imperfect auf *-oue*, das Französische ein solches auf *-oie*. Indem G. Paris, Préf. p. 42, das Imperfect auf *-oue* als das französisch-normannische bezeichnet, deutet er an, dass das französische Imperfect auf *-oie* aus dem Imperfect auf *-oue* erklärt werden soll. Diese Theorie hat Darmsteter, Rom. II, 144 f., ausgeführt. Lateinisches *-ābam*, so wird gelehrt, hat in den Mundarten des Westens *-aua, -aue, -oe* ergeben. *Amoe* enthält einen Hiatus. Dieser wird im Normannischen durch Erweichung von *oe* in *oue* (*amoue*), in Ile-de-France durch Einschiebung eines *i* (*amoie*) beseitigt. Für *dēbēbam* hat Ile-de-France bis zum 12. Jahrhundert regelmässig *deveie*, eine

Form, welche sich dann, vielleicht unter burgundischem Einflusse (cf. Alex., Préf. p. 74. 43) in *devoie* verwandelt. Auf diese Weise kommen beide Conjugationen im 12. Jahrhundert zu einer gemeinsamen Form mit *oi*. — Allein dieses Gebäude von Hypothesen steht auf schwachem Grunde. Das franz. Imperfect auf *oie* lässt sich nicht lautgesetzlich aus dem Imperfect des Westens erklären. Sehen wir näher zu. Die erweislichen Thatsachen, welche der Theorie zu Grunde liegen, sind die oben erwähnten: das Normannische hat *oue* und *oe*, und zwar ersteres bereits im 11. Jahrhundert, das Französische hat im 12. Jahrhundert *oie*. Hypothesen sind folgende Behauptungen: 1) dass norm. *oe* die ältere Form sei, aus der sich *oue* entwickelt habe, und zwar zur Beseitigung des Hiatus; 2) dass franz. *oie* sich aus *oe* entwickelt habe, und zwar ebenfalls zur Beseitigung des Hiatus; 3) dass in Ile-de-France bis zum 12. Jahrhundert *deveie* bestanden habe; 4) dass franz. *ei* durch Einfluss des Burgundischen in *oi* verwandelt worden. Die letzte Hypothese ist eine Folgerung aus der dritten; die dritte beruht auf der Annahme von G. Paris, das Alexiuslied sei die gemeinsame Quelle für Normannisch und Französisch, und fällt also mit dieser. Es bleiben also die beiden ersten Hypothesen zu prüfen.

Gegen die Annahme, dass *oue* aus *oe* hervorgegangen, hat Mall, S. 66 f., drei triftige Gründe vorgebracht: 1) die ältesten Denkmäler haben nicht *oe*, sondern *oue* (vgl. *demandout* in der Lambspringer Handschrift und *depeçout*, *portout* in der Oxforder Handschrift des Rolandsliedes); 2) das Normannische inclinirt nicht dahin, einfache Vocale in Diphthongen zu erweitern, sondern umgekehrt diese in jene zu verengern; 3) auch in den Perfecten *out*, *sout* u. ä. geht *ou* in *o* über. Man sieht ferner (4) nicht ein, wie bei einer Erweichung von *o* in *ou* der Hiatus vermieden wurde; zu diesem Zwecke musste doch *oe* entweder in *ove* oder in *oue*, *ouve* übergehen. Auch ist (5) die Vermeidung des Hiatus ein ziemlich abgenutzter Erklärungsgrund, der aus der neufranzösischen Metrik in die altfranzösische Etymologie eingedrungen ist: es ist zwar nicht zu bestreiten, dass sich bisweilen zwischen Vocalen der labiale oder der palatale klingende Reibelaut entwickelt, allein das Altfranzösische scheut insbesondere den Hiatus zwischen einem betonten Vocal und einem tonlosen *e* durchaus nicht. Endlich bleibt (6) bei der Hiatustheorie *amout* aus *amot* unerklärlich. ' — Aber wie erklären sich nun *amoue, amoues, amout, amouent* aus *amābam, amābās, amābat, amābant?* · Stellen wir zunächst den Lautwerth von *-oue* fest. Das *o* ist nach Ausweis der Assonanzen *ò*, wie jedes andere auf lat. *a* beruhende *o*, wofern es nicht vor einem Nasal steht. Aber das Zeichen *u?* Man fasst *ou* als Diphthongen auf, und ein Diphthong liegt unleugbar in *amòut* vor. Aber daraus folgt nicht, dass *ou* auch in *amoue, amoues, amouent* ein Diphthong ist. Dieser Annahme widerspricht es vielmehr, dass sich neben *-oue -ouue* geschrieben findet: *je esperoue . . ., e pur ço je,unouue e pluroue, Rois* (bei Burg. I, 220). Dieses mit *u* alternirende *uu* bezeichnet ebenso den Laut *v*, wie in der Nithardhandschrift *uu* in *Lodhuuuicus* neben *Lodhuuicus*, in *Lodhuuuig* neben *Lodhuuigs* und in *Ludhuuuige, Ludhuuuig*, und wie *uu* vor und nach *r* im Leodegarliede: *auuret* 2 b (neben *auret* 10 b, 36 f, *aurent* 38 c), *auura* 29 f, *souurent* 20 b, *beuure* 34 b, *reciuure* 10 c, *lauuras* 27 a, *euuruins* 2 e, 11 c, 17 e, 19 a, 21 c, 25 e, 27 d, 37 c, *euuris* 32 a, *euurui* 17 d (neben *eurui* 10 b, 20 d) und *seruu* 30 f. *Amoue, amoues, amouent* oder *amouue, amouues, amouuent* bedeuten mithin *amòve, amòves, amòvent.* Aus *amòvet* (vgl. das *œswardovet* eines westfranz. Copisten der Passion) wurde *amòut*, indem *v* beim Zusammentreffen mit *t* sich in *u* auflöste, wie in *cognōvit,* **conòut,* **conéut, conut* (cf. *déut* App. zum Alex., *dut).* Es bleibt zu erklären, wie *amòve* aus *amābam* entstand, während dasselbe *amābam* auch *améve* ergab. Hier liegt eben eine alte mundartliche Divergenz des Lautwandels vor: lat. *ā* von *amābam* ist im Westen ebenso in *ò* übergegangen, wie in *Anjòu* Rol. 2945, *Peitòu, clòu,* N. *clòus,* wo *v* im Auslaut und vor einem Consonanten sich ebenso in *u* auflöste wie in *amòut;* und dasselbe *ā* ist im Osten in *é* übergegangen wie in *Peitiéus* Leod. 4 a, wo *v* wiederum dasselbe Schicksal gehabt hat. Dieser Uebergang von *a* in *o* ist keine vereinzelte Erscheinung; er findet gelegentlich vor den verschiedensten Consonanten statt; so 1) vor Nasalen: afr. *estont, vont, ont, font,* cf. prov. *estan(t), van(t), an(t), fan(t);* — *Samara, Somme; Durānia, Dordogne; facimus,* afr. *fomes,* mundartlich *fons,* Burg. II, 159; 1. P. Plur. *cantomps* Leod. u. ä. (in

afr. *la,on* mag *o* auf Dissimilation beruhen); — *dommage;* —
2) vor andern Consonanten: *fi,ole,* prov. *phiola;* *pallia* st. *pallium,*
poille bei *Palsgrave; iholt* Fragm. von Val.; — *Orne (Argenum),*
orteil; porlier Leod. 28 e, 31 d neben parlier 27 e, 29 a scheint
die Aussprache eines Copisten zu repräsentiren; — *nātālem, No,ël;*
patella, poéle f.; *nātāre,* afr. *no,er,* it. *notare* neben *natare;* —
*phantasma, fantosme, fantôme; *asturium, ostour;* afr. *malastru,*
nfr. *malotru.* Man nehme hinzu: *Ambācia, Amboise; *mordācia*
st. *mordācem, mortoise* neben *mortaise; venātiōnem,* afr. *venoison*
neben *venaison* u. ä.; *vādio* st. *vādo,* afr. *vòis; *vādiam* st. *vā-*
dam, afr. *vòise* und analog *estòis, estòise.* O aus *a* findet sich
bereits im Vulgärlatein, cf. Schuchardt, Vok. I, 169 ff., insbesondere
fiola S. 171. Man wird also ansetzen müssen: *nātāre, *nōtare,*
woher ital. *notare* und afr. *no,er,* und so für den Westen *amū-*
*bam, *amōva,* afr. *amòve.*

Oe hat in der That *òie* ergeben in *auca, oe, oie* und *adbaubare,*
abo,er, aboier. Allein wenn der Westen zur Zeit des Copisten der
Passion, des Alexiusliedes und des Rolandsliedes *amòve* besass, so
kann nicht fr. *amoie* aus *amoe* hervorgegangen sein. Mall, S. 67,
welcher *ou* in *amoue* als Diphthongen auffasst, hält es jedoch für möglich, dass franz. *amoie* aus *amoue* entstanden sei, und beruft sich dafür
auf Diez, Gr. I³, 201 Anm.: Wechsel zwischen *i* und *u* in Diphthongen sei zwar selten, aber gemeinromanisch. Allein was Gr. I³,
201 Anm. angedeutet ist, ist Gr. I³, 279. 258 f. 256 f. 207 aus-
führlich erörtert: es handelt sich um zwei verschiedene Ersatz-
weisen für *p, c, g* und *l* vor Consonanten. Nirgends aber findet
sich eine Spur von einem Vorgange, der einem Uebergange von
oue in *oie* analog wäre, nämlich von einer Verwandlung eines
Diphthongen mit *u* in einen Diphthongen mit *i* vor Vocalen. —
Franz. *amoie* reimt von vorn herein mit *devoie, voie* u. ä., also
jenes *oi* mit *oi* aus *ei.* Bei Christian von Troyes reimt nun *oi*
aus *ei,* wenn auch selten, mit *òi.* Ist es aber richtig, was behauptet wird, dass *oi* aus *ei,* und zwar in französischen Original-
schriften, ursprünglich nur mit sich selbst reimt, so würde dies
ein Grund mehr gegen *amoie* aus *amòue* oder *amòe* sein. Denn
ein so entstandenes *amoie* müsste auf *jòie,* nicht auf *devoie, voie*
reimen. Eben dieser Umstand, dass *amoie* auf *devoie* reimt, führt

auf die Erklärung des ersteren: *amoie* ist nach dem Muster von
devoie gebildet worden. Ob das Französische vor der Epoche der
Umbildung *amove* oder *ameve* besessen, bleibt zu untersuchen. In
der französischen Mundart hat genau derselbe Vorgang stattgefunden
wie im Osten, im Westen und im Norden. Die Predigten Bernhards bieten neben dem Imperfect auf -*eve* bereits ein Imperfect
auf -*oie*, BURG. I, 219, und ebenso steht in der Uebersetzung von
Werken Gregors -*oie* neben -*ieve*: in den in der Histoire littéraire
de la France XIII, 7 ff. mitgetheilten Bruchstücken aus den Mo-
rales sur Job und den Dialogues liest man *purgievet* 10, aber *de-
moroit* 7; *puisievet* 10, *selgievet* (?) 12, aber *dontoit* 10, *refusoit* 10. [1]
Das Neuburgundische (in den Noëls bourguignons) hat für alle
Verben ein gleichförmiges Imperfect: *je croyò* (cf. *je vorò*),
3. P. *marchò*, *boissò*, *cuèudò* und *fizò*, *aivò*, *estò*, deren *ò* aus *òi*
entstanden ist, wie in *sò* aus *sòit*. Wie sich ferner in normannischen Schriften vereinzelt durch Anlehnung das Imperfect auf -*ove*
in Verben auf *re* findet — *a,orovent* : *escrivovent* St. Nichol. 352 f.,
BURG. I, 222 — so steht im 13. Jahrhundert -*eie* häufig an Stelle
des älteren -*ove*, BURG. I, 219, cf. 221, und eine solche Umbildung
liegt bereits in dem *vante(i)ent* der Oxforder Handschrift des Rolandsliedes vor. JACQUES DUBOIS kennt 1531 nur noch ein gleichförmiges normannisches Imperfect auf *éè*: *améè*, LIVET p. 12 und
p. 39 f., wie *hauéè* p. 42 und dem entsprechend *aimeréè* p. 44.
Ebenso hat das Picardische im 13. Jahrh. -*oie* für sämmtliche
Verben, wobei dahingestellt bleibt, ob hier vor der Umbildung
neben -*eie* (-*oie*) -*òve* oder -*éve* bestanden hat. Der Unterschied in
der Geschichte des Imperfects in den verschiedenen Mundarten ist
ein chronologischer: der Sieg des auf -*ēbam* beruhenden Imperfects
über das auf -*ābam* beruhende ist in der centralfranzösischen
Mundart früher entschieden als im Osten und im Westen.

Ziehen wir das Facit unserer Untersuchung. Es hat sich ergeben, dass die Merkmale, durch welche sich die centralfranzösische
Mundart von der Sprache des Alexiusliedes unterscheidet, sich
nicht aus den entsprechenden Merkmalen des letzteren ableiten

---

[1] Diese Notizen waren geschrieben, ehe mir FÖRSTER's Ausgabe zuging,
und so mag es bei denselben vorläufig sein Bewenden haben.

lassen: aus *cose, kier* konnten nicht *chose, chier*, aus *linçol* nicht
das wenig spätere *linçuel*, aus *amiur* nicht *amór*, aus *rei* schwerlich jetzt erst *roi* und aus *amove* zwar durch Umbildung, aber
nicht lautgesetzlich *amoie* hervorgehen. Kurz, das Centralfranzösische, wie es bei Christian von Troyes vorliegt, kann nicht aus
der Sprache des Alexiusliedes entstanden sein, und dieses Gedicht
repräsentirt folglich nicht eine allgemein neustrische, sondern eine
specifisch normannische Mundart. Als das älteste Denkmal dieser
Mundart wird das Alexiuslied stets eine hervorragende Bedeutung be-
wahren, ganz abgesehen von der epochemachenden Behandlung,
welche seinem Texte von eines Meisters Hand zu Theil geworden. Hingegen das besondere Interesse, welches dieses Gedicht seit G. PARIS'
Préface als die älteste Quelle der französischen Mundart und folglich der neufranzösischen Gesammtsprache in Anspruch genommen,
schwindet bei dem Nachweise, dass seine Sprache, ebenso wie
sein muthmasslicher Verfasser, speciell der Normandie angehört.

3. Das Centralfranzösische und die Strassburger Eidformeln.

So wenig sich das Centralfranzösische lautgesetzlich aus der
Sprache des Alexiusliedes erklären lässt, so wenig lässt es sich
aus der Sprache der Eidformeln herleiten, welche, wie oben ermittelt
worden, eine südliche Mundart der westlichen Zone des französischen Sprachgebiets repräsentiren. Aus dem *vol* des Jahres 842
konnte zwar durch *vuol* das französische *vuel* entstehen, aber aus
poblo wegen seines *b* nicht mehr das französische *pueple*. Aus
droit konnte *droit* hervorgehen, aber aus *podir, savir, mi, dift* und
sit kein *po,oir, savoir, moi, doit* und *soit*. Aus cose konnte nicht
franz. *chose*, aus *amur, dunat, nun* nicht franz. *amór, dónet, nón*
entstehen.

4. Das Centralfranzösische und das Eulalialied.

Im Vocalismus stimmt das Centralfranzösische, abgesehen von
jüngeren Entwickelungen wie *oi* u. *ia*, mit der im Eulalialiede vorliegenden nördlichen Mundart in den meisten Fällen überein. Es hat,
wie diese, *ò* für lat. *au, ue* aus *uo* für lat. *ŏ*, und zwar nicht nur in
ruovet u. ä., sondern auch in *buon* und *suon*. Es hat ferner *ó*

für lat. ŭ und gelegentlich *ou*, wie in *souve*, und *ó* für lat. ō, aber *eu* aus *ou* zwar vor *s, z, t*, jedoch nicht vor *r*, wie das Eulalialied *ou* in *bellezour*. Der *k*-Laut in *kose*, aus dem franz. *chose* nicht hervorgehen konnte; das Imperfect des Conjunctivs auf *-visse*, neben welchem franz. *-usse* besteht; dazu *perdesse* gegenüber dem franz. *perdist*, und *diavle* und *seule*, welche franz. *di,able* (*de,ables* Cor. Looys 158. 689, -*e* 737, Bat. d'Alesch. 129. 242. 507. 530) und *siecle* (Am. et Am. 659, Cor. Looys 715, Bat. d'Alesch. 801) nicht ergeben konnten, sind ebenso viele Grenzsteine benachbarter Mundarten.

Es bleibt mithin zu untersuchen, ob das Centralfranzösische aus der Sprache der Denkmäler des Ostens hervorgegangen sein kann.

5. Das Centralfranzösische und die Denkmäler des Ostens.

Das Fragment von Valenciennes kann bei seinen auffälligen Eigenthümlichkeiten nicht in Frage kommen. Aber kann das Centralfranzösische aus der Sprache des Leodegarliedes und der Passion hervorgegangen sein? Sein *chose* kann aus dem *chause*, sein *ue* aus dem *uo*, sein *oi* aus dem *ei* des Ostens entstanden sein; es hat mit dem Osten *ó* für lat. ō gemeinsam, und sein *eu* aus *ou* vor *s, z, t* hat wenigstens an dem *correcious* des Fragments von Valenciennes ein Analogon. Fremd ist dem Centralfranzösischen die Orthographie *mult; cum, num, cumgiet, cumpannie, numnat; -un* neben *-on*. Abweichend ist franz. *-usse* neben *-visse* und fr. *gu, g* neben *w* für deutsches *w*. Fremd ist dem Centralfranzösischen auch das *d* in *fisdrent, prisdrent* u. ä. Das auf *-ābam* beruhende Imperfect kann vorläufig nicht verglichen werden, da unbestimmt geblieben ist, ob das Französische vor der Epoche der Neubildung *-òve* oder *-éve* besessen.

6. Resultat.

Die centralfranzösische Mundart lässt sich weder aus der Sprache des Westens, noch aus der des Ostens, noch aus der des Nordens lautgesetzlich ableiten. Andererseits aber besitzt sie keine Merkmale, welche sich nicht in einer oder zwei von diesen

Mundarten ebenfalls vorfinden: franz. *ch* aus *c* vor *a* besitzt auch
der Osten; *ò* aus *au* der Westen und der Norden, und ausserdem
kann es aus dem älteren *au* des Ostens entstanden sein; *ó* aus
lat. *ō* und *ŭ* besitzt auch der Norden und, wenn auch weniger
rein durchgeführt, der Osten; *uo*, welches fr. *ue* ergab, ist dem
Norden und dem Osten gemeinsam; *-usse* und *gu* (*g*) für *w* finden
sich im Westen. Die Umbildung des auf *-ābam* beruhenden Imperfects nach dem Muster des auf *-ēbam* beruhenden tritt in allen
Mundarten ein, wenn auch in der centralfranzösischen am frühesten.
Da also das Centralfranzösische keine Eigenthümlichkeiten
(cf. p. 66) aufweist, — auch *ia* für *è*, *ié*, *ué* ist nicht ausschliesslich
französisch und *l* für *ł* eine mundartliche Eigenheit innerhalb des
Französischen — so lässt es sich freilich aus der Sprache des Westens,
des Ostens oder des Nordens erklären, wofern man die divergirenden Merkmale aus dem Uebergreifen einer anderen
Mundart herleitet, d. h. wenn man sich das Centralfranzösische,
ähnlich wie Fallot, als aus einer Fusion verschiedener Mundarten hervorgegangen denkt. Allein diese Auffassung des Verhältnisses ist doch nicht die einzig mögliche. Die Eigenthümlichkeit der Sprache der nordfranzösischen Centrallandschaften kann
von Alters her in der eigenthümlichen Combination von
Lautveränderungen bestanden haben, von denen jede einzeln genommen auch in benachbarten Mundarten stattfand.

7. Centralfranzösische Bearbeitungen normanischer Originale.

Der Charakteristik des Centralfranzösischen ist oben die Sprache
Christians von Troyes zu Grunde gelegt worden, weil dieselbe
eine reine, in sich consequente Mundart repräsentirt. Es gibt
jedoch auch centralfranzösische Denkmäler mit einander widersprechenden Zügen, und es wird sich fragen, wie diese Widersprüche zu erklären sind. Wir ziehen hier in Betracht Amis et
Amiles und Jourdains de Blaivies und von den Gedichten,
welche den Cyclus »Wilhelm von Orange« ausmachen, das erste
und das letzte, den Coronement Looys und die Bataille
d'Aleschans.

Amis et Amiles.

1) *Ch* für lat. *c* vor *a*: *chose* 527. 535. 557. 561; — *chanson* 3, *chante* 513, cf. 514. 548. 563, *chambre* 613, *tranchant* 478, *escharpe* 140, *charnez* 570, *chauciez* 233, *chaut* 566. 659, *chastel* 72, *chastiax* 265. 277. 317, *chascun* 103. 247. 248. 277, *chatainne* 517; *achatez* 115, *chaitis* 119, *porchasa* 229, *chasce* 242, *eschaper* 352, *charité* 553; — *chier* 380. 502, *chiers* 243, *chief* 279. 437. 603. 605, *chies* 370. 391, *chies* (*casā*) 63, *trebuchier* 379 (*trebucher* 222, l. -*ier*), *tranchier* 509, *detranchier* 303. 307, *pechié* 506; — *chemin* 133. 158. 333, *chemise* 614, *cheval* 163. 175. 290, *chevax* 166. 439, *chevalier* 261. 348. 350. 368. 375. 389. 424. 429. 459. 511. 592, *chevalerie* 295. 440, *chevauchier* 41. 110, *che,u,e* 412, *Chevrol* 61; — *bouche* 40, *roche* 126, *blanche* 473, *franche* 489. 612. *Pasques* 97. 537 und *calandre* (καλάνδρα) 543 fallen als Lehnwörter nicht auf, aber wohl *Karles* 226. 283. 363. 526. 530. 533. 594, *Karle* 414. 442. 566. 609. 643. 1505. 34. 64. 2002, *Karlon* 624, woneben vereinzelt das französische *Charlon* 17. 1811.

2) Für deutsches *w* steht *gu* vor *e*, *g* und *gu* vor *a*: *guerpie* 45, *guerre* 196, *guaige* 765. 778, *gardoit* 148, cf. 169. 496. 2310, *agait* 219. 371.

3) Lat. *ō* ist *ó*, vor *s*, *t*, *z* jedoch *óu*: *gloriouz* 2189, *lieprouz* 2735, *desirrouz* 2736 (aber *desirroz* 2767), *correçouz* 2737, auch *nouz* 1683, aber *voz* 1214 (*z* hier überall statt *s* mittels umgekehrter Schreibung), ferner *prouz* 1663, *prou* 2729, dazu *tout* 1680. 90, aber *toz* 1688. Lat. *ŭ* ist ebenfalls *ó*, aber vor *z* *ou*: *glóuz* 1681, *desóuz* 2727; cf. *bouche* 1818. Das *ou* solcher Wörter assonirt mit *on* und *or*. Nun können aber *on* und *or* nicht *un*, *ur* bedeuten, da *on* später in *òn* und *or* in *eur* übergeht. Mithin kann auch *ou* in *prouz* und *glouz* nicht *u* und mithin nur *óu* bedeuten. Daraus folgt, dass das aus *óu* entstehende *eu* ebenfalls ein Diphthong ist.

4) *Ei* ist in *oi* übergegangen, z. B. *dessoivrent* 525, und zwar auch vor palatalem *l* : *consoil* 1219. 2361. 64. 70. 2432; cf. *vermoil* 626; vor Nasalen jedoch ist es zu *ai* geworden, *demainnent* 2049, welches mit ursprünglichem *ai* und mit *entrent, ensamble*,

sempres assonirt und folglich den Lautwerth *á* + *i* hat (s. p. 112); cf.
caintrez 721. *Oi* aus *ei* assonirt nicht mit *ói* aus *o*, welches vielmehr mit *ó* assonirt: *semóing* 629, *tesmóing* 1766. Ein *òi* kommt
in den Assonanzen nicht vor.

5) Mit *oi* aus *ei* assonirt das Imperfect auf *oie*: *apelloit* 129,
ebenso wie *tenoit* 980 (und *voldroit* 1222), *entendoie* 1102 (*feroie*
1108). Ausserhalb der Assonanzen *gardoit* 148; cf. *estoit* 138, st.
volot 162 l. *voloit* (*volēbat*).

6) Imperfect des Conj. auf *usse*: *ge,usse* 1887, *de,ust* 160,
cre,ust 2327, aber doch *füisse* 1986 neben *fust* 2249, cf. 1988. 97.

7) Für *us* am Wortende steht häufig *x* geschrieben; so in
Dex 32. 43. 87. 107. 134 al. = *Deus*, in *chevax* 166. 439 =
chevaus, in *fox* 1488 = *fous* aus *fols*, in *tex* 266 (neben *tel* 278)
= *téus*, von dessen *ex* das *euls* in *cruéuls* 617 sowie in *ostéuls*
1084. 1154 in *é*-Assonanz nur graphisch verschieden ist; endlich
in *viéx* 84 = *viéus*. Aus *ie* vor complicirtem *l* ist also nicht,
wie bei Christian von Troyes, *ia* geworden; wohl aber aus *è* vor
complicirtem *l*: neben *bel* 521. 661, *belle* 423, *bele* 527. 531,
oisel 538 bestehen *biaus* 207. 310. 346. 612. 650, *biax* 42. 299.
308, *nouviaus* 261, *dammoisiaus* 2290, *oisiaus* 540, *chastiax* 265.
277, 317, *meziaus* 1817, *piauls* 658. Ebenso steht *solaus* 514.
579 neben *consoil*, *vermoil*. Aber *e* aus *i* ist erhalten geblieben:
euls 273. 1834.

8) Für lat. *ŏ* steht ausserhalb der Assonanzen *ue*: *puet* 42.
494. 574, *cuer* 252. 281. 384. 621, *buer* 774, *iluec* 49. 66. 488.
517. 644; me *dueil* 188, *brueil* 347, *welent* 248, d. i. *vuelent*
(wie *widié* 407 = *vuidié*), *weult* 104. 196. 197. 572. 720, d. i.
vueult = *vuéut* (aber *voil* 250. 556. 561. 595. 655, *voillent*
929, nebst *acoillent* 210), im Anlaut *oe*: *oevrent* 217. Aber
eu, nicht *ue*, steht in *treuve* 50. 67, *treuvent* 486. 716; cf. *feu*
638, *leu* 171. Auch vor Nasal steht *ue* in *cuens* 35. 44. 51. 70.
75. 83. 90. 104. 150. 161. 187. 264. 270. 323. 429. 490. 539.
558. 575. 584. 597. 603. 607. 620. 623. 631. 643. 646 al.
Aber *o* nicht nur in *hom* 871 (64. 152. 640. 3105), *preudom*
1840, *preudon* 416 (*on* 872. 1189. 99. 1675) in *ó*-Assonanz und
ausserhalb der Assonanz 197. 475. 488, sondern auch in *bons*
11. 424. 429. 439. 592, *bon* 66. 82. 87, *bonne* 1821, *bonnes* 173.

Statt *suen* steht neben *le mien cors* 697 bereits das neugebildete
li siens cors 89. Höchst auffällig ist *peçol* 857 (*petiolum*) in
ó-Assonanz, wofür man vielmehr *peçuel* erwartet. Dem *peçol* entspricht *Mont Chevrol* 61.

9) Die 2. Pers. des Plur. hat in den Assonanzen -*ez* nicht nur
im Präsens, sondern auch im Futurum: 1) Präsens: *entendez* 696.
811. 1588. 2907, *avez* 735. 889, *recevez* 769, *solez* 1080. 1151,
retenez 2488; 2) Futurum: *vaintrez* 721, *orrez* 761, *vestirez*
1054, *venrez* 1063, *trouverez* 1065. 2305, *refuserez* 1067, *ferez*
1069, *irez* 1074. 2031, *remetrez* 1592, *menrez* 2456, *porrez* 2483,
und so ausserhalb der Assonanzen *orrez* 11. 16. 228. 326. 520,
serez 448 u. ä., 1831. 32. 36. (*meterez* dreisilbig). 2310. 11.
Nur vereinzelt findet sich -*oiz*: *orroiz* 1784, *ameroiz* 1985.

10) *Ai* statt *a*:

1) in -*aige*: *vasselaige* 651, *baronnaige* 652, *guaige* 765. 778,
ostaige 767. 779, *paraige* 769, *hontaige* 770, *enraige* 780,
saiyes 1864, *rivaige* 1868, *e,aige* 2231, *coraige* 2232, sämmtlich in *a*-Assonanzen;

2) in *saichant* 1812, *saichiez* 447; jedoch *sachiez* 534. 1809;

3) in *osaisse* 549, *alaisse* 550.

11) Die 3. Pers. Plur. des historischen Perfects hat -*arent*
neben -*erent*: *montarent* 269. 645; aber *armerent* 364, *fermerent*
365 in einer é-Tirade und *monterent* 2517 in einer è-Tirade.

Jourdains de Blaivies.

1) Es besteht *ch* für lat. *c* vor *a*: *chose* 480. 484. 608.
1454. 3041. 3114; — *chanson* 3, cf. 28. 188, *chandeillier* 113,
changier 67, *chars* 648, *char* 61. 359, *chargie* 564, *chartre* 269.
313. 334. 353. 358. 364. 396. 415. 426. 444. 453. 461. 482,
charterier 246, *chastel* 257. 301, *chastiax* 89. 219. 635, *chastiaus*
326, *porchascier* 51, *dechast* 300, *chascuns* 427, *achata* 818, *chaitis*
213. 469, *chape* 184, *eschaper* 212, *chapelain* 145; *enchauce* 124,
chaut 211, *seneschaus* 217; *detranchai* 387; *chalonge* 1001,
cha,aingnon 405, *cha,it* 42. 1005, aber *che,uz* 231. 858, *che,u,e*
512, *chevalier* 15. 29. 39. 44. 76. 121. 137. 230. 286. 303.

306. 342. 376. 386. 465, *bacheler* 767; — *chier* 30. 38. 172, *chief* 36. 55. 62. 107. 117. 181. 207. 375, *chies* 125. 547, *meschief* 373, *huchier* 58, *cerchier* 64, *trebuchier* 248 (st. *trebucher* 210 l. -*ier*), *tranchier* 81. 362, cf. 520, *detranchier* 371. 418, *couchier* 672, cf. 100, *touchier* 381, *affichier* 377; — *branches* 155, *franche* 578, *lasches* 968 (Nom. neu geb. v. *lasche*, Fem. st. des untergegangenen Masc. **lasc*), *broches* 270. Und so besteht insbesondere auch *Charles* 1094. 1104. 16. 3045, *Charle* 1099. 1113. 26. 81, *Charlon* 1142. 1430. 3602.

2) Für deutsches *w* besteht *gu*, resp. *g*: *guerre* 79, *guerredon* 538. 588, *guerpissent* 130, cf. 641. 1506, *garder* 196. 214, cf. 360. 756. 1521, *garnir* 775, *garnemens* 775, *garison* 424, *gaites* 965, *gaimentes* 215.

3) Lat. *ō* ist *ó*, vor *s*, *t*, *z* jedoch schon *ou*: *irouz* 127, co-*raijouz* 137 und *vouz* 136, aber *voz* 321. 323, *noz* 142. 533, dazu *prouz* 138, *prous* 327 (phonetische Schreibweise statt *prouz*) und *touz* 118 nebst *soul* 320; daneben bereits *neveu* 3867 und *seuls* 3000. 3835, *seul* 3334. 3768. 3832. 97, *seulement* 3275. 3713. 3887. Auch lat. *ŭ* ist *ó*, gelegentlich *ou*: *Ra,oul* 326, *sou,ef* 2121, *tourble* 2146. So auch *ou* für tonloses *ŏ*: *rouvez* 2185, *nouviaus* 191.

4) *Ei* ist in *oi* übergegangen, und zwar auch vor palatalem *l*: *consoil* 285. So steht auch ausserhalb der Assonanz *m'esmervoil* 663, aber häufiger -*eil*: *conseil* 329. 354. 356. 2909. 3824. 3905, *conseillier* 3796, cf. 3904, *conseilliez* 3698. 3857, *apareillier* 2918. 20. 44, *merveille* 883, *soleil* 676. Wie erklärt sich dieser Widerspruch? Vor Nasalen ist *ei* in *ai* übergegangen, welches in einer der beiden *ain*-Tiraden mit ursprünglichem *ai* assonirt: *plain* 144, *destraint* 147; dem entspricht die Schreibweise *plains* 340, *plain* 393, *painne* 322. 352. 511. 713. 781. 2885, *mainne* 306, *mainnent* 148, *demainnent* 2854. 58 (jedoch *veingnent* 2824). In *á*-Tiraden findet sich nur vereinzelt ursprüngliches *ai*: *Jordains* 2191. — *Oi* aus *ei* assonirt ebenso wenig mit *ói* aus *ó*, cf. *eslóignent* 2415, *Babilóinne* 2416 in einer *ó*-Tirade, wie mit *òi*: *joie* 2138, *estoires* 2137 in einer *ò*-Tirade.

5) Das Imperfect auf -*oie* assonirt mit *oi* aus *ei*: *voit, soit*. *destroit* : *faisoit, avoit, feroit, deliverroit, menroit, orroit* : *portoit*.

gardoit, parloit, creantoit 3095—3109, wie in Amis et Amiles.
Und so steht ausserhalb der Assonanzen *amoie* 238, *menoit* 2863.
64, *aloit* 3178, *dontoit* 3227. 3620, *pansoit* 3420, *sejornoit* 3607,
cuidoit 801, *amoient* 135, *doutoient* 2740, wie *faisoit* 259, *soloient*
670, *estoient* 2750. Aber neben dem Imperfect auf *oit*
besteht das Imperfect auf -*òt* in einer ò-Tirade: *ammot* 258;
statt *aloit* 255 ist *alot* zu restituiren. Wie erklärt sich diese Erscheinung?

6) Imperfect des Conjunctivs auf -*usse:* in *u*-Assonanzen nur
fust 2157; ausserhalb derselben *fust* 416, *fusses* 614 (aber doch
fuisse 1555. 2810, wie in Amis et Amiles), *de,usse* 1554. 3377,
de,ust 685 (682 ist *or,* welches aus 684. 685 sich eingeschlichen,
zu streichen und *de,ust* st. *dust* zu restituiren), *se,ust* 33. 44. 94,
e,ust 1560. 3299, *ple,ust* 413. 631. 3469, *se,ussiez* 632, *e,ustez*
2810; aber *po,isse* 3057, *po,issent* 2885, *po,ist* 3662 (Inf.
po,oir subst. 3226).

7) Für *us* am Wortende steht nicht selten *x* geschrieben, so
in *Dex* 176. 761, *Dammeldex* 607. 771, *chevax* 3004. 3924, aber
lotaus 3575; *fous* 1445; *mortex* 1613, *tex* 3662, aber *teuls* 2968,
iex 375. 463. 751 = *ieus.* Vor complicirtem *l* ist *ié* nicht in *ia* übergegangen: neben *viel* 306 bestehen *miéus* 849. 1001, *miex* 3537;
wohl aber *è*: so bestehen neben *coutel* 618. 623, *dammoisel* 172.
619. 633, *donzel* 621, *chastel* 257. 304, *oisel* 1548, *quarrel* 2756,
bordel 3367 *biaus* 163. 647. 678. 3403, *biax* 375. 463. 613.
651. 3590, *chastiaus* 326, *chastiax* 89. 129. 635, *dammoisiax*
658. 1466, *nouviaus* 191, *mantiaus* 293, *coutiaus* 524, *drapiaus*
1446, *quarriaus* 2753, *biauté* 3350, sowie *hiaume* 1063 in einer
a-Tirade; aber noch *elme* 2995. 3011. 4003. Neben *consoil* (und
conseil) stehen *consaus* 450. 3912, *vermaus* 858. 4056, *solaus*
2962. Aber das auf *i* beruhende *e* ist nicht in *ia* übergegangen:
chevex 3442, *euls* 432. 2666. 67. 2815. 44. 2968. 93, *ceuls* 3113.
3450. 3608. 4011.

8) Für lat. *ŏ* steht (ausserhalb der Assonanzen) *ue*: *buef* 4138,
suer 505. 513, *cuer* 623. 632. 662. 675. 945. 2663. 2721. 3495.
98. 99, *buer* 479. 3131, *duel* 510. 595. 2798. 3190, *iluec* 763.
3183. 3298, *iluecques* 2189. 2727, *ilueques* 1598, *puet* 2880. 2900.
3651. 3733. 3850, *puez* 3759. 69 [1. P. *puis* 4013, *pus* 4044; *puist*

4041. 46], *rueve* 832, *esmuevent* 986, *welent* 673, d. i. *vuelent*, *weuls* 778 = *vuéuls*, *weult* 153. 175. 913. 2889. 2935. 3406 = *vuéult* (aber *voil* 367. 753. 1487. 2889. 90. 3532. 41. 3767, *acoillent* 3399, wie in Amis et Amiles, neben *orgoil* 1470. 80), *descuevre* 609. 1612, dazu *estuet* 241. 246. 663. 2869 und *sueffre* 2157, aber *avec* 3226. 3568. 73 und, wie in Amis et Amiles, *treuve* 577. 992. 3187, *treuvent* 2853. 3587 und ebenso *filleul* 178. 591. 2952. 3030, *filleus* 922. 924. 3045, *aieuls* 1426 und *iex* 375. 463. 751. 3409 = *ieus*. *Rousseingnol* 1547 scheint alte Verdoppelung des *l* vorauszusetzen. Vor Nasalen steht in ó-Tiraden *hom* 431. 1278. 3672 und so ausserhalb der Assonanz *hom* 325. 340, *bons* 3591, *bonne* 336. 3193. 3446. 3594, aber *cuens* 1645 und *suen* 1598, wofür sich aber auch bereits das nach *miens* 315, *mien* 583 neu gebildete *siens* 326. 2654. 2915. 3480, *sien* 3105 findet.

9) Die 2. Pers. Plur. hat in den Assonanzen -*éz*: Präsens *volez* 216, *entendez* 747, *savez* 1031. 1450, *avez* 1163, *prennez* 1168, *conquerez* 2118, Futurum *savrez* 2326. 55. Aber ausser-halb der Assonanzen findet sich neben -*ez*-*oiz*: Präsens *tenez* 298, *tenoiz* 152; Futurum *verrez* 445. 676, *perdrez* 677, *perderez* (dreisilbig, cf. *averai* 915) 547, *porrez* 3537, *orrez* 3562, aber *avroiz* 243, *diroiz* 590. 1581, *trouveroiz* 982, *seroiz* 3062. 3899. Wie ist diese Erscheinung zu erklären?

10) *Ai* statt *a*:
a. in dem Wortausgang -*aige* : 2686—2708, 3396—3407;
b. in *saiche* 297. 761, *saichiés* 865, *saichiez* 920. 1487. 3233. 3896, woneben *sachiez* 155. 272. 873. 3844, *saiche* (*saccat) 2772, *saichent* (*saccant) 2785;
c. im Imperfect des Conj.: *osaisse* 345, *volaisse* 414, *venjaisse* 1556, *menaissent* 325, *livraissent* 710.

11) Die Endung -*arent* neben -*erent*: *montarent* 688, *finarent* 989, *cuidarent* 2840, *menarent* 2892, *trouvarent* 3415. 3634, aber *pasmerent* 703; *laissierent* 2850.

12) Zu bemerken: *venoison* 813, *oquoison* 3619 (aber *raison* 3675 ä). — Auslautendes *s* und *z* sind in Amis et Amiles und in Jourdains de Blaivies in völliger Verwirrung, ein Beweis, dass *z* bereits gleich *s* lautet, wenigstens für den Copisten.

Li coronemenz Lo,o,ys.

1) *Ch* statt lat. *c* vor *a*: *chose* 206. 479. 959. 1084. 1161, *choisi* 902; — *chant* 7. 10, cf. 42. 322. 329, *chançon* 12, *chacier* 116, *chastoier* 137, *charge* 254, *chartre* 267, *char* 393, *chape* 222. 277. 435, *chapele* 28 (*seneschal* 656), *cha,i* 217, *charra* 536, *coucha* 93, *retrancha* 313; — *pechié* 65. 82. 120, *pechies* 96. 178, *tranchier* 97. 195. 250. *detranchier* 174, *chier* 140, *chief* 133. 146. 202. 216, *chiés* 308. 351. 357; — *chériz* 161, *chétis* 307. 335. 356. 615. 820. 1235, *chevalier* 10. 106. 126. 189. 221. 224. 240, *chevauchier* 234; — *trebuche* 136, *arche* 486, *franche* 335. So auch *Chartres* 2375. 95, aber *Karles* 165. 245. 1425. 2488, *Karle* 231. 253. 342. 2362. 2380 al., *Karlon* 2505.

2) *Gu*, resp. *g* für deutsches *w*: *guerrier* 213. 243, *guerroie* 171, cf. 188 (*gerroier* 527), *guerpir* 742, *guenchi* 965; *guionnaige* 399; *garisse* 545. 585. 676, *gardes* 224, cf. 391. 398. 429. 496. 611, dazu *gaster* 192.

3) Lat. *ō* ist *ó*; so in den Assonanzen *chevaleros* 1764, *orguillos* 1772, *vos* 1768. 2108, *tot* 1779, *tos* 1790, *sol* 1775, *seignor* 1769. 73. 93, *poigne,or* 1791. 2098, *fre,or* 2099, *amors* 2110, und daneben *óu* in *hontóus* 1781, *próu* 1801. Der Text aber hat bereits *éu*: in *orgueilleus* 102. 186, *correceus* 239, *hisdeus* 498. 503, *hideus* 670, *glorieus* 691, *liepreus* 742. 988, *vertueus* 927, *Joieuse* 1042, *espeuse* 676; *preus* 109. 674, *preus* 604; *seul* 513, *seulement* 911; *fleurs* 1108, *heure* 1141. — Auch für lat. *ŭ* steht *o* (so in *ó*-Assonanz *ros* 2097. 2103) und vereinzelt *ou*, *bouche* 1913, *redoute* 671. 682, welches auch für tonloses *o* bereits vorkommt: *fouir* 701, *demouré* 827.

4) Aus *ei* ist *oi* geworden: z. B. *avoir* 288, *ve,oir* 890, *drois* 886, *droit* 235, *li rois* 239, *ostoier* 203, *costoier* 204, *esploitier* 247, *moie* 530. Aber vor palatalem *l* steht noch *ei*: *conseil* 454, *vermeille* 413, *merveille* 538. 541. 640, cf. 671. 1100. Vor Nasalen ist *ei* in *ai* übergegangen: *plains* 870, *a paines* 1201, *amaine* 411. 639. 542, neben welchem *amene* 497 vielleicht nur

ein Schreibfehler ist, *ensaigne* 339, cf. 415. 905, aber *seigne* 787
und *ceindre* 1131, *ceint* 410. — *Oi* und *ei* oder *ai* = urspr.
ei finden sich nicht in den Assonanzen, welche für Amis
et Amiles und Jourdains de Blaivies feststellten, dass *ei* auch vor
l in *oi* übergegangen war.

5) In betreff des Imperfects der Verben auf *er* divergiren
Text und Assonanzen. Der Text hat das nach *fesoit* 300,
soloit 353, *estoit* 298, *estoient* 560, *tenoient* 197 u. ä. neugebildete
cuidoie 142, *aloit* 2434. Die Assonanzen hingegen enthalten die
lautgesetzliche Form auf *òt*: *tochot* 950. Wie erklärt sich dieser
Widerspruch?

6) Imperfect des Conjunctivs: *de,usses* 140, *pe,usmes* 205,
fussiez 762, *pe,ussent* 308; *e,ust* 605. 629. 678, *de,ust* 605, *pe,ust*
246. 247. 251. 595. 651. 911. 1122, *se,ust* 871, *este,ust* 706,
alle ausserhalb der Assonanzen.

7) Beispiele von *x* statt *us* am Wortende (vgl. *fauxé* 571
neben *faussé* Bat. d'Al. 857, *fauser* ib. 917): *Dex* 358. 385. 390.
403. 474; *gentix* 321. *348. 557. 902. 1198. 1227 = *gentius;*
fox 903.. 918; *tex* 608. 628 = *téus* (*mortiex* 2666 in *é*-Assonanz
ist in *mortex* zu corrigiren und daher auch *tiex* 718 in *tex*);
orguéx 802 = *orguéus*, aber *cruiéus* 705. 760 (zu *i* vgl. *cruiauté*
729. 751 und *essuiez* 749, aber *cruauté* 703). Vor complicirtem
l ist *è* in *ia* und weiterhin in *ea* übergegangen: neben *mantel* 760,
porcel 847 bestehen *biax* 62, *viautres* 295 und *beaus* 118. 405.
780, *couteaus* 533 (*coteaus* 637), *damoiseaus* 219, *peaus* 1339,
ferner *beautez* 306, *heauberz* 279, *heaumes* 409. 592. 1073. 1126.
1221. 30, *l'eaume* 1031. 1127. 44. Auch vor consonantischem
Wortanlaut ist dieser Lautwandel erfolgt: *beau chevalier* 603
Object, aber in den Vocativen *biau nies* 620, *beau filz* 80, *beau
sire* 147. 721 lies *biaus*, *beaus*. Abzuweichen scheint *Guillaumes*
297. 309 al. — Das auf *l* beruhende *e* ist jedoch nicht in *ia* übergegangen: *cheveus* 749. 1033, *ceus* 380. 524, *euls* 160, ausser in
se,aus 267 statt **se,iaus*, **se,eaus*. — Ebenso wenig ist das *e* von
ei in *a* übergegangen: neben *conseil* bestehen *conseus* 1189, *con-
seult* 794 aus *conseilz*, *conseilt*; bei der Aussonderung von *u* aus
l ist also das *i* des Diphthongen verdrängt worden. Endlich be-

steht *ie* vor *l* und Consonant weiter: *mielz* 191, *vielz* 261. 369
(cf. *vielle* 909. 940. 966), *mieldres* 487.

8) Aus lat. *ŏ* ist *ue* geworden: *cuer* 401. 593, *muers* 856,
muert 1055 [aber regelrecht *muir*, cf. *muire* 453. 952], *duel* 462,
iluec 444. 750. 771. 1024, *pueple* 176. 707; *estuet* 234. 658.
1098, *truevent* 732; dazu *acueillent* 425. Neben *puéz* 74. 215,
puét 55. 369. 503. 824. 1413, *puent* 1178 für *pueent* (*Or trop i
puent* | *demorer et targier*) finden sich *pénz* 193. 393, *péut* 489
und bereits die neugebildete 1. Person *péus* 527 neben dem lautgesetzlichen *puis* 531. 580. 1100, cf. 1. *puisse* 677. 795, 3. *puisse*
587, *puist* 665. Nach *v* ist das *u* von *ué* durch. Dissimilation geschwunden in *avéc* 564 aus *avuéc*; und so stehen neben *vueill*
223, *vueil* 447 (und *voil* 173. 890), *vueille* 315 (und sogar
vueillerai 528!) *veill* 206. 238, *veil* 64, *velt* 56. 188. 432. 489.
495. 581. 801, aber freilich auch *veus* 207. 850. 857, *veut* 109,
veult 556. 573. 579, *veulent* 214. 734. *Eu* statt *ué* haben auch
eulz 499. 501. 769. 826. 990, *orguex* 802 = *orgueus*. Vor Nasalen steht *ue* in *cuens* 145. 218. 256. 259. 269. 271. 289.
291 al., *quens* 382 sowie in *juenes* 262, aber nach Ausweis der
Assonanzen *ó* in *homs* 1035. 1811 (Pron. *hon* 2105), *preudoms* 1806
und *bon* 1809. 21. Uebereinstimmend im Text *hom* 557, *homs*
23. 327. 505. 559. 629. 868. 870, *preudoms* 22. 37. 45, *bons*
398. 567. 1237, *bon* 109. 673. 848. 954, *bone* 1410, auch *ton*
(*tonum*) 1053, daneben- aber doch auch *buen* 914. 931. Neben
miens 475, *mien* 151 besteht noch das alte *tuen* 875 und *suen*
205. 530. — *Féu* 196. 293. 526. 542. 575, *miléu* 906. 941 aus
fóu, *lóu*, wie *amedéus* 482 aus *dóus*, während *pòu* 825. 921.
925 noch besteht. Auch *léue* 546. 844 und *séue* 509. 794, welche
neben *moie* 530. 869 aus *meie* bestehen, sind aus *tóue* und *sóue*
(cf. *sóuve* Eul.) hervorgegangen.

9) Die 2. Pers. Plur. hat in den Assonanzen -*ez*: 1) Präsens:
entendez 53. 62. 1587. 2650. *secorez* 784. 2235, *prenez* 1417;
2) Futurum: *ferez* 66, *toldrez* 67, *menrez* 1416, *querrez* 1562.
Für das Präsens besteht auch im Texte -*ez*: *avez* 117, aber
für das Futurum -*oiz*: *verroiz* 30, *orroiz* 314, *porroiz*
349, *trouveroiz* 476, *perdroiz* 2394, vereinzelt sogar -*eiz*:
avreiz 476.

10) Was *ai* statt *a* betrifft, so steht:

a. *age* regellos neben *aige*, auch in *a*-Assonanzen, z. B. *sauvaige* 384, *sauvages* 874; *barnaige* 921, *barnage* 270. 341. 387. 890. 902; *pelerinaige* 266, *pelerinage* 386; *corsaige* 1330, *corsage* 1326; *avantaige* 923, *avantage* 887; *damaige* 263, *domage* 924;

b. aber nur *ai* in *saiche* (*sapiam*) 269. 402, *saiche* (*sapiat*) 916. 424, *saiche* (*saccat*) 1328;

c. dagegen *contasse* 272.

11) 3. Pers. Plur. des Perfects auf *-erent*, nicht *-arent*: *s'escrierent* 1077 in *é*-Assonanz; *plorerent* 90, cf. 631. 1157. 1338. 1339, *mengierent* 698. 847. 979.

La bataille d'Aleschans.

1) *Ch* für *c* (*k*) vor *a*: *choisi* 726, cf. 1075, *meschoisi* 235; — *champ* 314, *chans* 217, *chançon* 375. 473, *tranchant* 72, *char* 273. 446, *chartée* 373, *escharni* 241, *chargier* 137, *chascun* 82. 195. 276, *chaples* 22, *chaploier* 131, *eschapent* 248, *chaçant* 84, *chalans* 17, *chaut* 279. 313. 360; — *cha,ir* 278, *cha,i* 289, *che,ir* 63. 181, *che,ant* 70, *che,uz* 776, *cheval* 181. 286, *chevalier* 132; — *chief* 159, *chier* 198. 320 (*chiereté* 438), *chiet* 319. 386. 407. 643, *eschiele* 265, *pechiez* 401, *trebuchier* 63. 144, *couchier* 156, *detranchier* 143; — *chérir* 199, *chétif* 768; — *hachie* 514, *detranchie* 515; — *bouche* 828, *rafiche* 74.

2) *Gu* oder *g* für deutsches *w*: *guenchir* 122, cf. 488. 569. 659. 1068, *guerredon* 1235, *guerpist* 643, cf. 510, *guete* 992, dazu *guez* 684. 729, *gué* 1167; *garir* 660, cf. 174. 239. 634, *garanz* 819, *regarda* 1001, *gaitier* 987; *guié* 1131.

3) Lat. *ō* ist *ó* (insbesondere *sol* 799), jedoch vor *s*, *z*, (*t*) *eu*: *merveilleus* 322, *corroceus* 724, *dolereus* 775. 898, *dolereuse* 269, *Joieuse* 500. 1111; *preu* 229, *neveu* 351. 801. 994. 997. 1290, *veu* 917, *preuz* 221. 325, aber *ou* in *toute* 362. 411. 1041. Die Reime bieten nur *or* und *on*, und so kann denn freilich der im Cor. Looys vorliegende Widerspruch zwischen Assonanzen und Text hier nicht statthaben. Auch lat. *ŭ* ist *ó*, bisweilen *ou*: *bouche* 828, *doutas* 795, cf. 120. 358, *coururent* 182.

4) Aus älterem *ei* ist *oi* entstanden, z. B. *soit* 19, *voie* 26,

voit 47. 49. 68, *poise* 50; aber vor palatalem *l* steht· *ei*: *vermeil* 384. 1144, *merveille* 128. 288. 359. 698. 760. 876. 1196, *merveillier* 128. 153. 972, cf. 91. 423. 322, *oreille* 703. Vor Nasalen ist nach Ausweis der Assonanzen *ei* in *ai* übergegangen, welches mit urspr. *ai* und mit *a* assonirt. Die Orthographie schwankt zwischen dem historischen *ei* und dem phonetischen *ai*: *alaine* 562, *maine* 776, *enmaine* 78, *enmainent* 328, aber *meinent* 463, *meinnent* 57; *plains* 741, *taint* 25. 428; *ensaigne* 459. 477. 573. 599, aber *enseigne* 72. 224. 437. 488, *feigne* 605; *estraignent* 73, *destraignant* 759 und so *praigne* 391. 692 (aber *maintiegnent* 345!). Auffällig ist *poine* 397. 948. Umgekehrte Schreibweise in *freindre* 60, *pleins* 682, *remeindré* 158, *meinte* 277, *meins* 748, *champeigne* 648 u. ä. — Oi aus *ei* kommt in den Asso- nanzen nicht vor, während das auf *ō* beruhende *oi* in *tesmoing* 6803 in *ó* assonirt.

5) In betreff des Imperfects hat Widerspruch zwischen Text und Assonanzen statt, wie im Coron. Looys. Der Text hat *portoit* 82. 6263. 6531. 6844, *parloit* 363, *aloit* 98. 755, *senbloit* 6277, *chevauchoit* 6364, *demenoit* 6368, *trenchoit* 6503, *doutoie* 7545, übereinstimmend mit *avoie* 368. 863, *avoies* 878, *avoit* 478 (st. *avoint* 448 l. *avoit*), *coroit* 23, *tenoit* 276. 495. 672, *fesoit* 672, *estoit* 192. 447 u. ä. Vereinzelt *soleit* 937. Aber in einer *ò*t-Tirade steht *portot* 6057.

6) Imperfect des Conjunctivs: keine Form in den Assonanzen; aber im Text: *fusse* 807, *refusse* 540, *fust* 560. 564, *fussiez* 539. 545. 556, *fussent* 161. 197; *morust* 333; *de,usse* 941. 943, *de,ust* 145, *be,ust* 347, *be,ussiez* 555, *e,ust* 33. 352. 652. 879; jedoch *po,isse* 1054.

7) Am Wortende *x* statt *us* in *Dex* 99. 103. 105. 111 al., *tex* 352 neben *téus* 84, *gentix* 96. 186, aber *chevaus* 290. 644. 995, *vaus* 684. Vor *l* + Consonant ist *è* in *ia*, *ea* übergegangen. So bestehen neben *novel* 6288, *bel* 2689 u. ä. *biaus* 800, *biax* 840. 874. 1105, *beax* 852 (Vocative *biau sire* 536. 692. 858. 971, *beau pere* 410. 580), *bo,iaus* 68, *beauté* 788. 834; so auch *heaume* 11. 268. 622, *l'aume* 1113, aber doch in der Regel noch *elme* 27. 110. 310. 339. 406. 460. 710. 716. 750. 823. 1127. 1130. Das auf *i* beruhende *e* besteht stets: *els* 131. 360. 523.

606. 607. 1016, *eus* 86, *ex* 1156, *cheveus* 371, *feuchiere* 641
(*filicäria*, Der. v. *filicem*) und so *enheudie* 499, dessen *e* folglich
auf germanischem *i* beruht. Neben *soleuz* 985 findet sich *solauz*
638. Aber *ie* besteht : *mielz* 141. 618. 1057. 1219 (st. *miel* 631
l. *mielz*).

8) Aus lat. *ŏ* ist *ue* geworden: *cuers* 435. 818. 935, *cuer*
409. 438. 563. 761. 831. 852. 876. 877. 1091. 1095, *suer* 467,
muert 498 [aber **muir*, cf. 1. *muire* 470, 3. *muire* 320 und *cuir*
773], *lues* 1118, *duel* 776. 810. 867. 1281, *orgueill* 250 (*orgueilleus*
791. 1228; cf. *acueillie* 455, *acu(e)illirent* 1009), *pueple* 1048,
puez 1053, *puet* 51. 65. 662. 667. 688. 940. 1224. 1284 und
peut 577 ; [aber *puis* 666. 939. 964, 1. *puisse* 1051. 1294, 3. *puisse*
1070, *puist* 105. 115. 197. 201. 213. 668], *iluec* 226, dazu *estuet*
918. 1057, *trueve* 955. Statt *vuelt* durch Dissimilation *velt* 990
(aber *voil* 141. 470. 618. 631. 1219). Jedoch *eu* hat *eulz* 751,
wofür *elz* 370. 372 ein Schreibfehler sein dürfte (aber Nom. *oill*
405. 923, *oil* 1137). Höchst auffällig sind *trove* 52,
ovres 767. Vor Nasalen steht *ue* in *cuens* 3. 24. 30. 46. 49.
96. 119 al. sowie in *tuen* 1048, *suen* 1142 (neben *mien* 856.
945), aber in *ó*-Assonanzen stehen: *homs* 374. 2577. 3296, *hom*
3311. 5883. 6736, *bon* 3300. 6733. 39. 84. 87, *ton* (*tonum*) 5859.
94, und so im Text *homs* 19. 201. 321. 667. 765. 797. 801.
814. 1067, *bone* 1036. — *Léu* 614, *léus* 10. 274. 714. 847. 1086,
miliéu 69 aus **lóu*, wie *ambedéus* 782, *amedeus* 697, *andéus* 13
aus *dóus*; aber *pòu* 271 besteht. Kein *teue, seue*, sondern die
alten Formen *toe* 239, *soe* 263. 377. 1207 und daneben *toie* 412,
in Anlehnung an *moie* 99.

9) Die 2. Pers. Plur. reimt auf -*ez*: 1) Präsens: *po,ez* 542,
avez 544. 1881. 2669. 3698, *secorez* 691. 1985. 2686, *entendez*
1533. 3703, *rendez* 1538, *soffrez* 1840, *sofrez* 2623, *mescre,ez*
1883, *mentez* 1884, *venez* 1989. 2617, *tenez* 2621 u. ä.; 2) Futurum: *verrez* 537. 1854. 3785, *ferez* 696. 1987. 2688, *forferez*
1570, *ravrez* 1541. 1841. 2626, *remendrez* 1547, *partirez* 1569,
mescrerez 1839, *lerez* 1969, *savrez* 2618, *douterez* 2627, *celerez*
2630, *comperrez* 3696 u. a. Ebenso hat der Text für das Präsens
-*ez*: *venez* 133, *secorez* 691. 978, *perdez* 1233, und so anfangs
consequent auch für das Futurum: *morrez* 43, *avrez* 208, *querrez*

209, *garirez* 634, *irez* 769. 980, *verres* 135. 173. 770, *savrez*
816, *serez* 812, *metres* 963, *porrez* 1069, *ferez* 2500; aber im
weiteren Verlaufe findet sich neben *ez*, 6213. 6489.
6577. 7159, und *es, avrés* 6963, *serés* 7120, häufiger *oiz*:
avroiz 6851. 7106, *seroiz* 7001. 7023. 72. 66. 68, *feroiz* 7095,
dorroiz 7098, *savroiz* 7455, *diroiz* 7818.

10) Kein *ai* statt *a*:
    a. *-age*, nicht *-aige* (s. d. Assonanzentab.);
    b. *sachiez* (*sapiatis*) 999; *sacha* 1022, *sachie* 476:
    c. *vengasse* 541, *najasse* 619, *montast* 549, cf. 974; *men-*
      gassiez 550.

11) 3. Pers. Plur. d. histor. Perfects auf *-erent*: *tornerent*
392, cf. 454. 462. 513.

12) Ueblich ist *-oison* statt *-aison*: *oroison* 348. 400, *vengoison*
391, *pasmoison* 394, *arestoison* 396.

Aus der soeben entworfenen Skizze der Lautverhältnisse ergibt sich, dass die Sprache der genannten vier Denkmäler die
centralfranzösische ist. Allein es zeigen sich einige Unterschiede zwischen dem Coronement Looys und der Bataille
d'Aleschans einerseits und Amis et Amiles und Jourdains de Blaivies andererseits. Die ersteren haben *-age, -ache, -asse* (jedoch
die Krönung *-aiche* und neben *-age -aige*), die letzteren *-aige,*
-aiche, -aisse; jene *-erent*, diese *-arent* und *-erent*; jene *conseil,*
merveille (jedoch nicht in den Assonanzen), diese *consoil, mervoille,*
durch die Assonanzen gesichert (obwohl Jourd. im Text in der
Regel *-eil, -eille*). Wichtiger aber als diese Unterschiede sind gewisse phonetische Widersprüche, welche ihnen gemein-
sam sind.

1) Alle vier Denkmäler haben im Text für lat. ŏ *ue*; das
einzige, welches lat. ŏ in der Assonanz besitzt, nämlich Amis
et Amiles, hat hier nicht *ue*, sondern *ó*, nämlich *peçol*, und
entsprechend im Text den Eigennamen *Mont Chevrol*. Ebenso
finden sich in der Bat. d'Aleschans *trove, ovres*. Wie ist
diese Erscheinung aufzufassen? Da *ue* nicht direct, sondern mittels
uo aus *o* entsteht, so ist anzunehmen, dass sich überall, wo *o* und
ue in demselben Denkmal neben einander vorkommen, zwei ver-

schiedene Mundarten geltend machen. So in unsern Denkmälern. *Trove* und *ovres* in dem Text der Bataille d'Aleschans können von einem normannischen Copisten herrühren; aber *peçol* in einer ó-Tirade setzt entweder voraus, dass in der französischen Mundart *ue* ohne Vermittelung eines *uo* aus *ó* entstanden, oder dass Amis et Amiles eine französische Bearbeitung eines normannischen Originals ist. Nun kann aber *ue* zwar an die Stelle von *ó* treten, indem es aus einer Mundart in die andere übergreift, aber es kann sich nicht lautgesetzlich unmittelbar aus *ó* entwickeln.

2) Die Krönung Ludwigs und Amis und Amiles enthalten den Eigennamen *Karles, Karle, Karlon. Karles*, die Form der Strassb. Eidformeln und der Mundart des Alexius- und des Rolandsliedes sowie des Eulalialiedes, kann nur im Westen oder im Norden von Alters her überliefert sein. Seine Existenz in franz. Gedichten spricht also ebenfalls mindestens für eine Entlehnung des Stoffes. In Amis et Amiles ist der Versuch gemacht den Namen zu francisiren, in Jourdains de Blaivies ist die Francisirung durchgeführt.

3) Alle vier Gedichte haben im Text das französische Imperfect auf *-oit;* in den Assonanzen hingegen haben die Krönung Ludwigs und die Schlacht bei Aleschanz das Imperfect auf *-òt;* Jourdains de Blaivies hat in einer Tirade *-oit,* in der anderen *-òt;* Amis et Amiles besitzt nur *-oit.* Da *amoit* aus *amòt* zwar nicht lautgesetzlich, wohl aber durch Umbildung entstanden sein kann, so lässt sich das Nebeneinander der Formen auf zwei Weisen erklären. Entweder besteht hier eine ältere französische Form neben der jüngeren fort, oder die Formen auf *-òt* in den Assonanzen stammen aus einem normannischen Original.

4) Alle vier Gedichte haben für die 2. Pers. Plur. des Präsens und des Futurs in den Assonanzen die Form auf *-ez.* Im Text aber hat das Futurum in der Krönung Ludwigs *-oiz,* in den übrigen Gedichten *-oiz* und *-ez.* Die Form auf *-oiz* ist die lautgesetzliche französische, hervorgegangen aus der älteren Form auf *-eiz.* Die Form auf *-ez* ist eine Umbildung, sei es aus *-eiz* oder aus *-oiz.* Die Umbildung ersetzt und verdrängt die lautgesetzliche Form. Da nun bei einem Widerspruch von Text und Assonanz die Assonanz das Aeltere bewahrt, so dürfte es nicht

befremden, wenn man in der Assonanz die lautgesetzliche, im
Text aber die angelehnte Form fände. Hier ist aber das Umgekehrte der Fall, oder es scheint wenigstens so. Denn in Wirk-
lichkeit kann die Umkehrung des natürlichen Verhältnisses nur
Schein sein. Sehen wir näher zu. Welches war der Verlauf der
Dinge? Wenn in der Mundart unserer Gedichte die Umbildung
bereits zu der Zeit stattfand, wo noch lautgesetzliches *-eiz* bestand, so konnte kein *-oiz* entstehen. Da nun aber *-oiz* besteht,
so folgt, dass *-ez* in der französischen Mundart Umbildung von
-oiz sein muss. Daraus folgt: die Assonanzen enthalten die
jüngere, der Text die ältere Erscheinung. Diese Folgerung würde
die Textkritik aus den Angeln heben, wenn sie nicht zu umgehen
wäre. Sie lässt sich aber nur mittels der Annahme umgehen,
dass die Assonanzen einer anderen Mundart entstammen. Das
Rolandslied besitzt, wenigstens nach der Oxforder Handschrift,
neben dem Futurum auf *-eiz* in *ei*-Tiraden bereits das Futurum
auf *-ez* in *é*-Tiraden. Hier ist so *-ez* die Umbildung von *-eiz*.
Sind die Gedichte Bearbeitungen normannischer Originale, so können
Future auf *-ez* (aus *-eiz*) in den Assonanzen erhalten sein, während
die französische Mundart lautgesetzliches *-oiz* aus *-eiz* in den Text
brachte.

5) Im Zusammenhange mit dem Gesagten erhalten auch *soleit*
Bat. d'Alesch. 937 und *avreiz* Cor. 476 Bedeutung.

6) In dem rein französischen Ritter mit dem Löwen reimt
oi aus *ei* auf *òi*. Im Mainet, Rom. IV, 324, assoniren bereits
oi aus *ei*, *òi* und *ói* : *courtois*, *voirs*, *mois*, *oirs*, *François* : *cois*,
redois : *nois*, *crois*. G. Paris, p. 307, sieht hierin eine Eigenthümlichkeit der »*partie orientale de la France*«. Die Krönung
Ludwigs und die Schlacht bei Aleschanz haben keine
oi-Tiraden. In Amis et Amiles und Jourdains de Blaivies
assonirt *oi* aus *ei* nur mit sich selbst sowie mit dem *oi* von *amoil*,
welches auf Anlehnung an *devoit* beruht. Hat *oi* aus *ei* hier einen
andern Lautwerth als bei Christian von Troyes? Oder ist der Umstand, dass *oi* aus *ei* nicht auf *òi* reimt, vielmehr ein Symptom dafür,
dass die Mundart der Originale *ei* und *òi* besessen? Man kann nicht
einwenden, dass dann kein *portoit* mit *oi* aus *ei* assoniren könne.
Denn es handelt sich nicht um französische Uebersetzungen, sondern

um französische Bearbeitungen normannischer Dichtungen. Im Bestiaire de Gervaise, welches sicher auf einem normannischen Original beruht, liegen ganz ähnliche Verhältnisse vor. 1) *Colovre* : *oévre* 559, O. *ovre;* cf. *viél* : *oéil* 831; 2) *beivre* (Biber) : *lievre* 687; neben *mervoille* : *voille* 111 (cf. 149. 1089. 1143. 1165) *someillent* : *voillent* 109, O. *veillent;* neben *plaine* : *alaine* 65 und *aloine* : *amoine* 1163 *graine* : *aloine* 152, *fontaine* : *poine* 837, *saines* : *poines* 1217, O. *alaine, paine;* dass *ai* und *ei* reimen, erhellt aus *enpreigne* : *ovraigne* 515, *maindre* : *feindre* 1271. 3) Es reimen α) *oi* : *oi* aus $\bar{o}$ oder *ü*: *doingne* : *mançongne* 7, *joint* : *point* 601, cf. 773 (*froisse* : *desloise* (?) 845); β) *oi* : *oi* aus *ei* : *ei, soi* : *loi* 445, cf. 479. 1099; 163. 665. 865; 327. 461. 1227; 445; 509. 1163; 993; *vermoil* : *chamoil* 953, cf. 957. 1111; insbesondere: *entendroiz* : *creroiz* 813, *disoit* : *avoit* 205, *sevoient* : *croient* 652, *porroit* : *troveroit* 451, cf. 751; *ocirroit* : *po,oit* 1155, cf. 1263; γ) *reposoit* : *veilloit* 117, O. *reposout* : *veillout* oder *-ot* : *-ot*. Aber es reimen δ) auch *coie* : *jòie* 255 in zwei Versen, welche der Redactor des Ostens interpolirt hat. 4) Vereinzelt findet sich im Text noch *ei* geschrieben: *creist* 833, *soleil* 839.

Die Untersuchung der Sprache ergibt also das Resultat, dass die oben genannten vier Gedichte französische Bearbeitungen normannischer Dichtungen sind. Ob der Inhalt die Sprache unterstützt, kann an dieser Stelle nicht erörtert werden. Dass in Amis et Amiles die Stadt Paris sehr in den Vordergrund tritt, darf nicht täuschen. Die Heimath des Stoffes des Cyclus Guillaume d'Orange ist bereits Gegenstand einer philologischen Controverse, Rom. I, 177 ff. —

Anhang I.

Die Mundart des Hohenliedes.

Da das Gedicht *ca* für lateinisches *ca* (*canter, caste,ed, cadeit*) und *ch* für lateinisches *c* vor *i* (*chinc*) enthält, so wird es dem Bereiche der normannischen oder der picardischen Mundart angehören. Ein charakteristisches Imperfectum fehlt (nur *eret* 51,10, *ert* 52,2. 17, *aveid* 52a finden sich vor). Für lateinisches ŏ erscheint *uo* in *iluoc* 52,29 und bereits *ue* in *puet* 51,19, *pued* 51,5; aber *u* in *vult* 51,29; 52,39; [daneben *lenz* 51,20 (nicht mehr *lous*) und das übliche *fors* 52,9]. Vor Nasalen steht *o*: *bon* 50,35, *bonet* 51,23, *om* 51,16; 52,13; *on* 51,2, aber *ue* in *li suensz* 51,8, welches das Schicksal des lateinischen ŏ theilt. Das Gedicht muss demnach von einem Schreiber copirt sein, welcher eine dem Original fremde Mundart sprach. Eben dies bekundet auch das Schwanken zwischen *u* und *o*: *barunsz* 52,37, *raisun* 52,38, aber *non* 52,1, *dolçor* 51,13, *odor* 51,23, *amor* 51,24. 38. 39; 52,13, *ennor* 52,11, *plusors* 52,36, *coronet* 52,29, *por* 51,38; 52,17, *plorer* 49,35; 50,32, *florist* 51,20, *flories* 51,22, *toz* 51,11. 30 nebst *proud* 52,5; — *mun* 51,34, *tum* 50,33, *sun* 52,40, aber *mon* 51,24. 26. 33. 36. 38; 52,12, *son* 50,37, *som* 51,18; *adunc* 52,28, *ungement* 51,16, aber *noncieiz* 51,38, *sont* 51,22; *u* 51,19, aber *molt* 49,35; 50,32. 36; 51,10. 23. 28. 34; 52,4. 14. 37; *dolcet* 51,4, *dolcement* 49,36; 50,33; *dolçor* 51,13, *colpes* 52,5, *tortrelet* 51,26, *trover* 51,28, *torverent* 51,32, *roges* 51,7; *suid* 51,19, aber *soi* 51,11; — *conter* 51,2, *respondi* 50,36, *respondret* 51,29; — *funt* 51,17, *unt* 51,35, aber *ont* 51,32. Es fragt sich jedoch, ob *iluoc, puet, suensz* oder *vult* (*om, bon*), ob *o* oder *u* dem Original angehört, d. h. (nach dem oben Erörterten) ob das Ge-

dicht picardischen oder normannischen Ursprungs ist. Der Diphthong *ei* für lat. *ē* od. *ĭ* in *mei* 51,38; 52,3. 11. 39, *aveir* 52,39,
aveid 52,1, *cadeit* (*cadēto) 52,3; *fei* 52,18, *entveiad* 52,17, *enveiad*
52,40; *reis* 52,22 entscheidet die Frage nicht, da das Alter des
Gedichtes nicht feststeht. Aus demselben Grunde ist auch der
Singular des Artikels: Masc. Nom. *li* 49,32; 51,1. 8. 14; 52,14;
Fem. Nom. *la* 50,35, Acc. *la* 51,30; 52,40, nicht beweiskräftig,
wie das Eulalialied lehrt. Auch das tonlose Pronomen *son* 50,37,
som 51,18, *sun* 52,40 dürfte nicht entscheidend sein, da *son* neben
sen sich in späteren picardischen Schriften findet; cf. Tobler,
Aniel, S. 19. Aber es fehlen auch andere picardische Eigenthümlichkeiten der Sprache; man vergleiche 1) *avenablement* 50,36,
nicht *avenavlement*; 2) *bels* 51,6, *bel* 52,2 *bele* 51,10, *beles* 51,37,
(*beltes* 51,20; 52,10), *novellet* 51,11, *torterelet* 51,26, *pulcellet*
49,35, *pulcelesz* 51,37, *pucellet* 50,32, *pucele* 52,40, *terre* 51,25
ohne Diphthongirung (obwohl auch das Artesische nicht immer
diphthongirt). Die Form *alget* 52,29 deutet nicht sicher auf die
Normandie, cf. *ralgent* Leod. 20 f. Eher das mehrfach vorkommende *d* statt *t* am Wortende. Nimmt man also ein normannisches
Original an, so kann der Copist, welcher *iluoc, puet, pued, suensz*
und *o* statt *u* in den Text gebracht hat, dem Norden, aber auch
dem Osten angehört haben. Nun zeugt aber für den Osten das
mehrfach vorkommende *ei* für lat. *á* : *apeleid* 51,13, *entreiz* 51,8,
seit 51,2, *aseiz* 51,32, *aseit* 51,29 und sogar *noncieiz* 51,38. — Das
Alter des normannischen Originals lässt sich nur begrenzen. *Temps*
51,11, *tems* 52,15, *temsz* 51,22, neben welchen *tens* 49,33; 51,20
dem Copisten angehören wird, besitzt bereits das Alexiuslied nicht
mehr, wenigstens nicht die Lambspringer Handschrift. Gleichwohl
kann das Hohelied nicht so alt sein wie das Alexiuslied, da bereits
Jerusalem : amant 51,37 f. assoniren. Für die Bestimmung des
Alters der Copie sind folgende Momente massgebend. Das
Schwanken des Copisten zwischen *uo* und *ue* weist auf den Zeit-
raum vor der Uebersetzung der Dialoge Gregors und den Predigten
Bernhards. *T* vor consonantischem Anlaut ist jedoch, wenigstens
nach *i* u. *u*, bereits verstummt: es besteht *respondi* 50,36 neben *odit*
49,35; 50,31, *fu* 50,35 neben *fud* 52,16, *fut* 52,28; ebenso *z* vor
consonantischem Anlaut, denn nur so erklärt es sich, dass der Co-

pist statt *aseiz* 51,32 auch *aseit* 51,29 schreiben kann. Aus dem Verstummtsein jenes *t* erklärt es sich denn auch, dass der Copist den vocalisch auslautenden Wörtern ein stummes *t* anzuhängen pflegt. Denn dass dieses angehängte *t* stumm ist, lehrt V. 52,40 *Il enveiad sun a n g r e t a la pucele*, wo Elision statthat, wie 52,1 *Chinc milie anz at qu'il aveid un* (lies *un'*) *amiet*, wo *milie* statt *miliet* 51,8 geschrieben steht. Und ebenso erklärt sich aus dem Verstummen des *z* die noch seltsamere Anhängung eines *z* an Wörter auf *t* oder *d*. Der Copist enthält sich dieser Schreibweise vor vocalischem Anlaut: *converset* 49,32, *apeleid* 51,13, *cadeit* 52,5; *plantatz* 52,4 steht wenigstens vor der Cäsur; nur 52,10 ist in *perdutz adz sa beltez z* vor vocalischem Anlaut ausserhalb der Cäsur mit untergelaufen. Als eine umgekehrte Schreibung begreift sich das erwähnte *aseit* statt *aseiz*. Das Verstummen von *t* vor consonantischem Anlaut ist kein deutliches Zeugnis für ein verhältnismässig spätes Datum der Copie; denn bereits im Leodegarliede und in der Passion erscheint die Personalendung *t* der 3. P. Sing. wenigstens vor einem enklitischen *s = se* verstummt, und eine Spur des Verstummens von *t* vor anlautendem *s* zeigt auch das Eulalialied in *perdesse* neben *auuisset*, nicht minder die Passion in *tradisse* 22 b. Entschiedener mahnt ein anderer Umstand, das Alter der Copie nicht allzu weit hinaufzurücken: *l* vor Consonanten besteht zwar im Allgemeinen noch : *altresz, alget, escalgaites, al soleiz, al tems; belz, beltez, icelsz, del quart edé, del quint edé; colped, dolcelt, dolcement, molt, vult, voldrent*, und so auch *ne,uls;* aber in tonloser Silbe ist *l* nach *u = ü* doch bereits verstummt, wie *pucellet, pucele* neben *pulcellet, pulcelesz* beweisen. — Wenn das Original wegen *Jerusalem : amant* jünger sein muss als das Alexiuslied, so kann es doch nicht viel jünger sein. Dafür bürgen 1) das erhaltene *òi* in *pois (poteo)* 51,28, *pois (postea)* 52,20. 22. 34 ; 2) das erhaltene *òi* in *soi (sum)* 51,11, woneben *sui(d)* 51,19 dem Copisten angehört; 3) das erhaltene *d* in *edé* 52,22. 33. 34, *odit* 49,35, *odit* 50,32, *cadeit* 52,5, *nercide(t)* 52,10 (cf. *odor* 51,23, *pli,adon* 49,33), wonach statt *caste,ed* 51,26, *navree* 51,34, *salued* 52,44, *mere(d)* 52,7 *castedet, navrede, saludet, medre* zu restituiren sind; 4) *entveiad* 52,17 (*enveiad* 52,40).

Anhang II.

Assonanzen und Reime.

Amis et Amiles.

a : 491—496, 895—901, 2109—
17, 2706—12, 2982—98;
ai : 2532—42;
an : *en* : 70—76, 136—142, 1257
—1320, 1563—74, 1803—25,
2378—85, 2826—46, 3000—
22, 3122—66, 3273—81, 3421
—70; *an* : *an* 1470—79, *en* :
en 2131—42; *an* : *ain* 2499—
2507;
ain : *ain* : 3080—85, 3114—20;
è : 51—57, 1480—90;

é : 19—42, 78—122, 161—182,
311—353, 552—586, 606—
610, 695—721 (Imperf. *iert*
705, l. *ert*), 734—763, 809—
851, 881—893, 996—1016
(*seit* 1016, l. *set*; *Dé* 1004),
1039—95 (*Dé* 1082, *osteuls*
1084), 1138—54 (*sainglers* 41,
osteuls 54), 1228—55, 1442—

a..e : 643—660, 764—780, 1861
—69, 2169—83, 2226—42;

ane : *ene* : *aine* : 513—522,
2042—49;

è..e : 44—99, 199—206, 2509—
19;

é..e : 357—366, 400—412, 470
—489, 524—535, 728—732,
1166—75, 1492—1504, 1968
—73, 2144—67, 2580—2600,
3168—3206, 3491—3503;

68, 1585—1623, 1685—1713,
1845—62, 1887—1916 (clairs
89, l. clers), 2023—40, 2051—
65, 2259—2306 (Dé 2306),
2435—62 (Dés 35), 2473—97
(pilers 78, encensers 95), 2521
—30, 2739—55, 2788—2809,
2848—63, 2892—2905, 2907
—45, 2947—70, 3044—59,
3208—40, 3242—71 (saingler
57, bacheler 60; emploié 68),
3283—92, 3316—43 (Dé 26;
diré 27. 38), 3407—19;

ié : 231—249, 257—281, 374—   (ié..e : i,e 662—693, iére 1352
398, 421—440, 498—511, 588   —54 : ie 55—63?)
—605, 723—726; 782—807 (zu
corr. livrer 783), 930 — 958,
1365—83, 1918—39, 2003—
21, 2067—93 (feriiez 80), 2192
—2225 (iriez 18), 2308 — 18
(liier 15), 2320—54 (Poitiers
25, oiez 35, aviiez 37, en-
vo,issiez 44, fe,issiez 45, vive-
riez 51), 2611—71, 2713 (15)`
—24, 2779—86, 3024—34,
3087—3100 (atiriez 97), 3294
—3314, 3364—3405. (Insbe-
sondere amistiez 268. 428.1374,
amistié 2649, ammistié 2326.)

i : 184—197, 442—449, 537—   i..e : 283—309, 612—621, 1018
550, 903 — 928, 1110—36,   —25, 1322—50 (zu corr. ceinne
1385—1440, 1576—83, 1625   343), 1536—61, 1775—1801,
—37, 1715 — 43, 1871 — 85,   2411—20 (virge 20), 2865—90,
1941—67, 2095—2107 (fu,ir   3345—62;
2106), 2119—30, 2387—2409,
2572—78, 2602—9, 2673—
2704 (se,ir 2680), 3068—78;

oi : 121—134, 977—994, 1216— 26, 2356—76, 2422—33;

ó : *óu* : *ón* : 251—255, 853—864 (*peçol* 857), 866—879, 1177— 1214, 1639—83, 2185—90, 2726—37, 2764—77;

ón : 1—17, 59—68, 144—169, 208—229, 414—419, 623— 641, 970—975, 1761—73, 1827 —43, 2544—51, 2757—62, 2811—24 (*te Deum* 13), 3061 —66, 3102—12, 3472—89;

u : 368—372, 960—969 (*lui* 966), 1027—37 (*lui* 1036), 1156—65, 2244—57 (*fuit* 44, *souduit* 47), 2553—70 (*deduit* 60; *mieuz* 70 zu corr.), 2972—80.

oie : 1097—1108, 2464—71;

ó..e : *óne* : 451—468;

u..e : 1506—13, 1745—59, 1975—2001 (*fuisse* 1986, *fuient* 1992).

Jourdains de Blaivics.

a : 2644—64, 2970—3032 (*va* 2999); *a* : *as* : *ars* : *art* : 874 —884; *al* 2855—65;

an : *en* : 331—336, 342—353, 709—714, 1212—70, 1489— 1507, 1535—68, 1604—20, 1734—75, 1954—87, 2077— 96, 2196—2206, 2277—81, 2431—53, 2760—2804, 3156 —89, 3492—3516;

ain : 144—149, 3034—46;

è : 613—623, 1661—70;

a..e : 965—1018, 1061—1134, 1181—90, 1509—21; -*áige* : 2686—2708 (*maáille* 2703), 3396—3407;

an',..e : 1639—49 (*example* 1640);

è..e : 15—27 (*iestre* 21, 1. *estre*), 501—527, 1523—33, 2061— 75, 2400—10 (*prophetes* 2408), 2421—30, 2492—2502;

é: 169—238 (*Dé* 186), 625—639, 653—664, 678—682, 736—770 (*iré* 748; *bacheler* 767, cf. 1413. 42), 1020—69, 1136—80, 1378—1414, 1434—62, 1943—52, 2113—24. 2218—33 (*Dé* 18), 2256—67, 2284—2310, 2320—40, 2354—64, 2570—2613, 2723—58 (*iré* 42), 2867—99, 2946—68, 3067—93, 3191—3230 (*pité* 3193), 3278—98, 3409—47, 3518—64, 3606—17 (*aterré* 1115, *iré* 16); *é* : 3803—28, 4115—70 (*aprestez* 52); *er* : 4030—86 (*monté* 30 ; *sainglers* 53); *ez* : 3880—3932 (*gietiez* 3925, cf. *gietier* Am. et Am. 2349; *ié* : 20—125 (*baptizier* 31; *iert* 35; *pitié* 47, cf. 730. 828. 1362. 1876; *fief* 49; *amistié* 54, cf. 378. 861. 1344. 1575; *esclairier* 114, cf. 558. 666. 1622; *iriez* 98, cf. 548. 675. 1993. 2129. 3766), 240—253, 355—390, 540—560, 666—676, 716—734, 803—872 (*Poitiers* 818), 886—917, 958—963, 1336—76, 1416—32, 1570—1602, 1622—37, 1775—1907 (*iez* 1831), 1922—27, 1927—41, 1989—2059 (*espargner* 2005 l. *-ier*), 2098—2141, 2126—35, 2161—78, 2366—77, 2390—98, 2615—42, 2916—44, 3449—69, 3653—70, 3738—3801 ;

éé : 919—939 (*lerres* 925, *peres* 926, *pere* 934, *merc* 927. 938), 2235—54 (*peres* 41), 2467—78 (*clere* 70. 76, *pere* 72, *frere* 73), 2513—54, 2806—27, 3111—54, 3336—94, 3712—36, 3934—87, 4188—4242 ;

i : 442—499 (*prins* 450, cf. 1717.   i..e : 1—13, 151—167 (*destruire*
23. 2907. 3400. 3566. 79),   153), 561 — 611 (*prinses* 562,
684 — 707 (*por ti* 699), 772—   cf. 571. 794), 641—651, 787
785 (*se,ir* 776), 1296 — 1334   —801, 941—956, 2180—90,
(*cit* 24), 1672—1732, 2208—   2269—75, 2486—90, 2666—
16, 2342—50 (*prinst* 44), 2455   84, 2829—53, 3048—65, 3246
—65, 2504—11 (*prinst* 2508),   —76, 3581—3602, 3830—54 ;
2556—68 (*lui* 68), 2901—12,   inc : 3232—44 (*chaitive* 43);
3318—34, 3471—90, 3566—
79; iz : is : 3649—54 (*prins*
27. 32. 41. 46), 4172—86; ir :
3989—4028 (*fu,ir* 95, *cha,ir*
4006. 17, *che,ir* 4008. 22);

ò : 255—260 (st. *aloit* 255 l. *alot*),   ò..e : 2137—49 ;
1654 - 59, 2480—82, 2710—
21 ;

ó : (*óu*) 127—142, 317—329,
338—340, 529—538; speciell
or : 3853—78, 4090—4113 ;

ón : óm : 392—440 (*Eremborc*   ón,..e : ó,me : 2411 — 20 (*onze*
397), 1272—94, 2312—18,   *et doze* 19);
3672—96;

oi : 281—303 (*male,oit* 87, **male-
dicto* st. *maledictum*), 1464—87
(*voz veingnois* 67); speciell
oit : 3095—3109; oi : 3698—
3710;

u : 262—279 (*celúi* 75, *lúi* 76),   u..e : 305—315 (*ville* 305).
1192—1210 (*trestúit* 1208),
1909—20, 2151—59 (*brúit* 59),
2379—88, 3300 —16.

Li coronemenz Looys.

a : —

a..e (: ai..e):252—74 (st. *malese* 264 l. *malaise*), 328—345, 382—487 (st. *deboneres* 454 l. *debonaires*), 874—926, 1324—41, 1420—39, 1747—63, 2017—21, 2356—2419 (st. *lermes* 2411 l. *lairmes*, st. *aresne* 2419 *araisne*);

an : en : 1—10, 830—873, 2420—95, 2626—32;

an..e : en..e : 11—20;

ai (geschrieben e, jedoch *ait* 33) : 28—39, 161—167;

è : —

è..e : 40—45 (*fete*), 1589—1618 (*fete* 1610), 2156—69;

é : 40—71, 275—327, 679—873, 1368—1419, 1547—88, 2003—11, 2199—2279, 2633—79 (*Dé* 301. 776. 813; st. *essuiez* 749 l. *essuez*, wie st. *cruiaulé* 729 *cruaulé; mortiex* 2666, l. *mortels*);

ée : 1039—81, 2022—32;

ié : 80—151, 175—251, 346—381, 488—608, 631—678, 1082—1179, 1237—1323, 1342—67, 1491—1546, 1619—55, 1714—46, 1824—1901, 1921—2002, 2033—95, 2115—55, 2170—98, 2280—2355, 2547—2625 (st. *ert* 1130 l. *iert*; 1288—90 zu corrigiren; st. *congié n'i prent* 1842 l. *n'i prent congié*);

i : 151—161, 1440—90, 1656   i,e : 168—174 ;
   —1713, 2496—2546 ;
ò : 21—27, 927—952 ;
ó : ón : 1764—1823, 2096—2114 ;   ó..e : 72—79, 1902—20, 2012
   on : 953—1058 ;   —16 (fast rein óne, jedoch
                                         bóuche 1913).
u : 609—630, 1180—1236.

La bataille d'Aleschans.

a : 993—1036 (va 1012), 1430—
96, 2396 - 2455 (va 2414. 28),
4124—4209 (va 4185), 5191—
5216, 8025 — 57; al : 568—
596; as : az : ars (: art) 3966
—4005, 4455 — 75, 4874 —
4904, 7603—11 ;
ait : 1208—24 (zum Theil e geschrieben : rait = roit);
ant : ent : 402—424 (omnipotent
410), 740 — 777, 2905 — 80,
3950—65, 4285—4338, 4426
—54, 5655—78, 5967—6052,
6196 — 6255; ant 69 — 103,
2190—2213; ent : 1402—29;
anz : enz : 1—25, 205 — 227,
778—809, 2084—2121;
ain : 883—900 (sein 894);
é : 831—882 (pité 849; iré 831.
852), 1071—1207 (pitié 1104,
l. pité; iré 1091; aterré 1088,
ateré 1200), 1309—1401 (plein
pi,é 1342), 1711—84, 3451—
3543 (Dé 3519; -ez 3458. 78.
81, -és 71, Escler 3503), 3904
—49 (Dé 35. 47), 5283—5333

age 7499—7509 (face 7503), 7883
—94 (large 86);
aille 5540—48;
aigne 597 — 617 (estrange
598, barge 615), 1604—30
(estrange 1604), 5257—82;

ée : 264—296 (aïrée 275; brisée
281), 2035—83, 2214—2317
(adesée 2249), 2981—3138,
4210—84, 5044—69, 5364—
5416, 6814 — 54 (a,irée 29);
ées : 7144—72 (feves 48);

(-ez 5290. 5300. 5304; -er
5307), 5759—5855 (Dé 5762;
iré 5797. 5843; Escler 5854),
6066—6140 (maldez 6106; Escler 6132), 6501 — 63 (afilez
6503, Desramez 19. 37, au cort
nés 57; pité 34), 6642—6714
(pité 6660, iré 99), 6894—6943
(pité 6918), 7392 — 7424 (iré
7406; commandez 7401), 7523
—75 (irez 39, déporter 35, jouer
36, assez 37, nef 48), 7915—
71 (venez 720, principel 40);
ér : 901—951 (boucler 931), 1888
—1961 (bers l. ber 1893. 1917;
aïrer 1904, irer 1947; bacheler
1911), 2745 — 2844, 3330—
3450 (irer 3423; sengler 3390,
bacheler 91. 3433, adeser 3410.
29; bers 3341. 86. 3411 l. ber),
3544—3671 (ber 3550. 74; irer
65, a,irier, l. a,irer 68; tra-
veiller 86, bacheler 57), 4006—
4123 (irer 4098; olivier 25, con-
chier 50, bachelier l. bacheler
52), 4476 — 4547 (essuier, l.
essu,er 4512, bacheler 28;
trossez 4484), 4795—4873 (bacheler 4797. 4870; sengler 4837),
5070 —5161 (ber 5090; a,irer
5134; sengler 5109. 25; otroier
27; encontrés 5170), 5900—66
(ber 66; sengler 26, bacheler
30), 7024—7109 (le ber 7079;
sangler 7062; guier 7061; Ay-
mers 7099), 7425—98 (le ber
28, N. Pl. ber 96; a,irer 54),

7835—82 (*li ber* 46; *principel*
61);

éz : 518—567 (*irez* 558), 680—
739 (*irez* 724; *pitez* 692, *amis-
tez* 695), 1533—1603 (*fausseté*
43, cf. 60. 77. 80. 82. 86; *so,ef*
52; *irez* 63), 1837—2034 (*de-
valé* 42, *né* 67; *tel* 47; *irez* 70),
1962—2034 (*aïrez* 72; *-é* 2027.
30. 31), 2607—97 (*-é* 10. 22;
aïrez 28; *pitez* 87; *bouclez* 58),
3672—3840 (*-é* 3723. 24. 32.
41. 42. 50. 78. 3801. 23. 40;
nef 3799), ferner 4339—92,
4572—4692, 5216—55, 5549
—64, 6320—6459, 6581—
6641, 6944—7023, 7198—
7317, 7567—7602, 7612—
7718, 7980—8000;

ié : 6855—70 (*pié* 55);

iér : 123—163, 952—992 (*esclairier* 991; *demorer* 951 zu corr.),
1785—1836, 2533—67, 2698
—2744 (*a,esier* 2724), 3242—
72, 3841—3903, 4730—94,
4905—5013, 5440—66, 7318
—91, 7719—7806, 7895—
7914;

iére : 620—656 (*Machepere* 644,
Saint Pere 655, 1. *Machepiere*,
Saint Piere), 1668—98 (*boisere*
77, Saint Pere 83, 1. *boisiere*,
S. Piere), 6291—6319, 6564
—80;

èl : 6256—90;

èle : 810—830;

i : 228—263 (*nuist* 234), 6871—
93 (*mi* 85, *che,i* 75); *ir* : 49—
68 (*ve,ir* 51, *che,ir* 63), 104—
122, 164—204 (*che,ir* 181,
ve,ir 187), 657—679 (*se,ir*
679), 1037—70 (*clofir* 45, *des-
confir* 60; *efforcir* 58), 1280—
1308 (*ve,ir* 1300, *che,ir* 1304),

i,e : 446—517, 2165—89, 2331
—95, 2497—2532, 3139—
3241, 5334—63; *ise* : 1699—
1710; *ine* : 4693—4729.

4548—71 (*se,ir* 48), 7510—22;
is : *iz* : 2123—64 (*pris* 32. 60;
piz 43), 2844—2904 (*pis* 2898),
4393 — 4425 (*roncins* 4394),
5162 — 90 (*esliz* 66), 5468 —
5539 (*les pis* 76, *pris* Subst.
98, 1. P. *pris* 5510), 8001 —
24; *in* : 322—347, 1631—67,
5417—39;
òt : 6053—65;
ór : 24—48, 425—445; *ón* : 348
— 401, 2568 — 2606 (*avon*
2606), 3273 — 3329 (*aideron,
iron, menron, trovon, parlon,
devon* 3301 — 6), 5857 — 99
(*perdon, secoron, avron*˙ 85—
87), 6715—6813;
u : 297—321, 1225—79, 1497—
1532, 2456—96, 2816—43,
6141—95, 6460—6500, 7110
—43.

Die Reime im Chevalier au lyon.

a.

a : 43. 372. 449. 541. 671. 695. 717. 723 (3. P. *va*). 743. 759.
793. 863. 973. 1031. 1175. 1535 (*va* : *ja*). 1617. 23. 55.
1709. 1897. 1957 (*la*). 2061. 87. 2131. 2201. 11. 41. 85.
2301. 2589. 2661. 67. 95. 2753. 65. 2895. 2975. 3047. 51.
91. 3153. 3303. 49. 3407. 29. 43. 83. 3519. 61. 3655.
3701. 75. 3863. 91. 3915. 19. 4119. 75. 4227. 49. 4321.
33. 4431. 4657. 4719. 4871. 4907. 11. 13. 31. 57 (*la*). 77.
99. 5091. 5247. 5631 (*ja* : *a*). 55. 5875. 6079. 6369. 73.
81. 6495. 6559 (*ja* : *ira*). 6625. 35. 53 (*va*).

al : 133 (*mal*). 221. 507. 907 (*mal*). 943. 3115. 4137. 5509.
    5903. 6445.

at : 299. 539. 1241. 4205.

az : *braz* : *faz* : 2387; 3533. 6115.

as : 191. 387. 734. 927. 1157. 2625. 2813. 2951. 3145. 3315.
    4471. 4763. 4939. 5123 (*vas*). 53. 5301. 5953. 6655.

ast : 1111. 1529. 2085. 2743. 4299. 4849. 6049. 6759.

art : 705. 1867. 1903. 2519. 2857. 2965. 3229. 3341. 3425.
    3761. 4785. 5017. 5337. 6229; *arz* : 277. 439.

ars : *mars* 1275.

parc : *arc* 2815.

sale : *male* 1065; 5339; *ales* 7. 5195.

grape : *nape* 1047.

atre : 2473. 3161. 3859. 4099. 5869.

atent : 5321. 6189.

able : *enorable* : *fable* 23, *de,able* : *fable* 5263; *ables* : *de,ables* :
    esperitables 5327.

age : 111. 335. 431. 1003. 1319. 1621. 1793. 2123. 33. 2445.
    2827. 63. 2947. 3061. 4117. 4777. 5077. 5135. 5709. 6175.
    6427; *ages* 763. 1329. 1437. 1895.

sache : *sache* 1963; 4519. 5625.

tasche : *alasche* 3167.

ace : 231. 883. 1483. 1931. 3131. 3359. 3417. 3713. 4167. 5095.
    5409. 5529. 5629. 6455. 6643; *aces* : 4424.

dotasse : *contasse* 145; cf. 549. 2393. 2663. 3211. 3845. 4185.
    5881. 6229.

marbres : *arbres* 379.

armes : *enarmes* 2243.

Tarse · *arse* 4069.

quarte : *departe* 6173.

arde : 707. 1419. 1595. 3465. 3917. 4501. 5969.

arge : 2959. 4407.

basme : *blasme* 1401.

gardastes : *salvastes* 3629.

huitaves : *haves* 2575.

aut, ax, aude, autre, aumes, ausse s. S. 206 f.;

ame, ames; an, ant, anz, ans, anc, anbre, ante, ande, ance,
anche, anches, anchent; en, ent, enz, ens, ente, entent, ende,
endent, entre, endre, enble, enblent, ense, ane s. S. 120 ff.

ai (ei, e), vgl. S. 116 f.

ai : 273. 547. 993. 1431. 1613. 1975. 2153. 2567. 3593 *(esmai)*.
4985. 5975. 95. 6407. 6565. 73 *(sosferre : verre)*.
6733.

ait (et) : 469. 489. 913. 1383. 1447. 1743 *(ait : plait)*. 1755.
1993. 2021. 49. 2339. 2457. 2621. 2859 *(ait : fait)*. 3227.
3541. 53 *(mesfet : et)*. 89 *(forfet : et)*. 3875. 4181. 97. 4375
(fait : ait). 4593. 4989. 5055. 5125. 5411. 5571. 6069. 6143.
97 *(tret : et)*. 6489. 6649. 6773.

aiz (ez) : 709. 1213. 3155. 4467.

aist : *lest* : *plest* : 2235. 2585. 3781. 5083. 5239. 5427. 5817.
6441.

ais (es) : 119. 513. 741. 903 *(des les* : *pales,* l. *d'esles)*. 1561.
1647. 1859. 2215. 2665. 3979. 4409. 5027 *(eslais :. tais)*.
5159. 5623. 5897. 6179. 6289. 6511. 6787.

aie : *plaie* : *veraie* 1179; *delaie* : *essaie* 2517; 4051 *(s'esmaie)*.
4291. 4463. 4555. 5677 *(aie* : *menaie)*.

aient : 3817 *(aient* : *s'esmaient)*.

aire (ei) : 143. 787. 1305. 1503. 43. 1807. 1977. 2525. 3387.
3501. 3663. 3719. 3963. 4149. 4761. 5201. 5425. 41
(luminaire : *faire)*. 5713. 5889. 5941. 6281. 6451. 6553.
6619 *(traire* : *santuaire)*.

aires : 4359. 6017 *(repaires* : *contraires)*.

aise (eise) : 121. 1081. 1691. 1729. 4331. 4639. 5285. 5401.
6797.

aisent : 3125. 6303.

aisse : *s'iresse* : *lesse* 4997.

aissent (geschrieben *eissent)* : 2245.

aite : 911. 1283 *(ei)*. 2547 *(e)*. 2823. 3105. 3321. 3809. 4203. 4311.
71. 4477. 4549. 4873. 5661. 5829.

aites : *faites* : *agueites* 1701.

lermes : *termes* 1471. 2701; *fenestre* : *repestre* 2871; *mestre* : *estre* 5209; *fresne* : *aresne* 6101.

aille, ailles, aillent s. S. 207.

aim, aing, ain, ains, ainz, aint, aimme, aimment, ainne, ainnent, aigne, ainte, aintes, aindre s. S. 117 ff.

è.

èl : 215. 229. 505. 805. 865. 1043. 1813. 2967.

èr : 383. 941; *èrt* : 1049. 93. 2603. 4253. 5877; *èrz* : 1033;
èrs : 1349. 2609.

èt : 2595. 3777. 3997. 5421.

èz : *quachèz* : *brachèz* 1263.

ès : 835. 933. 3093. 3253. 3365. 3763. 4845. 6667. 6705.

èst : 2223. 2601. 3027.

èle : 391. 701. 725. 859. 971. 1411. 1781. 2255. 2439. 3103.
3487. 3995. 4233. 4307. 4655. 4739. 4909. 5067. 5171.
5233. 5445. 5811. 67. 5937. 6375; *èles* : 11. 2349. 51
(*vi,eles*). 2883. 3489. 3689. 4377. 5233. 49.

èlent : 3261. 6133.

èrre : 245. 493. 1069. 1879. 2785. 2957. 3181. 3371. 3911.
4707. 4807. 4937. 5245. 5481. 5561. 5603. 5775. 5929.
6593.

èrte : 1741. 3109. 3921. 5309. 6007; *èrtes* : 1527. 6153.

èrse : 6531.

ète : 1581. 2415. 2837. 5069. 5557. 6545.

ètent : 4687.

ètre : 5533.

èsse : 179. 1089. 1339. 2361. 2367. 3731. 4023. 5449.

èsche : 189. 2361; *èsches* : 1357.

èsce : 79. 1675. 2159. 5119.

èce : 1475. 3879. 4075.

èste : 293. 395. 2943. 3009. 3421. 4211. 6001. 6603.

èstre : 177. 241. 1005. 1109. 1269. 1517. 1927. 2809. 3077.
4863. 5741.

èsle : 441.

é.

é : 193. 295 (lé). 435. 583. 595. 785. 899. 1075. 1129. 1247.
61. 1479. 1909 (dé). 2103. 2297. 2327. 2629. 83. 2845.
2915. 3395. 3419. 23. 3651. 3779. 95. 3887. 3943. 4067.
4394 (dé). 97. 4521. 61 (gré : laré). 4865. 5127. 5243.
5593. 5621. 47. 5793. 6141. 6207. 43. 6321 (esté : aresté).
41. 61. 71.

ér : 21. 33. 47. 101. 349. 359. 367. 487. 581. 593. 673 (bacheler). 715. 733. 769. 837. 909. 1079. 1159. 1209. 1335.
95. 1455. 93. 1501. 5. 19. 45. 97. 1601. 27. 59. 83. 1791.
1825. 71. 87. 1991. 2083. 2349. 2459. 77. 81. 2505. 23.
55. 2623. 75. 2799. 2921. 3035. 49. 87. 3113. 59. 3277
(per). 85. 3325. 3543. 3677. 3803. 11. 15. 53. 61. 3901.
61. 4053. 4139. 4499. 4525 (per). 4603. 4949. 63. 5015.
47. 51. 87. 5109. 5277. 5359 (escoter : acoder, l. acoter).
5487. 5577. 5831. 87. 6107. 59. 6403. 87. 6513. 6551. 71.
89. 6741. 55. 63. 71. 6805.

éz : 85. 149. 267. 457. 609. 767. 829. 967. 1019. 63. 1180.
1631. 1669 (oci,ez : chasti,ez). 1799. 1831. 55. 1929.
2013. 2152. 65. 2279. 2401. 2551. 2619. 77. 3011. 59. 67.
3147. 3315. 3559. 83. 4095. 4229. 71. 93. 4611. 25. 4941.
5093. 5115. 73. 5397. 5539. 59. 79 (maufez : eschaufez).
5609. 5701. 11. 43. 61. 5851. 71. 6257. 92. 6365. 91.
6555. 63 (sez). 6719.

és : remes : Ques 2177; es : remes 3885.

ét : het : set 615. 1363. 1913. 4535. 6055; ret : set 5649
(rādit : sapit).

él : 201 (el). 389. 559. 1981 (el). 3041. 79 (el). 3461. 3947.
4141 (quel : cruel). 91. 4881 (el). 4901. 6015. 6581. 6785.

éf : clef : so,ef 917. 4623.

ée : 63. 407. 639. 905. 1085. 1153. 1371. 1575. 1739. 1911. 15.
51. 2065. 2237. 2405. 2713. 2935. 3037. 3111. 3237. 69.
3403. 37. 79. 3551. 85. 3601. 71. 3697. 3707. 4021. 71.
4135. 4207. 31. 4385. 4403. 59. 69. 4667. 4817. 55. 4921.
71. 5039. 59. 75. 5495. 5615. 5809. 21. 5931. 6013. 29.
51. 85. 6105. 6263. 6377. 6671.

ées : 761. 823. 1115. 2807. 17. 3327. 3957. 4353. 4959. 5203.
83. 5765.

ére : *pere* : *mere* 661; 4009. 4251. 4405 (*avere*). 5217. 5361.

érres : *amerres* : *lerres* 2723.

érent : 9. 451. 901. 2057. 4007. 17. 4523. 4919. 5345. 6539.

évent : *sevent* : *levent* 3127.

ésc : *rese* : *remese* 3771.

ié.

ié : 259 (*gié*). 1771. 87. 1861 (*pié*). 93. 2613 (*gié*). 2917. 77.
3843 (*gié*). 4541. 4723. 4899. 5033. 5455 (*gié*). 6217 (*pitié*).
65 (*pié*). 6647 (*esploité* (l. *esploitié*) : *covoitié*.)

iér : 87. 135 (*chastier* : *prier*). 183. 313. 375 (*anploier* : *desvoier*).
399 (*foudroier* : *peçoier*). 533. 587. 603. 625 (*chastier* : *lier*).
637. 1107. 55. 67. 1443. 67. 1759. 1881. 2181. 2303. 15.
2447. 2503. 15. 59. 2611. 2793. 3119 (*chier* : *prier* =
priier). 3129. 3193. 99. 3217. 73. 3313. 3415. 51. 3681.
3747. 3983. 4011. 4111. 4209. 4473. 4531. 4665. 4809.
99. 4933. 51. 75. 5071. 5295. 5313. 43. 5429. 5507. 91.
5907. 55. 6077. 6235. 39. 6413. 6507. 43. 69. 6715. 25.

iéz : 75. 161. 309. 447. 607. 875. 951. 979. 997. 1123. 35.
1309. 1685 (*recorroceriez* : *remenaceriez* = *i,iez*). 1721 (*avriez* :
savriez = *i,iez*). 1875. 1933. 65. 2263. 2437. 93 (*iriez*).
2565. 3729. 33. 51. 4329. 69. 4419. 4551. 4879. 5107.
5391. 5437. 5657 (*iriez*). 5735. 5943 (*piliez* : *giliez*). 6123.
6383. 6789 (*iriez*).

iés : *nies* : *chies* 2381; *nies* : *meschies* 6319.

iét : *siet* : *griet* (*grevet st. *gravet*) 147. 1615; *siet* : *siet* 2113;
4443. 4591. 5541. 6425. 6613.

iél : *miel* : *fiel* 1403.

iéf : *rechief* : *grief* (*greve st. *grave*) 141. 4613.

iérs : 115. 355. 659. 975. 1051. 1291. 2307. 2811. 61. 3001.
3137. 3935. 4345.

iért : 687. 1369. 2129. 2257. 2557. 2853. 3195. 3705. 4447.

ién : 129. 365. 523. 727. 1015 (*bien* : *Urien* = *Uri,ien*; cf.
1817. 2121. 3623.) 1121. 1307. 1925. 2537. 3121. 3577.

3791. 4183. 4449. 95. 4545. 4773. 5499. 5681: 5893. 5945.
6249. 6417. 6611. 6751. 77; *iens* 3567.

iént : 891. 1221. 99. 1513. 33. 2015. 2607. 2945. 91. 3295.
5333. 5651. 6193. 6421.

iée : 19. 239. 1493 (*iriée*). 1749. 83. 1629. 2175. 2363 (*atiriee* :
iriee). 3319. 3485. 3545. 3693. 3873. 4243. 4381. 4567.
4887. 4979. 5735. 5891. 6429; *iées* : 597. 2247. 2973. 6137.

iéent : *chieent* : *dessieent* 1469; 5767. 99.

iére : 271. 283. 531. 953. 1515. 1891 (*samiere*, l. *sainiere*). 1905.
2023. 2467. 2571. 2657. 3317. 91. 3517. 3769. 4161. 4647.
4757. 5389. 5823; *iéres* : 963.

iérent : 44. 855. 2251. 5099. 5435.

iéce : 3375. 4035. 6357. 6473.

iége : *siege* : *piege* 1099.

iéve : 3927. 4497.

iévent : *grievent* : *soulievent* 2143.

anriévre : *Ganievre* 6165.

iéne : *terriene* : *crestiene* 1145.

iénent : 857. 2107. 2249. 4437. 89. 5521. 6160.

ia s. S. 207.

i.

i : 54 (*delez li*). 123. 185. 233 (*avoec li*). 325. 409. 467. 473.
535. 647. 869. 945. 955. 1009. 1477. 1757 (*devant li*). 1833
(*li*). 1979. 99. 2019 (*qui* : *vi*). 2147. 2209. 2389 (3. *conjo,i* :
1. *o,i*). 2403. 21. 27. 2631 (*avoec li*). 3045. 89. 3135. 87.
3339. 3435. 3525. 63. 91. 3727. 3941. 4077. 4289. 4727
(*por li*). 79. 4851. 4955. 5053. 5113. 5553. 5919 (*devers li*).
39. 6063. 67. 6327. 79. 6469. 6503. 6639. 6711. 6803.

ir : 99. 139. 163. 343. 401. 475. 525. 621. 989. 1229. 1313.
1429. 53. 1689. 1725. 37. 1847. 1987. 2009. 97. 2373.
2587. 2703. 47. 3029. 3203. 3615. 3831. 3959. 4043. 4255.
4309. 5165. 5363. 5461. 83. 5517. 5727. 5847. 85. 6291.
6309. 6443. 6511. 6679. 6775.

iz : 303. 1071 (*liz* : *deliz*). 1171. 1955. 2281. 2639. 3023. 3235.
3511 (*piz*). 4187 (*piz*). 6783 (*esperiz*).

is : 31. 109. 339. 351. 477. 483. 545. 555. 959. 1057. 1183.
1231. 1425. 61. 1609. 99 (*le pris*). 1767. 1939. 73. 2017.
2697. 2897. 3183. 3289. 3455. 3505. 69. 3633. 3739. 3857.
4123. 65. 4509. 89. 4673. 5049. 5251. 5637. 6039. 81.
6187. 6231 (1. *pris*). 6339. 6409. 6681.

ist : 253. 321. 653. 1197. 1279. 1289. 1421. 1507. 11. 1707.
1809. 2073. 2111. 2297. 2425. 2539. 2889. 2913. 25. 37.
3057. 3309. 83. 3433. 3679. 87. 3993. 4003. 4159. 4237.
4301. 4637. 4813. 21. 4903. 5123. 5369. 6329. 6465. 67.
83. 6591. 6657.

it : 779. 1037. 1587. 1765 (*despit* : *respit*). 2011. 2374. 2431.
2649. 2751 (*respit* : *despit*). 3621. 3711 (*respit* : *despit*). 4027.
59. 5705. 5911. 33. 6343.

il s. S. 207.

in : 713. 1785. 2183. 2219. 3953. 4927.

ing : *reving* : *ting* 575; 6799.

ins : *fins* : *pins* 411.

int : 49. 551. 935. 1585. 1665. 2267. 2679. 3445. 3513. 4815.
4699. 4717. 4945. 5261. 5619.

i,e : 93. 103. 155. 507. 613. 633. 689. 1091. 1119. 99. 1225.
27. 93. 1303. 25. 61. 1451. 81. 85. 1537. 57. 1747.
2077. 2213. 17. 91. 93. 2309. 91. 2411. 87. 2511. 27.
2733. 2931. 99. 3311. 67. 97. 3431. 3503. 3635. 41. 67.
3743. 85. 4057. 4105. 4303. 27. 55. 91. 4439. 4513. 4753.
4967. 5031. 65. 89. 5229. 5459. 5543. 5613. 5989. 6139.
6437. 6519. 6683. 6753. 95; *i,es* : 739. 4449.

i,ent : 983. 3263. 3999. 5019. 5121. 37. 5527. 6535.

ire : 137. 263. 353. 601. 1077. 1297. 1375. 1661. 1761. 2051.
2163. 2369. 99. 2497. 2579. 3107. 3531. 99. 3827. 4125.
4619. 5011. 5167. 5319. 95. 5577. 5667. 6087. 6345. 6675.
6743.

irent : 45. 651. 813. 2169. 4571. 5433. 5833. 6183. 6521.

irre : *ocirre* : *desirre* 1555; 4171. 5467. 6061.

ile, ille s. S. 207.

ite : 95. 1281. 1713 (*esperite*, cf. 4459. 4983. 5447). 2737
(*ipocrite* : *lite*). 2829 (*hermite*). 49 (*ermite*). 3291. 3709. 4425.
5963. 6387.

ites : 893. 1995. 4145. 4599. 5703. 81.

isse : 261 (*revenisse : servise*). 265. 433. 3839. 5381. 6233. 97.
6729.

issent : 565. 1105. 2317. 3141. 3293. 5221. 5771. 5861.

ise : 251. 895. 1253 (*servise : iglise*). 1509. 47. 1633 (*prise,
pretiat*). 1779. 1983. 2115 (*requise : servise*). 2423 (*servise :
devise*). 71. 95 (*reprise : despise, despeciat*). 3247. 83. 3587.
4061. 4109. 79. 4245. 4313. 83. 4465. 4533. 63 (*justise*).
4823. 4973. 5417. 75. 85. 93. 5589. 5979. 6161. 6405.
6607. 21. 85 (*servise*). 6749.

ises : *mises* : *assises* 3307.

isent : *gisent* : *prisent* 2167.

iste : 667. 3881.

istes : 1011. 1997. 6471.

icent : 819.

iche : 1039.

ive : 3565. 5899; *ives* : 5971.

ivre : 1023. 1173. 2031. 3571. 4703. 5299. 5643.

ismes : *fo,ismes* : *ve,ismes* 83. *me,ismes* : *p r i m e s* 685, *antreve-
nimes : tenimes* 515; *desservimes : me,ismes* 5257; *me,ismes* :
antreve,ismes 4987; *ve,ismes* : *o,ismes* 4609.

isme : *abisme* : *me,isme* 2789; *p r i m e* : *me,isme* 4025; *me,isme* :
saintime 6041; *disme* : *abisme* 6525.

inc : 131. 611. 1489. 2563. 3335. 3931. 4247. 4697. 4731. 5803
6005; *ines* : 2347.

inent : 2059. 3813. 5791. 6801.

reguingne : *rechingne* 645.

vindrent : *tindrent* 1087. 2689. 5515.

ò.

òr : *tor* : *mor* 285; *or* : *a n c o r* 1417. 3649.

òrs : *d e f o r s* : *Sagremors* 53; *pors* : *f o r s* 397; *f o r s* : *cors*
1117. 1271. 2997. 3171. 3529. 3789. 3949. 5373. 5563;
d e f o r s : *l o r s* 1577; *cors* : *d e f o r s* 1923. 2593. 4905;
estors : *tors* 4219 (*extorsus* : *taurus*).

òrt : 699. 845. 871. 981. 1161. 1345. 1407. 59. 1769. 2199.

2791. 2843. 2979. 3399. 3535. 3619. 3745. 4249. 4543. 65.
5617. 6057. 6337.

ò*r̃* : 345. 443. 1985. 3865. 5463.

ò*t* : *mot* : *plot* 429; *pot* : *pot* Subst. 589; *ot* : *plot* 789; *ot* : *sot*
795. 2261. 2835. 4677. 6517; *mot* : *sot* 657. 3447. 3893;
ot : *mot* 1007; *ot* (*audit*) : *lot* (*laudet*) 1653; *mot* : *ot* 1733.
1953; *sot* : *pot* 2851; *s'esjot* : *ot* (*audit*) 6677; *pot* : *ot* 3381.
4297. 5271. 5431. 5611. 5923. 6497; *pot* : *escot* 4115; *lot* :
sorcot 4365; *sorçot* : *harigot* 5419; *Lot* : *ot* 6259.

ò*s* : *cos* : *anclos* 217; *cos* : *cos* 817; *parclos* : *los* 2089; *fos* : *vos*
577; *clos* (*clāvus*) : *galos* 751; *anclos* : *clos* (*clāvōs*) 961.
5569; *galos* : *gros* 2225; *os* : *repos* 3469; *cos* : *desclos* 4199;
clos : *gros* 5183; *gros* : *os* 6135; *fos* : *dos* 5641 (*dossum*,
dorsum); *cos* : *dos* 6117.

ò*st* : *tost* : *rost* 1045. 3457; *tost* : *ost* 1259. 1391. 5753; *ost*
(*auset*) : *ost* 1637; *tost* : *an repost* 1899; *ost* (*hospitet*) : *tost*
2949; *parost* : *tost* 4361.

ò*c* : *froc* : *estoc* 845.

ò,*e* : *joe* : *descloe* 3493; *oes* : *joes* : *bloes* 6119; *oent* (*audiunt*) :
loent 153. 5785.

ò*le* : *parole* : *vole* 157; *parole* : *fole* 1147. 1565. 2193. 6389;
fole : *escole* 1797; *acole* : *parole* 2463.

ò*lent* : *volent* : *tolent* 841; *acolent* : *parolent* 5689; *s'antra-
folent* : *parolent* 6157.

ò*re* : *ore* : *ancore* 1439 (s. o.).

ò*rent* : *porent* : *orent* 4155. 5779. 5873.

ò*sc* : *chose* : *anclose* 337. 1029. 3557. 6027; *ose* : *chose* 1223.
1397. 4261. 4787; *ose* : *alose* 2187.

ò*sent* : *osent* : *chosent* 5141; *reposent* : *osent* 6209.

nòces : *cròces* 2155.

ancòche : *bròche* 6033.

ò*ste* : *oste* (*hospital*) : *oste* (*hospitem*) 1381; *oste* (*hospitem*) : *oste*
5405; *reposte* : *oste* 3005; *coste* (*costa*) : *oste* 3453; *oste* :
acoste 3507; *coste* : *oste* 3955,

paternòstre : *vòstre* 3647.

ò*rte* : *aporte* : *porte* 729. 5731; *anporte* : *porte* 897; *raporte* :
amorte 2711; *porte* : *porte* 4587; *enporte* : *porte* 4653.

òrtes : portes : mortes 1097.

òrde : morde : acorde 1967; acorde : descorde 6315; acorde : misericorde 6767.

òrdes : ordes : cordes 4089.

òrce : force : escorce 1025; force : s'esforce 3043. 5581 (s'efforce). 4213.

ó (óu).

ór : vavasor : enor 209. 777; 693. 755 (destor : ator). 1137 (antor : estor). 1205. 1355. 65. 1677. 1839 (jor : retor). 2099. 2353. 2475 (entor : sejor). 2521. 35. 77 (jor : retor). 2691 (lor). 2719. 63. 2893 (ator : jor). 3177. 3215 (retor). 3499. 3805. 4039. 4163. 4481 (retor). 4737. 4825. 5403. 5639. 5845. 6171. 6415. 99 (retor). 6739.

órs : amors : dolors 13; amors : cors (cursum) 1359.

órz : corz : sorz (surdus) 631; jorz : estorz 2231; jorz : corz 3683. 4795. 6279.

órt : retort (returnet) : cort (currit) 747; tort (turnet) : cort (currit) 1301; cort (currit) · cort (curtem) 1827. 4729; retort : tort 4413; secort : cort 5633; la cort : acort 5985; sourt : atourt 2081.

óst : cost (cōsuit, consuit) : cost (cōstet, constet) 5415.

ót : dot (dubito) : derot (dēruptum) 437; tot : redot 1989. 2833. 3991.

ós : vos : nos 73. 1873. 3801. 5013. 5549, 5691. 6313; vos : vos 491; vos : ros (russus) 1969; vos : jalos 2501; a estros : nos 5305; vos : espos 6745; lous : rous 301.

óz : boz : desoz 423; toz : desoz 825. 925; corroz : toz 2233. 3665. 4583. 6261; desoz : deroz 6121.

ó,e : la soe : desnoe 3903; cóe (cauda) : rescoe (*re-excutat st. excutiat) 5525.

óle : sole : gole 1413; gole : ole 3361.

ólent : bolent : colent 6201.

óte : gote : tote 415; dote : tote 519. 995. 1219. 6527. 2903; tote : rote 2333; rote : cote 5353; cote : tote 5659; dote : rote 6009; glote : gote 6045; ótes : totes : rotes 4681; codes (l. cotes) : derotes 5193; totes : gotes 5235.

ótent : *s'antredotent* : *botent* 6213.

óche : *boche* : *c o c h e* 289, cf. 4649; *a p r o c h e* : *toche* 881. 5841;
a p r o c h e : *boche* 1961; *s'a p r o c h e* : *atoche* 2983; *a p r o c h e* :
r e p r o c h e 6227.

óces : *corroces* : *degroces* 5133.

óre : *d e m o r e* : *ore* (Subst.) 160. 247. 649. 2135. 3939. 4295.
4953, *d e m o r e* : *enore* 2453. 5828; *d e m o r e* : *plore* 2633;
enore : *plore* 3829; *d e m o r e* : *sore* 6147.

órent : *plorent* : *d e m o r e n t* 5199.

órre : *secorre* : *corre* 5635.

órne : *r e t o r n e* : *sejorne* 1727; *a t o r n e* : *sejorne* 3133; 3213.
4153. 4715; *t r e s t o r n e* : *r e t o r n e* 5205; *t o r n e* : *sejorne*
· 5763.

óste : *cóste* (*cōstat, constat) : *p a n t e c o s t e* 5.

óble : *doble* : *troble* 5585.

ólt, ólz, óut, óuz nebst *óute* s. S. 206.

ón : 107. 219. 327. 569. 501. 643. 711. 877. 1013. 1217. 73.
1331. 1563. 1711. 35. 2173. 2413. 2591. 2761. 2819. 39.
79. 3281. 3351. 77. 3595. 3637. 3765. 73. 3945. 4001.
4277. 83. 4445. 4597. 4605. 71. 4711. 35. 41. 4925.
5005. 5325. 41. 71. 5457. 5567. 5627. 5813. 6091. 6307.
6463. 79. 6537. 6633. 6703. 23; *ons* 37. 91. 485. 949.
1139. 2039. 2581. 2803. 3065. 3233. 3871. 4005. 4363.
4943. 5289. 93. 5311. 15. 6549. 85.

ónt : *font*·: *ont* 27. 1643. 4511; *sont* : *ont* 2041; *sont* : *font* 2283.
:   2953. 6311; *vont* : *ont* 4669; *font* (*fundit*) : *font* 5575; *ront* :
vont 5789; *font* : *vont*·2311. 2759; *respont* : *ocirront* 991;
s'espont (*spondet*) : *respont* 105; *front* : *ont* 1101; *confont* :
refont 1243; *amont* : *s e m o n t* (*submónet*) 2075. 5177;
amont : *sont* 4387; *font* : *mont* 5773; *mont* : *s e m o n t* 2323;
cuideront : *aporteront* 1067, cf. 1863; *sont* : *feront* 5335, cf.
5961; *vont* : *pont* 3081; *pont* : *re,ont* 4867; *parfont* : *font*
4833.

ónc : *tronc* : *lonc* 319; *selonc* : *donc* 3071; dazu *hom* : *adonc* 6493.

óme : *Rome* : *home* 333, cf. 2063. 6071; *some* : *prodome* 783;
nome : *prodome* 1681; *s o m e* : *asome* 2757; *home* : *la some*
3573, cf. 3877. 6575.

ómes : *somes* : *a v o m e s* 5255. 6269; *v e,o m e s* : *proḍomes* 5321;
homes : *somes* 2035.

óne : *esperone* : *randone* 879; *esperone* : *done* 2147; *done* : *s o n e*
2337; *done* : *Argone* 3221; *retronçone* : *done* 3373; *Se,one* :
done 5973; *la querone* : *done* 6351.

ónes : *prones* : *rampones* 627.

ónent : *donent* : *s'estonent* 6131.

ónte : 59. 745. 1671. 2239. 2909. 69. 5211. 5565. 6089. 6251.

ónde : 237. 1679. 2371. 3847. 4783. 6277.

ónse : *semonse* : *response* 5179.

ónques : *onques* : *aḍonques* 405. 2929. 4891. 6637; *onques* :
donques 1497. 3385. 3691. 6669.

ónge : *songe* : *mançonge* 171; *songe* : *amoronge* 5385.

ónbre : *onbre* : *desconbre* 1865.

eu s. S. 202.

ue s. S. 201.

oi.

1) *ói* s. S. 203 f; 2) *ḍi* s. S. 204; 3) *oi* aus *ei* 204 f.

oi : 127. 735. 1001. 1215. 1567. 1611. 1763. 1805. 69. 1929.
2029. 47. 2599. 2767. 77. 3073. 3581. 3609. 27. 43. 3749.
53. 4285. 4411. 27. 4765. 4831. 4991. 5037. 5501. 5683.
99. 5905. 6283. 6367. 6605. 29. 6701. 7. 81.

oir : 65. 235. 243. 269. 341. 775. '799. 1267. 1315. 1433.'41.
1539. 57. 1705. 1819. 29. 2711. 3117. 3497. 3833.' 41.
3969. 89. 4047. 4239. 4461. 4769. 5073. 5243. 5347. 5503.
5707. 21. 6021. 59. 6237. 6323. 85. 6461. 6509. 6645.
93. 6717. 69.

oirs : *voirs* : *povoirs* 6731.

oiz : *tu voiz* : *foiz* 329; *voiz* : *enroiz* 2771; *droiz* : *foiz* 2265;
foiz : *b e n e,o i z* (**benedictus* st. *benedictus*), *foiz* : *destroiz*
4643; *droiz* : *droiz* 6699; 2. P. Pl. Fut. s. S. 203.

ois : *cortois* : *rois* 3; *cortois* : *einçois* 561; 2887. 3675. 4373.
4797. 6167. 6219.

oist : *poist* (**pēset*, *penset*) : *loist* 585. 3333. 4029; *adoist*
(**adhaeset* : *loist* 5669; (*croist* : *angroist* 2781?).

ait : 195. 223. 255. 371. 609. 617. 683. 765. 955. 965. 969.
1041. 73. 1285. 1337. 1435. 1775. 89. 1821. 53. 1907.
2005. 71. 94. 2449. 69. 2544. 43. 69. 2635. 53. 99. 2821.
55. 67. 99. 2963. 3343. 48. 79. 89. 3449. 3521. 37. 3613.
3821. 4317. 21. 25. 37. 57. 4435. 4575. 4701. 5. 13. 25.
49. 89. 4843. 75. 4923. 61. 5189. 5273. 5355. 5519. 37.
55. 5807. 53. 65. 79. 5901. 21. 27. 67. 99. 6011. 53.
6163. 6359. 6429. 91. 6501. 6505.

oie : 205. 543. 553. 623. 771. 999. 1083. 1317. 1559. 1717.
2007. 2137. 61. 2273. 77. 2313. 2531. 53 (*la moie*). 83.
2629. 71. 2933. 93 (*froie*). 3007. 3405. 3669. 3725. 37 (*la
moie*). 3855. 3979. 87. 4913. 5061 (*moie*). 5155. 63. 5497.
5965. 6031. 6247. 87 (*moie*). 6475. 6567. 6615. 97. 6779;

oies : *proies* : *voies* 3439; *otroies* : *soies* 5679.

oient : 669. 839. 919. 1055. 95. 1131. 1589. 2043. 2305. 2429.
2885. 3165. 3245. 3721. 4689. 4351. 4935. 5105. 97. 5279.
5393. 5991; Imperf. s. S. 205.

oiles : *chandoiles* : *estoiles* (*stēlas st. *stellas*).

oire : *foire* : *croire* 449; *mescroire* : *provoire* 1251; *se despoire* :
croire 1427.

oite : 227. 620. 2844. 2987. 4235. 4335. 4601. 15. 31. 4929.

oise : 1061. 2091. 2461 (*cortoise* : *adoise*). 4585. 5443. 5959.
6617.

doive : *reçoive* 4801.

reçoivent : *doivent* 2357. 4675; *deçoivent* : *reçoivent* 5399.

croistre : **chevoistre** (*capistrum*) 2499.

boivre : *poivre* 2873.

oil, *oille*, *oilles* s. S. 203.

u.

u : 39. 753. 1053. 1551. 1657. 63. 1723. 2095. 2891. 2901.
5. 19. 27. 3025. 99. 3449. 3471. 3539. 3899 (*Artu*). 4087.
4113. 4215. 4515. 4633. 51. 95. 5645. 5725. 6411. 6301.
33. 97. 6659.

ur : 450. 509. 1687. 3255. 3793.

urs : 6533.

ul : 317. 803. 1191. 3463. 3645. 4487. 5021. 6221. 6663.

uz : 499. 573. 929. 937. 977. 1945. 2179. 4269. 4417. 5175.
5663. 6225. 6401. 6791.

us : 67. 749. 1113. 51. 1901. 2287 (*nus* : *plus*). 2693 (*Artus*).
3467. 3547 (*nus*). 3639. 4537. 5151. 5307. 5675. 5715
(*nus*). 5835 (*Artus*).

ust s. S. 205.

uc : *Landuc* : *duc* 2151.

netun : *un* 5505.

chascuns : *uns* 465.

u,e : 151. 197. 305. 719. 889. 1185. 1211. 1379. 93. 1499. 2359.
2651. 2715. 21. 95. 2825. 3021. 97. 3209. 87. 3523. 3657.
4270. 4679. 4733. 51. 4885. 5041. 81. 5839. 5917. 6317.
6485. 6583; *ues* : 5219. 91. 5513. 6155.

ure : 287. 381. 847. 1255. 1495. 1937. 2295. 2381. 2513. 2705.
3019. 3257. 3301. 3401. 13. 3925. 65. 4133. 4781. 4827.
5097. 5101. 5685. 6093. 6181. 6211. 6395. 6661.

ures : 175.

urent : *furent* : *durent* 29. 4573. 4693. 5265. 5855. 5915.

usc : 1753. 2465.

usent : 1645. 4389.

usse, ussent s. S. 205.

ustes : 3653 (*e,ustes* : *de,ustes*).

ume : 1777. 5439; *umes* : 6331.

une : 1837. 2409. 3243.

ut s. S. 205 f.

Nachträge und Berichtigungen.

～～～～

S. 7, Z. 6 v. u. Obwohl das Altfranzösische und die altfranzösischen Mundarten identisch sind, so hat die »*Grammaire de la langue d'oïl et de ses
dialectes*« dennoch insofern einen guten Sinn, als in den Formen, auf
welche es BURGUY ankam, das Gemeinsame das Verschiedene bei
weitem überwiegt. Es war uns oben keineswegs um eine Würdigung
der Gesammtleistung BURGUY's zu thun; wir urtheilten ausschliesslich im Interesse der Dialektfrage, welche die Lautlehre in den
Vordergrund stellen muss. BURGUY's Formenlehre und Glossar des Altfranzösischen blieben unberührt. — Die Lautlehre ist von DIEZ in ihr
volles Recht eingesetzt worden, wenngleich hier FALLOT's Methode der
Vergleichung mit dem Neufranzösischen beibehalten wird, Gr. I², 123 ff.
Dass DIEZ überdies grade auch für die Erklärung der ältesten Denkmäler
bahnbrechend gewesen, ist bekannt.

S. 8, Z. 14 v. u.: Eulalied, l. Eulalialied.·

S. 12, Z. 6: *nont* kann für *non* und für *nonc* verschrieben sein; aber könnte
sich nicht auch *nondum* hier erhalten haben, wie *dein* in *den* Leod.
24 ac, Pass. 30 a?

S. 13, Z. 13: setze nach sonst) ein Semikolon.

S. 14, Z. 14. Entgangen ist mir die Existenz der Schrift »*Fragment de Val.
cet. par A. Boucherie, Mézières 1867*«, die nach DIEZ, Gr. 13, 120 Anm.,
einen geschickten Versuch enthält, den Grund der Mischung lateinischer
und romanischer Sprache, tironianischer und gewöhnlicher Schrift zu
erklären.

S 14, Z. 19 ff. Wie wenig das Latein der Vulgata den romanischen Sprachen
zu Grunde liegt, erhellt unter anderem daraus, dass es in den Reichenauer
Glossen die interpretirte Sprache ist.

S. 17, Z. 4 al.: *qe-l* u. ä. Sollen die Pronomen, welche durch Enklisis den
in- oder auslautenden Vocal eingebüsst haben, von dem Worte, dem sie
anhaften, gesondert werden, so scheint die vorgeschlagene Art die zweck-
mässigste: sie trennt und deutet dennoch das Verhältnis der Enklisis an.

S. 17, Z. 19: 16, l. 1 b.

S. **21**, Z. **18** füge hinzu: und *tedet anoget* Reich. Gl. **185**.

S. **22**. Z. **16** f.: *perse,udant*, oder vielmehr, da in offener Vortonsilbe auch ein langer Vocal (ausser *a*) schwindet, *perseidant;* cf. *plaidant, voidant.*

S. **28**, Z. **14**: streiche *tiranz* **26**b, cf. *tirant* **32**e. *Tiranz* ist vielmehr S. **130**, Z. **12** einzuschalten. Es erklärt sich wie *anz, ahanz, damz* (**damnus*), *danz 'domnus*) und *faisanz* (**phasiannus*), *pa,isanz* (**pagisannus*). *Tirant, dant* und *faisant, pa,isant* sind erst aus dem Nominativ durch Umbildung entstanden (*wanz* Cass. Gl. **118** : *want* u. ä. = *tiranz : x*). — Neu gebildete Nominative wie *piez* entstammen bereits dem Volkslatein: vgl. *pes pedis* Reich. Gl. **167**, *aculeus aculionis* **124**, *palliurus cardonis* **163**.

S. **28**, Z. **22**: doch hat das Fragment von Valenciennes die Orthographie *doliants.*

S. **30**, Z. **30**: Eulalia $\bar{n}$ = *non* (**4** mal) und doch auch *non* Z. **5**.

S. **30**, Z. **5** v. u.: vgl. ferner *que de sa mort posche-s neger* Pass. **60**b und *allo-l vetran o dit lor ad* **103**d, wo, wenn für *allo* fr. *aluoc* eingesetzt wird, nur *alluo-l* möglich ist.

S. **30**, Z. **18**: *lever* intransitiv bereits in den Reich. Gl. : *exurge leva* **277**.

S. **38**, Z. **3** v. u.: es lassen sich zwischen dem ostfranzösischen Verfasser und dem letzten (provenzalischen) Copisten ein provenzalischer, S. **41**, und ein westfranzösischer Copist ermitteln, S. **188**.

S. **39**, Z. **18**: zu *raime* vgl. *spatula rama palmarum* Reich. Gl. **35** und Diez, Gl. S. **26**.

S. **42**, Z. **13**: *judicar : mel*, l. *mal.*

S. **43**, Z. **6** ff. ist der Satz: Auch für *avem* u. s. w. zu streichen. Formen wie *devemps* Leod. **1**a müssen auf **debĕmmus* u. ä. beruhen, ebenso wie *oram* Eul. auf **ŏrămmus*, S. **68**; mithin wird auch *cantomps* Leod. **1**c, cf. **1**f, von **cantŭmmus* und *posciom(es)* Fragm. v. Val. von **poteămmus* ausgegangen sein. In der That weist Schuchardt die verlangten Formen nach: *conservammus, mancaepammus* und *iobemmus* (*iobimmus, diberimmus*) Vok. I, **261** Anm. Aber *doyens* bei Bernhard von Clairvaux, Bartsch[3] **193**, **38**, setzt dennoch *debeămus* voraus, und ebenso *corriens* und *nos hastiens* **195**,**26** *currămus* und **hastēmus*, mit Anlehnung an Formen wie *doiiens*. Es handelt sich hier offenbar um mundartliche Differenzen.

S. **44**, Z. **7**: *fel : Judeus*, nämlich durch Umstellung.

S. **47**, Z. **11** setze nach *vergeistigen* einen Punkt.

S. **48**, Z. **11**: *salv : damnet*, l. *salf.*

S. **48**, Z. **10** v. u.: an zwei Stellen. Man rechne *al suo(n)* **12**c und *li suos* **2**d hinzu.

S. **49**, Z. **3** ff: *adun* steht **42**b (*Jesus : adun*) fest; sollte nicht dennoch **34**c *adunc* vorzuziehen sein?

S. **49**. Z. **11** v. u. al. Zur Entschuldigung der Diastole sei bemerkt, dass schon Beza sich dieses Zeichens zum Zweck der Silbentrennung bedient hat. Es erscheint bequemer als das Trema.

S. 30, Z. 7 und S. 35, Z. 13 : *entveiat.* Die in den Text aufgenommene Orthographie, die durch das *entveiad* des Hohenliedes bezeugt ist, folgt aus dem durch 44 d sicher gestellten *ent.*

S. 57, Z. 8 : das Masc. *signe* auch Leod. 35 e.

S. 58, Z. 8. *qu'en nos vedis*, l. mit der Handschrift *que nos.* Es ist das älteste Beispiel von *voir* qc. *à* q.

S. 59, Z. 17 : *virge;* cf. Am. et Am. 2420 (S. 237), Hohel. 4 a.

S. 63, Z. 19 : *lo chief.* Oder ist etwa *lor chief* zu lesen?

S. 63, Z. 21 f.: ich habe *pugnes* und *pugnar* der Handschrift als Lehnwörter behandelt. Die Glosse *bellantes pugnantes* Reich. Gl. 291 widerstreitet dem nicht; cf. Diez, Gl. p. 64 f. Die Handschrift hat *gn* statt *nn*, *n* = *nni, ni,* cf. S. 24, nur in Latinismen und Lehnwörtern : *regnum* 113 d, 123 b, 127 b, *regnaz* 69 c, *regnet* 93 d, *signa* 68 d, *signes* 115 a, 121 d, *signa* 11 d.

S. 64, Z. 1 ff.: vgl. *vespertilio calva suricis* bei Diez, Gl. S. 123.

S. 64, Z. 11 v. u.: Leod. 29 a c e; füge hinzu: und Alex. 26 c, 90 c *(set)*.

S. 64, Z. 8 v. u.: *dereiz* gesellt sich vielmehr als drittes Beispiel zu *dera* und *derion* bei Diez, Gr. II³, 235.

S. 67, Z. 16 f. v. u. Die übliche Herleitung von *soyons*, *soyez* und *envoyer*, der ich gefolgt bin, erscheint mir dennoch bedenklich. Afr. *seie, seies, seit* aus *seiet, seient* lassen sich zwar aus *stam* u. s. w. erklären, aber nicht afr. *seiens* (woher *soiens* bei St. Bernhard), *seiez* aus *siâmus, *siâtis.* Ebenso zwar die neun stammbetonten Formen *entvei, entveies, entveiet, entveient; entvei, entveis, entveit, entveient* und *entvei* aus *inde-vio, *inde-vias* u. s. w., allein nicht die flexionsbetonten Formen, wie *entveiat*, aus Formen wie *inde-vidvit.* Denn an eine Anlehnung der flexionsbetonten Formen an die stammbetonten (S. 86, Z. 10 v. u.) ist schwerlich zu denken. Die ältesten Spuren von Anlehnung flexionsbetonter Wörter an stammbetonte scheint die Lambspringer Handschrift darzubieten: *adaisement* Alex. 10 a und *cuileita* App.: man vergleiche weiterhin *acueillie* Bat. d'Alesch. 455, *orgueillus* 791. 1228. *Seiens, seiez* müssen *sedeâmus*, *sedeâtis* sein und daher *seie sedeam*, wie *meie mediam* : *dj* bildet durchweg Position, und die Scheideform *siee* (nebst *siece*), an welcher die Bedeutung »sitzen« haftet, weicht von der Regel ebenso ab, wie das neben *chaie* (*cadeam*) bestehende *chiee* (nebst *chiece*); *siee* und *chiee* gehen lautgesetzlich auf *sedam* und *cadam* zurück. Auch das Provenzalische besitzt *seia* (*sedeam*) neben *sia* (*siam*), Diez, Gr. II³, 202, und das Spanische und das Portugiesische besitzen nur *sea* und *seja*, Gr. II³, 174 f. 189. Dem franz. *veie* kann und dem franz. *entveier* muss ein volksthümliches *veia*, *veiare* (vgl. osk. *ve-ia*) zu Grunde liegen, aus welchem das classische *via* erst hervorgegangen ist: *vegh-ia, *ve-ia* (vgl. altlat. *ri-ea*), *via*, Corssen, Ausspr. I, 98. 460. Sollten sich nicht auch im Provenzalischen neben *via* und *enviar* *veia* und *enveiar* irgendwo vorfinden?

S. **69**, Z. **10**: zu **facunt* vgl. *fodunt* Reich. Gl. 184.

S. **69**, Z. **19**: *seiest* l. *seietst.*

S. **70**, Z. **3**: *vegurad*, l. *esregurad.*

S. **70**, Z. **17**: *quar* 70 c, füge hinzu: 91 a, 96 a, 127 a *(qua* 94 n).

S. **72**, Z. **17** am Ende füge hinzu: und *pensœz* 29 b.

S. **72**, Z. **6** v. u.: vgl. S. **249.**

S. **74**, Z. **14**. Das Substantiv lautet *mal,* wie das Adverb; 89 d, 124 a.

S. **76**, Z **17**: XIII, l. XV.

S. **79**, Z. **10**. Wenn man nach *fletur planctur* Reich. Gl. 75 urtheilen darf, so ist *fraint* zunächst aus **franct* und mithin ebenso entstanden wie *saint, plaint* aus *sanctum, planctum.*

S. **80**, Z. **20**: zu *enfraint* vgl. *infringerent infrangerent* Reich. Gl. 208.

S. **82**, Z. **82**: *i*, l. *ï.*

S. **83**, Z. **9** füge nach *peis dei* und nach *mei vei* hinzu.

S. **85**, Z. **18**: vgl. *boen some* : *asome* Chev. au lyon 2757.

S. **88**, Z. **1** am Ende füge hinzu: 47 d. Zu *prophète* vgl. Rol. 2255, Jourd. de Blaiv. 2408.

S. **91**, Z. **5** v. u.: auf *e,* l. auf *ė.*

S. **92**, Z. **18** f.: streiche die eingeklammerte Notiz.

S. **94**, Z. **11**. *Quaerella* ist nachgewiesen, CORSSEN, Ausspr. I, 226.

S. **94**, Z. **20**: nach *cēlat* l. 1411.

S. **94**, Z. **5** v. u.: setze nach *colletz* ein Komma.

S. **99**, Z. **7**: *i*, l. *ï.*

S. **101**, Z. **13**: *ei*, l. *et.*

S. **103**, Z. **10**. Oder ist *mesuriet* statt *mesureit* verschrieben?

S. **104**, Z. **1** v. u. setze nach *prise* ein Komma.

S. **109**, Z. **8** v. u.: die Worte »(Lehnwort *penitence* 110 b)« sind Z. 17 v. u. einzufügen.

S. **113**, Z. **4** v. u.: streiche das Komma.

S. **116**, Z. **5**: *estais*, l. *eslais.*

S. **121**, Z. **19** al. Bekanntlich stammt die Umbildung der Participien des Präsens nebst ihren Derivaten aus dem Volkslatein.

S. **133**, Z. **17**. Zu dem Unterschiede von *j* und *ȝ* vgl. MICHAELIS' Zeitschr. für Stenographie und Orthographie, XXIV, 130 ff.

S. **136**, Z. **7** ff. Auch DIEZ, Altrom. Gl. p. 123, ist dieser Ansicht.

S. **136**, Z. **13** v. u. Für Germanismen gelten die Vertauschungen von *media* und *tenuis* im Casseler Glossar: 1) *tenuis* statt der *media*: *p* statt *b* : *parba* 19, *pirpici* 74, *pragas* 113, *putel* 49, *putelli* 50, *puticla* 153, *trapes* 107, *gyppus* 174, *campa* 171; *c* statt *g* : *callus* 87 neben *galina* 88, *uncla* 36; *f* statt *v* : *fidelli* 75, *ferrat* 79, *fomeras* 146; 2) *media* statt der *tenuis*: *b* statt *p* in *bisle* (wo *b* nicht »romanisch« ist); *d* statt *t* in *derru-s* 114, *ordiglas* 35.

S. **137**, Z. **13**: vgl. S. 217.

S. 140, Z., 5 v. u. füge hinzu: wozu die interpretirten Wörter *aurire, exaurire.*

S. 141, Z. 6: *o,it,* l. *odit.*

S. 141, Z. 8 f. Dass die interpretirte Sprache der Casseler Glossen nicht schlechthin ein romanisches Volksidiom repräsentirt, hat Diez erwiesen. Allein aus »einem Haschen nach lateinischen Formen« erklären sich die »starken Latinismen« doch nicht, und »eine rhetorische Zierde« ist in einem Glossar, welches »eine praktische Bestimmung« hat, nicht am Orte. Im Grunde ist das Casseler Glossar der Intention nach überhaupt kein romanisch-deutsches, sondern ein laṫeinisch-deutsches, lateinisch im Sinne des lexikalisch und grammatisch verwilderten Lateins der Merovingerzeit. Doch sind den lateinischen Wortformen romanische beigesellt. Die Ursache dieser Erscheinung muss, wie der Zweck des Ganzen, praktischer Natur sein. Der Romane will die Elemente des Deutschen von einem Baiern erlernen, der die Muttersprache des Romanen nur nothdürftig versteht. Der Baier schlägt daher das Latein als Verständigungsmittel vor, und der Romane bequemt sich dazu, lateinische Wörter niederzuschreiben, so gut es eben gehen will. Wo sein Latein ihn im Stich lässt, hilft er sich mit romanischen Wortformen. Von dieser Art sind: 1) Wörter, die dem Gesetze der tieftonigen Penultima entsprechen: *aucas* 83, *bisle* 96; *ordig(l)as* 35, *cramailas* 134 und *junuclu* 29, *uncla* 36, *oviclas* 76, *siccla* 126 (cf. lat. *situlas* 179), *puticla* 153; 2) Wörter, die dem Gesetze der tieftonigen Ultima conform sind: *mantun* 11, *tal(au)un* 12, *auciun* 84; *calamel* 31, *putel* 49, *martel* 147, *sisireol?* 123; *furn* 98; *mediran* 105; *sestar* 128, *hanap* 130, *moi* 160 f.; *ferrat* 79, *vestid* 164; *pi-s* 106, *devru-s* 111, *pulcin-s* 86, *wanz* 118 = *want-s; sim* 162; *va* 155; 3) Wörter, welche zeigen, dass das Gesetz der offenen Vortonsilbe bereits wirksam gewesen ist: *pulcin-s* cf. 2), *auciun* 84 cf. *aucas* 1), *sicleola* 127 cf. *siccla* 1); *caldaru* 132 und *caldarora* 133 sind am Wortausgang entstellt; *mediran* 105 und *keminada* 97 bilden nur scheinbar Ausnahmen; 4) *d* vor *i purum* geschwunden: *moi* cf. 2); 5) *g* zwischen Vocalen durch *i* vertreten: *seia* 111; 6) da in der Handschrift *tenuis* und *media* verwechselt werden, so lässt sich nicht überall sicher entscheiden, wieweit wirklich ein romanisches Wort vorliegt; unbedenklich sind α) *segradas* 101, l. *segredas, ordig'l,as* cf. 1); β) *keminada* cf. 3), *segredas, pridias* 103, *taradros* 142, *puledro* 67, *puledra* 68, *sedella* 127, *mediran* cf. 3); hingegen *fidelli* 75, *argudu* 159 und *figido* 52 stehen entweder für *vitelli, argutu* und *ficito,* oder der Romane hat *videl, argud* und *figdo* in seiner Weise latinisirt. — Es ist, soweit die interpretirte Sprache in Betracht kommt, auch nicht nöthig, das 7. Kapitel, Gl. 184—245, »als etwas zufällig Angefügtes abzuschneiden«, wenn man annimmt, dass die Fragen und Antworten von dem Baiern selbst geschrieben sind. Dieser schreibt ein lexikalisch und grammatisch correcteres Mittellatein als der Romane, und dass keine Romanismen mit unterlaufen, versteht sich. Für jene Annahme aber zeugt der Inhalt der Fragen und Antworten: der Fragende ist der einheimische Lehrer und der Gefragte der ununterrichtete Fremde. Wie sehr sich jener diesem überlegen fühlt, zeigen Gl. **225—234**.

S. 144, Z. 13. 8 ff. v. u. Allein *sostendreiet* Eul. (S. 164) sowie der entsprechende Vocalismus späterer Denkmäler weist auf ein *süs-* zurück. Oder liegt hier Verwechslung mit *soz* Alex. 50a, *sost* Fragm. v. Val. (*sublus*) vor? Jedoch solche Verwechslung scheint erst späteren Datums zu sein.

S. 149, Z. 4: *u*, l. *ü*.

S. 150, Z. 3: nach *purpura* füge ein: und *furnus* aus *fornus*, Corssen, Ausspr. II, 165, *furn* Cass. Gl. 98, nfr. *four*.

S. 150, Z. 8 v. u. Jedoch auch der Appendix zum Alexiusliede bietet *la cuileita folc*, nicht *fulc*.

S. 151, Z. 7: genau genommen hat die Handschrift *susted* (statt *s'ostat*). Der Copist mag an ein Compositum mit *sus* gedacht haben.

S. 152, Z. 2 v. u. Auffällig ist *cuileita* App. C. Hofmann ist geneigt, *culleita* zu lesen. Allein *collectam* musste lautgesetzlich *còlleite* ergeben. Dieses scheint durch Anlehnung an *còilent* u. ä. in *còileite* umgebildet und dann in *cuileite* übergegangen zu sein, wie *còillier* (*cochleare*, in *cuillier*.

S. 153, Z. 3: vgl. Rom. III, 279 ff.; 321 ff.; IV, 119 ff.

S. 155, Z. 11 v. u.: *Loth*, l. *Lot*.

S. 157, Z. 13. Auf *füstem* beruht *fust*, welches Chev. au lyon 213. 511. 939 mit *fust* (*füssel*) reimt.

S. 158, Z. 7 v. u.: streiche 121a; die Handschrift hat hier *loz*.

S. 162, Z. 2: *sen per*, l. *sem per*.

S. 162, Z. 9: *percutant*, l. *percutan't*.

S. 163, Z. 13: *α*), l. 1) *α*).

S. 169, Z. 4: vgl. *te Deum* in einer *ó*-Tirade Am. et Am. 2813.

S. 170, Z. 11 ff. *Fou* aus *fo'c)um* leidet an dem Bedenken, dass *c* bereits vor der Epoche geschwunden sein müsste, in welcher der Schwund des tieftonigen Vocals der Endsilbe eintrat. Ein ähnliches Bedenken widerräth die Erklärung von *scule* aus *sae'c)ulum*. *Fóu*, **lóu*, **jóu*, *pòu*, *pòu*, *séule* Eul., Bernh. (Bartsch³ 194,27; 197,38) und *éu* (Pass.) oder *éo*, *réule* Bernh. (Bartsch³ 197,44), *rìule*, **téule*, *tìule* werden *focvum*, *locvum*, *jocvum*, *paucvum*, *baucvum*, *saecvulum* und *egvo*, *régvula*, *tégvula* zur Voraussetzung haben; ähnlich *plòut*, *tòut placvuit*, *tacvuit* (cf. *aves*, *awillon* S. 190): der Parasit hat *c* oder *g* verdrängt, und der tieftonige Vocal der Ultima oder Penultima ist regelrecht geschwunden. Hingegen ist *cué* Chev. au lyon 1405 ebenso regelrecht *cocum*, nicht *coquum*, wie *cuisine cocina*, nicht *coquina*.

S. 173, Z. 11 v. u. Für die Betonung *ué* zeugt auch *arec* aus *aruée*.

S. 177: streiche das Zeichen — unter ** uo*.

S. 181, Z. 2 v. u. Vgl. den Uebergang des afr. *ó* in *o* in *gorge* : *forge* Pathel., BARTSCH[3] 472,1, *aproche* : *acroche* Mor. du maulv. riche, 470,24.

S. 183, Z. 11 setze nach behauptet einen Punkt.

S. 185, Z. 8 v. u.: **acüleōnem*, vgl. *aculeus aculionis* Reich. Gl. 124.

S. 189, Z. 3. Das *aurísset*, *orist* des Nordens und Ostens beruht auf *ha-buisset*, das *o,úst* des Westens auf *habüisset*, mit Tonverschiebung.

S. 203, Z. 8 v. u. Seit wann lauten *ói*, *òi* und *oi* aus *ei oè*? Christine de Pisan reimt *prestre* : *cloistre* BARTSCH[3] 441,7.

S. 210, Z. 8. Oder ist *ué* in *éu* umgesprungen, wie *muód*, *duóls* in *móud*, *dóuls*, (*düös*) *duös* in *dóus* und umgekehrt *tiule* in *tutle*?

S. 211, Z. 20. Vgl. Cass. Gl. *cauuella* 124 neben *caua* 120, *siluua'rias*, 152 und *uuasa* 119.

S. 212, Z. 4: *orteil*, cf. *ordig'las* Cass. Gl. 35.

S. 212, Z. 11: ferner *vòiant* Pass. 102c, *vocantem* aus *vacantem*, **vòidier*, *vuidier*, **vocitare*.

Druck von Breitkopf und Härtel in Leipzig.